日本の霊山読み解き事典

西海賢二・時枝 務・久野俊彦／編

THE ENCYCLOPEDIA OF THE SACRED MOUNTAINS IN JAPAN

柏書房

霊山への旅——神仏と出会い人となる

古来、山に対して人々は神秘的な感情を抱き、田畑を潤す水源として水分《みくまり》の神を祀《まつ》り、あるいは祖霊の棲む他界と捉えるなど、様々な観念を持ち続けてきた。こうした観念は、現在の日本人の文化のなかにも広く認めることができる。長い歴史のなかで育まれた山岳信仰は、日本の宗教や精神世界全般にわたって重要な位置を占めている。

日本の山岳信仰の際立った特徴は、修験道が形成されたことである。多かれ少なかれ、その影響のなかった山はないといっても過言ではない。そもそも庶民にとって、山は元来、立ち入ったり登ったりする対象ではなく、神霊や仏が鎮座するものとして、その麓で遥拝《ようはい》すべき対象であった。しかし、修験者（山伏《やまぶし》）や行者《ぎょうじゃ》など宗教的職能者《しょくのう》によって修行の拠点として整備されることで、山は初めて、庶民が登拝《とはい》、参詣することができる対象となったのである。

日本の主な山を、修験者の活動の面から見てみると、おおむね以下のように分けることができる。

全国の修験者が入峰《にゅうぶ》修行の対象としていた山

中部…金峰山《きんぶさん》

近畿…大峯山《おおみねさん》・熊野三山《くまのさんざん》

地方の修験者が入峰修行の対象としていた山

東北…出羽三山《でわさんざん》・磐梯山《ばんだいさん》・吾妻山《あずまやま》・飯豊山《いいでさん》

関東…日光山《にっこうさん》・大山《おおやま》・武州御嶽山《ぶしゅうみたけさん》

中部…富士山・木曽御嶽山《きそおんたけさん》

近畿…葛城山《かつらぎさん》

九州…宝満山《ほうまんざん》・英彦山《ひこさん》・阿蘇山《あそざん》

地域の修験者が拠点とした山

東北…恐山《おそれざん》・岩木山《いわきさん》・岩手山《いわてさん》・早池峰山《はやちねさん》・蔵王山《ざおうさん》

関東…筑波山《つくばさん》・上毛三山《じょうもうさんざん》・三峰《みつみね》

中部…八海山《はっかいさん》・秋葉山《あきはさん》・石動山《いするぎさん》・浅間山《あさまやま》

近畿…笠置山《かさぎやま》・三輪山《みわやま》・比叡山《ひえいざん》

中国…大山《だいせん》・三徳山《みとくさん》・後山《うしろやま》

四国…剣山《つるぎさん》・石鎚山《いしづちやま》

九州…雲仙岳《うんぜんだけ》・霧島山《きりしまやま》

江戸時代の中頃、享保年間（一七一六〜三六）から天明年間（一七八一〜八九）あたりになると、庶民たちが講集団を作って山に登拝するようになっていった。庶民の山岳登拝の大波は、中央と地方、大小を問わず、これらほとんどの山に及んだのである。

山岳登拝が庶民のものとなった江戸時代後期以降、山岳信仰は庶民の日常生活のなかに深く根を下ろした。庶民生活の多くの局面に、山岳信仰が影響していることを見出すことができる。霊山参詣は山に登拝することを主眼とするが、それがすべてではない。

上野国《こうずけ》（群馬県）の江戸時代後期の富士登山の道中記を見てみよう。筆者の手元に、上野国邑《おう》楽《ら》郡狸塚村《むじなづか》（邑楽郡邑楽町狸塚）の出井家《いでい》に所蔵されていた「安政二乙卯歳七月二日」の「富士道中小遣覚帳《こづかいおぼえちょう》」という表題の道中記がある。狸塚村は江戸時代には館林《たてばやし》藩の支配下にあり、安政二年（一八五五）当時の村高は五百八十三石余の村であった。

この道中記の一番の特徴は、「へこ祝《いわい》」――褌祝――すなわち若者四人の成人儀礼を伴った参詣日記だということである。十代前半という年齢のためか、世間知らずなのか、「道中記」の記述には誤字や脱字も多い。「灰嶋」（拝島《はいじま》。東京都昭島市）、「八玉寺」（八王子。東京都八王子市）、「釜倉」（鎌倉。神奈川県鎌倉市）、「高輪千学寺」（高輪泉岳寺《たかなわせんがくじ》。東京都港区）、「蔵城寺」（増上寺《ぞうじょうじ》。東京都港区）といった具合だ。

彼らは、安政二年（一八五五）七月二日に狸塚村を出立して、同月十五日に帰村した。一二泊十三日であった。これは富士山・大山のお山開きの時期に合わせたものである。

彼らは上野国を出て利根川《とねがわ》を渡り、松山《まつやま》（埼玉県東松山市）観音に詣で、とき川（埼玉県比企郡都幾川村）では坂東《ばんどう》九番の札所慈光寺《ふだしょじこうじ》に参拝している。その後、入間川《いるまがわ》を経て、拝島・八王子・高尾山（八王子）・上野原《うえのはら》（山梨県上野原市）・大月《おおつき》（山梨県大月市）と巡り、上吉田《かみよしだ》（山梨県富士吉田市）で江戸時代の北口最大の御師である「上文司《じょうもんじ》」に立ち寄った上で、富士山頂を極めた。須走口《すばしりぐち》（静岡県駿東《すんとう》郡小山町《おやまちょう》）から下山して、竹の下の和泉屋《いずみや》（静岡県駿東郡小山町）に宿泊したのち、大雄山最乗寺《だいゆうざんさいじょうじ》（小田原の道了尊《どうりょうそん》として親しまれた曹洞宗の本山）を経て、佐川（酒匂川《さかわがわ》）を渡り、このあと、坂東五番（飯泉山勝福寺《いいずみさんしょうふくじ》。神奈川県小田原市飯泉《いいずみ》）・同七番・八番（飯山《いいやま》観音〈神奈川県厚木市〉・星谷《ほしや》観音〈神奈川県座間《ざま》市〉）を巡りつつ、大山（神奈川県伊勢原《いせはら》市）・藤沢山《とうたくさん》遊行《ゆぎょう》寺《じ》（神奈川県藤沢市）などを経て、江ノ島の坊に宿泊している。

さらに、江ノ島から鎌倉周辺の長谷寺《はせでら》など鎌倉五山《ござん》を散策したのち、金沢八景《はっけい》（神奈川県横浜市金沢区）を経て、程か谷（神奈川県横浜市保土ケ谷《ほどがや》区）に宿泊、次いで川崎大師（神奈川県川崎市川崎区）へ参って、江戸に入っている。

江戸では泉岳寺・芝神明社《しばしんめいしゃ》・愛宕山《あたごやま》・浅草・上野・湯島などの「江戸名所」を訪ね、その間ふるさとへのみやげ物として、「墨」「筆」「紙」「絵紙」「講中御守り」「安産守り」など荷物にならないものを、それこそ村中（講中）に配るため大量に買い込んでいる。最後の宿を千住《せんじゅ》の宿浪花《なにわ》屋《や》にとり、翌十五日、彼らは上野の狸塚村に戻った。

彼らの旅は、富士参詣と大山参詣がセットになった、甲州街道～吉田～富士山～須走～道了尊～大山～江の島～鎌倉など、当時流行の遊山ルートをなぞったものである。若者たちにとっておそらく初めての、上野・武蔵・甲斐・駿河・相模そして江戸という世間を知るための「富士道中」であった。徒歩移動による体力的、精神的修行であるとともに、遊山の娯楽的要素を盛り込みつつ、男子が一人前となる旅として位置づけられていた。彼らがこの道中をめぐって様々な経験を積み、若者同士生涯の契りを結んでいったことがうかがえよう。神仏と出会う霊山への道中が、彼らを人として育てていったのである。

山岳信仰に見られる信仰行為の最たるものが、頂上登拝であることはいうまでもない。しかし、その頂上をめざす過程で、聖地、霊場などを巡拝する行為も大切なものである。さらに、その旅は、個人にとって社会的知見を得、経験を重ねる、人生の岐路でもあった。このような人生の旅が、神仏が融合あるいは錯綜した山を中心に営まれ、人々の精神生活を導いていたことを、再確認しておきたい。

本書が、霊山・霊峰のガイドブックとして皆様の一助になれば幸甚《こうじん》である。

(西海賢二)

霊山への旅――神仏と出会い人となる　西海賢二……1
凡例　14

第一部　霊山――山岳信仰の歴史

霊山と修験道――古代～近世中期　時枝　務……16
霊山と登山――近世後期以降　久野俊彦……39

第二部　全国の霊山

北海道・東北

▲出羽三山《でわさんざん》（月山《がっさん》・羽黒山《はぐろさん》・湯殿山《ゆどのさん》）〔山形県〕……58
▲恐山《おそれざん》〔青森県〕……71
▲鳥海山《ちょうかいさん》〔山形県・秋田県〕……78
▲飯豊山《いいでさん》〔山形県・福島県・新潟県〕……85
▲大雪山《たいせつざん》〔北海道〕……89
▲北海道《ほっかいどう》アイヌの霊山《れいざん》〔北海道〕……92
▲岩木山《いわきさん》〔青森県〕……95
▲岩手山《いわてさん》〔岩手県〕……98
▲早池峰山《はやちねさん》〔岩手県〕……102
▲太平山《たいへいざん》〔秋田県〕……106
▲神室山《かむろさん》〔秋田県・山形県〕……110
▲山寺《やまでら》〔山形県〕……113
▲葉山《はやま》〔山形県〕……117
▲八甲田山《はっこうださん》〔青森県〕……119
▲室根山《むろねさん》〔岩手県〕……119
▲栗駒山《くりこまやま》〔岩手県・宮城県・秋田県〕……121
▲金華山《きんかさん》〔宮城県〕……122
▲篦岳山《ののだけやま》〔宮城県〕……124
▲本山《ほんざん》／真山《しんざん》〔秋田県〕……125
▲保呂羽山《ほろわさん》〔秋田県〕……126
▲金峰山《きんぼうさん》〔山形県〕……127
▲朝日岳《あさひだけ》〔山形県・新潟県〕……128
▲蔵王山《ざおうさん》〔山形県・宮城県〕……129
▲吾妻山《あずまやま》〔福島県・山形県〕……130
▲磐梯山《ばんだいさん》〔福島県〕……131

▲安達太良山《あだたらやま》〔福島県〕……132
▲飯盛山《いいもりやま》〔福島県〕……133
▲霊山《りょうぜん》〔福島県〕……133

関東

▲榛名山《はるなさん》〔群馬県〕……136
▲男体山《なんたいさん》〔栃木県〕……142
▲三峰山《みつみねさん》〔埼玉県〕……150
▲武州御嶽山《ぶしゅうみたけさん》〔東京都〕……158
▲大山《おおやま》〔神奈川県〕……164
▲赤城山《あかぎさん》〔群馬県〕……171
▲妙義山《みょうぎさん》〔群馬県〕……175
▲武尊山《ほたかやま》〔群馬県〕……179
▲迦葉山《かしょうざん》〔群馬県〕……182
▲女峰山《にょほうさん》〔栃木県〕……185
▲太郎山《たろうさん》〔栃木県〕……188
▲古峰ヶ原《こぶがはら》〔栃木県〕……192
▲八溝山《やみぞさん》〔茨城県・栃木県・福島県〕……197
▲筑波山《つくばさん》〔茨城県〕……202
▲加波山《かばさん》〔茨城県〕……207
▲高尾山《たかおさん》〔東京都〕……211
▲箱根山《はこねやま》〔神奈川県〕……215
▲白根山《しらねさん》〔栃木県・群馬県〕……218
▲武甲山《ぶこうさん》〔埼玉県〕……219
▲両神山《りょうかみさん》〔埼玉県〕……220

▲金鑽山《かなさなさん》（御嶽山《みたけさん》）〔埼玉県〕……221
▲鹿野山《かのうざん》〔千葉県〕……222
▲清澄山《きよすみやま》（妙見山《みょうけんやま》）〔千葉県〕……223
▲鋸山《のこぎりやま》〔千葉県〕……224
▲三原山《みはらやま》〔東京都〕……225
▲八丈富士《はちじょうふじ》〔東京都〕……226

中部

▲富士山《ふじさん》〔山梨県・静岡県〕……230
▲妙高山《みょうこうさん》〔新潟県〕……240
▲立山《たてやま》〔富山県〕……246
▲石動山《せきどうさん》〔石川県・富山県〕……254
▲白山《はくさん》〔石川県・岐阜県〕……265
▲戸隠山《とがくしやま》〔長野県〕……278
▲御嶽山《おんたけさん》〔長野県・岐阜県〕……285
▲弥彦山《やひこやま》〔新潟県〕……292
▲米山《よねやま》〔新潟県〕……295
▲八海山《はっかいさん》〔新潟県〕……297
▲身延山《みのぶさん》〔山梨県〕……302
▲金峰山《きんぷさん》〔山梨県・長野県〕……305
▲七面山《しちめんざん》〔山梨県〕……309
▲飯綱山《いいづなやま》（飯縄山）〔長野県〕……312
▲槍ケ岳《やりがたけ》〔長野県・岐阜県〕……315
▲高賀山《こうがさん》〔岐阜県〕……318
▲伊豆山《いずさん》〔静岡県〕……322
▲日金山《ひがねさん》（十国《じっこく》峠）〔静岡県〕……326

▲久能山《くのうざん》〔静岡県〕…… 330
▲秋葉山《あきはさん》〔静岡県〕…… 334
▲金北山《きんぼくさん》〔新潟県〕…… 338
▲二王子岳《にのうじだけ》〔新潟県〕…… 339
▲苗場山《なえばさん》〔新潟県・長野県〕…… 340
▲大菩薩嶺《だいぼさつれい》〔山梨県〕…… 341
▲鳳凰山《ほうおうざん》〔山梨県〕…… 342
▲八ヶ岳《やつがだけ》〔長野県・山梨県〕…… 343
▲皆神山《みなかみやま》〔長野県〕…… 344
▲恵那山《えなさん》〔長野県・岐阜県〕…… 345
▲浅間山《あさまやま》〔長野県・群馬県〕…… 346
▲鳳来寺山《ほうらいじさん》〔愛知県〕…… 347

近畿

▲大峯山《おおみねさん》〔奈良県〕…… 350
▲比叡山《ひえいざん》〔京都府・滋賀県〕…… 370
▲高野山《こうやさん》〔和歌山県〕…… 378
▲那智山《なちさん》〔熊野三山〕〔和歌山県〕…… 386
▲朝熊山《あさまやま》〔朝熊ヶ岳《あさまがたけ》〕〔三重県〕…… 394
▲比良山《ひらさん》〔滋賀県〕…… 398
▲飯道山《はんどうさん》〔滋賀県〕…… 402
▲鞍馬山《くらまやま》〔京都府〕…… 406
▲愛宕山《あたごやま》〔京都府〕…… 410
▲箕面山《みのおさん》〔大阪府〕…… 414
▲甲山《かぶとやま》〔兵庫県〕…… 418
▲書写山《しょしゃざん》〔兵庫県〕…… 421

▲諭鶴羽山《ゆづるはやま》〔兵庫県〕……425
▲三輪山《みわやま》〔奈良県〕……429
▲吉野山《よしのやま》〔奈良県〕……434
▲金剛山《こんごうさん》〔奈良県・大阪府〕……439
▲春日山《かすがやま》〔奈良県〕……443
▲生駒山《いこまやま》〔奈良県・大阪府〕……448
▲伊吹山《いぶきやま》〔滋賀県・岐阜県〕……452
▲三上山《みかみやま》〔滋賀県〕……453
▲大文字山《だいもんじやま》〔京都府〕……454
▲笠置山《かさぎやま》〔京都府〕……454
▲摩耶山《まやさん》〔兵庫県〕……455
▲雪彦山《せっぴこさん》〔兵庫県〕……456
▲天香久山《あまのかぐやま》〔奈良県〕……457
▲耳成山《みみなしやま》〔奈良県〕……458
▲畝傍山《うねびやま》〔奈良県〕……459
▲葛城山《かつらぎざん》〔奈良県・大阪府〕……460
▲三笠山《みかさやま》〔奈良県〕……461
▲多武峰《とうのみね》〔奈良県〕……461
▲信貴山《しぎさん》〔奈良県〕……462
▲玉置山《たまきさん》〔奈良県〕……463
▲二上山《にじょうさん》〔奈良県・大阪府〕……464

中国・四国

▲石鎚山《いしづちさん》〔愛媛県〕……468
▲大山《だいせん》〔鳥取県〕……476

▲三徳山《みとくさん》〔鳥取県〕……480
▲厳島弥山《いつくしまみせん》〔広島県〕……484
▲剣山《つるぎさん》〔徳島県〕……487
▲象頭山《ぞうずさん》〔香川県〕……490
▲横倉山《よこぐらやま》〔高知県〕……494
▲船上山《せんじょうさん》〔鳥取県〕……498
▲三瓶山《さんべさん》〔島根県〕……498
▲焼火山《たくひやま》〔島根県〕……499
▲後山《うしろやま》〔兵庫県・岡山県〕……500
▲金峰山《きんぽうざん》〔山口県〕……501
▲大滝山《おおたきさん》〔香川県・徳島県〕……502
▲篠山《ささやま》〔愛媛県・高知県〕……503

九州・沖縄

▲英彦山《ひこさん》〔福岡県・大分県〕……506
▲宝満山《ほうまんざん》〔福岡県〕……521
▲求菩提山《くぼてさん》〔福岡県〕……528
▲六郷満山《ろくごうまんざん》〔大分県〕……535
▲霧島山《きりしまさん》〔宮崎県・鹿児島県〕……544
▲脊振山《せふりさん》〔福岡県・佐賀県〕……553
▲雲仙岳《うんぜんだけ》〔長崎県〕……557
▲阿蘇山《あそざん》〔熊本県〕……561
▲檜原山《ひばるさん》〔大分県〕……565
▲行人岳《ぎょうにんだけ》〔熊本県〕……569
▲開聞岳《かいもんだけ》〔鹿児島県〕……574
▲硫黄岳《いおうだけ》〔鹿児島県〕……579

▲紫尾山《しびさん》〔鹿児島県〕……584
▲冠岳《かんむりだけ》〔鹿児島県〕……589
▲屋久島《やくしま》の山《やま》〔鹿児島県〕……595
▲御嶽《うだき》〔沖縄県・鹿児島県〕……599
▲牛尾山《うしおやま》〔佐賀県〕……605

索引　619

▲九重山《くじゅうさん》〔大分県〕……606
▲鶴見岳《つるみだけ》〔大分県〕……607
▲高千穂《たかちほ》〔宮崎県〕……608
▲尾鈴山《おすずやま》〔宮崎県〕……609

凡例

一、本書は、日本列島の北から南まで、各地に所在する百五十二の霊山について解説した事典である。本事典では霊山を、北海道・東北、関東、中部、近畿、中国・四国、九州・沖縄の六つのエリアに分け、個々のエリア内で重要と思われる順に配列した。

一、本文の記述は、原則として常用漢字を用いた。

一、山名、寺社名、地名、個人名などについては、複数の読み方があったり、読み方が確定していなかったりするものもあるが、読者の便を考慮して、最適と思われる振り仮名を付した。

一、本書に収録した写真については、特に断りのない限り、編者および執筆者が撮影したものである。

一、アクセス情報については、霊山と関係寺社、史跡などについて、その所在を示したものである。霊山の参詣は、山頂へ登拝するものとは限らず、本書に掲げた霊山の登山口や山頂などへのアクセス情報は、大まかなものに過ぎない。なお、季節によっては利用できない交通機関・施設・道路などもあるので、訪れる際にはあらかじめ現地の詳しい情報を参照されたい。

第一部

霊山——山岳信仰の歴史

霊山と修験道――古代〜近世中期

霊山・修験道とはなにか

『広辞苑』で「霊山」を引くと、「神仏をまつる神聖な山。霊地たる山」とある。一見、同義反復の説明のように見えるが、神仏がいる聖なる山というのと、霊場となっている山というのでは、内容がまるで違う。前者は聖地としての山を示すに過ぎないが、後者は、宗教家によって由緒や霊験が説かれた神仏が祀られ、多くの信者が自由に参詣できる聖地である霊場としての山ということであるから、藤原道長が大和国金峯山（奈良県天川村山上ケ岳）に御嶽詣を行った寛弘四年（一〇〇七）以後の段階の信仰の山を指して呼ぶ用語ということになろう。また、『広辞苑』には見えないが、霊山を文字通り霊が集まる山という意味で使う場合が、恐山などを呼ぶ際に見られることは改めて指摘するまでもない。一見自明なように見える霊山という言葉は、実は思いのほかに、様々な使われ方をし、それが時代とともに変化してきたことに注意しなければならないのである。

さらに、霊山と深い関係にある宗教である修験道は、霊山以上に分かりにくい用語である。再び『広辞苑』で「修験道」を引くと、「役小角を祖と仰ぐ仏教の一派。日本固有の山岳信仰のおもかげを濃く伝えている。護摩を焚き、呪文を誦し、祈禱を行い、難行・苦行をして、神験を修得する。醍醐《だいご》天皇時代、聖宝《しょうぼう》（真言）が三宝院《さんぼういん》流を開き、堀河《ほりかわ》天皇時代、増誉《ぞうよ》（天台）が聖護院《しょうごいん》流を開いた。室町時代には聖護院を本所とする本山派と、醍醐寺を本所とする当山派とが対立した」とある。まず、仏教の一派というのは一つの見識であるが、「日本固有の山岳信仰」とは、一体どのような信仰であろうか。しかも、この説明だと、修験道は遅くとも平安時代中期には成立していたことになるが、近年の研究では中世に成立した新しい宗教と考える研究者が大勢を占めている。しかも、本山派と当山派の対立は、江戸時代初期の出来事であることは言うまでもない。つまり、修験道の概念を規定することは、これほどに難しいことなのである。

このように、霊山と修験道は、どちらも概念規定さえ難しい存在である。そこで、ここでは山岳信仰全体に大きく枠を広げることで、霊山と修験道の歴史的な展開を跡づけ、それぞれの内容に迫りたいと思う。

山岳信仰の源流

日本列島において、人類が山と深い関係を持つようになったのは、縄文時代草創期のことである。旧石器時代の人類は、ナウマンゾウやオオツノシカなどの大型動物を追って狩りを続ける漂泊生活を送っていたため、大型動物が生息する平原が彼らの主な生活の場であった。ところが、氷河時代が終わり、だんだんと温暖化してくる頃になると、大型動物が絶滅したため、狩りの獲物はニホンシカやイノシシなどの現世《げんせい》動物に変わった。ニホンシカやイノシシは、山地や丘陵が主な生息場所であったため、狩りの場もそれまでの平地から山地や丘陵に移った。しかも、ニホンシカやイノシシは、それまでの大型動物のように長距離を移動することはなく、半径数キロメートルほどの縄張りを活動域としていたので、人類の行動範囲も自ずと地域に密着したものになった。狩人は、獲物の生態を熟知するとともに、山野の地形に精通し、獲物を待ち伏せするのに適した場所に通った。旧石器時代には生活場所の背景に過ぎなかった山が、生活に不可欠な場所となり、山に関する知識も徐々に蓄積されていった。

山は縄文人にとって生活の場であり、里山をはじめとして、さらに思いも寄らない高山にまで足を延ばすことがあった。山形県と福島県にまたがる飯豊山《いいでさん》、栃木県の日光・戦場《せんじょう》ガ原《はら》、静岡県の伊豆半島の三筋山《みすじやま》、長野県の編笠山《あみがさやま》や蓼科山《たてしなやま》、富山県の立山《たてやま》、滋賀県の伊吹山《いぶきやま》、滋賀県と京都府にまたがる比叡山《ひえいざん》、兵庫県の六甲山《ろっこうさん》などでは石鏃《せきぞく》、埼玉県と東京都にまたがる雲取山《くもとりやま》、新潟県の妙高山《みょうこうさん》では石斧《せきふ》、石川県の白山《はくさん》では独鈷石《とっこいし》、群馬県の尾瀬沼《おぜぬま》、神奈川県の相模大山《さがみおおやま》、山梨県の甲斐駒ヶ岳《かいこまがたけ》・三ツ峠山《みつとうげやま》などでは縄文土器が、発見されている。このうち石鏃は狩猟の痕跡として理解しやすいが、石斧は根菜でも掘ったのであろうか。独鈷石や縄文土器に至っては、何に使ったのかをめぐって、考古学者の間でも意見が分かれている。

一説には、これらの遺物を祭祀に用いたと考えて山岳信仰を示す証拠であるというが、それらは通常、狩猟などに使用する道具であるから、日常的な活動の一環として捉えることもできるため、その可能性は低いと考えられる。狩猟や交易に従事する際に、「山の神」を祀ったかもしれないが、それは狩猟神や焼畑農耕の神であって、いわば生業神《せいぎょうしん》であった。豊饒の女神に代表される生業神は、確かに神であるが、山岳信仰とは異質の信仰であった。一般に山岳信仰は、「山岳に宗教的意味を与えて崇拝し、また山岳を対象として種々の儀礼を行なうこと」(『修験道辞典』)で、山岳を崇拝対象と位置づけた宗教のことである。縄文時代にも、山岳を平地とは異なる世界であるとする認識は生まれていた可能性が高いが、いまだ山岳を崇拝対象とするまでには至っていなかったと考えられる。

弥生時代になると、山岳に対する人々の意識は、どのように変わったのであろうか。まず、青銅器を出土した遺跡を見ると、広島県安芸《あき》町《ちょう》福田《ふくだ》の木ノ宗《きのむね》山頂の巨岩下からは銅鐸《どうたく》・銅剣《どうけん》・銅戈《どうか》、和歌山県新宮《しんぐう》市の神倉山《かみくらやま》のゴトビキ岩の下からは銅鐸の破片が出土した。しかし、それらの事例はいずれも十二世紀以降に聖地となった場所で、後世に青銅器を埋納した可能性があるため、慎重な検討が必要である。

また、群馬県吾妻町《あがつままち》岩櫃山《いわびつやま》遺跡や有笠山《ありかさやま》遺跡など里山の山腹に弥生時代中期の壺や甕を利用した再葬墓《さいそうぼ》が確認され、同県のみなかみ町八束脛《やつかはぎ》洞窟遺跡では弥生時代中期の装身具を伴う人骨が発掘された。再葬は、遺体埋葬後、白骨化した人骨を掘り出し、再度容器に納めて埋葬する葬法で、一度目の埋葬を第一次葬、二度目の埋葬を第二次葬と呼ぶ。再葬墓は、平地に営まれるのが普通であるから、岩櫃山遺跡などは特殊な事例かもしれないが、里山が葬送の場として利用されたことは注目してよい。

このことから、弥生時代には、里山が祭祀や葬送と深く関わる場であったことがわかる。しかし、高山では弥生人の足跡を示す考古資料が全く発見されておらず、高山が弥生人の生活領域外に位置づけられていたことが知られる。つまり、弥生時代には、里山が非日常的な場として利用されるようになったのに対して、高山は人々の活動の外に置かれ、しかもいまだ宗教と結びついていなかったのである。高山が聖地と意識されていた可能性はあるが、そこは登拝してはいけない聖地、すなわち禁足地《きんそくち》とされたのである。

このように、縄文時代と弥生時代では、山岳に対する人々の意識は大きく異なっていた。山は、人々にとって、縄文時代には身近な存在であったのに対し、弥生時代には遠い存在であった。

霊山の誕生

それでは、霊山は、いつ誕生したのであろうか。

古典に見える神奈備《かんなび》の代表である三輪山《みわやま》の山麓には、古墳時代の祭祀遺跡が、数多く存在している。その一つである奈良県桜井市馬場山《ばばやま》の神祭祀遺跡では、磐座《いわくら》と考えられる巨石の前面から、勾玉《まがたま》・子持勾玉・臼玉《うすだま》・管玉《くだだま》・有孔円板《ゆうこうえんばん》・平玉《ひらだま》・剣形模造品などの石製品、臼・杵《きね》・柄杓《ひしゃく》・箕《み》・俎板《まないた》などの土製模造品、土師器《はじき》、須恵器《すえき》、素文鏡《そもんきょう》など豊富な祭祀遺物が出土している。

磐座というのは神が憑依《ひょうい》する目印となった岩のことで、山中に所在する巨岩と相通じるものがあったところから、山中に居住する神の依代《よりしろ》とされたのである。古墳時代の神は、去来する存在であり、人の招きに応じて山から里へ降臨した。決して一ヶ所に常住することはなかった。祭場は臨時に設えられたもので、祭りが終れば、自然に帰ったのである。ただ、祭りに使用された品々は、そのまま放置されるか、一ヶ所にまとめて埋納された。

大部分の石製品や土製模造品は、実用的なものではなく、祭祀専用に作られたものであった。しかも、土製模造品は、酒造りに関連する道具を模したものと考えられており、『万葉集《まんようしゅう》』に「味酒《うまさけ》の」と詠われた三輪神にふさわしい道具であった。祭祀に使用された模造品は、祀られる神に対しての、祀る側のイメージが投影されたものであった。土師器や須恵器は、数こそ少ないものの大部分が実用品で、神への供物《くもつ》の器として、あるいは神と人の共同の飲食のための食器として用いられた。

馬場山の神祭祀遺跡の磐座

山の神祭祀遺跡は遺物から五世紀に形成されたことが知られるが、五世紀には同様な遺跡が全国各地に営まれ、例えば福島県白河市の建鉾山《たてほこやま》・静岡県下田市の三倉山《みくらやま》・三重県伊賀市の南宮山《なんぐざん》・福岡県筑紫野《つくしの》市の砥上山《とがみやま》は代表的な遺跡として名高い。このうち、建鉾山では、中腹と山麓の二ヶ所で祭祀が執り行われていた。中腹の巨岩付近からは、勾玉・臼玉・鏡・釧《くしろ》・斧・鎌・刀子《とうす》・剣形・有孔円板などの石製模造品、銅鏡・鉄鉾・鉄剣・鉄刀などの金属器、土師器などが出土しており、山麓からも勾玉・子持勾玉・臼玉・紡錘車《ぼうすいしゃ》・斧・剣形・有孔円板などの石製模造品、ガラス小玉、土師器、須恵器などが採集されている。しかも、山麓の祭祀遺跡の近くから、豪族居館跡が発掘されているのである。つまり、山麓祭祀の担い手は豪族だったのである。

里山と呼ぶには高い赤城山でも、山麓というか、山腹の祭祀遺跡の存在が知られている。群馬県前橋市三夜沢《みよさわ》の櫃石《ひついし》祭祀遺跡では、櫃石と呼ばれる巨岩の前面から、五世紀末の勾玉・管玉・臼玉・剣形・有孔円板などの石製模造品、手捏《てづくね》土器、須恵器などが出土している。そのほかにも、赤城山麓には、同市西大室町《にしおおむろまち》七ツ石《ななついし》遺跡をはじめ数ヶ所で巨石を伴う祭祀遺跡が知られ、山麓の各所で赤城神の祭祀を行っていた。七ツ石遺跡の近くには大室古墳群や豪族居館である梅ノ木遺跡があり、建鉾山と同様に豪族が祭祀の担い手であったことが知られる。

このように、古墳時代の山岳信仰は、山麓か山腹の巨石に神を招き降ろして祀るものであった。山麓や山腹を祭場としたのは、山頂が神の住む聖地とされ、禁足地として登拝が禁じられていたためである。そこで、山麓の祭場に山から神を招き、供物を供えるなどして丁重に祀ったのち、再び神を山へ送り返したのである。つまり、山は神が居住する聖地と考えられていたわけで、明らかに霊山であった。注意しなければいけないのは、山に住んでいたのは神であって、死霊（死者の霊魂）ではなかったことである。霊山というと、死者が集う山といったイメージがあるが、本来は神が住む場所であった。

では、なぜ、山が神の住む聖地と考えられたのであろうか。それを考える手がかりは山の神祭祀遺跡の立地にある。遺跡を訪ねると、すぐ横を豊かな水量の小川が水しぶきを立てながら流れているのに気づくが、水源は三輪山の山中にあり、流れは下流の水田を潤す用水につながる。要するに、三輪山は農業用水の水源であり、収穫の豊凶を左右する水を司る神は山中に居住していると考えられていたのである。記紀などには、分水神と書いて「みくまりのかみ」と読ませる神が登場するが、それが山に居住していた神の正体であった。山岳信仰は、単に山に対する崇敬の念だけではなく、水源としての山に対する信仰に支えられて生み出されたものである。山麓祭祀が登場した五世紀は、大開発の時代であり、農業生産への期待がふくらんだ時代であったことに、われわれは思いを致さねばなるまい。

山林仏教と山寺

日本史の教科書に従えば、平安時代前期に、都市の喧騒《けんそう》を厭《いと》い、最澄《さいちょう》や空海《くうかい》が開いたのが山《やま》寺《でら》で、そこを中心に展開したのが山林仏教ということになるが、実際にはそれよりも約二百年早く、七世紀には日本で山寺が造営されるようになっていた。

滋賀県大津市の崇福寺《すうふくじ》跡は、志賀山寺《しがさんじ》に比定される寺院遺跡で、南尾根に金堂と講堂、中尾根に塔と小金堂、北尾根に弥勒堂が、地形に合わせて配置されている。このうち、南尾根の建物は、八世紀に創建された梵釈寺《ぼんしゃくじ》と見られるので、弥勒堂とされている建物は講堂である可能性が高い。とすれば、変則的な法起寺《ほっきじ》式伽藍《がらん》配置で、平地伽藍の伽藍配置が採用されていることになる。崇福寺跡のある場所は、近江から山城へ抜ける交通の要衝で、両国の国境にあたっていたが、里山であるにもかかわらず滝などもあって修行に適した場所であった。東方の平地には南滋賀廃寺・穴生《あのお》廃寺・大津《おおつ》廃寺などがあるが、同笵瓦《どうはんがわら》から崇福寺との密接な関連が推測されており、崇福寺はそれらの寺院の僧侶の修行場所として使用されていた可能性が考えられる。

春日山石窟仏

奈良県大淀町《おおよどちょう》比曽《ひそ》の比曽寺は、八世紀に造営された寺院で、二つの塔を持つ薬師寺式伽藍配置を採用している。山地に立地することを除けば、一見平地伽藍となんら変わらない伽藍配置であり、その点は崇福寺跡と共通している。しかし、ここは吉野山を行場とする山林仏教である自然智宗の拠点で、虚空蔵求《ぐ》聞持《もんじ》法の修行が盛んに行われたことで著名な寺院である。比曽寺は、興福寺の支配下にあり、半月を比曽寺で修行し、もう半月を興福寺で過ごす僧侶もいたと言われている。要は、興福寺付属の行場であったわけであるが、閑静な環境のもとで修行することが、都市の大寺院の僧侶にとっては欠かせないものであったに違いない。

東大寺では、二月堂《にがつどう》や法華堂のほか、天地院・丸山西遺跡・香山堂《こうざんどう》などが春日山の山中や山麓に営まれており、山林修行の場として利用された。現在も二月堂で行われている修二会《しゅにえ》が物語るように、山林仏教は古密教と深い関係にあり、五穀豊穣をはじめ様々な現世利益を祈願する修法が執行された。春日山中にある春日山石窟は、八世紀に行場に彫られた石仏であるが、かつては周辺に磨崖仏や石塔を本尊とする山寺が営まれていた。同様な例は、七世紀末から八世紀にかけて滋賀県栗東市の狛坂寺《こまさかでら》跡や大阪府太子町《たいしちょう》の鹿谷寺《ろくたんじ》跡などで見ることができるが、造営の背景には山や巨石に対する強い信仰があった。

山寺は、九世紀になると全国的に広がり、国分寺の僧侶の行場として設けられた寺院が各地に登場した。群馬県では、赤城山麓には前橋市の宇通廃寺《うつうはいじ》、榛名山麓には渋川市《しぶかわ》伊香保町《いかほまち》の水沢廃寺《みずさわはいじ》や高崎市の唐松《からまつ》遺跡、妙義山麓には富岡市八木連荒畑《やぎつれあらはた》遺跡など、上毛三山の山麓に出現する。山中の傾斜地に猫の額ほどの平坦面を削り出して堂宇を配したもので、伽藍配置は整っていなかったが、大部分が国分寺と同笵の軒瓦を屋根の一部に葺《ふ》いていた。屋根瓦で国分寺との関係を示していたと言えなくもない。瓦は郡司層の豪族が経営していた窯で焼かれたもので、彼らは瓦を国分寺に補修用として提供するとともに、自ら造営を主導した寺院にも使用したのである。

仏教寺院の伽藍は、仏を祀る塔や金堂を中心とする「仏地《ぶっち》」、僧侶の日常的な生活の場であった講堂や僧坊を主体とする「僧地《そうち》」、寺院経営の施設である政所《まんどころ》などが設置された「俗地《ぞくち》」の三種類の空間からなっていた。古代の平地寺院では一般的に仏地の背後に僧地を配置したが、山寺では手前に僧地を配する傾向があり、平地寺院と山寺で伽藍配置が異なっていた。山寺でそのような伽藍配置が採用されたのは、背後に霊山などの聖地が存在し、低い位置に一般村落など世俗的な空間があったからである。つまり、高所が「聖」、低所が「俗」という原理が伽藍配置に適用され、仏地が高所、僧地が低所という配置がなされた結果、通常仏地の背後にある僧地が手前の低所に配されたのである。

密教が隆盛するようになると、山寺の数は全国的に大幅に増加し、滋賀県大津市の比叡山延暦寺や和歌山県高野町の高野山金剛峯寺《こんごうぶじ》に代表されるような大寺院が生み出された。中世の高野山は、一山が巨大な宗教都市と化し、中心的な聖地が大塔や金堂がある壇上伽藍と空海の御廟《ごびょう》がある奥の院とに二分され、その間の谷地を中心に大規模な院坊《いんぼう》群が形成された。学侶を頂点に、行人《ぎょうにん》と勧進聖からなる巨大組織となった高野山は、一部に修行の拠点としての性格を残しつつも、全体的に見れば権門《けんもん》としての性格を強め、草創期に見られたような行場としての山寺といった側面は影をひそめた。

霊山への登拝

古墳時代には、霊山は山麓から仰ぎ見るものであって、登拝するものではなかった。なぜならば、霊山には神が居住しており、人間の立ち入りを拒んでいたからである。ところが、七世紀末以降、仏教徒によって、霊山の山頂で神の祭祀が行われるようになり、霊山への登頂が試みられるようになった。

福岡県太宰府《だざいふ》市と筑紫野市の境界にある宝満山《ほうまんざん》では、七世紀後半に山腹に辛野《からしの》祭祀遺跡が出現し、八世紀になって標高八三〇メートルの山頂に上宮《じょうぐう》祭祀遺跡が形成された。辛野祭祀遺跡は、宝満山の傾斜変更線付近の尾根に立地する遺跡で、磐座と見られる方形石組の周辺から、銭貨（神功開宝《じんごうかいほう》・富寿神宝《ふじゅしんぽう》）、銅製金具、鉄製品（刀子《とうす》・鋤《すき》）、土師器（甕《かめ》・短頸壺《たんけいこ》・鉢《はち》・杯《つき》・椀《わん》・皿・高杯《たかつき》・托《たく》・竈《かまど》）、須恵器甕・瓶《へい》・長頸壺《ちょうけいこ》・鉢・鉄鉢形《てっぱつがた》鉢・盤《ばん》・皿・杯・杯蓋、灰釉《かいゆう》陶器（多嘴壺《たしこ》）、製塩土器（煎熬《せんごう》土器・焼塩《やきしお》土器）、墨書《ぼくしょ》土器、平瓦、石製品など七世紀後半から九世紀の遺物が出土している。上宮祭祀遺跡は、山頂とその直下の崖下から遺物が採集されているが、銅製儀鏡・銭貨（和同開珎《わどうかいちん》・万年通宝《まんねんつうほう》・神功開宝・隆平永宝《りゅうへいえいほう》・富寿神宝・承和昌宝《じょうわしょうほう》・延喜通宝《えんぎつうほう》・乾元大宝《けんげんたいほう》）・土師器（甕・杯・椀・皿・脚付盤《きゃくつきばん》）・須恵器（蓋・托・杯・椀・皿・瓶・長頸壺）・墨書土器・三彩小壺《さんさいこつぼ》・二彩蓋《にさいふた》・緑釉《りょくゆう》陶器杯・灰釉《かいゆう》陶器・中国陶磁・石製円板・石製舟形など、八世紀から中世までの遺物が出土している。辛野祭祀遺跡の遺物には鉄鉢形鉢や墨書土器などが見られ、祭祀が僧侶によって担われたことが知られるが、遺物の内容からは上宮祭祀遺跡においてもほぼ同様な祭祀がなされたと考えられる。つまり、僧侶によって、山腹の辛野祭祀遺跡で始められた祭式が、山頂の上宮祭祀遺跡に導入されたとみられるのである。

修験道の本拠地である奈良県天川《てんかわ》村の大峰山では、八世紀後半に、標高一、七一九・二メートルの山上ヶ岳《さんじょうがたけ》山頂で護摩《ごま》が焚《た》かれ、十世紀になると固定した護摩壇が設けられた。護摩壇跡は方形の石組で、周辺に灰を掻き集めた灰溜《はいだまり》があり、そのなかから銭貨・法具・籾・金箔・黒色土器などの遺物が検出された。金属製品には高温で溶解したものが含まれていることから、燃え盛る護摩の火に投げ入れられたと考えられ、大峰山中で古密教の修法が行われていたことが判明した。大峰山中では、七曜岳《しちようだけ》・行者還岳《ぎょうじゃかえりだけ》間の鞍部《あんぶ》で須恵器長頸壺片、山上ヶ岳・弥山池《みせんいけ》の谷・八経ヶ岳《はっきょうがたけ》などで須恵器片が採集されており、八世紀後半には山中で須恵器を用いた祭祀が行われたと考えられる。九世紀になると、弥山山頂遺跡で憤怒《ふんぬ》形三鈷杵《さんこしょ》や火打鎌《ひうちがま》が確認されているが、弥山は天川の上流である弥山川の源泉にあたり、水源に対する信仰に基づく祭祀を行うために行者が入山したと推測できよう。

栃木県日光市の日光男体山《なんたいさん》山頂遺跡では、標高二、四八四メートルの地点に位置する岩裂周辺から銅鏡・銅印・銭貨・鉄鐸《てつたく》・銅鈴《どうれい》・鉄鈴《てつれい》・鉄製馬形模造品・武器・武具・馬具・火打鎌・農工具・

玉類・仏具・鏡像・懸仏《かけぼとけ》・禅定札《ぜんじょうふだ》・種子札《しゅうじ》・経筒《きょうづつ》・土器・須恵器・陶磁器など古代から近世にわたる豊富な遺物が出土している。仏具には三鈷鐃《さんこにょう》・憤怒形三鈷杵・錫杖《しゃくじょう》・塔鋺《とうまり》・柄香炉《えごうろ》などが含まれており、三鈷鐃や憤怒形三鈷杵のように古密教（雑密《ぞうみつ》）で使用されたものが見られるところから、山林仏教の僧侶が祭祀の担い手であったことが知られる。空海の『遍照発揮性霊《へんじょうほっきしょうりょう》集《しゅう》』に引くところの「沙門勝道歴山水瑩玄珠碑 并序《しゃもんしょうどうせんずいをめぐりげんじゅをえいずるのひならびにじょ》」によれば、天応二年（七八二）に男体山登拝に成功した勝道が、大同二年（八〇七）の旱魃《かんばつ》に際して国司の依頼で祈禱したところ、豊かな雨に恵まれたという。こうした高山の山頂での祭祀を、山麓祭祀に対して、山頂祭祀と呼ぶことができよう。

　山頂祭祀は、それまでの山麓祭祀と異なり、宗教家自身が聖地の内部に踏み込んで祭祀を行うもので、山岳登拝を伴うものであった。「沙門勝道歴山水瑩玄珠碑并序」には、失敗にくじけずに山頂登拝に何度も挑戦した勝道の強靭な姿が描かれている。それは、神の祟《たた》りを恐れない仏教者としての、新たな世界観に支えられた行動であったのではなかろうか。最初の山岳登拝に際しては、在地からの反発が、必ずやあったに違いないのであり、それを乗り越えて初めて山岳登拝は普及することができたと考えられるのである。その後、山岳登拝の風習は徐々に広まり、九世紀には榛名山《はるなさん》・立山・白山・英彦山《ひこさん》など多くの霊山に山頂遺跡が形成された。こうして、霊山への登拝は一般化したが、最初は山頂祭祀のための登拝であったのが、やがて登拝すること自体に意義を見出し、登拝を修行であるとする考え方が広まった。山岳修行の成立である。

霊山と山岳修行

霊山における山岳修行には、特定の仏堂や洞窟などに一定期間滞在して修行する参籠行《さんろうぎょう》と、山々を縦走する山岳練行《れんぎょう》の二者がある。修験道の根本道場として名高い大峰山《おおみねさん》の事例を紹介しよう。

参籠行の典型は大峰山の笙ノ窟《しょうのいわや》で行われた冬籠り行である。笙ノ窟は奈良県上北山《かみきたやま》村西原《にしはら》に所在する岩陰で、『尺素往来《せきそおうらい》』や『金峯山草創記』によれば、中世には、九月九日から翌年三月三日まで参籠したといい、厳寒期の厳しい修行であった。

『大日本国法華験記《だいにほんこくほっけげんき》』に収める「叡山西塔宝幢院陽勝仙人伝《えいざんさいとうほうどういんようしょうせんにんでん》」によれば、陽勝が大峰山で修行した延喜年間（九〇一～九二三）に笙ノ窟に参籠していた僧侶に会ったといい、早くも十世紀には笙ノ窟で窟修行が始まっていたことが知られる。しかし、笙ノ窟が著名になったのは、建長三年（一二五一）に成立した『十訓抄《じゅっきんしょう》』が、道賢《どうけん》が冥界遍歴を経験した金峯山の一洞窟は笙ノ窟であると説いて以来のことである。『扶桑略記《ふそうりゃっき》』天慶四年（九四一）条に引く『道賢上人冥途記《めいどき》』によれば、道賢は参籠三十七日目に気息絶え、金峯山浄土・大政威徳天《たいせいいとくてん》の居城・地獄などを遍歴したのちに再び蘇生したという。その際、菅原道真《すがわらのみちざね》らに会ったというので大きな話題になり、記録が残されたのである。

ところで、笙ノ窟からさほど遠くない大峰山の下北山村前鬼《ぜんき》の金剛界窟《こんごうかい》から出土した碑伝《ひで》には、永仁三年（一二九五）に長盛慈聖房《ちょうせいじせいぼう》が四度目の冬籠行を行ったことが見え、冬籠行が笙ノ窟だけのものではなかったことが知られる。碑伝は修行が成就した証拠として造立されたもので、四度も参籠行を行ったのは、繰り返し修行を重ねることで験力《げんりき》を高めようとしたからと考えられる。

参籠行で験力を獲得し、修行を重ねて力の倍加を図ろうとする姿勢は、修験道の思想をよく現している。笙ノ窟の冬籠行も同様な性格のものであったと考えられる。

山岳練行の典型は、大峰山で毎年行われている奥駈《おくがけ》修行であろう。吉野から熊野まで全長約五〇キロメートルの入峰道を縦走するが、途中に多数の行場や宿《しゅく》が配されていた。

江戸時代には、「大峰七十五靡《なびき》」と呼ばれたが、長承二年（一一三三）に書写された『金峯山本縁起』には八十一ヶ所、鎌倉時代の『大菩提山等縁起』には百六ヶ所の宿が見え、時代とともに変化したことが知られる。

宿は山中の聖地にある平場や岩窟を指す場合が多く、神仏が宿る場所とされていたが、なかには宿泊施設としての機能を備えていたところもあった。拠点的な宿は、小篠《おざさ》宿・深仙《じんぜん》宿・湧宿《わきの》（山上ヶ岳）・弥山《みせん》宿・笙ノ窟など、湧水があり、修行の支援者が居住する集落に近い場所にあった。行場は、西の覗《のぞ》き・鐘掛岩《かねかけいわ》・蟻《あり》の戸渡り・平等岩《びょうどういわ》など数多いが、それぞれ特徴的な自然地形を利用した修行が工夫されていた。西の覗きでは、行者が絶壁から上半身を乗り出して、合掌しながら懺悔した。鐘掛岩・平等岩では、足の置き場を先達に教わりながら、滑りやすい岩場を登攀し、蟻の戸渡りでは両側が絶壁をなした痩せ尾根を恐る恐る通過するというように、行場ごとに個性ある修行をすることができた。

しかも、行場で修行し、宿の本尊を拝し、必要に応じて宿泊しながら奥駈道を進めば、自ずから山岳練行になるよう工夫されていた。行場や宿はそれぞれ独自な宗教的意味を付与され、全体が宗教的な宇宙に見立てられ、金剛界・胎蔵界の曼荼羅として把握されていた。江戸時代には、入峰道の途中に発心《ほっしん》門・修行門・菩提門・涅槃《ねはん》門の四門になぞらえた門が実際に設けられ、入峰道を進むことが成仏の過程に対応することを象徴的に示し、奥駈修行の教学的な意味づけがなされた。

山岳練行は、集団で入峰するのが基本で、山伏装束に身を固めた大勢の修験者が、先達に率いられて修行をした。峰中では、先達《せんだつ》が絶対的な権限を持ち、初めて入峰した新客らを指導した。その際、異なる寺院から参加した行者たちが、峰中で一同に会したことが、修験道教団を形成する契機となったと考えられる。いつの頃からか、熊野から吉野へ向う順峰が本山派、吉野から熊野へ向う逆峰が当山派とされるようになったが、そのことからも入峰修行と教団が密接な関係にあると考えられていたことがうかがえよう。

ここでは大峰山の事例について簡単に紹介したが、山岳修行は鳥海山・羽黒山・日光連山・白山・富士山・伯耆《ほうき》大山・石鎚山・英彦山・宝満山などでも独自に発達した。もっとも、修験道教団は、大峰山のほかには羽黒山と英彦山があるのみである。修験道は山岳信仰を基礎にして生まれたが、山岳信仰のすべてが修験道であるわけではないので、注意が必要である。

修験道教団の形成

中世は、寺社勢力の成長が著しかったが、山岳修行をした行者たちの社会的地位は必ずしも高いものではなかった。権門寺院では、学侶・行人・聖という身分が形成され、学侶を頂点とした寺院大衆の衆議による寺院運営が行われた。学侶は学問を身につけ、法会《ほうえ》を執行し、寺院運営の中心となった。行人は、修行を行うとともに、供花《くげ》や閼伽《あか》の準備などの雑事をこなした。聖は、各地を廻って寄付金を募るのが仕事で、寺院経営に大きな役割を果たした。このうち、山岳修行を重視する行人が主体となって、権門寺社の枠を越えて一揆を結んだのが修験道教団の始まりであると考えられる。つまり、修験道は、顕密仏教修験派とでもいうべき一派であって、権門寺社の底辺にいた行人たちが結集して作り上げた宗教であった。

修験道は、山岳修行によって体得した験力をもとに、様々な活動を行う宗教であり、仏教だけでなく、神道・道教・陰陽道・シャーマニズムなど多くの宗教が持つ要素を取り込んで生み出された習合宗教であると言われている。宗教としての修験道の内容は、十一世紀頃に金峯山で成立し、その後徐々に整備されていったものであるが、修験道教団が成立したのは十五世紀になってからのことである。その点、仏教などに比べると、修験道はとても新しい宗教であるといってよい。

最初に教団の組織化が進んだのは聖護院《しょうごいん》を頂点とする本山《ほんざん》派で、文明十八年（一四八六）に、聖護院門跡《もんぜき》の道興准后《どうこうじゅごう》が約一年に及ぶ東国への旅に出発したあたりから本格化したとみられている。道興准后は、永享二年（一四三〇）頃に近衛房嗣《このえふさつぐ》を父として生まれ、幼くして園城寺《おんじょうじ》に入り、ほどなくして聖護院満意《まんい》の附弟《ふてい》となり、やがて寛正六年（一四六五）に満意の跡を継いで聖護院門跡となった人物である。当時、聖護院門跡は熊野三山検校《けんぎょう》と新熊野検校を兼帯しており、いわば熊野先達の頂点に立っていた。しかも、彼は園城寺長吏《ちょうり》に就任し、准三后の位を受けたところから、道興准后と呼ばれることになった。

熊野三山検校は、園城寺長吏増誉《ぞうよ》が寛治四年（一〇九〇）に白河《しらかわ》上皇の熊野詣《もうで》に際して先達を務めたことを契機に就任したのに始まるとされ、最初は園城寺の僧侶が補任《ぶにん》されていたが、十四世紀初頭に覚助《かくじょ》法親王が就任して以来、聖護院の歴代の職として固定した経緯がある。熊野三山検校は、熊野先達を統轄する立場にあるところから、その職にあった聖護院に多くの修験者が結集して教団が形成されたと考えられる。

東国には、多くの熊野先達が居住し、在地の武士や名主層の百姓を率いて熊野詣を行っていた。熊野先達には、様々な系譜の宗教家が含まれていたようであるが、その主体をなしていたのが修験者であった。そこで、道興准后は、自ら東国へ赴いて彼らを勧誘し、修験道教団の充実化を図ったのである。それ以前に組織化されていたと推測される畿内を中心とした地域の修験者に、新たに東国の修験者が加わることによって、全国的な教団としての本山派が成立したのである。

聖護院の採燈護摩

聖護院は、畿内の有力な修験者である若王《にゃくおう》子《じ》・積善院《しゃくぜんいん》・住心院《じゅうしんいん》・伽耶院《がやいん》などを院家として組織化するとともに、地方の有力な修験者を年行事として編成した。また、各地の修験者に先達職などの補任状を発給し、修験者であることを聖護院が保証するシステムを徐々に構築していった。また、年行事の補任に際しては、補任状を受けた修験者が率いることのできる檀那の範囲を霞状《かすみ》に明記し、檀那をめぐる修験者同士の争論の発生を防いだ。地方に居住する大部分の修験者は、その居住地を支配する年行事の同行と位置づけられ、年行事の支配を受けることになった。その結果、地方の修験者は、基本的に聖護院―年行事―同行という組織として編成され、年行事が実質的な霞の支配を行うことになった。もっとも、霞の所有権は聖護院が持ち、年行事はその管理人とされたのであり、年行事の権限が全面的に認められたわけではなかった。

このようにして形成された本山派に属さない真言系を中心とした修験者は、大和国の有力修験者を中心とした当山三十六正大先達のもとに結集し、当山派《とうざん》を形成することになった。当山三十六正大先達は、大峰山への入峰修行を円滑に行うために生み出された組織で、異なる権門寺社に属する修験者を取りまとめる機能を持つもので、いわば入峰修行のための組織といえるものであった。彼らのなかには、大峰山を中興したとされる聖宝《しょうぼう》（八三二～九〇九）への信仰を抱く者が多かったことから、やがて彼に縁の深い醍醐寺三宝院《さんぽういん》を頂点とする組織へと改変され、江戸時代の当山派が成立することになった。

江戸時代の霊山と里修験の活動

中世から近世への移行期は、霊山と修験道にとって、大きな画期であった。

多くの霊山が戦国期に荒廃し、江戸時代に復興したが、その際に大きく信仰の内容が変わった場合があった。最も顕著な事例は日光（栃木県日光市）である。日光は、中世には、三峰五禅定と呼ばれる冬峰・華供峰《はなぐ》・夏峰・惣禅定《ぜんじょう》などの山岳修行の拠点として栄えたが、後北条氏と結んだために、織豊期に所領を没収されるなどして大いに衰退した。江戸時代になって天海が日光山座主に就任して以後、日光東照宮や大猷院《だいゆういん》霊廟などが造営され、元禄年間（一六八八〜一七〇四）には神領二万五千石に及んだ。大名並みの破格の待遇であるが、それは日光が東照大権現を祀る幕府の聖地としての地位を確立したからであって、修験道の根拠地であったからではない。日光ほど極端ではないものの、所領の削減、朱印地の指定、政治的統制などによって、幕府による再編が行われた寺社や霊山は少なくなかった。

中世的な特権を失い、荘園などからの収入が得られなくなった寺社や霊山では、新たな経済的基盤を確立するために、講社の設立を推進した。講社は、御師などの指導のもと、村や町の民衆によって結成された。旅費を積み立て、順番で参詣できる代参講は、とりわけ人気があった。御師などは、講社の人々を檀那として把握し、自ら檀那のもとを訪問して護符などを配り、見返りとして初穂銭などの収入を得た。代参に来た檀那には、宿泊の便を提供するとともに、祈禱や神楽の奉納を行い、奉賽料を得た。霊山への参詣は、民衆にとってまたとない娯楽でもあったため、講社結成の風習は瞬く間に広がった。

村や町では、中世末期から近世初期にかけて定住した修験者が、里修験として活動するようになった。里修験は、大部分が本山派か当山派に所属したが、東北地方では羽黒派、九州地方では彦山派の場合が見られた。村の里修験は、境内に仏堂を持つ修験道寺院を構えたが、仏堂を持つことを除けば、多くの場合普通の民家となんら変わらなかった。本山派では、里修験は、年行事・

准年行事などと本末関係を結び、その保護下に置かれていた。年行事・准年行事は、本山から霞村での活動を許され、定期的な配札活動などを行う権利を持っていた。多くの里修験は、その活動を補佐するなどして、地域社会での宗教活動に従事した。町の里修験は、借家住まいが多く、不特定の顧客を求めて宗教活動を展開するなど流動的な性格を持っていた。村と町では、里修験のあり方は大きく異なっていたが、行う宗教活動には共通する部分が多かった。

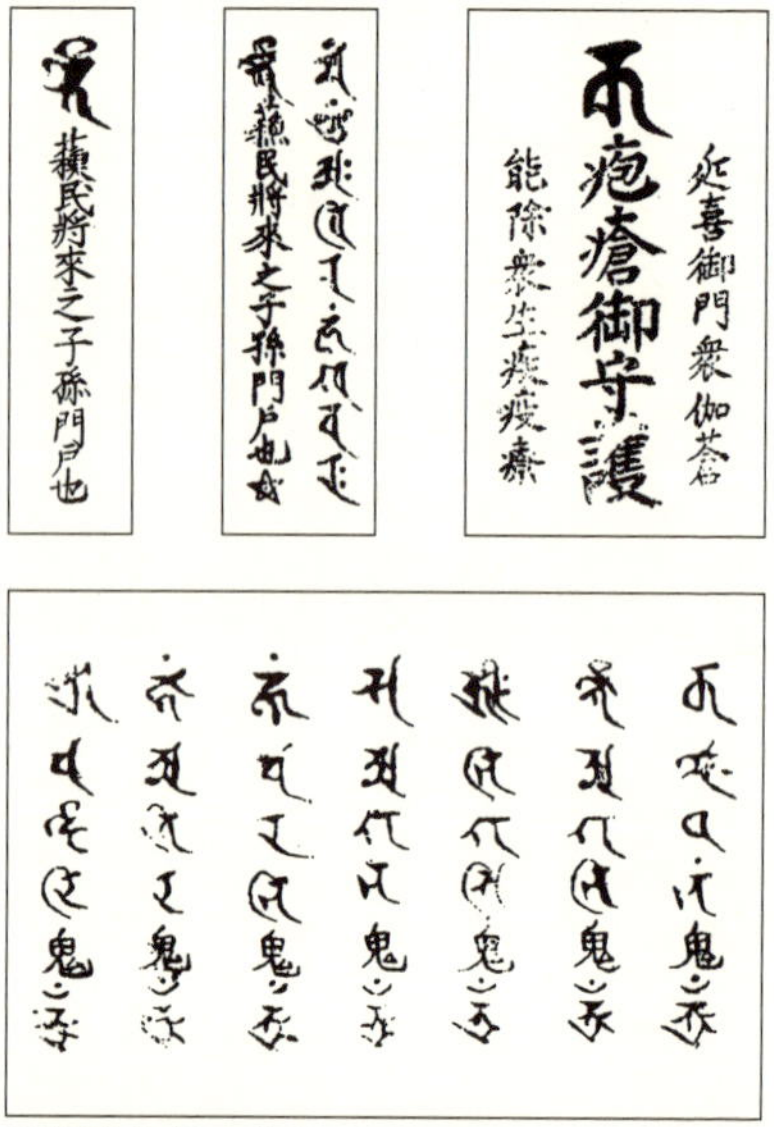

里修験発行の守札（群馬県みどり市旧満光院蔵版、筆者摺写）

　里修験は、神社や小祠の別当などとして、祭礼や年中行事を取り仕切る場合が多かった。とりわけ、村の里修験は、大部分が地域社会の宗教施設の運営に関与しており、そこから得た収入で生活するのが一般的なあり方であった。年中行事に際して、彼らは様々な守札を発行し、時には自ら檀家に配り歩いた。また、里修験は、祈禱や卜占、あるいは治病や寺伝薬の販売を行った。祈禱は、春祈禱など年中行事に関わるものもあったが、大部分は現世利益の求めに応じたもので、その内容は生活万般に及んだ。卜占は、祈禱などと併用する場合も見られたが、禁忌すべき方位や日時などを占うものが多く、やはり日常生活に密着したものであった。治病は、主に祈禱や飲符を用いた宗教的なものであったが、寺伝薬を与え、あるいは灸などを併用するような実質的効果を持つ方法が採用されることもあった。

里修験は、時折本山が主催する入峰修行に参加したが、その折の仲間たちが集まって行者講を結成することが多く見られた。行者講は、修験者のみによって構成される講集団で、本山派ではもっぱら役行者を祀った。修験者同士の交流を深め、教団の維持に一役買ったことは疑いないが、それだけではなく地域の修験者間の横の連絡を取り合ううえでまたとないよい機会であった。また、行者講が中心となって採燈護摩を焚くこともあり、宗教行事の実施主体としての側面もあった。

このように、江戸時代の地域社会では、民衆が霊山に登拝することが一般化し、しかも修験者が身近な存在となった。民衆のなかには、山岳修行を試み、一代限りの修験者として活動する、いわゆる俗山伏になる者も輩出した。やがて、民衆の山岳宗教への接近は、富士講や木曽御嶽講のような山岳登拝講を生み出すことになる。

霊山・修験道の伝統

以上、霊山と修験道の歴史を概観してきたが、霊山をめぐる信仰は長く、古墳時代以降連綿と続いてきたことが知られた。山麓に山神を招いて祀った山麓祭祀から自ら山頂に赴いて祭祀を執行する山頂祭祀へと変化し、その後は特定の山に登拝することを目的とした山岳登拝行が成立し、やがて複数の山々を縦走して修行する形態の山岳練行を特色とする修験道が生み出された。しかし、それらは、いずれも専門的な宗教家たちのために開発されたものであった。

ところが、江戸時代に入ると、民衆による山岳登拝が一般化し、富士講・木曽御嶽講・大山講・武州御嶽講・三峰講・榛名講などの山岳登拝を目的とした講集団が次々に結成された。また、里修験が村や町で広く活動するようになり、霊山や修験道は民衆にとって至って身近な存在になった。しかも、自ら霊山に登拝し、より本格的な修行を積むことさえ可能な時代になったのである。そうした変化があってこそ、初めて富士講のような信仰が創出されたのであり、江戸時代こそ霊山が最も輝いた時代であったと言えよう。極論すれば、それ以前を語った本稿は、霊山の時代の前史とでも呼ぶべき位置にあると言えよう。

（時枝　務）

【参考文献】
大場磐雄『神道考古学論攷』（葦芽書房、一九四三年）
時枝務『修験道の考古学的研究』（雄山閣、二〇〇五年）
時枝務『山岳考古学――山岳遺跡研究の動向と課題』（ニューサイエンス社、二〇一一年）
宮家準『山伏――その行動と組織』（評論社、一九七三年）
宮本袈裟雄『里修験の研究』（吉川弘文館、一九八四年）

霊山と登山——近世後期以降

日本の伝統登山

今、登山といえば高山に挑むスポーツの近代登山（アルピニズム）や低山逍遥《ていざんしょうよう》のハイキングをさす。近代登山とは、生業や信仰などの目的ではなく、山に登ることそのものを目的とする遊びやスポーツとしての登山である。ヨーロッパのアルピニズムは十八世紀に成立し、日本には明治時代の十九世紀末に輸入された。しかし、日本では古代からの山岳信仰遺跡や勝道《しょうどう》（七三七〜八一七）の男体山《なんたいさん》登頂に見られるように、はるかに古い登山の伝統があり、これを伝統登山という。近代登山以前の伝統登山は、①宗教的な登山、②趣味的な登山、③科学的な登山、②軍事・領土保全のための登山、の四つに分類できる（小林義正『続　山と書物』一九六三）。①宗教的な登山は、山岳信仰での開山・祭祀や修験道による山岳修行のための登山のほかに、江戸時代の講中《こうちゅう》登山といった民衆による団体登山である。②趣味的登山とは、江戸時代後期の文人墨客《ぶんじんぼっかく》による旅の延長としての登山である。登山によって紀行文や絵画が著わされた。③科学的登山とは、江戸時代の本草《ほんぞう》学者による各地の山岳に薬草を探るための登山や、鉱山探索の登山である。④軍事・領土保全のための登山は、戦国時代に戦略上のために山岳地帯を越えて進軍した登山や、江戸時代に山岳を抱える諸藩が設けた山廻《やままわ》り役による登山である。①②は精神的なものを求めた登山であるのに対して、③④は実利的なものを求めた登山だといえる。

①②の伝統登山は、実際には複合している。例えば、九世紀の都良香《みやこのよしか》『富士山記《ふじさんのき》』を紀行文とすれば趣味的登山であるが、富士山頂を天上の常世《とこよ》につながる神仙として遥拝《ようはい》したと記されているので、宗教的登山でもあった。『富士山記』には、頂上は平地で中央はくぼんで甑《こしき》のようで、底に神の池とうずくまる虎の形の大きな石があり、甑の底は湯が沸くようで、遠くからは煙火が見える。頂上の池に青竹が生え、山の腰に小松が生え、女神が舞う。夏でも宿雪《しゅくせつ》が消えず、白砂が流れ下るので登山しがたいと記されている。虎形の石は現在では獅子岩と呼ばれており、『富士山記』の頂上と噴火口についての記述は具体的である。実際に登山した者の記述をもとにしていると考えられる。山頂の青竹と小松は、仙女が遊ぶ地にふさわしい不老長寿の象徴である。

江戸時代中期以降の講社《こうしゃ》による霊山の登山は、信仰登山ではあるが、物見遊山《ものみゆさん》の旅の延長でもあった。江戸時代中期に、江戸とその周辺農村部に組織化された富士講《ふじこう》は、登山のリーダーの先《せん》達《だつ》と実務を取りしきる講元《こうもと》が講社を率いる富士山の信仰集団である。講社は地元を出発して、歩いて富士山麓にたどり着き、御師《おし》に宿泊して祈禱を受け、麓の浅間神社に参拝し、強力《ごうりき》を雇って荷物を持たせ、山中では御師や麓の人々が経営する室《むろ》（山小屋）に宿泊して祈禱を行い、頂上の拝所《はいしょ》で神々に祈って下山した。富士山以外の霊山でも、講社が組織され、ほぼ同じような形をとって団体登山を行った。その道中記も多く残されており、往復の道々では名所や寺社に参詣し、長い時間と少なくない金銭を費やす山への旅は、遊楽であった。また、地域の男子にとっては、ある年齢になると霊山に登山することで一人前になるといわれ、登山は通過儀礼でもあった。

このように、日本の伝統登山は、現代人が考えるような宗教的とか趣味的とかというように分けられるものではなく、多様な意味を含んでいた。同じ山でも、宗教的な登山では霊山であるが、趣味的な登山では名山と呼ばれる。

諸国の霊山と名山

江戸時代に諸国を遍歴《へんれき》して霊山に登り、その記録や足跡を残した旅人に、円空《えんくう》(一六三二～九五)・木喰五行《もくじきごぎょう》(一七一八～一八一〇)・野田泉光院《のだせんこういん》(一七五六～一八三五)がいた。遍歴の聖《ひじり》である円空と木喰五行は、諸国を旅して多くの仏像を彫刻して人々に残した。山伏《やまぶし》の泉光院は、諸国の霊山を巡る旅を『日本九峰修行日記《にほんくほうしゅぎょうにっき》』に記した。九峰とは、英彦山《ひこさん》・羽黒山《はぐろさん》・湯殿山《ゆどのさん》・富士山・金《こん》剛山《ごうさん》・熊野山《くまのさん》・大峯山《おおみねさん》・箕面山《みのおやま》・石鎚山《いしづちさん》であった。彼らは修行のために旅をし、霊山に登った。旅の途上で仰ぎ見る霊山の重要な要素は、円錐形または笠状の山体である。『常陸国風土記《ひたちのくにふどき》』では、標高では四倍以上の差がある筑波山《つくばさん》と富士山が同等に比肩されたように、山の大小にはかかわらず、里から見える山体の景観が神体山《しんたいさん》としての要素であった。

山の景観に対する関心は、崇拝の念だけではなく、山を見て愛《め》で楽しむという鑑賞の念を生み、名山の概念が発生した。江戸時代中期には名山とされる山が日本全土から選ばれた。名山として、寺島良安《てらしまりょうあん》『和漢三才図会《わかんさんさいずえ》』(一七一二)の「山類」に十八座、橘南谿《たちばななんけい》『東遊記後編《とうゆうき》』(一七九七)に二十六座、淵上旭江《ふちがみきょっこう》『山水奇観《さんすいきかん》』(一七九九)に二十七座が挙げられ、谷文晁《たにぶんちょう》『日本名山図《にほんめいざんず》会《え》』（一八一二）に八十九座が描かれた。これらを総合すると一二二の山名が挙げられているが、これら四書に共通している山は、富士山・白山《はくさん》・阿蘇山《あそざん》だけであり、それぞれ独自に名山が選ばれている。一、五〇〇メートル以上の山から選ばれた今日の「百名山」（深田久弥《ふかだきゅうや》選）とは異なって、低山も多く含まれ、里からは見えにくい日本アルプスの山々は、まだ認識されていなかった。名山の選定基準は明確ではないが、古くからの文学や歴史上に登場して名が通って知られた「名のある山」や、仰ぎ見られて信仰された霊山が多く、文学・歴史・宗教の面からまず名山が選ばれた。それとともに、橘南谿は『東遊記後編』「名山論」に名山の基準として、「山の高きもの」「姿峨々《がが》として嶮岨《けんそ》画のごとくなる」「姿のよき」「景色無双なる」ものを挙げている。山の秀麗性・雄大性・眺望性・構造性・構図性などの景観的要素も名山観に重要であった。特に谷文晁は、日本中を歩いて山を実見し、画家として構図を重視し、風景として優れた山を選んだ。これらの山は必ずしも信仰の対象ではなく、鑑賞の対象、つまり見ることの楽しみとしての山であり、諸国の名山が描かれ、集成されていった。

諸国の名山に登山したのは、江戸時代後期の探検家や地理学者で北海道の命名者である松浦武《まつうらたけ》四郎《しろう》（一八一八〜八八）である。武四郎は、「諸国の名山大岳に登らんことを欲して、名所図会また好《この》みて地誌を読《よ》む」と自伝に記すように、『日本名山図会』などの図会に影響を受けたことがうかがわれる（中村博男『松浦武四郎と江戸の百名山』平凡社、二〇〇六）。武四郎が登った山は、大雪《たいせつ》山《ざん》・後方羊蹄山《しりべしやま》・恐山《おそれざん》・岩手山《いわてさん》・湯殿山・月山《がっさん》・羽黒山・蔵王山《ざおうさん》・鳥海山《ちょうかいさん》・磐梯山《ばんだいさん》・赤城山《あかぎさん》・榛名山《はるなさん》・妙義山《みょうぎさん》・三峰山《みつみねさん》・七面山《しちめんさん》・身延山《みのぶさん》・富士山・戸隠山《とがくしさん》・御嶽山《みたけさん》・大山《だいせん》・朝熊山《あさまやま》・那智《なち》山《さん》・高野山《こうやさん》・石鎚山・剣山《つるぎさん》・大台ヶ原山《おおだいがはらやま》・阿蘇山・霧島山《きりしまさん》などである。これらの多くは山岳信仰の霊山である。武四郎は霊峰への尊崇と参詣の意をもったであろうが、山岳修行や祈願といった信仰が明確にあったわけではない。武四郎の登山には、名峰の頂上を自らの足で踏みしめたいという意志があらわれており、諸国を旅しながら各地の名山・名峰を次々と踏破してゆく近代登山のさきがけであった。七十歳の武四郎は明治二十年（一八八七）に、日本アルプスの命名者として知られるゴーランドと会見しており、伝統登山から近代登山へのかけ橋であった。

険峻峰の「開山」

江戸時代中期以降は、険峻《けんしゅん》な峰に登山道が設けられ、頂上へ新たに神仏が祀られ、一般の人々が登山して神仏に参詣するようになった。これを「開山」といった。古代に初登頂を成し遂げたとされる泰澄《たいちょう》の白山開山、勝道の日光山（男体山）開山とは異なって、山の高低大小によらず、山に神仏を祀って信仰の山として開創し、一般の人々が登山しやすいように道を開くのが近世の「開山」であった。それまで、里からは山頂が隠れて見えずにその存在が知られなかった山や、あまりに険峻なために信仰の対象ではなかった山を信仰の山にしたことでは、新たな霊山の創出であった。信州の有明山《ありあけさん》は享保六年（一七二一）に修験者宥快《ゆうかい》らにより、甲斐駒ヶ岳《かいこまがたけ》は文化十三年（一八一六）に小尾権三郎《おびごんざぶろう》（弘幡《こうはん》行者・延命行者）によって「開山」された。木曽御嶽山《きそおんたけさん》は十八世紀末に覚明《かくめい》・普寛《ふかん》らによって、軽精進《けいしょうじん》の一般者に登山が開かれ、登山道が整備され、以後は講社による登山が発達した。また、険峻な峰ではない低山でも、新たに山頂や山中に神仏を祀り、登山道を整備して山を霊場化していくことも「開山」であった。富士山麓の御正体山《みしょうたいさん》は文化十年（一八一三）に妙心《みょうしん》によって、三ツ峠山《みつとうげさん》は天保三年（一八三二）に空胎《くうたい》によって、「開山」されて信仰が広められた。身禄《みろく》は享保十八年（一七三三）に富士山七合五勺の岩窟で断食《だんじき》修行して入《にゅう》定《じょう》した。身禄の死を契機として、急速に富士信仰の信者が増えて富士講が組織化されたので、身禄は中興の「開山」だといえる。身禄に影響された妙心は、文化十二年に御正体山頂で入定して即身仏《そくしんぶつ》（ミイラ）となり、明治になって妙心の即神仏が山を降りるまで、御正体山は「活如《いきにょ》来《らい》」の山として信仰された。「開山」という行動は、多くの人々を霊場となった山頂に導いた。

険峻な峰の「開山」者で象徴的なのは、信濃・飛騨国境の槍ヶ岳《やりがたけ》を「開山」した念仏僧播隆《ばんりゅう》（一七八二〜一八四〇）である。登頂困難になっていた笠ヶ岳《かさがたけ》への登山道を、播隆は、文政六年（一八二三）に再興した際に、槍ヶ岳の岩峰をはるかに望見して、その「開山」を決心したという。文政十一年（一八二八）に播隆は槍ヶ岳に登頂して阿弥陀・観音・文殊の銅造仏三体を安置した。しかし、一般の人々が登頂して尊像を拝むことができないので、播隆は人々のための登山道を作り、槍の穂《ほ》に上がるために善《ぜん》の綱《つな》を下げた。天保七年（一八三六）には『信州鎗嶽《やりがたけ》略縁起』を版行して勧募し、鉄鎖《てっさ》を鋳造した。鉄鎖は四年後に設置され、霊場槍ヶ岳への参詣（登拝）が勧められた。播隆のこうした活動は、山岳の浄土に仏を安置し、人々を仏のおわす浄土へ導くという宗教的行動であるとともに、播隆の登高への意欲と情熱は、険しく困難な山岳に立ち向かっていくという近代登山の精神にも通じている。

神仏分離・修験道廃止と近代の山岳宗教

徳川幕府を倒した新政府は、天皇の神権的権威の確立のために、神道保護と仏教抑圧のための宗教政策を打ち出した。慶応四年（一八六八）三月に仏教語を神号とすること、仏像を神体とし神社に鰐口《わにぐち》・梵鐘その他の仏具を置くことの禁止などを定めた神仏判然令《しんぶつはんぜんれい》を出した。それ以後、各地で実際に神仏分離や廃仏毀釈《はいぶつきしゃく》が行われ、神社に勤仕《ごんし》した僧侶が還俗《げんぞく》して神職となり、仏堂・仏像の排除や破壊が行われ、多くの歴史的文化遺産が失われた。日本各地の修験道や山岳信仰の山には仏教的側面と神道的側面が併存していたが、山岳信仰が神道に組み入れられて、宗教施設や儀礼の改廃や名称変更などが行われた。用語の上では、登頂は禅頂《ぜんじょう》（中世は禅定《ぜんじょう》）から登拝へ、道者から登拝者へ、御師から先導師へ、というようになった。仏・菩薩が垂迹《すいじゃく》として化身して現れた日本の神である権現《ごんげん》は、その本地仏《ほんじぶつ》とともに山に祀られたが、神仏分離によって本地仏は排除され、『古事記』『日本書紀』の神話などに登場する神名を持った神が祭神とされた。本地仏や権現を祀る山麓の堂社や寺院は破壊されるか、難を免れて分離して存置された。それに代わって、新たに神社が建設された例が多い。明治五年（一八七二）に修験道廃止令が出され、修験者は真言宗・天台宗に帰入し、修験の坊は仏教寺院となったが、存続できない坊は廃止された。霊山の山麓や山腹にあった権現社や修験の坊では、仁王門を随神門《ずいしんもん》とし、仏堂を改修して社殿に転用して新たな神社とした例も多い。現在の霊山の近辺にある神社の景観は、近代になってから新たに整備されたものである。近世以前の山岳信仰の伝統としての堂社の景観は、その痕跡から復元的に見ることが必要である。

しかし、江戸時代中期に普及した講社を中心としていた信仰登山は、山の宗教事情が変化して、信仰を媒介する施設が別当寺院《べっとう》から神社へと変化しても、信仰対象が山そのものであることに変わりはなく、講社による信仰登山自体の変化は少なかった。むしろ明治・大正期の交通整備によって登拝は盛んになった。明治・大正期に、天台宗の聖護院《しょうごいん》や真言宗の三宝院《さんぼういん》を中心として、修験者は大峰山・葛城山へ盛んに入峰《にゅうぶ》して山岳信仰の活動を続けている。神道のなかからは、明治時代に山岳信仰と関わる教派が現れた。富士信仰からの扶桑《ふそう》教・実行《じっこう》教・丸山《まるやま》教、木曽御嶽信仰からの御嶽《おんたけ》教である。昭和二十年（一九四五）のＧＨＱによる神道指令、戦後勅令の宗教法人令（のち宗教法人法により廃止）、さらに日本国憲法は、国家神道を廃して信教の自由を保障するもので、明治維新の神仏判然令と対極的である。それを受けて、戦後期には多くの修験道教団や修験道系の新宗教が起こった。修験道系の各寺は、帰入していた天台・真言宗から、園城寺《おんじょうじ》の天台寺門宗、聖護院の本山修験宗、醍醐《だいご》寺の真言宗醍醐派などが独立した。神道系の修験道教団では、前掲の富士・御嶽の教団のほかに木曽御嶽本教・石鎚本《いしづちほん》教などがある。これらの霊山信仰や修験道は、民俗宗教を背景として再生している。

近代登山の導入と伝統登山の併存

日本における近代登山の始まりは、外国人による登山であった。明治三年（一八七〇）に来日したイギリス人のアーネスト・サトウやウィリアム・ゴーランドらの「お雇い外国人」は、明治十年代までに各地の山岳を踏査《とうさ》した。イギリス人宣教師のウォルター・ウェストン（一八六一〜

一九四〇）は、明治二十四年（一八九二）からの四年間に槍ヶ岳などの日本アルプス中心に行った登山活動を、『日本アルプスの登山と探検』（一八九六）にまとめてイギリスで出版した。

明治二十七年（一八九六）には志賀重昂《しがしげたか》の『日本風景論』が刊行された。これは、日本の山岳景観が優れていることを賛美して愛国心へと導く国粋主義の書だが、「登山の気風を興作《こうさく》すべし」の章を設けて、日本各地の山岳を紹介し、登山の技術を説いた初めての登山案内書・登山技術書でもあった。志賀は、山は自然界の興味・剛健・高潔・神聖であり、高く困難で危険な山に登ることで、「万象の変幻に逢遭《ほうそう》して、ますます快楽の度を加倍《かばい》す」と述べて、山は見るだけではなく登るものだという近代登山に駆りたてた。また、「名山の標準」とは「山の全体」「山の境遇」であるとして、名山として百三十六座の火山と花崗岩《かこうがん》山を挙げている。志賀の名山の基準は、具体的には円錐形の火山の形状と山内の湖沼《こしょう》・渓谷などの景勝や植物などの風景要素であった。ただし志賀に登山経験はなく、山岳案内・登山術・火山の記述は、サトウとA・G・Sハウスの『中部・北部日本旅行案内』（一八八一）、ガルトンの『旅行術』（一八七三）、ジョン・ミルンの『日本の火山』（一八八六）からの剽窃《ひょうせつ》であった（米地文夫「志賀重昂『日本風景論』のキマイラ的性格とその景観認識」一九九六、「志賀重昂『日本風景論』のと愛郷心・愛国心」二〇〇四）。

それでも当時は、『日本風景論』は近代登山への開眼の書であって、「登山の気風を興作すべし」に動かされて、小島烏水《こじまうすい》（一八七三〜一九四八）らが明治三十三年（一九〇〇）に乗鞍岳《のりくらだけ》、三十五年に槍ヶ岳に登頂し、その直後に『日本アルプスの登山と探検』に接してウェストンと面会した。これが契機となって明治三十八年（一九〇五）に山岳会（後に日本山岳会と改称）が設立されて、西洋のアルピニズムが導入された。

近代登山とは別に、江戸時代の文人墨客による趣味的登山の流れは、明治時代に旅行登山として受け継がれ、明治二十～三十年代には、山岳紀行文学を生んでいった。山田美妙《やまだびみょう》の戸隠登山による『戸隠山紀行』、田山花袋《たやまかたい》の男体・妙義登山による「男体山」「雪の妙義山」、徳富蘆花《とくとみろか》の妙義《みょうぎ》登山による『青蘆集《せいろしゅう》』などがある。大町桂月《おおまちけいげつ》（一八六九～一九二五）は各地の山々を巡り歩いて『日本山水《さんすい》紀行』（一九二七）を著したが、日本アルプスという名では、「山霊恐らくは首肯《しゅこう》せざるべし」として、日本アルプスを「日本高嶺」（「一萬尺の山嶽」一九一六）と漢字で表記しており、アルピニズムを好まなかった登山家であった。

このように、明治時代の日本の登山は、講社による霊山への信仰登山や文人の趣味的登山と、近代登山による険峻な山岳への登山が、それぞれ別個に存在し併存していた。明治時代の登山姿を見ると、信仰登山は白衣をつけた点が近代登山とは異なるが、両者とも足は足袋《たび》・草鞋《わらじ》に脚絆《きゃはん》をつけ、蓑笠《みのかさ》をつけて、金剛杖《こんごうづえ》を持ち着御座《きござ》を負った。装備や道具の点では、伝統登山も近代登山もあまり差はなかった。ウェストンも登山靴の上に草鞋をつけて渓流を渡ったのである。古くから旅の象徴であった草鞋は、この時代の登山の象徴でもあった。また、ウェストンが猟師の上《かみ》条嘉門次《じょうかもんじ》（一八四二～一九一七）を案内人として槍ヶ岳に登頂したように、登山技術の点でも、近代登山に日本の伝統的な山における生活の技術と智恵が用いられた。

アルピニズムの登山と静観派の登山

十八世紀以前のヨーロッパでは、山は悪魔の棲み処として忌み嫌われていたが、博物学が盛んになるにつれてヨーロッパのアルプスの美しさが発見され、魔の山という迷信と恐怖に打ち勝って、自然の美を求めて高山に挑む活動としてアルピニズムは成立した。日本のアルピニズムも、ヨーロッパのアルプスへの憧憬《しょうけい》を持って、日本の山岳に美しさを求める美意識と登山思想であったため、近代登山と伝統登山を峻別した。小島烏水が槍ヶ岳の登頂を志したのは、富士山のような円錐形の山容や、筑波山のような扁平な山頂と鈍角な斜面ではなく、「山尖《とが》りて嶮《けわ》しければなり」（『鎗ヶ嶽探検記』一九〇三）とするように、集団で緩慢に進む信仰的伝統登山ではなく、高みに挑む孤高の精神を持って突き進む行動的で探検的な登山であった。小島烏水らが設立した山岳会は、山岳を信仰から切り離し、近代精神によって山に接するアルピニズムを推し進めていった。明治期は、それまでの信仰登山で登る対象ではなかった日本アルプスの峰々を極めてゆく「探検登山の時代」であった。

その一方で、アルピニスト（登山家）には、山の歴史と文化に対する関心があった。ウェストンの『日本アルプスの登山と探検』の英文原書の表紙には、木曽御嶽講の一つである関東巴講《ともえこう》の講印（日輪の下に三つ峰の御嶽の山影、三つ巴印、丸東）が大きくデザインされている。その表紙が象徴しているように、同書は登山紀行文であるとともに、日本アルプスに至る沿道の人々の生活と霊山における信仰や呪術の実態を詳細に記した明治の民俗文化の記録である。特に、明治二十四年（一八九二）の木曽御嶽山頂における神降ろしの「御座」について、二章にわたって詳細に記録している。ウェストンは日本の山岳や登山だけではなく、日本の農山村の人々の生活文化に対して興味を持って山の旅を続けたのである。その傾向は日本のアルピニストにもあり、山岳会の発起人の一人である高頭式《たかとうしょく》（一八七七～一九五八）は山岳の歴史文化的記述を多く含んだ山岳地誌である『日本山嶽志《にほんさんがくし》』（一九〇六）を編纂し、小島烏水も昭和初期の富士山麓の御師町《おしまち》や富士講道者について記述している（「不尽《ふじ》の高根」一九二六）。

明治期からの探検的なアルピニズムの思想が盛行したのと並行して、大正期には、深山幽谷《しんざんゆうこく》の山を眺める静かな心を持って景観美を楽しむ登山の精神が起こり、アルピニズムと静観派の二つの登山の流れがあった（田口二郎『東西登山史考』一九九五）。静観派の代表は木暮理太郎《こぐれりたろう》（一八七三～一九四四）と田部重治《たなべじゅうじ》（一八八四～一九七二）、日帰りの低山趣味に徹して自然を鑑賞する「霧の旅会」を設立した松井幹雄《まついみきお》（一八九五～一九三三）である。木暮は現在の群馬県太田市に生まれて、幼い時に赤城山に登り、少年時に富士講や御嶽講に参加して富士山・御嶽山に登った。田部は現在の富山県富山市に生まれて立山《たてやま》を望んできた。二人は伝統登山に親しんで育ち、山好きになった。

静観派の登山は低山や高原を逍遥徘徊することを好み、田部はそれを「山旅《やまたび》」と称した。田部の山旅とは、山頂だけでなく、峠・高原・山湖・渓谷・森林・山村を含んだ登山の旅をさす（「自序」『わが山旅五十年』一九六四）。田部は、山と自分が融け合って自然に還ることを山に教えられ、高原は瞑想的な精神を創造し、萌え出ずる自由の心を奥から感じ、無我の境地に入ることができ、山に神秘的な力を感じ宗教を見出しつつあるとまでいう（「山は如何に私に影響しつつあるか」一九

一九、「数馬《かずま》の一夜」一九二〇、「高原」一九三一)。イギリスの詩人ワーズワースの研究者である田部は、自然と人間の融合というワーズワースの自然観に影響を受けている(三田博雄『山の思想史』一九七三)。これは仏教語でいえば、我執《がしゅう》を捨てて自然のあるがままに身をまかせる「自然法爾《じねんほうに》」の境地であろう。田部の最初の山岳紀行文は、日本アルプスを巡り、秩父の低山を巡って深林と渓谷の美を味わう紀行文である。書名を『日本アルプスと秩父巡礼』(一九一九、のち『山と渓谷』と改題再刊)と題し、表紙は霊場の巡拝で押される朱印影に書名を刻み、編笠《あみがさ》と金剛杖のカットを添えている。このことから、田部の山旅は特に霊山を巡る旅ではなかったが、山岳を巡り歩き深林と渓谷の地を踏んでその美に出会うことは、霊場を踏み、神仏を拝して信仰を強化する聖地巡礼だったといえる。

木暮は山岳信仰への関心が高く、山行では信仰登山のルートをたどり、前近代の登拝と近代登山との関連を研究した(『山の憶《おも》ひ出』一九三八、『登山の今昔』一九五五)。木暮の紀行文によって、大正・昭和初期の各地の信仰登山の様子を知ることができる。ほかにも、小島烏水とともに山行した中村清太郎(一八八八~一九六七)は、近代登山においても、白衣を身につけた信仰登山の道者のように、山をあらたかなものとして崇《たっと》み敬い、自然を愛し崇拝する「崇山の心」が大切であると述べた(「山岳礼拝」一九三〇)。近代登山と信仰登山に共通の思想として自然愛の思想が見出され、信仰登山が見直されていった。なお、岩と雪に挑んだアルピニストで若くして山に命を落とした板倉勝宣《いたくらかつのぶ》(一八九七~一九二三)と大島亮吉《おおしまりょうきち》(一八九九~一九二八)や、大島の思想を受け継いだ伊藤秀五郎《いとうしゅうごろう》(一九〇五~七六)も、山への静観的な思念を持っていた(板倉「登山法に就《つ》いての希望」一九二一、大島「山への想片」一九二四、伊藤「山と漂泊」一九三一、「静観的とは」一九三四）。

静観派の登山から名山・霊山の登山へ

大正・昭和初期の登山界は、より困難な登攀をめざすエリートたちによって、ロッククライミングや積雪期の登攀《とうはん》に尖鋭化《せんえいか》して、「岩と雪の時代」となった。その一方で、昭和初期には交通機関の発達もあって、都市を中心とした一般の人々に、近郊の山々に行く低山逍遥の登山趣味が普及した。大正十二年（一九二三）に霧の旅会の一人である河田楨《かわたみき》が、初めての山岳ガイドブック『一日二日山の旅』を発刊し、低山へと導いた。同書は、秩父山塊・丹沢《たんざわ》山塊・御坂《みさか》山塊などの東京近郊の低山を紹介しているが、日本の伝統的自然観を基調にした山の文化地誌や紀行を多く収載していることに特徴がある。また河田は『小さき峠』（一九五一）に山の歴史・由来・縁起・伝説をまとめている。低山趣味は、現在も続く一般山岳誌『山と渓谷』（一九三〇創刊）や山のガイドブックを生んだ。また、田部重治『山と渓谷』（一九二九）をはじめ、武田久吉《たけだひさよし》『尾瀬と鬼怒沼』（一九三〇）・松井幹雄『霧の旅』（一九三四）・深田久弥『わが山山』（一九三四）・尾崎喜八《おざききはち》『山の絵本』（一九三五）・木暮理太郎『山の憶ひ出』（一九三八）など数々の山の紀行や随筆を生んでいった。登山家で山岳信仰の研究者である岩科小一郎《いわしなこいちろう》（一九〇七～九八）が、一九三九年に山村民俗の会を設立して登山と民俗学をつないだのも静観派の流れにある。

昭和戦後期の登山の普及に貢献した深田久弥（一九〇三～七一）の『日本百名山』（一九六四）も静観派の山岳随筆の流れのなかから現れた。本書は山岳紀行書であるが、登山ルートの説明は少なく、深田が感じた個別の山の印象とその歴史・由来・縁起などの地誌的記述が多い。深田の名山選びの基準は、①標高一、五〇〇メートル以上で、②山の品格、③山の歴史、④個性がある山だという。山の歴史とは山の信仰史であるから、百名山の中に、四十座の霊山が含まれている。現代の山の名所記である『日本百名山』は、霊山名所記という側面もある。深田の意図は山を紹介した紀行文であり、『日本百名山』が出版された当時は、山は若者を惹きつけていたが、これを踏破しようという人は少なかった。一九九〇年代には、山から若者の姿が少なくなるが、やがて「百名山」が山のブランドとなり、中高年登山と「百名山」踏破のブームが起こった。二〇一〇年以降は、登山ブームは中高年に限らず、若い年齢層、特に女性に広がりつつあり、幅広い層を対象とした低山登山のガイドブックが出版されている。各県ごとの百名山のリストも作られつつあり、多くの低山が注目されるようになった。全都道府県ごとの百名山を集めると五千もの山々となるが、その多くが小さな霊山なのである。

信仰登山の霊山は、アルピニストが困難さを競い、それに打ち勝って登頂するような険峻な山ではない。孤高のアルピニストが、登山の対象として霊山を嫌って避けたのは、多くの人々が登る大衆性と登山の容易さからである。近代のアルピニストから見れば、東京近郊の高尾山《たかおさん》・武州御岳《みたけ》・三峰山・筑波山は低山逍遥の山々であるが、これらの低山こそが、長い歴史の中で多くの人々が信仰登山で登ってきた霊山なのであった。アルピニストが徹底して信仰登山を無視したこともあったが、それ以外の日本の山々の多くは霊山であり、日本の近代登山においては霊山を避けることはできない。また、霊山への信仰登山の歴史が、山の自然観、人生観、自然と文化財保護の観念の形成に役割をはたしてきた。ただし、日本アルプスには例外的に霊山が少ないので、この山塊への登山が霊山登山とはならなかった。

古代以来の日本の登山史は信仰登山から始まり、神仏の宿る霊山として、山の姿を拝み、登頂して神仏に出会った。山は文学作品や絵画に描かれ、名山の概念が生まれ、江戸時代に名山の一覧が作られ、山が望観された。それとともに、江戸時代に霊山の登拝が一般化して多くの人々が霊山に登った。明治時代に、高山に挑むヨーロッパのアルピニズムが導入されたが、一方では信仰登山が盛んに続けられた。大正期に日本のアルピニズムの中から、低山逍遥の静観派の登山形態が現れ、これが現在の低山登山やハイキングにつながっている。日本の低山の多くは神仏を祀る霊山なのであり、低山を登山してハイキングすると、石造りの神仏や祠《ほこら》に出会う。低山登山は、霊山に触れながら日本の登山史をさかのぼり、登山の文化遺産を踏むことになる。山は、自然とともに歴史と文化を楽しむことができる。

（久野俊彦）

【参考文献】

小泉武栄『登山の誕生』（中央公論社、二〇〇一年）
田口二郎『東西登山史考』（岩波書店、一九九五年）
安川茂雄『増補　近代日本登山史』（四季書館、一九七六年）
山崎安治『新稿　日本登山史』（白水社、一九八六年）
山と渓谷社編『目で見る日本登山史』（山と渓谷社、二〇〇五年）

第二部

全国の霊山

北海道・東北

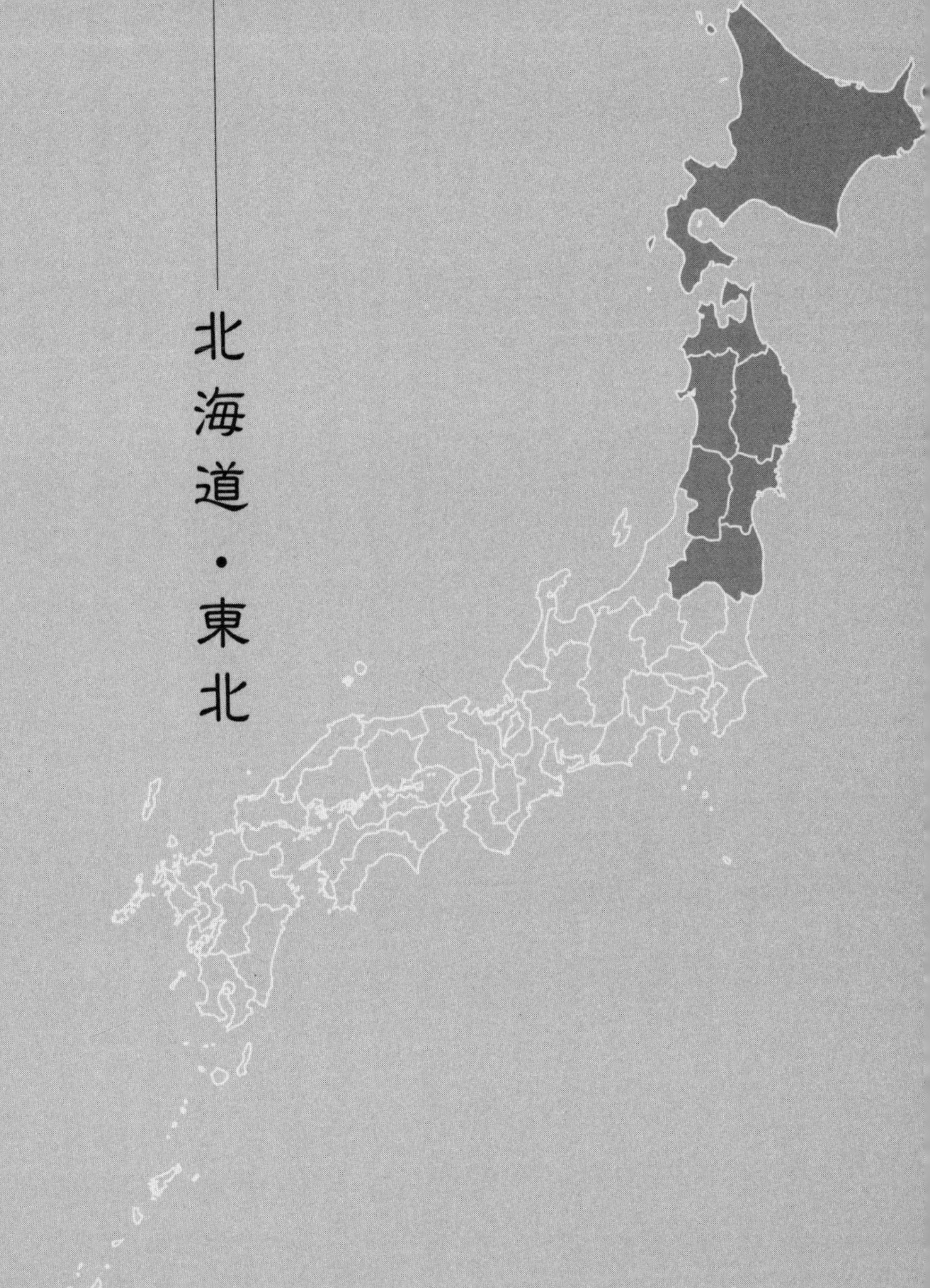

出羽三山《でわさんざん》

月山　標高◆一、九八四メートル　山形県鶴岡市・庄内町・西川町
羽黒山　標高◆四一四メートル　山形県鶴岡市・庄内町
湯殿山　標高◆一、五〇四メートル　山形県鶴岡市・西川町

開山蜂子皇子

出羽三山（羽黒山《はぐろさん》・月山《がっさん》・湯殿山《ゆどのさん》）は「出羽国」を東西に分ける出羽丘陵の主要部を占める山岳である。ただし、湯殿山は月山・羽黒山とは異なり、山そのものがご神体ではなく、仙人沢《せんにんざわ》の上流に湧き出る温泉の成分が固まった噴泉塔《ふんせんとう》がご神体となっており、その自然崇拝的な信仰に、ほかの霊山には見られない特徴がある。

出羽神社は出羽国の国魂《くにのみたま》である伊氏波神《いではのかみ》と稲倉魂命《うかのみたまのみこと》の二神を、月山神社は、天照大神《あまてらすおおみかみ》の弟月読命《つきよみのみこと》を、湯殿山神社は大山祇命《おおやまつみのみこと》、大己貴命《おおなむちのみこと》、少彦名命《すくなひこなのみこと》の三神を祀っている。月山と湯殿山は冬になると深い雪に閉ざされ、参拝が不可能であることから、羽黒山頂に現在、「羽黒山三神合祭殿」として三山の神々を合祭している。

縁起では、開山は能除仙《のうじょせん》とされており、この能除仙が第三十二代崇峻《すしゅん》天皇の皇子・蜂子皇子《はちこのおうじ》であるとされ、その時期は推古《すいこ》天皇元年（五九三）とされている。この蜂子皇子が、イツハの里・由良《ゆら》の八乙女浦《やおとめうら》に迎えられ、三本足の霊鳥に導かれてたどりついたのが羽黒山の阿古谷《あこや》であった。

皇子がそこで修行を積んでいると、羽黒の大神・イツハの里の国魂「伊氏波神」が現れたため、羽黒山頂に「出羽《いでは》神社」を創建し、これに次いで月山、湯殿山を開山したとされる。

これらは伝承の域を出ないが、古来より水分の山、祖霊の鎮《しず》まる山として考えられてきたとされ、鳥海山《ちょうかいさん》とともに大和《やまと》朝廷による蝦夷《えみし》征伐に際して霊験《れいげん》を現したため、神階《しんかい》が与えられている。また現在の出羽神社本殿前の鏡池からは、平安末期から鎌倉時代にかけての和鏡《わきょう》が大量に見つかっている。この池が竜神の住む場所として崇拝対象となっていたものと思われる。

羽黒山が初めて正史に登場するのは『吾妻鏡《あずまかがみ》』の承元三年（一二〇九）五月五日であり、羽黒

羽黒山入口

月山山頂

湯殿山入口

羽黒山五重塔

山宗徒が、大泉庄地頭《おおいずみのしょうじとう》の大泉次郎氏平による田の押領《おうりょう》と、山内への干渉を幕府へ訴えたとの記事である。これ以降、朝廷や幕府との関係を示す史料が残されている。

十四世紀頃の史料から、月山の本地《ほんじ》が阿弥陀如来とされていたことが分かり、全国の他山と同じく、末法《まっぽう》思想や浄土教の影響を受けていたことがはっきりしている。

羽黒修験

鎌倉時代には、羽黒山は「八宗兼学《はっしゅうけんがく》の山」と称され、熊野や那智《なち》をはじめとして全国各地から修行僧が競って入山し、各宗を実践修得していった。また「羽黒派古修験道」は、千四百年後の今日まで羽黒山伏《やまぶし》の形をとって、「秋の峰入り」に代表される厳しい修行道が連綿と続いている。「秋の峰入り」は、地獄から菩薩に至る十の段階を様々な儀礼を通じて体験して行くことから、十界行《じっかいぎょう》と呼ばれる宗教儀礼である。

室町時代以降は、東日本の民衆を中心としながら、大宝寺《だいほうじ》（武藤《むとう》）氏、上杉氏、最上《もがみ》氏などからの篤《あつ》い崇敬を受け、屈指の「霊山・霊場」としてその地位を築いた。さらには、羽黒山上の羽黒権現と寂光寺《じゃっこうじ》、奥院《おくのいん》の荒沢寺《こうたくじ》、祓川《はらいがわ》の五重塔を守る滝水寺《りゅうすいじ》光明院《こうみょういん》の三院と、山麓手向《とうげ》の黄金《こがね》堂《どう》を守る中善寺《ちゅうぜんじ》を中心として、市が立つなど門前町も栄えていた。

また安土桃山時代頃までは、月山・羽黒山・葉山が三山とされ、羽黒山麓の寂光寺、葉山山麓の慈恩寺《じおんじ》が中心となっていたと考えられる。しかしながら、慈恩寺が葉山修験との関係を断ち切ったため、湯殿山が三山の一つに入った。

江戸時代になると、徳川幕府の宗教政策により、修験道は本山《ほんざん》派と当山《とうざん》派の二つのいずれかに所属させられることとなった。しかしながら、寛永十八年（一六四一）当時の別当宥誉《べっとうゆうよ》が天海《てんかい》に弟子入りし、天宥《てんゆう》と名を改めるなどして幕府に働きかけ、羽黒山は天台宗東叡山寛永寺《とうえいざんかんえいじ》（東京都台東区）直末《じきまつ》となったうえで、羽黒山が羽黒修験の本山となることを幕府に認めさせた。また、羽黒山上に東照宮《とうしょうぐう》が勧請《かんじょう》された。この際、九州の彦山《ひこさん》（福岡県田川《たがわ》郡）修験も同様の運動を行っている。こうして「東国三十三ヶ国総鎮守《ちんじゅ》」とされ、熊野三山（西国二十四ヶ国総鎮守）・英彦山（九州九ヶ国総鎮守）とともに「日本三大修験山」と称せられるまでになった。しかしながら、羽黒・月山に湯殿山を加えて出羽三山を一元化するため、寺社奉行《じしゃぶぎょう》に願い出ていた湯殿山の大日坊《だいにちぼう》・注連寺《ちゅうれんじ》・大日寺《だいにちじ》・本道寺《ほんどうじ》の真言四ヶ寺を末寺とする目論見《もくろみ》は達成されなかった。この背景には、羽黒山が天台宗になり、天宥の働きかけによって幕府から朱印状《しゅいんじょう》が下付《かふ》されたため、庄内《しょうない》藩（山形県）からなかば独立した格好となり、一方で湯殿山は庄内藩に属していたため、天台対真言、羽黒山と庄内藩の対立構造になったことがある。羽黒山はたびたび幕府に湯殿山の天台宗への改宗などを訴えたが、結局寛文六年（一六六六）に湯殿山は羽黒・月山から分離した。

また天宥は、羽黒山の石段や杉並木を整えた人物と考えられている。この活動は彼による一山寺院の整理の一環であり、無住《むじゅう》であった院坊の廃止や、別当寺は南谷《みなみだに》、執行寺《しゅぎょうじ》は二の坂上という形で山内の院坊の配置に手を加えている。また、これまで宗徒の裁量に任せていた末派修験の支配を別当の上人のもとに行うようにした。天宥は大きな改革を行った功績が評価される一方、急速な改革に対する不満も山内にはあり、羽黒山の中心的存在である山上《さんじょう》宗徒の訴えが寺社奉行の取り扱いになったこともあって、天宥は伊豆の新島《にいじま》（東京都）へ流罪《るざい》となった。

　天宥の時に羽黒山は寛永寺末になったが、別当は輪王寺門跡《りんのうじもんぜき》のお抱えとなり、別当が羽黒に赴くことはなくなった。しかし、十八世紀末から相次いだ羽黒本社の焼失や、再建のための勧化金

大日坊本堂

大日坊仁王門

注連寺

の疑獄事件があって混乱した羽黒山を立て直すため、文化十年（一八一三）別当に任命された覚《かく》諄《じゅん》は本社の再建をはじめ、山内の改革に着手した。覚諄は別当の権限の強化、山内の身分制度の整備を行って、山内の統治方法を改めた。また覚諄は、羽黒権現は『延喜式神名帳』にある田川郡伊氏波神社にあたるとして、社名を伊氏波神社に改称し、正一位の位階を賜ること、羽黒山の開祖蜂子皇子に諡号《しごう》を賜ることを輪王寺宮に訴えた。これが認められ、「出羽神社羽黒三所権現」の神号と正一位の位、能除《のうじょ》聖者に「照見《しょうけん》大菩薩」の諡号が朝廷より与えられた。ただし、この「照見大菩薩」はあくまでも能除聖者に対して与えられたもので、崇峻天皇第一皇子の蜂子皇子に与えられたものではなく、朝廷は能除を蜂子皇子と認めなかったものと考えられる。しかし、羽黒山側はこの諡号が蜂子皇子に与えられたものとして解釈し、朝廷とのつながりを広く宣伝していくこととなった。これにより、のちに神仏分離の際に神社へと変わる素地《そじ》が築かれたと言ってもよいだろう。

羽黒修験は、第二次世界大戦終了前までは天台宗に属していたが、元来は天台宗本山派と真言宗当山派のいずれにも所属せず、独自の修験道世界を形成していた。そのため第二次世界大戦後には「修験宗」として独立をして、荒沢寺は修験宗本山となった。

出羽三山の神仏分離

明治時代になると、明治政府の神仏分離政策の影響を受け、激しい廃仏毀釈《はいぶつきしゃく》の対象となった。明治六年（一八七三）に国家神道推進の急進派であった西川須賀雄《にしかわすがお》が宮司《ぐうじ》として着任し、その際に過酷な廃仏毀釈が行われた。特に羽黒山において、伽藍《がらん》・文物《ぶんぶつ》が徹底的に破却《はきゃく》された。また羽黒権現は廃され、別当寺である寂光寺が廃寺となり、出羽神社となった。さらに月山神社、湯殿山神社の三社を一つの法人が管理することとなり、出羽神社に社務所が置かれた。この三山神社の初代宮司に就任したのが西川須賀雄である。西川は佐賀藩出身の国学者であり、当時三十五歳の青年神道家であった。国家神道の社格制度のもとでの社格は、月山神社が官幣《かんぺい》大社、出羽神社・湯殿山神社が国幣《こくへい》小社であり、社格だけで見ても東北随一の神社であった。戦後、神社本庁の別表神社となった。

また、この廃仏毀釈時に、四季の峰入りが一時中断されたのではないかとする見解がある。いずれにしても、これ以降、出羽三山神社の神道側と、羽黒山正善院の仏教側の二つに分かれて「秋の峰入り」が行われている。神社側は荒沢寺と羽黒山頂の峰《ぶ》中堂《ちゅうどう》を籠り堂として、仏教側は羽黒山の奥院《おくのいん》であった荒沢寺《こうたくじ》を籠《こも》り堂としている。このように、神仏分離政策と廃仏毀釈運動の影響を強く受けながらも、出羽三山の信仰世界は、今日なお「神仏習合《しんぶつしゅうごう》」の色彩が濃い。

出羽三山信仰

出羽三山は、祖霊《それい》の山としての信仰のほか、人々の生業《なりわい》を司どる「山の神」「田の神」「海の神」として信仰されてきた。

山形県近辺では祖霊信仰としての性格が強く、羽黒山の霊祭殿や湯殿山では、岩《いわ》供養などの祖霊供養の儀礼が今なお行われている。庄内では里山であるモリの山にとどまっている死霊《しりょう》が、三十三回忌が明けると月山に魂が昇って祖霊神になるといわれる。遠く離れるに従い、どちらかといえば農耕神的性格に変化してくるが、千葉県では出羽三山参詣者の講集団は行人墓《ぎょうにんぼ》と称される独特の葬送儀礼と墓地を持っている。岩手県では最上参りと称して、出羽三山と鳥海山の両方に参詣し、石碑も併存している場合がよく見られる。羽黒山だけは江戸時代も女人禁制ではなかったため、秋田県からは女性の参詣者も多く訪れた。

また、男子は十五歳になると、成人儀礼として「初山《はつやま》」に行かなければならないという風習が各地にある。山形県ではこの意識が強く、現在も学校登山の形で継承されている。関東方面では、出羽三山に登拝することを「奥参り」と称して重要な人生儀礼の一つとして位置づけられており、登拝した者は一般の人とは違う存在として崇められた。このように、出羽三山参詣は、人生儀礼の場でもあった。なぜなら古代から中世にかけて隆盛を誇った熊野と同じように、凝死《ぎし》体験をし、蘇《よみがえ》りを果たす山であったからである。

また、西に位置するお伊勢様を意識するように、東に存在する出羽三山を詣でることを「東の奥参り」とも称した。つまり「伊勢参宮」は「陽」、出羽三山を拝することは「陰」と見立てて、一生に一度は必ずそれらを成し遂げねばならない、という習慣が根強くあった。東北全体、関東一円からの多くの参詣者が訪れたことを示す道中日記が各地に残されており、同じく江戸時代に隆盛を誇った伊勢参宮と対をなすべき霊地であったことがうかがわれる。

関東地方から出羽三山参詣を行う場合、板東札所のほか、善光寺《ぜんこうじ》、弥彦山《やひこやま》、山寺《やまでら》、松島、塩竃《しおがま》、日光、東国三社（鹿島《かしま》、息栖《いきす》、香取《かとり》）などと組み合わされていた。また千葉県では、板東・秩父・

西国《さいごく》巡礼を合わせた「百番札所」巡りと出羽三山参詣の両方を刻んだ石碑が建立される例もしばしば見られる。ただし、基本的には作神《さくがみ》信仰であったためか、江戸の武家や町家にはあまり浸透した形跡が見られない。この江戸に、出羽三山信仰を広めるために編み出されたのが「お竹大日伝説」であった。お竹は、文禄年中（一五九二〜九六）、江戸の佐久間某家にいた下女で、湯殿山の大日如来の生まれ変わりとされたというものであり、江戸でたびたび、羽黒修験による「お竹大日如来」の出開帳《でがいちょう》が行われた。

また、各地に三山碑が建立されている。三山碑は十七世紀から北関東で建立されていたが、宝暦・天明期頃から急激に増え、文化・文政期に最も多く建立されている。幕末の慶応年間頃までは文化・文政期と同程度の建立が見られていたが、明治期には特定の地域を除き、急速に建立が行われなくなっている。道中日記も東北・関東に数多く残されているが、こちらも十八世紀終わり頃から急激に作成されたようであり、明治期に至っても変わらず残されている。いずれの事例からも、出羽三山の最盛期は、日本全国の山岳信仰とさほど差異はなく、十九世紀前半であったと言えよう。

しかしながら江戸時代近世までは、あくまでもその中心は湯殿山にあった。そのことは、道中日記の多くが「湯殿」と冠していることや、出羽三山より南に位置する山形県村山地方や置賜《おきたま》地方からの参詣者は、反対の北側の登山口になる「手向」や羽黒山へ足を延ばしていなかったことからも分かる。

七方八口

出羽三山の参詣道は、通称「七方八口」といわれた。八口とは、荒沢《あらさわ》口、七五三掛《しめかけ》口、大網《おおあみ》口、川代《かわしろ》口（以上鶴岡市）、岩根沢《いわねざわ》口、大井沢《おおいさわ》口、本道寺《ほんどうじ》口（以上西村山郡）、肘折《ひじおり》口（最上郡）で、そのうち、七五三掛口と大網口は同じ大網にあったことから、七方となった。出羽三山（羽黒山を除く）は女人禁制の山であったため、それぞれの口には「女人結界《けっかい》」が設けられていた。

　また、それぞれの口には中核となる寺院が存在していた。荒沢口には羽黒山の別当寺である天台宗寂光寺、岩根沢口には月山の別当寺である天台宗（もとは真言宗だが、天宥の時天台宗へ改宗）日月寺（現在の岩根沢《いわねさわ》三山神社）、七五三掛口には真言宗注連寺、大網口には真言宗大日坊、大井沢口には真言宗大日寺（大日寺跡の湯殿山神社）、本道寺口には真言宗本道寺（現在の口ノ宮湯殿山神社）、肘折口には羽黒山・月山派の末坊阿吽院《あうんいん》があった。八口のうち、川代口は江戸時代初期に廃されている。この天台宗と真言宗寺院の間では争いがあり、天台宗は三山の開山者を蜂子皇子とするのに対して、真言宗は弘法大師が湯殿山を開いたと主張し、湯殿山の祭祀権をめぐって寛永・寛文期以来、争論を繰り返している。明治以降は手向に社務所を置く出羽三山神社が三山の祭祀権を有し、今日に至っている。

　また、それぞれの登山口には山岳宗教集落が形成されていた。

岩根沢神社

なかでも荒沢口には手向と称される山岳宗教集落が存在し、江戸時代には麓三百六十坊と呼ばれ、多くの妻帯修験が居住しており、現在でも宿坊が数多く存在している。肘折口は明治前期に衰退し、現在は「肘折温泉」の集落として知られている。

さらに、それぞれの山岳集落は霞《かすみ》や檀那場《だんなば》と呼ばれる勢力圏を有しており、その総体が出羽三山の信仰圏となる。七五三掛と大網は庄内から越後方面、本道寺と岩根沢は岩手・宮城・福島県方面、肘折は最上地方から仙台方面、大井沢は置賜地方・会津地方から栃木方面、手向は東北・信越・関東一円に勢力圏を有していた。

手向集落

手向宿坊

岩根沢宿坊集落

なお、真言宗の注連寺、大日坊、大日寺、本道寺の四ヶ寺は湯殿山の別当寺として、「湯殿山派四ヶ寺」と総称された。この湯殿山派四ヶ寺は、天宥によって羽黒修験が天台宗へ改宗されるなかでも、幕府に訴え出るなどして真言宗を貫いた。この湯殿山派四ヶ寺は湯殿山信仰を拡大させる中心を担い、鉄門海《てつもんかい》上人など著名な僧侶を輩出している。注連寺には、この鉄門海上人のミイラが安置されており、庄内地方を中心に残る即身仏は真言宗の信仰に基づく風習である。また四ヶ寺は、女人禁制の山にあって女性の参詣対象となっていた。なお、四ヶ寺のなかでも本道寺の伽藍は、出羽三山のなかでも最も大きな規模を誇っており、本道口は荒沢口（羽黒口）と並んで最も賑わいをみせた参詣道であったが、戊辰《ぼしん》戦争で本道寺の伽藍が焼失し、神仏分離によって神社に変更されるなどして往事の勢いを失った。

（原　淳一郎）

【参考文献】

岩鼻通明『出羽三山信仰の歴史地理学的研究』（名著出版、一九九二年）
岩鼻通明『出羽三山の文化と民俗』（岩田書院、一九九六年）
戸川安章『出羽三山修験道の研究』（佼成出版社、一九七三年）
宮家準『羽黒修験――その歴史と峰入』（岩田書院、二〇〇〇年）

アクセス情報

月山

月山神社（月山神社本宮・月山山頂）　山形県鶴岡市羽黒町

ＪＲ鶴岡駅からバス2時間、または山形自動車道庄内あさひICから車1時間30分、月山八合目から山頂まで徒歩2

〜3時間（9月16日〜6月30日は閉山）

羽黒山
出羽三山神社（羽黒山山頂）　山形県鶴岡市羽黒町手向字手向七
ＪＲ鶴岡駅からバス35分で羽黒センターバス停、随神門（表参道石段登山口）から山頂までは徒歩約50分

湯殿山
湯殿山神社（湯殿山山頂）　山形県鶴岡市田麦俣字六十里山七
ＪＲ鶴岡駅からバス1時間20分で湯殿山バス停、参詣用バスに乗り換えて5分（11月4日〜4月28日は閉山）

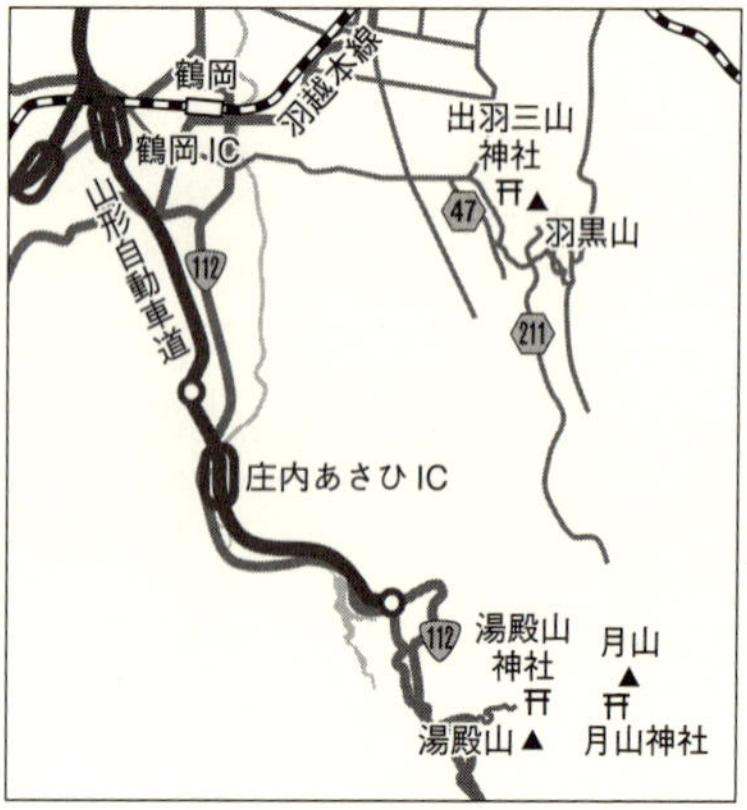

恐山《おそれざん》

標高◆八七八メートル（釜臥山《かまぶせやま》）
青森県むつ市

恐山は、下北半島北部に位置する円錐状《えんすいじょう》火山とその外輪山《がいりんざん》（屛風山《びょうぶやま》・小尽山《こづくしやま》・大尽山《おおつくしやま》・円山《えんざん》・北国山《ほっこくざん》・天狗山《てんぐやま》など）からなる霊山である。この山は日本三大霊場の一つに数えられ、かつては「宇曾利《うそり》山」とも呼ばれた。「宇曾利」とは、アイヌ語で「湾」や「入り江」を意味する言葉だという。人々は、硫気孔から噴出する火山ガス、湧き出る温泉、そして植生《しょくせい》の乏《とぼ》しい荒涼《こうりょう》とした山中の景観に恐ろしい「地獄」のイメージを見出し、この地を「恐山」と呼び、死者の集まる他界として位置づけるようになった。

近世・近代の恐山の景観

十七世紀末の記録とされる『御領分社堂《ごりょうぶんしゃどう》』のなかに、「宇曾利嶽《うそりだけ》は硫黄山にて、所所出湯多《ところどころしゅっとうおおく》有之故《これあるゆえ》か、銅鉄の類焼腐《たぐいやきくさり》、木札《きふだ》に書候《かきそうろう》は朽損《くちそんず》」とある。この一文から、近世期の恐山も現在と同様に、火山活動の影響で金属類・木材が腐食し、荒涼とした景観を呈していたことが分かる。

そして近世後期の博物学者・菅江真澄《すがえますみ》は、紀行文『牧の冬かれ』（寛政四年〈一七九二〉）において、恐山の様子について「硫黄の燃ゆるをさして、なまこの地獄、箸塚《はしづか》、修羅道《しゅらどう》、かねほりちこく（地

恐山山中

獄）など雪の下に埋もれたるに、新地こく（地獄）といふなるはほのを（炎）高う燃えあかる音は、なる神（雷神）にひとし」と記し、当時の火山活動の活発さを今に伝えている。近代に入ると、恐山山中において硫黄などの鉱物の採掘が本格的に開始され、この作業の影響で恐山山中の緑地の一部が失われるという事態が生じた。

恐山の登拝口

恐山へと向かう登拝道《とはいどう》には、田名部《たなぶ》口・大湊《おおみなと》口・川内《かわうち》口・大畑《おおはた》口の四つがある。これらのうち、大湊口と大畑口は漁業者や廻船《かいせん》問屋が利用した登拝道として知られる。近世期に、廻船問屋たちはこれらの登拝道沿いに石造物を建立するなどして、恐山に多くの寄進《きしん》を行った。かつて、大畑口は恐山参詣の主要ルートとして栄えたが、鉄道（大畑線）の開通や路線バスの普及により、大部分の参詣者が田名部口を利用するようになり、現在に至っている。新旧の主要登拝口である田名部口と大畑口には、恐山信仰の重要な寺院が存在する。それは、田名部口の吉祥山《きっしょうざん》円通寺《えんつうじ》と大畑口の優婆寺《うばじ》である。前者は恐山山中にある恐山上寺（地蔵堂）を管理し、恐山祭祀の中心的存在ともいうべき寺院である。そして後者は、近世期以降、恐山参りの人々が禊《みそぎ》を行った寺院で、優婆像を祀っている。この優婆像は、元来、恐山山中で安置されていたが、洪水のたびに大畑に漂着し、最終的に同地で祀られるようになったという伝承を持つ。

恐山信仰の略歴

円通寺の縁起によると、恐山は、貞観四年（八六二）に慈覚大師円仁《じかくだいしえんにん》によって開かれたとされる。唐に留学中の慈覚大師が、夢のなかで老翁《ろうおう》から「汝《なんじ》、国に帰り、東方行程三十余日の処《ところ》に到《いた》れば霊山あり。彼《か》の地に於《お》いて仏道を布《ひろ》めよ」というお告げを受ける。これにより、慈覚大師は下北《しもきた》地方に赴き、そこで修行に入った。そして宇曾利山を発見し、その山中に地蔵堂と僧の宿坊（峰の寺）を建立したという。中世に、修験者や天台宗・真言宗の僧侶が恐山に定着して小堂を営むようになり、近世初期には、天台宗の蓮華寺《れんげじ》が彼らを束ねていた。だが十七世紀に入ると、曹洞宗の吉祥山円通寺がこれに代わって恐山を治めるようになった。

恐山参道

その後、恐山は十九世紀半ばまでに、全国的な知名度を持つ霊山へと成長を遂げる。その証拠となるのが、この頃までに恐山山中に奉納された石造物（石灯・丁塚・石像）の銘文と寄付台帳の記録である。これらから、当時、蝦夷地《えぞち》・津軽《つがる》・南部《なんぶ》・能《の》登《と》・越前《えちぜん》・近江《おうみ》・摂津《せっつ》・播磨《はりま》の人々が恐山に奉納を行っていたことが明らかになった。また、この崇敬者の分布は、恐山信仰が航路を通じて全国的に伝播したことにより形成されたと考えられている。

死者が集う山

東北地方の人々は、恐山を「死者が集う山」として認識しており、「死ねばお山さ（へ）行く」、「死ねば田名部さ（へ）行く」などと言う。この認識は、下北半島のむつ市田名部の周辺地域、南部の八戸《はちのへ》・三戸《さんのへ》地方で見られる。例えば、田名部には次のような奇譚《きたん》が多く伝わっている。田名部新町に釣り好きの少年（十六歳）がいたが、ある日、彼は病で亡くなってしまう。その数日後、同じ町の女性が危篤状態に陥った。女性が意識を取り戻すと、「先程、お山（恐山）に行ったが、そこに居た人物から、お前はまだお山に来るのは早いから、家に帰れと言われた。そして家に戻る途中で、数日前に死亡した少年と会った。彼から、釣り道具を家に忘れたからお山に届けるようにと伝言を頼まれた」と述べたという。この話から、恐山を信仰する人々は、死者が恐山で生前と変わらぬ姿で生活を送っていると認識していることが理解できるであろう。

恐山のイタコの宗教行為

恐山は「イタコ寺」とも呼ばれるほど、イタコと密接な関係にある霊場である。イタコとは津軽・南部地方の民間の巫女のことを意味し、彼女たちの多くは視覚的障がいを持つとされる。イタコは死者の霊を自身に憑依《ひょうい》させ、生身の人間に話しかけたり（クチヨセ）、対話をしたりすること（トイクチ）ができるという。毎年七月二十二日から二十四日にかけて、恐山の地蔵堂で大祭が行われる。恐山の言い伝えによると、この間に、死者たちが遺族の供養を受けようとして峰々から下りてくるという。そのため、大祭期間中、年間を通じて最大の崇敬者がこの山を訪れる。

恐山に「定着」したイタコ

大正十一年（一九二二）の段階で、イタコは恐山には存在していなかったと考えられている。「恐山のイタコ」が社会的に知られるようになるのは、昭和三十年代以降のことで、その間に彼女たちが恐山に定着したとされる。昭和期に入ると、マスコミが恐山のイタコに関する情報を発信するようになり、人々が彼女たちとの面会を希望して恐山を訪問するようになった。その結果、昭和二十七年（一九五二）当時、恐山には三名のイタコしかいなかったものが、昭和三十九年（一九六四）には二十一名、昭和四十九年（一九七四）には三十八名へとその数を増加させていった。

また、当初、恐山でクチヨセを行っていたイタコは津軽地方の者のみであったが、のちに、南部地方の者もこれに加わるようになった。近年は福祉制度が充実した影響により、イタコ志望の女性の数は減少し、イタコたちは「後継者不足」・「高齢化」という問題に直面している。

恐山の地蔵信仰

恐山はイタコや死者の山としてのイメージが強いが、この山は現世利益《げんせりやく》をもたらすとされる地蔵菩薩の霊場としても名高い。下北半島一帯では、集落ごとに「地蔵講《こう》」を組織しており、これが恐山の地蔵信仰の存続を支える重要な基盤の一つになっている。地蔵講の活動には、主に高齢の女性が参加するため、これは「婆講」とも呼ばれる。地蔵菩薩の縁日が二十四日にあたることから、彼女たちは毎月二十四日になると「地蔵様の茶っこ（茶）飲みだ」と言って、集落内の寺院や当番の自宅などに地蔵菩薩の掛け軸を飾り、地蔵講の集会を開く。その際には、参加者全員でオットメ（唱えごと）をする。例えば、東通《ひがしどおり》村袰部《ほろべ》集落では「ありがたや　南部の恐山　前は湖《うみ》　後は法華経《ほけきょう》の山なり　仏の誓いも新たなりけり　ありがたや　三途《さんず》の川の橋の茅《かや》　首尾《しゅび》よく渡れや　ありがたや　導きたまいや　地蔵さま　南無阿弥陀仏（十五回くり返す）　南無釈迦牟《しゃかむ》尼仏《にぶつ》（二回繰り返す）」と唱和する。オットメ後、参加者で精進料理などを食す団体もあるという。

地蔵講のもう一つの重要な活動として、おもに春（五月）や秋（十～十一月）に行う恐山参りを挙げることができる。例えば東通村目名《めな》集落では、春季に高齢の女性たちが恐山に参詣する。彼女たちは恐山で住職に神籤《みくじ》を引いてもらい、その年のムラの豊凶《ほうきょう》や社会情勢を占うのを恒例としている。また同猿ヶ森《さるがもり》集落では、毎年夏季に二名の男性を代参者として恐山に送り出し、集落全体の大漁と海上安全を祈願している。

（筒井　裕）

【参考文献】

月光善弘編『山岳宗教史研究叢書　七　東北霊山と修験道』（名著出版、一九七七年）
宮本袈裟雄・高松敬吉『山と信仰　恐山』（佼成出版社、一九九九年）
日本温泉文化研究所編『温泉の文化誌　論集　温泉学Ⅰ』（岩田書院、二〇〇七年）
柳田国男監修『秋田叢書別集　菅江眞澄集第五』（秋田叢書刊行會、一九三二年）

アクセス情報

恐山
JR下北駅から車で40分、展望台から徒歩

恐山菩提寺　青森県むつ市田名部町宇曽利山三-二
JR下北駅からバスで45分（十一〜四月は運休）

円通寺　青森県むつ市新町四-一一
JR下北駅から車で10分

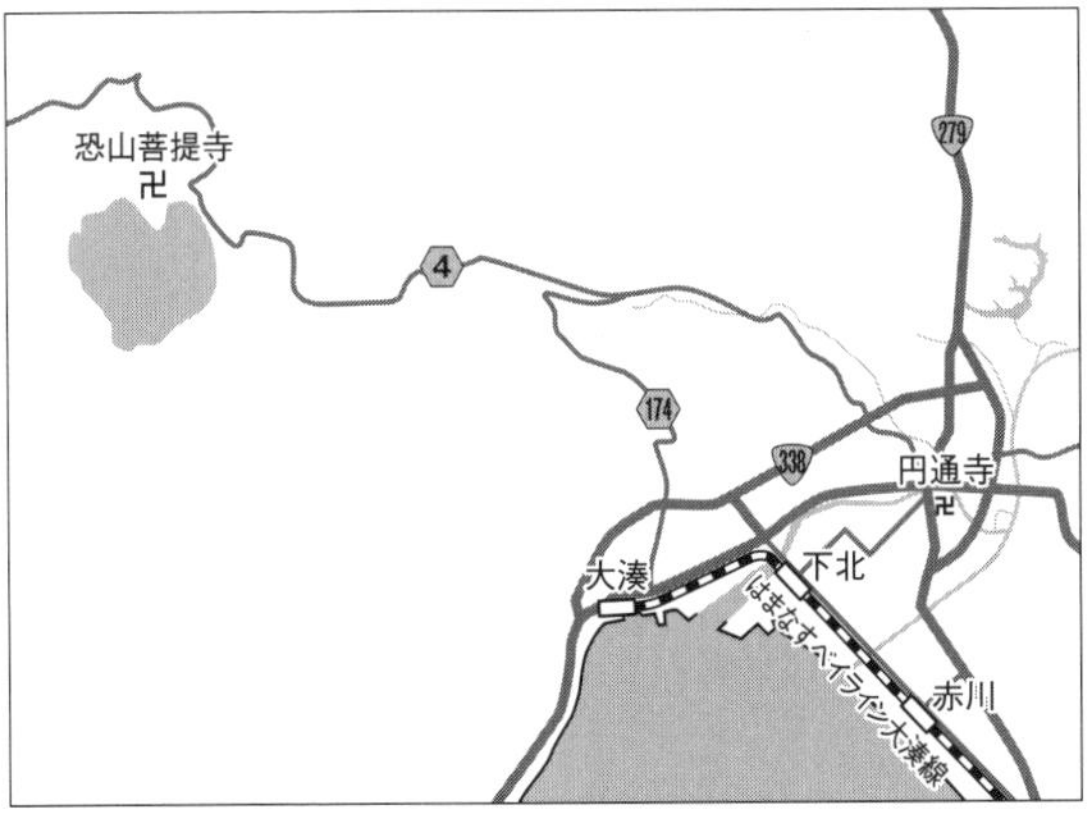

鳥海山《ちょうかいさん》

標高◆二、二三六メートル（新山）
山形県酒田市・飽海郡遊佐町、秋田県にかほ市・由利本荘市

秋田・山形県の県境に位置する鳥海山は、東北第二の標高を誇る霊山で、その秀麗な山容から「出羽《でわ》富士」とも呼ばれる。古くより、地域の人々はこの山を農耕神として崇めてきた。例えば、酒田市安田集落の人々は、鳥海山の山腹に老人の形をした雪渓《せっけい》「種蒔《ま》き爺さん」の出現により、田植えの時期の到来を把握したという。山形県飽海《あくみ》郡遊佐町《ゆざまち》には、この霊山そのものを五穀豊穣神「大物忌神《おおものいみのかみ》」として祀る鳥海山大物忌神社（旧国幣《こくへい》中社大物忌神社）が鎮座する。同社は山頂の社「本殿」、および山麓の二つの里宮（吹浦口之宮《ふくらくちのみや》・蕨岡口之宮《わらびおかくちのみや》）の三つの社からなる。二つの里宮を持つこの運営体制は「両口之宮《りょうくちのみや》制」と呼ばれ、日本唯一のものとして知られている。

鳥海山信仰の略歴

鳥海山信仰の起源は明らかにされていない。だが、鳥海山の神である大物忌神の名が六国史《りっこくし》に何度も登場することから、古代には信仰対象となっていたことが分かる。朝廷は、同神を祭祀や物忌みを疎かにすると、噴火などの自然災害を発生させる恐ろしい存在だが、その一方で、国家運営に関わる重要な出来事を予言するなどして恩恵をもたらす存在だとも認識していた。八世紀

庄内平野上空から見た鳥海山

に、朝廷は大物忌神を慰撫《いぶ》すべく、その神階《しんかい》を七回も昇格させている。

中世には修験者が鳥海山山麓に定着し、秋田県側の矢島《やしま》・由利《ゆり》・象潟《きさかた》・仁賀保《にかほ》、そして山形県側の吹浦《ふくら》・蕨岡《わらびおか》に修験集落を形成した。これらの集落は、連携して一山組織《いっさんそしき》を形成することはなく、集落ごとに鳥海山を仏式で祀った。上記のなかで最も強勢を誇ったのは、蕨岡の修験集団であった。それは、近世期を通じて、彼らが鳥海山山頂の社（現在の本殿）の祭祀・運営権を独占し、多数の鳥海山参拝者を受け入れていたためである。これにより、蕨岡の修験集団は、十七世紀には吹浦側と、そして十八世紀初頭には矢島側と鳥海山祭祀の主導権をめぐって激しく衝突することとなる。

明治初期の神仏分離令に伴い、吹浦と蕨岡の修験者は還俗《げんぞく》し、彼らの一部は神職として吹浦と蕨岡にある大物忌神社に奉仕した。しかし、蕨岡・吹浦間で鳥海山の祭祀権をめぐって争いが勃発する。両者の衝突は訴訟問題にまで発展し、明治十四年（一八八二）に内務卿の松方正義《まつかたまさよし》から、鳥海山山頂の社を「国幣中社大物忌神社」の本殿とし、吹浦と蕨岡の両大物忌神社をその口之宮（里宮）とし、以上三社をもって一神社として運営せよとの通達が下り、収束をみた。

修験者による布教活動

近世・近代に、吹浦と蕨岡の修験者たちは秋田県由利地方と山形県庄内地方の崇敬者を対象として、二種類の布教活動を行っていた。一つが神札《しんさつ》の配布で、もう一つが獅子舞「御頭舞《おかしらまい》」の奉納である。修験者によるこれらの布教活動は、昭和三十年代頃まで継続された。

修験者たちは、春・夏・秋の年二〜三回、崇敬者宅を定期的に訪問して「御判《ごはん》」（春）、「虫《むし》札《ふだ》」（夏）、「御守御札」（秋）などの神札を配布した（配札）。これらは、いずれも五穀豊穣を祈願するためのものである。夏季に配られた「虫札」は、水田に害虫が飛来するのを防ぐとされる神札である。また、御頭舞は、正月から五月上旬にかけて、獅子舞の舞手《まいて》や伶人《れいじん》（笛・鉦《かね》・太鼓）など六名以上の修験者で組織する「御頭連中《おかしられんちゅう》」によって奉納された。彼らが用いた獅子頭は鳥海山大権現《だいごんげん》（大物忌神）の化身《けしん》とされ、その舞には厄除けのご利益があると言われる。近世・近代という交通が未発達な時代に、御頭連中は、現在の秋田県由利郡と山形県庄内地方《しょうない》（最上《もがみ》川以北）の崇敬者宅を徒歩で訪問し、獅子舞を奉納して回った。彼らは各集落にある「御頭宿《おかしらやど》」と呼ばれる富裕層（網元・豪農・地主など）の自宅に宿泊し、そこで食事や風呂の世話を受けながら、布教活動を効率的に進めた。ちなみに昭和二十三年（一九四八）当時、百三十四世帯の御頭宿が存在していた。

鳥海山大物忌神社の登拝講

鳥海山参りは、近世期にはすでに行われていたが、その伝統は現代にも受け継がれている。今日においても、秋田県由利地方と山形県庄内地方には八十三団体の鳥海山信仰の講《こう》があり、これらは毎年、あるいは定期的に鳥海山参りを行っている（二〇〇〇〜二〇〇一年現在）。鳥海山信仰の講は、いずれも大字《おおあざ》などの集落を結成単位とする地縁的組織で、その活動には主に戸主《こしゅ》（男性）が参加する。鳥海山大物忌神社ではこれらの講を「登拝講《とはいこう》」と総称しているが、各団体は自らを「鳥海講」・「鳥海登山」・「お山講」などと独自に命名した呼称で呼ぶ。

一般に、登拝講は、毎年七月下旬から盆前までの間に鳥海山参りを行う。鳥海山参りの前日の夕方になると、各集落では数名の男性が産土社《うぶすなしゃ》に集合する。彼らは集落を代表して鳥海山参りをする「代参者《だいさんしゃ》」である。代参者たちは、産土社で大夫《たゆう》（集落の神職）に道中安全の祈禱《きとう》をあげてもらう。この「ヒアゲ」と呼ばれる儀式が終了すると、彼らはいったん帰宅する。翌日の早朝、代参者たちは自動車で鳥海山五合目まで行き、そこに自動車を駐車すると、今度は山頂をめざして登拝を始める。約四時間の登山を経ると、鳥海山大物忌神社の本殿に到着する。そして、彼らは本殿で神職に祈禱を執行してもらい、集落全体のために五穀豊穣・村中安全・虫除を祈願する。これが済むと、彼らは集落の人々への土産として鳥海山大物忌神社の神札を購っておく。

代参者たちは、本殿で昇殿祈願を果たすとすぐに下山を開始する。彼らは夕方までに集落に戻り、産土社で執行される儀式「ヒサゲ」に参列しなければならないのである。これは、当年の鳥海山参りを無事に済ませたことを産土神《うぶすながみ》に報告するための儀式である。ヒサゲが終了すると、代参者とほかの講員たちで酒宴「サガムガエ」を開く。この場では、代参者が講員たちに参拝土産の神札を配ったり、古老が「昔の鳥海山参り」について語ったりするなどして、講員間で親睦を

「ヒアゲ」の儀式

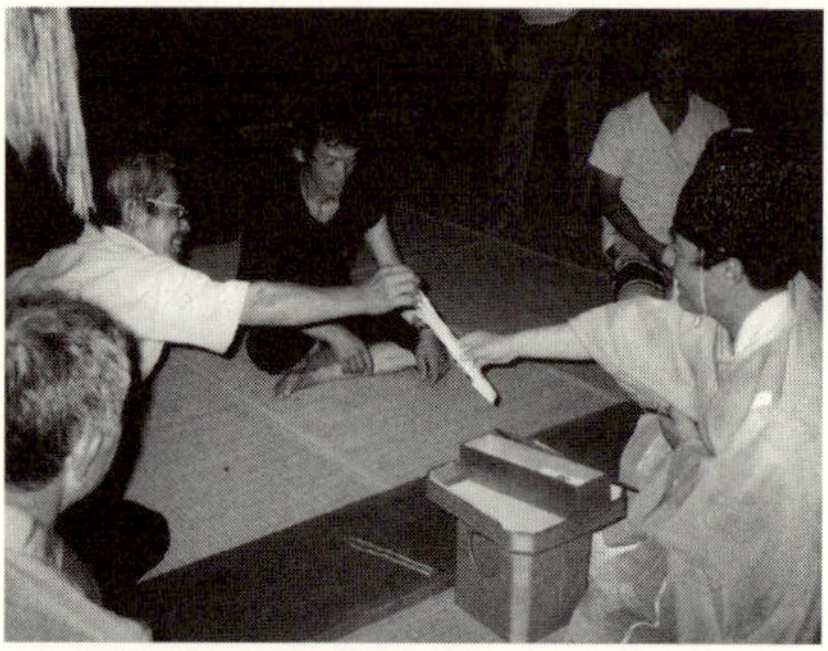
登拝講の代参者を決定するくじ引き

水田の水口に立てられた虫札

深める。宴も酣《たけなわ》となる頃に、来年度の代参者を決定するための籤引きが行われ、男性たちはその当たり・はずれで大いに盛りあがる。この酒宴が閉会すると、その年の登拝講の活動はすべて終了したことになる。

登拝講の信仰対象

鳥海山大物忌神社の登拝講は、鳥海山を信仰するために組織された団体だが、酒田市以南には、鳥海山・出羽三山の二つの霊山を崇める登拝講が四十七団体も存在している。これらの団体は、鳥海山と出羽三山を「同格の農耕神」・「一対の神」として認識し、鳥海山参りと同日、あるいはその前後一週間以内に出羽三山にも代参者を送り、両霊山で集落全体の五穀豊穣・村中安全を祈願する。さらに旧三川町《みかわまち》（鶴岡市）の周辺地域においては、鳥海山・出羽三山に参拝した代参者全員で金峯山《きんぼうさん》（山形県鶴岡市青龍寺《しょうりゅうじ》）にお礼参りをする団体も散見される。このように、山形県庄内地方では鳥海山をはじめとする複数の霊山を重層的に信仰する傾向にあることから、同地方は霊山に対して極めて篤信《とくしん》的だと言えよう。

鳥海山大物忌神社の式年造営

鳥海山大物忌神社には、二十年ごとに本殿を建て替える「式年造営《しきねんぞうえい》」の伝統がある（近年では平成七年〈一九九五〉に実施）。その際には、次の過程を経て新しい本殿が造営される。最初に、宮大工たちが鳥海山山麓で本殿をいったん組み立て、式年造営のための道具・木材に不足がないか確認をする。この作業が済むと、宮大工は本殿を解体する。次に、鳥海山大物忌神社側で、彼らが使用した道具・用材一式を鳥海山山頂部に搬入する。資材の搬入後、宮大工たちは鳥海山に登り、山頂部に寝泊まりをしながら本殿を再び組み立て、これを完成させる。現在、鳥海山大物忌神社ではヘリコプターを用いて本殿造営用の道具・木材を鳥海山山頂へと運んでいるが、昭和三十年代までは「強力《ごうりき》」と呼ばれる男性たち（鳥海山山麓在住）がその作業を担っていた。彼らは裸体にフンドシ・チョッキのみを身につけ、重さ数十キロもある木材を背負って山頂まで運んだ。

（筒井　裕）

【参考文献】

地方史研究協議会編『出羽庄内の風土と歴史像』（雄山閣、二〇一二年）
筒井裕「昭和中期における鳥海山山中への物資運搬――吹浦口之宮からの運搬を中心に」（『日本民俗学』二四〇、二〇〇五年）
原淳一郎・中山和久・筒井裕・西海賢二『寺社参詣と庶民文化』（岩田書院、二〇〇九年）

アクセス情報

鳥海山（新山）
JR象潟駅からバス44分、五合目鉾立から山頂まで徒歩5時間

鳥海山大物忌神社　本殿（鳥海山山頂）

吹浦口之宮　山形県飽海郡遊佐町大字吹浦字布倉一
JR吹浦駅から車で3分

蕨岡口之宮　山形県飽海郡遊佐町大字上蕨岡字松ヶ岡五一
JR遊佐駅から車で10分

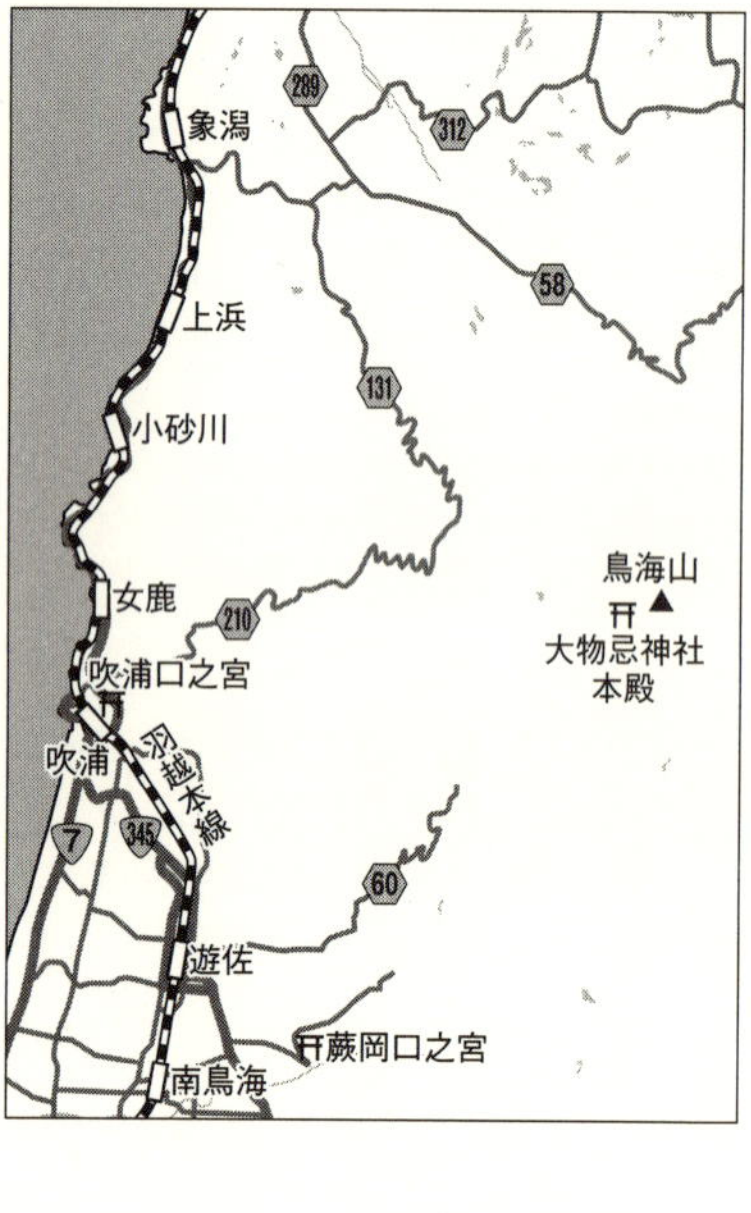

飯豊山《いいでさん》

標高◆二、一〇五メートル（飯豊本山）
山形県西置賜郡飯豊町、福島県喜多方市、新潟県新発田市

飯豊山は二、一〇五メートルの飯豊本山を主峰とし、最高峰の二、一二八メートルの大日岳《だいにちだけ》、二、〇二五メートルの北股岳《きたまただけ》などを擁《よう》する連峰で、山形県・新潟県・福島県にまたがっている。明治維新後に新潟県に編入されたが、歴史的経緯に基づく福島県側からの反対運動により、登山道および山頂は福島県となっている。

現在、旧山都町《やまとまち》（福島県喜多方市《きたかた》）の飯豊山神社には本地仏《ほんじぶつ》五大虚空蔵《ごだいこくぞう》菩薩坐像五軀が安置されている。古来より素朴な農業神信仰によって支えられてきており、神仏分離までは五社《ごしゃ》権現と称し、虚空蔵菩薩がそれぞれ農業神と習合していた。

縁起では修験の介在がうかがわれ、役小角《えんのおづの》・行基《ぎょうき》・空海《くうかい》の由緒が取り込まれている。

伝承では、文禄四年（一五九五）に下荒井蓮華寺《しもあらいれんげじ》（醍醐報恩院《だいごほうおんいん》末／会津若松市）の宥明上人《ゆうめいしょうにん》が蒲《がも》生《う》氏郷《うじさと》の命によって、登山道を開き中興したとなっており、『会津旧事雑考《あいづくじざっこう》』に記載されている。

代々の会津藩主による帰依《きえ》があり、慶長六年（一六〇一）の蒲生秀行《ひでゆき》寛永五年（一六二八）の加藤明成《あきなり》以下、歴代藩主による寄進状が現存しており、五十石が与えられている。また、藩主の病気平癒の祈禱や、雨乞《あまごい》祈願をしていたことが、会津藩による歴史書『家世実紀《かせいじっき》』や、地方《じかた》史料から

うかがうことができる。一時、会津真言四ヶ寺の輪番《りんばん》制による支配となっていたが、十九世紀には再び蓮華寺が別当となり、明治に入って廃寺となった。神仏分離においては「飯豊山神社」となり、明治三十一年（一八九八）には郷社《ごうしゃ》から県社へと社格を上げている。また明治十五年（一八八二）には、飯豊山講社《こうしゃ》が結成されたほか、先導の把握がなされ、組織化を図っている。

飯豊信仰は、元禄十五年（一七〇二）の「飯豊山・柳津《やないづ》参詣ほか御尋ねに付《つき》回答」に「八月中ハ飯豊山御祭礼ニ御座候《ござそうろう》間、毎年千三百人余り往還仕、其《それ》より柳津参詣仕《つかまつり》、樋原口《ひばらぐち》ヲ罷帰《まかりかえり》候者共《ものども》も数多《あまた》御座候事」とあるほか、宝永六年（一七〇九）の「山三郷諸人足組切並《にんそくくみきりならびに》仕分相定《しわけあいさだめ》帳」

飯豊山神社

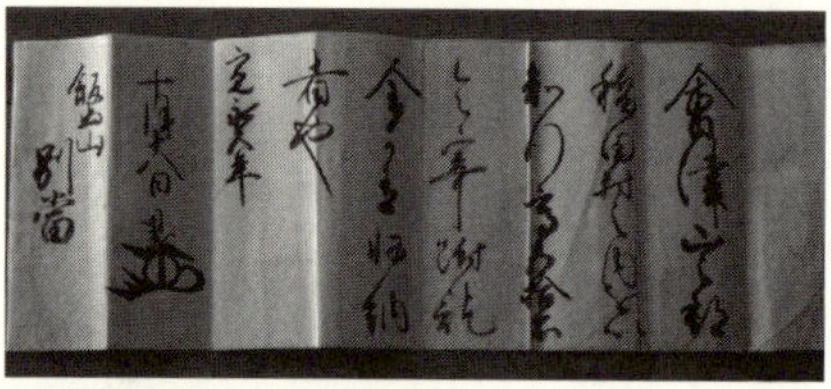
飯豊山寄進状（加藤嘉明）

川入集落

に「一《ひとつ》、参詣之節ハ一戸より頂《いただき》迄に茶屋四ヵ所有之《これあり》、当所之者共はげみに仕候、依之《これより》別当江為茶役銭《ちゃやくせん》として五百文六百文斗《ばかり》出シ候」とあるように、一ノ戸《いちのと》（喜多方市）・岩倉（飯豊町）などの山岳宗教集落、弥平四郎《やへいしろう》（福島県いわき市）・川入《かわいり》（福島県喜多方市）・大日堂《だいにちどう》（山形県西置賜郡飯豊町）などの登山口直下の導者宿《どうしゃしゅく》集落、山内の茶屋などが十七世紀末には成立して、参詣者も相当数いたことがうかがわれる。

文化文政期に組織化が進み、導者宿と檀家の関係が深まり、飯豊講の結成や飯豊山碑の創建が盛んとなった。江戸時代には素朴な農業神信仰に基づき参詣が行われ、湯殿山参詣と結びつけて考えられていた。それは現在、置賜《おきたま》地方（山形県内陸部）に多く残っている「行屋《ぎょうや》」という建物からもうかがわれる。行屋では登山に際して、三日から七日ほど精進潔斎《しょうじんけっさい》が行われた。参詣者は行屋のなかで寝食《しんしょく》し、近くの川で水を浴びるなどして垢離《こり》を行った。また、行屋のなかには炉《ろ》があり、普段の使用している炉とは違うものを使用して食事が用意された。これを別火《べっか》と呼んでいた。こうした厳格な潔斎は、東北地方の山岳信仰の深さを物語っている。

また、飯豊信仰を特徴づけているものが成人への通過儀礼としての山岳登拝である。十五歳までに登頂しなかった者は一人前として認めてもらえなかったことから、盛んに集団登山「御山駆《が》け」が行われていた。あるいは、周辺地域には飯豊登山の終わっていない者を婿に迎えてはいけないとの伝承が残っている。第二次世界大戦後は、こうした習慣が徐々に廃れていった。現在では、深田久弥《ふかだきゅうや》の『日本百名山』に選ばれたこともあり、多くの登山者が訪れる山として変貌した。あまり観光開発がなされなかったこともあり、朝日連峰《あさひれんぽう》とともに手付かずの自然が残る山として、また滑落の恐れがある山として登山者を惹きつけている。

（原　淳一郎）

【参考文献】

佐野賢治『虚空蔵菩薩信仰の研究――日本的仏教受容と仏教民俗学』（吉川弘文館、一九九六年）

原淳一郎「山岳信仰と登拝」（水本邦彦編『人々の営みと近世の自然』環境の日本史四、吉川弘文館、二〇一三年）

『山都町史』第二巻通史編Ⅱ（一九九一年）

アクセス情報

飯豊山

JR山都駅からバス45分、山都町川入登山口から山頂まで徒歩8時間以上

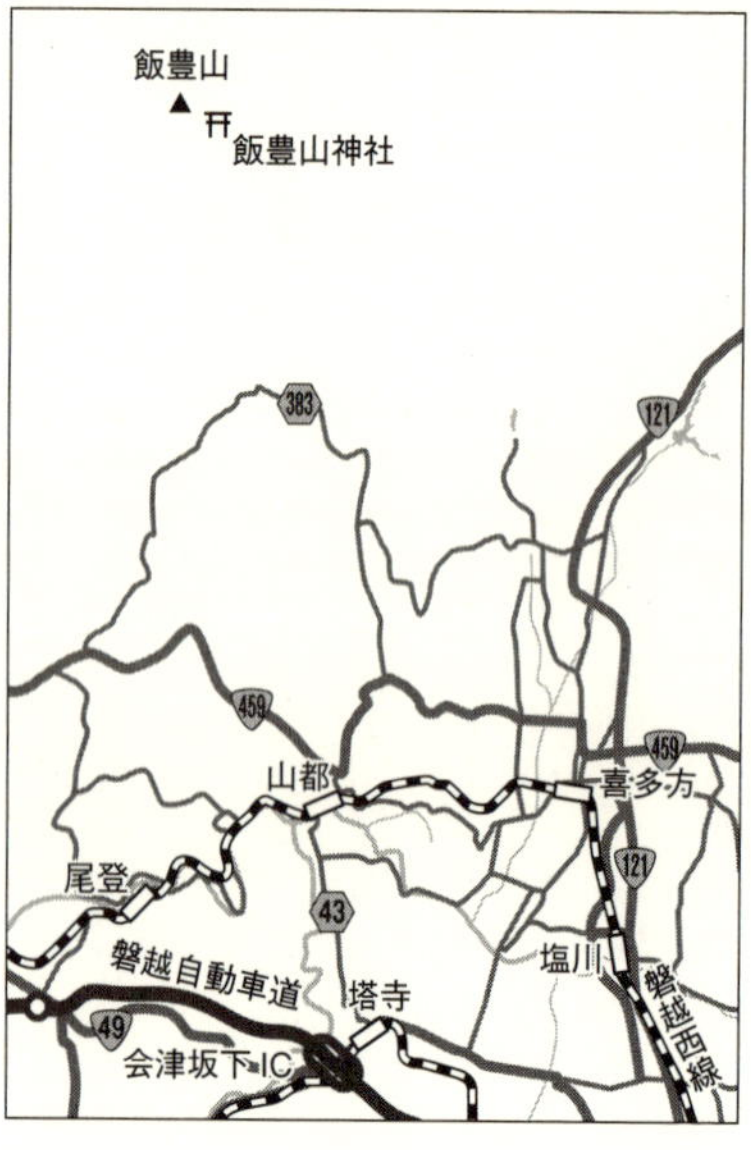

大雪山《たいせつざん》

標高◆二、二九一メートル（旭岳）
北海道上川郡東川町

大雪山（北海道石狩地方）は、主峰旭岳《あさひだけ》、間宮岳《まみやだけ》、中岳《なかだけ》、北鎮岳《ほくちんだけ》をはじめとする二、〇〇〇メートル級の山々からなる山系で、その標高の高さから「北海道の屋根」とも呼ばれる。大雪山は二、〇〇〇メートル級の山系であるにもかかわらず、その自然環境の厳しさは本州の三、〇〇〇メートル級のものに比肩《ひけん》すると言われる。例えば、大雪山の一、六五〇メートル以上の地点で永久凍土《えいきゅうとうど》が形成され、日本における永久凍土研究の中心地となっている点に、その片鱗《へんりん》をうかがうことができる。このように大雪山が厳しい自然環境下にあるのは、この山が高緯度に位置し、かつ、冬季に気団の影響を強く受ける気候条件下に置かれるためである。

アイヌ民族と伝説

大雪山はアイヌ語で「ヌタクカムウシュペ」と呼ばれる。石狩《いしかり》地方のアイヌ民族は、美しくも厳しい自然をそなえた大雪山のなかに神々の姿を見出し、この霊山にまつわるあまたの伝説をつむいできた。その一つが、大雪山の「偉大な神」の伝説である。この神は、石狩のアイヌ民族に危機が訪れると、人間に姿を変えて彼らを救ったり、噴火を起こす魔人を抑えたりするなどして、人々を守護すると言われる。また、主峰旭岳に関する伝説も存在する。旭岳はとても美しい男神で、周辺の山の女神たちはこの男神に心を寄せていた。天塩岳《てしおだけ》の女神もそのなかの一人で、ある日、彼女は旭岳の男神に求愛をする。ところが、旭岳の男神は天塩岳の女神の気持ちに応えようとはしない。それどころか、彼は見目うるわしい阿寒岳《あかんだけ》の女神に心を奪われている。天塩岳の女神はこれに激しく嫉妬し、怒りにまかせて男神に向けて槍を放つ。この時、危険を察知した雪の神ウパッシロチップが槍を叩き落としてことなきを得たという。このほかに、夫婦である大雪山の男神と雌阿寒岳《めあかんだけ》の女神に関する伝説も語り継がれている。ある日、それまで仲むつまじかった男神と女神が夫婦喧嘩を始める。その様子は、一方の神が相手に槍を投げつけて山容を傷つける、あるいは真紅の炎を吐いて応戦するなどの非常に激しいものであったという。そして、アイヌ民族はこの伝説の終盤で、夫婦喧嘩によって山岳の形が変化したり、カルデラ湖が形成されたりしたのだと結んでいる。これらの大雪山にまつわる伝説は、石狩地方のアイヌ民族の宗教的世界観だけではなく、地形形成に関する認識を今に伝える貴重な資料となっている。

大雪山の「カムイミンダラ」

石狩地方のアイヌ民族は、大雪山山中に神々の降臨の場があると考え、これらを「カムイミンダラ（神々の遊び場）」と呼んだ。その一つが、大雪山山頂の雪渓の間に広がる高山植物の花畑で、かつて、そこには蒼《あお》く澄んだ池があったと伝えられている。アイヌ民族は、毎晩、神々がこの美しい花畑に降り立ち、舞を踊り、歌を歌って楽しんでいると想像した。また、晴天時に山麓から大雪山を眺めると、この場所が光り輝いて見えるともいう。大雪山中腹の赤い山肌があらわな地点も、アイヌ民族が「カムイミンダラ」と呼ぶ場所である。彼らは、天の雷神がここを休息場所としたために、地面が赤くなったと考えた。

（筒井　裕）

【参考文献】

山下克彦・平川一臣編『日本の地誌　三　北海道』（朝倉書店、二〇一一年）
『旭川市史』第一巻（一九五九年）

アクセス情報

大雪山

ＪＲ上川駅からバス30分、大雪山層雲峡ロープウェイ7分、五合目黒岳リフト15分で七合目リフト駅、山頂まで徒歩7時間

北海道《ほっかいどう》アイヌの霊山《れいざん》

アイヌ民族と山

北海道のアイヌ民族は、生物、植物、山、川、渓谷などの自然をはじめとする「この世」のすべてのものに霊が宿っていると考えてきた。そして、彼らはこれらを、人間を凌駕《りょうが》した力を備えた存在「カムイ（神）」と見なして崇めた。また、アイヌ民族にとって、山は「魔」と遭遇する場所でもある。彼らは魔が人間の言葉を理解して自分たちの方へと接近しないように、山のなかでは特別な言葉を使用してきた。例えば、北見地方では、里で他人を呼ぶ時は「アイロー」・「エカチー」（いずれも「おーい」の意味）と呼びかけるが、山中では必ず「ハンペー」と声をかけることになっている。このように、山はアイヌ民族の重要な信仰対象の一つであるとともに、彼らの世界観を形成し、豊かな文化を形成する源となった。

アイヌ民族の霊と高山

アイヌ民族は、人間が亡くなると、その霊は「あの世（神の国、カムイモシリ）」へと向かい、そこで「この世」と同じように生活を送ると信じてきた。人が亡くなると、その霊は最初に集落のそばにある洞窟のなかに入るという。この洞窟を抜けると、霊は一つの集落へと到達する。そこは「この世」の集落と変わるものではない。ただし、この集落で霊の存在を感知できるのは犬だけだとされる。その後、霊はこの集落のそばにある最も高い峰の頂へと向かい、そこから先祖や神々が住まう「あの世」のもとへと飛び立つ。アイヌ民族は、「あの世」は「この世」の上空に位置すると考えているのである（地下に「あの世」が存在すると考えるアイヌ民族も見られる）。つまり、アイヌ民族にとって、高山は魂が「あの世」へ行くための重要な通過点の一つとなっている。

ピンネシリ（男山）とマチネシリ（女山）

北海道各地のアイヌ民族は、山々に男女の性を付与し、一対の男女の山の組み合わせを作ってきた。彼らは男山を「ピンネシリ」、女山を「マチネシリ」と呼んだ。その組み合わせの例として、釧路《くしろ》の雄阿寒岳《おあかんだけ》（ピンネシリ）と雌阿寒岳《めあかんだけ》（マチネシリ）、宗谷の敏音尻岳《びんねしりだけ》と松音尻岳《まつねしりだけ》、滝川のピンネシリとマチネシリ、そして日高のアポイ岳のピンネシリとマチネシリ、後志《しりべし》の尻別岳《しりべつだけ》（ピンネシリ）と羊蹄山《ようていざん》（マチネシリ）などがある。彼らが山に男女の性を付与した理由は不明だが、これと同様の現象は、北海道以外の日本各地でも確認できる。

十勝地方の伝説

北海道各地のアイヌ民族は一対の男女の山を夫婦神と見なし、これにまつわる伝説を数多く作りあげてきた。例えば十勝地方のアイヌ民族は、十勝岳《とかちだけ》（男山）と雌阿寒岳（女山）の夫婦神についで次の物語を残している。ある時、十勝岳と雌阿寒岳が夫婦喧嘩をし、怒った女神は実家のある釧路地方に帰ってしまう。その後、晴れた日に女神が北西方向を眺めていると、十勝岳の姿がひどく明瞭に見える。これに立腹した女神は、男神に向けて槍を放つ。男神はこの乱暴な行動に激怒し、女神に槍を投げ返した。すると槍は女神の体に当たり、彼女の血が周辺に飛び散った。女神の傷口からは膿が流れ出たが、のちに、これは硫黄《いおう》となったという。

（筒井　裕）

【参考文献】

知里真志保訳編『アイヌ民譚集』（岩波書店、一九八九年）

藤木義雄編『北海道宗教大鑑』（広報、一九六四年）

藤村久和『アイヌ、神々と生きる人々』（小学館、一九九五年）

『旭川市史』第一巻、一九五九年

岩木山《いわきさん》

標高◆一、六二五メートル
青森県弘前市・西津軽郡鰺ヶ沢町

岩木山は円錐状《えんすいじょう》の美しい火山で、津軽《つがる》平野にその山裾《やますそ》をなだらかに広げる。このように端麗《たんれい》な山容を持つことから、岩木山は美しい女性に喩《たと》えられたり、「津軽富士」とも呼ばれたりする。岩木山神社《いわきやまじんじゃ》は岩木山を祀る山岳信仰の神社で、岩木山山上の奥宮と山麓の下居宮《おりいのみや》（弘前市百沢《ひゃくざわ》）の二つの社からなる（主祭神は顕国魂神《うつしくにたまのかみ》・多都比姫神《たつひひめのかみ》・宇迦能売神《うがのめのかみ》など五柱）。

お山参詣（オヤマガケ）

津軽地方の各集落には、旧暦七月二十五日から旧暦八月十五日の間（特に旧暦八月一日）に、男性が岩木山神社の奥宮に参詣し、そこで五穀豊穣を祈願するという風習が伝わっている。これは「お山参詣」と呼ばれ、男性が成人になるための通過儀礼としての意味を持つ重要な行事とされる。このため、津軽地方の人々は「岩木山を一度かけなければ、男にはなれない」としばしば口にしてきた。津軽地方の男性たちは、お山参詣に先立ち、集落内の神社や宿に籠って精進潔斎《しょうじんけっさい》を行った。その期間は地域によって異なるが、岩木山から遠方であればあるほど、長期間に及んだという（現在は簡略化されている）。これが済むと、彼らは百沢・長平《ながだい》・岳《だけ》・大石の四つの登拝口を起点として、大幟《おおのぼり》・御幣《ごへい》・供物《くもつ》（鏡餅・野菜など）を担ぎながら岩木山の山頂をめざして登拝を行ったのである。

お山参詣の地域差

津軽地方一帯のお山参詣は、一見、すべて等しく行われてきたように思われるが、実際には、地域によって参詣者の属性・祈願内容・衣装などは異なる。ここでは、参詣者の属性と祈願内容の地域差について紹介する。まず、参詣者の属性について見ると、岩木山から半径一五キロメートル以内の地域では五歳以下の男児を、以下同様に、一五〜三〇キロメートルの圏域では十歳前後の少年を、それ以遠の地域においては十五〜二十歳の男性を参詣者とする傾向にある。つまり、岩木山から遠方となるにつれて、参詣者の年齢層が上昇するのである。この地域差は、参詣者の体力・経済力を反映して形成されたものと考えられている。また、お山参詣は五穀豊穣祈願を主眼とする行事だが、岩木山から半径一五キロメートル以内の地域では、男児の「氏子入り」もその目的の一つになっている。この事実から、同地域の人々が岩木山を産土神《うぶすながみ》として崇めていることが分かる。

模擬岩木山

旧東津軽郡など、津軽地方のなかでも岩木山から遠方となる地域では、自集落近くの小山を岩木山に見立て、これに参詣する習慣が見られる（模擬岩木山）。これまで、青森県内で二十三の模擬岩木山の存在が確認されている。これらの多くが「岩木山」と呼ばれる、岩木山の姉妹山として認識されている、そして岩木山の分霊を祀っているなどの特徴を持つ。

津軽藩と丹後日和

「山椒大夫《さんしょうだゆう》伝説」は、丹後国由良《たんごゆら》（現在の京都府宮津市）の長者山椒大夫《ちょうじゃ》が安寿姫《あんじゅ》を虐待して死に追いやるというエピソードを含む説話である。津軽地方には、安寿姫が岩木山の神となったために、丹後出身者がこの山に近づくと悪天候になるという伝承「丹後日和《びより》」がある。近世期に、津軽藩はこの伝承を重視し、荒天続きになると領内で丹後の船・人物を探し出し、これらを領外に追放せよとの通達を出すこともあった。

（筒井　裕）

【参考文献】
金子直樹「岩木山信仰圏の空間構造」（『人文地理』四九－四、一九九七年）
小舘衷三『岩木山信仰史』（北方新社、一九八〇年）
櫻井徳太郎編『山岳宗教史研究叢書　六　山岳宗教と民間信仰の研究』（名著出版、一九七六年）

アクセス情報

岩木山
ＪＲ弘前駅からバス40分で、登山口

岩木山神社　青森県弘前市百沢字寺沢二七
ＪＲ弘前駅からバス40分で、岩木山神社前バス停

岩手山《いわてさん》

標高◆二、〇三八メートル（薬師岳）
岩手県八幡平市・滝沢市・岩手郡雫石町

岩手山は、那須《なす》火山帯に属す複式コニーデ型の火山で、現在も活発な活動が見られる。かつて、人々はこの山を「岩鷲山《がんじゅさん》」と呼び、山体そのものを「岩鷲山大権現《だいごんげん》」と見なして崇めてきた。岩手山の古名が「鷲」の字を含むのは、春になると、羽を広げた鷲の形をした雪渓が山体に現れることにちなむという。

岩手山信仰の起源

岩手山信仰の起源は、延暦二十年（八〇一）に坂上田村麻呂《さかのうえのたむらまろ》が蝦夷《えみし》を征伐し、岩手山に大名牟《おおなむ》遅命《ちのみこと》・宇迦御魂命《うかのみたまのみこと》・倭健命《やまとたけるのみこと》の三柱の神々を勧請したことにさかのぼるとされる（岩手山神社の縁起による）。

近世期には、修験者や神職が岩手山の三つの登拝道《とはいどう》（雫石《しずくいし》口・厨川《くりやがわ》口・平舘《たいらだて》口）の起点となった集落、すなわち雫石・厨川・平舘に定着し、各集落に置かれた岩手山の遥拝《ようはい》所「新山堂」に奉仕していた。岩手山は、早池峰山《はやちねさん》とともに南部《なんぶ》氏が信仰した霊山としても知られる。永禄年間（一五五八～七〇）に、南部高信《たかのぶ》は岩鷲山大権現に子宝を祈願し、男子が誕生すると、その報賽《ほうさい》として岩鷲山大権現に社領二百石を寄進した。また慶長年間（一五九六〜一六一五）の盛岡築城の際に、南部利直《としなお》は岩鷲山大権現を南部藩の総鎮守《そうちんじゅ》と定め、岩手山の各登拝口の寺院に禄を支給し、岩手山信仰を篤く保護した。

岩手山

近世期の岩手山の噴火

貞享三年（一六八六）三月二日に岩手山山頂が噴火し、そこに祀られていた岩鷲山大権現の社（御室）は失われてしまう。この時、南部藩は岩手山の噴火を鎮めるべく、祈禱を執行したり、京都の吉田家から岩鷲山大権現に「正一位《しょういちい》大権現」の位を受けたり、南部藩の領民に対し、岩手山参詣前に行屋籠り・精進潔斎《しょうじんけっさい》を必ず行うよう通達したりするなどの様々な手段を講じた。その後、享保四年（一七一九）正月にも岩手山は噴火し、溶岩が山腹から約三キロにもわたって流れるという事態が生じた。この溶岩流の跡は「焼き走り溶岩流」と呼ばれ、天然記念物に指定されている。

お山かけ

近世期に、岩手山は女人禁制の山とされていたことから、専ら男性がこの山を登拝した。岩手山登拝は「お山かけ」と呼ばれ、毎年、旧暦五月二十七日に行われた。この日、盛岡（南部）藩の各地から、多くの人々が岩手山登拝のために集結したという。お山かけを行う男性たちは、七日間にわたって集落の行屋（浄屋）で水垢離《みずごり》・勤行《ごんぎょう》などの修行をし、女性との接触を断って精進潔斎を守った。岩手県安代《あしろ》地方には、お山かけにまつわる興味深い話が伝わっている。この地域の男性たちがお山かけへと向かう道中で、そのうちの一人が草刈りをしていた女性に声をかけた。すると、彼は「穢れたから」という理由で、その場に置き去りにされてしまったという。十九世紀に入るとお山かけは盛んになり、岩手山山中には道標・接待小屋・石像などが設置されるようになり、この山は聖地としての景観を整えていった。

明治期以降の岩手山信仰

明治初期の神仏分離令に伴い、厨川の新山堂は「岩手山神社」となった。現在、岩手山神社は岩手山祭祀の中心的存在として機能しており、岩手山山頂の本宮と里宮（滝沢《たきざわ》村柳瀬、現在は滝沢市）は、多くの崇敬者から信仰を集めている。本宮は貞享三年（一六八六）の岩手山の噴火のあとで御室付近に新設された祠《ほこら》を起源とし、里宮は寛文年間（一六六一〜七三）に盛岡（南部）藩主の南部重信《しげのぶ》が造営したものである。

（筒井　裕）

【参考文献】

岩手県立博物館編『岩手民間信仰事典』（岩手県立博物館、一九九七年）

大島暁雄・松崎憲三・宮本袈裟雄・門屋光昭編『北海道・東北の民俗　岩手県編』（三一書房、一九九五年）
月光善弘編『山岳宗教史研究叢書　七　東北霊山と修験道』（名著出版、一九七七年）

アクセス情報

岩手山
JR大更駅から車20分、またはJR盛岡駅から車40分で、登山口
岩手山神社　岩手県岩手郡雫石町長山頭無野
JR雫石駅から車で30分

早池峰山《はやちねさん》

標高◆一、九一七メートル
岩手県宮古市・遠野市・花巻市

早池峰山の信仰圏

早池峰山は北上山地《きたかみさんち》のほぼ中央に位置する霊山で、古くは「東根嶽《あずまねだけ》」とも呼ばれた。その山頂部には小池「開慶水《かいけいすい》」がある。この池は、降雨《こうう》によってあふれたり、旱魃《かんばつ》で涸《か》れたりすることがないという。また、誤ってこの池で手を漱《すす》げば、その水はたちまち涸れるが、観音経《かんのんきょう》を唱えればもとに戻るとも伝えられている。山麓の農民は開慶池を水源として農業を営んできたことから、早池峰山を五穀豊穣の神として篤く信仰するようになった。一方、三陸《さんりく》の漁業者たちは、出漁時に常に視界に入る早池峰山をヤマアテの重要な目印とし、豊漁と海上安全をもたらす重要な神として崇めてきた。このように、早池峰山は地域の農業・漁業と密接な関係にあるがゆえに、その信仰は北上山地の旧盛岡藩領全域、陸中海岸、旧仙台藩の胆江《たんこう》・磐井《いわい》地方（いずれも岩手県）から宮城県牡鹿《おしか》半島にかけての広域に定着した。

早池峰信仰の寺院

早池峰山へと通ずる主要な登拝道《とはいどう》には、遠野《とおの》口・大迫《おおはさま》口・門馬《かどま》口・江繋《えつなぎ》口の四つがある。年代は明らかにされていないが、修験者などの宗教者がこれらの起点となった集落に定着し、早池峰山を祀る四つの寺院、すなわち遠野の妙泉寺《みょうせんじ》、大迫の妙泉寺、門馬の妙泉院、そして江繋の善行院《ぜんこういん》にそれぞれ奉仕した。近世期には、これらの間で主導権をめぐる争いが生じたこともあった。特に遠野・大迫の両妙泉寺間の対立は激しく、約九十年間にも及ぶ長期的なものとなった。早池峰信仰の寺院のなかで特異な存在感を示したのが、門馬の妙泉院である。その勢力は、ほかの寺院に比べると弱いものであった。しかし、妙泉院は門馬が良質のヒノキ材の産地であることを背景とし、早池峰山山上の社の造営時に良質の用材を提供することによって、山麓地域にその存在感を強く示した。

早池峰信仰の起源

早池峰信仰の縁起は、各登拝道の起点となる遠野・大迫・門馬・江繋に伝わっているが、その内容は集落ごとに若干異なる。ここでは、大迫の早池峰神社（前身は妙泉寺）の縁起を紹介する。大同二年（八〇七）に、兵太郎と藤蔵の二人の猟師が猟の途中で偶然出会い、早池峰山山中で不思議な鹿を一緒に追うこととなった。彼らは鹿を追いかけているうちに山頂部へと至り、そこで岩窟のなかに金色光明の権現の姿を感得する。その後、兵太郎と藤蔵は山頂の岩窟に東根嶽明神を祀る祠《ほこら》を設けた。これが早池峰信仰の起源だとされる。

早池峰神楽「五穀舞」（練り）

早池峰神楽「五穀舞」（くずし）

早池峰神楽

早池峰神楽《かぐら》は、早池峰山を活動拠点とした修験者たちが継承してきた神楽である。その伝承地の一つである旧大迫町岳《たけ》集落（花巻市）では、早池峰神社の祭礼（八月一日）、町内の神社の祭礼、各種芸能大会、慶事の際に、早池峰神楽を奉納している。現在、同集落には約四十番の演目が伝わっている。その例として、日本神話をテーマとした「神舞」（水神・天照五穀など）、鎮魂・悪魔祓いを目的とした「荒舞」（龍殿・笹わりなど）、女の怨念とそれを救済する修験者の法力を扱った「女舞」（機織《はた》り・天女など）、軍記物を題材とした「武士舞」（屋島・木曽）、そして獅子頭《ししがしら》に早池峰大権現の神霊をうつして奉納する「権現舞《ごんげんまい》」などがある。

（筒井　裕）

【参考文献】

岩手県立博物館編『岩手民間信仰事典』（岩手県立博物館、一九九七年）

月光善弘編『山岳宗教史研究叢書　七　東北霊山と修験道』（名著出版、一九七七年）
長澤壮平『早池峰岳神楽――舞の象徴と社会的実践』（岩田書院、二〇〇九年）

アクセス情報

早池峰山
JR新花巻駅からバス1時間30分で河原の坊バス停、または東北自動車道花巻ICから車1時間10分で河原の坊登山口駐車場、山頂まで徒歩3時間

早池峰神社（岳早池峰神社）　岩手県花巻市大迫町内川目一-一
JR新花巻駅からバス1時間で岳バス停

太平山《たいへいざん》

標高◆一、一七〇メートル
秋田県秋田市・北秋田郡上小阿仁村

太平山

太平山信仰の神社

「おいだら山」とも呼ばれる太平山は、秋田県を代表する霊山の一つである。秋田平野の各地から、その主峰奥岳《おくだけ》、中岳《なかだけ》、そして前岳《まえだけ》がなだらかに連なる姿を望むことができる。今日でも、この霊山は水分神《みくまりのかみ》・五穀豊穣の神として人々の信仰を集めている。秋田市内には太平山を祀る二つの神社が存在する。その一つが秋田市広面《ひろおもて》の太平山三吉《みよし》神社総本宮（里宮《さとみや》）で、もう一つが秋田市八田《はった》の三吉神社である。前者は野田口を開いた修験大寿院《だいじゅいん》（田村氏）の社を前身とし、太平山の奥岳に「奥宮《おくのみや》」と呼ばれる社殿を持つ。そして、後者は木曽石《きそいし》口を開拓した修験の一族（辰《たつ》氏）が奉仕する神社である。この二つの神社は、太平山の神で必勝の神とされる三吉霊神《みよしのおおかみ》、大己貴大神《おおなむちのおおかみ》、そして少彦名大神《すくなひこなのおおかみ》の三柱を祀り、小正月に「梵天《ぼんでん》祭」を行うという共通点を持つ。

太平山信仰の講

近世期なかばに、太平山信仰は秋田（久保田）藩内の庶民の間に定着した。そして、文化文政年間（一八〇四～三〇）には各村で太平山信仰の講《こう》が組織されるようになった。その伝統は現在も命脈を保っており、平成十一・十二年（一九九九・二〇〇〇）の時点で、太平山三吉神社総本宮（奥宮・里宮）に定期的に参拝を行う講が八十五団体、同じく三吉神社総本宮が十六団体存在した（合計百一団体）。これらの約八割が秋田県内で組織された講であることから、太平山は、主に秋田県の人々が信仰を寄せる霊山だと言えよう。一つの太平山信仰の講には約十五世帯が加入しており、一般に、戸主《こしゅ》（男性）がその活動に参加することになっている。

大平山信仰の講の集会

講の活動に見られる地域差

太平山信仰の講の活動の種類には、太平山を崇拝するための集会の開催と太平山登拝の二つがあり、これらには地域差が見られる。ここでは太平山三吉神社総本宮を信仰する講を事例として、上記の点について述べる。太平山に近接する秋田市・能代市は、太平山信仰の講が最も多く組織される地域である。この地域の講は、毎月、あるいは二ヶ月に一度の頻度で太平山信仰の集会を開く。その集会時には、すべての講員が当番宅や集

梵天祭（太平山三吉神社総本宮）

落内の神社に集合し、そこで太平山や三吉霊神の掛け軸を拝み、唱えごとをする。また、数年、ないし十年に一度の周期で全講員が太平山登拝を行うのも、この地域の講の活動に見られる特徴の一つである。これに対し、大館市を中心とした秋田県北内陸部の講は、集会を季節ごと（年間二〜四回）にしか開催しない。さらに秋田県南部の講に至っては、集会の開催回数は年に一回と極めて少ない。だが、秋田県南部の団体は、毎年、太平山に数名の代参者を送り出し、かつ、講の集会日に講員たちで自集落内の小さな山「タイヘイザン」に登拝して本物の太平山を遥拝しており、その信仰の篤さをうかがわせる。

梵天祭

毎年一月十七日に、太平山三吉神社総本宮では「梵天祭」が行われる。この日、商売繁盛を願う各種団体（法人・企業など）や五穀豊穣を祈願する氏子集落の男性たちが、朗々と響く三吉節に合わせながら同社の里宮まで梵天を練る。各団体がそろうと、彼らはいち早く梵天を里宮に奉納すべく、先着順を争って境内で激しく揉み合う。このように、梵天祭は雄壮な面を持つことから、「けんか梵天」とも呼ばれる。

（筒井　裕）

【参考文献】

月光善弘編『山岳宗教史研究叢書　七　東北霊山と修験道』（名著出版、一九七七年）
筒井裕「太平山信仰における講中活動の現況」（『秋田地理』二〇、二〇〇〇年）

アクセス情報

太平山三吉神社（奥峰山頂）
JR秋田駅からバスで50分。山頂までは旭又・野田・丸舞などの登山口がある
太平山三吉神社　総本宮　秋田県秋田市広面字赤沼三-二
JR秋田駅からバス10分、三吉神社入口バス停から徒歩2分／JR秋田駅から車で6分

神室山《かむろさん》

標高◆一、三六五メートル
秋田県湯沢市、山形県新庄市・最上郡金山町

神室山とは神が籠《こ》もる山の意味で、ほかにも同名の山が複数存在する。この神室山は、北に位置する前神室山・黒森《くろもり》、また、南に続く天狗森《てんぐもり》・小又山《こまたやま》・火打岳《ひうちだけ》・八森山《はちもりやま》・杢蔵山《もくぞうやま》などの連峰、さらには、神室山から東に延びる軍沢岳《いくさざわだけ》、大鏑岳《おおかぶらやま》・禿岳《かむろだけ》などの神室連峰の主峰である。神室山信仰は、これらの山々全体に対するもので、神室山は総奥の院と目されていた。麓の村々では、「西のお山」の月山に対し、神室山を「東のお山」と呼んで崇敬した。

神室信仰

農耕の神、水の神、養蚕《ようさん》の神として敬い、旧暦六月朔日、または八月朔日に登拝《とはい》し、山頂近くの「神室権現の御田」を拝して今年の作柄《さくがら》を占い、村々の修験が配布する神室山の神札を田圃《たんぼ》の水口に立てて、その年の豊作を祈った。また、この山を源とする谷川の滝壺に参ったり、山頂に柴を積み、火をかけるなどして雨乞《あまご》いをした。麓の村々には、かつて村人を先達《せんだつ》して神室山に登拝したという修験の院や坊があった。また、天候を左右し、季節をもたらす神でもあった。人々は、この山にかかる雲のたたずまいを見て季節の天候を占い、この山に残る雪の形によって苗代《なわしろ》

に種をおろし、田植えを進めてきた。金山町有屋《かねやままちありや》（山形県最上郡《もがみ》）周辺では、初夏に吹く冷たい東風を「神室の吹越し」と呼び、これが続くと冷害になると言って恐れた。冬の雪も神室山からやってくる。最上町辺の正月迎えの童唄《わらべうた》に「正月様どごまでござった　神室山の陰までござったお土産はなぁに　どなたが迎えにござるのか」というのがある。神室山は、また、この上なく厳しい山の神である。神室山の北側、秋田県の旧雄勝町役内《おがつちょうやくない》あたりでは、神室山は田の神、水の神であると同時に山の神であるともしている。神室山は旧暦六月十二日に山から里に降りてきて田の神になり、十月十二日に再び山に還って山の神になるという。

神室山登拝の禁忌

神室山に登拝するには、守らなくてはならないいくつかの厳しい掟がある。その第一は女人禁制であり、第二は登拝前七日間、村の堂舎に籠もって、精進潔斎《しょうじんけっさい》の日々を送らなければならないことである。第三に山内においては、一木一草たりとも無駄に折ってはならない。大声を発することすら禁じられている。また、家族や近親者にお産のある場合、あるいは死者が出た場合には、一年間（厳しい時は三年間）登拝を忌むとされていた。さらに、お産や死者のある家の囲炉裏《いろり》や竈《かまど》で調理した食物を食べた者は（この火で喫煙した者も）、一週間あるいは三日間、山に入ってはならないとされていた。いわゆる「産火《さんび》」「死火《しにび》」の忌みである。もし、万一にもこの戒《いまし》めを破るようなことがあれば、登拝の場合は山が荒れ、思わぬ大怪我をし、時には落命の危険にもさらされ兼ねないというのである。また、山稼ぎの人々、杣《そま》職人は、鋸《のこぎり》や山刀《やまがたな》などの道具を隠されたり、あるいは突然の倒木で大怪我を負ったり、狩人は兎一匹の獲物も恵んで貰えないこともあるという。これらの戒めは、秋田県役内地方に限らず、最上地方においても、全くと言ってよいほど同様である。金山町有屋地区では、出羽三山登拝の場合は七日間の籠もり、神室山登拝の場合は三日の籠もりとされていた。「産火」「死火」の禁忌は、新庄《しんじょう》市萩野《はぎの》、仁田山《にたやま》、吉沢などの山際の村々には、今日でも日々の日常生活のなかに生きている。

金山町有屋地区に伝わる民俗芸能の番楽や、新庄市萩野地区に伝承されている萩野・仁田山鹿《しし》子踊《こおどり》の起源も神室山信仰との関わりで語られている。

（原　淳一郎）

【参考文献】
大友儀助「神室山信仰について」（月光善弘編『山岳宗教史研究叢書　七　東北霊山と修験道』名著出版、一九七七年）
大友儀助『神室連峰――山の信仰と伝承』（最上広域コア学園新庄コンピュータ専門学校、二〇〇八年）

アクセス情報
神室神社（神室山山頂）
JR新庄駅から車40分、有屋口から徒歩4時間

山寺《やまでら》

標高◆四〇〇メートル（奥の院）
山形県山形市

立石寺の創建

宝珠山立石寺《ほうじゅさんりっしゃくじ》は天台宗の古刹《こさつ》である。寺伝によれば、貞観二年（八六〇）、清和《せいわ》天皇の勅命《ちょくめい》で円仁《えんにん》が開山したとされている。根本中堂《こんぽんちゅうどう》に安置されている木造毘沙門天《びしゃもんてん》立像は、九世紀頃の作であることが分かっており、後述するように円仁と見られる頭部のみの木彫りとともに、縁起の創建年代は必ずしも伝承にとどまらないことを物語っている。しかしながら、創建の正確な年代や開山の経緯は諸説あって定まっていない。

ちなみに『立石寺記録』は、開山を円仁、開祖を安慧《あんね》としている。安慧は、円仁の跡を継いで天台座主《ざす》となった僧侶である。安慧は承和十一年（八四四）から嘉承二年（八四九）まで出羽国に住し、東国に天台宗を広める役割を果たした。実質的には、この安慧らによって九世紀半ば頃から徐々に寺院として整備されていったとみるのが妥当であろう。

中世の山寺

鎌倉時代には幕府の保護と統制を受け、国ごとに一ヶ寺置かれた関東御祈禱所の出羽国の祈願

羽州山寺立石寺宝珠山略絵図（文久元年）

所となり、立石寺の院主別当職は幕府から任命された。しかし、そののち兵火によって焼失し、一三世紀中頃には幕府の政策によって禅宗に改宗した。しかし、延文元年（一三五六）に斯波《しば》兼頼《かねより》が羽州探題《うしゅうたんだい》として山形に入部したのち、兼頼によって再建され、天台宗に復した。

大永元年（一五二一）、寺は斯波兼頼の末裔である天童頼長《てんどうよりなが》の兵火を受けて灰燼に帰したとされている。これは永正十七年（一五二〇）、伊達稙宗《だてたねむね》が山形盆地に進出した際、立石寺が伊達氏に加勢したために、報復として頼長によって焼き討ちを受けたものである。この際に、比叡山延暦寺から分灯されていた法灯が消滅したため、再度分灯が行われた。これとは反対に、元亀二年（一五七二）の織田信長による比叡山焼き討ちののち、立石寺側から逆に分灯された。

近世の山寺

立石寺は、斯波兼頼を祖とする最上《もがみ》家の庇護を受けていた。最上義守《よしもり》の母・春還芳公尼《しゅんげんほうこうに》は荒廃した堂宇《どうう》の再興に務め、その孫にあたる最上義光《よしあき》も立石寺の根本中堂の修造を行った。義光は立石寺だけではなく、数多くの天台宗古刹の再建・修復を手がけている。

また、元禄二年（一六八九）に松尾芭蕉《まつおばしょう》が旅の途中で訪れている。その紀行文『おくのほそ道』

には、山寺のことが詳細に記され、「閑《しずけ》さや 巌《いわ》にしみ入る 蟬《せみ》の声」の句が詠まれている。のちに、関東地方からの出羽三山《さんざん》参詣が盛んとなると、出羽三山参詣後、仙台・松島・金華山《きんかさん》方面へ出る際に立ち寄られることが多くなった。

同時に立石寺は、先祖の霊をはじめとする仏が集まる場所として認識されるようになった。『山寺状《やまでらじょう》』には、「当山ハ紀州高野山と同じくして諸人卒都婆《そとば》を供養し碑をたて兼而《かねて》永世を期す」とあるように、高野山の写し霊場とされた。

円仁の入定窟

立石寺には、なぜか円仁の遺骸を安置すると伝える入定窟《にゅうじょうくつ》という岩窟がある。山門から奥の院に向かって登り、仁王門をやや過ぎた辺りから左手の小道を登ると、中岩とも呼ばれる百丈《ひゃくじょう》岩《いわ》がある。その南側に通常「慈覚《じかく》大師の入定窟」と呼ばれている岩窟があり、傍らに開山堂が建てられている。古来より慈覚大師の遺骨を納めた金棺を安置してある場所として、一山の中でも最も尊崇されてきたところである。天養元年（一一四四）の「如法経所碑《にょほうきょうしょひ》」にも「殊《こと》ニ大師之護持《ごじ》ヲ仰ギ、更ニ慈尊《じそん》之出世ヲ期シ、之《これ》ヲ霊崛《れいくつ》ニ奉納《ほうのう》ス」とあるように、十二世紀にはすでに慈覚大師の霊窟として知られていた。実際には、円仁は貞観六年（八六四）に比叡山で没したことは疑いようがなく、伝承の域を出るものではない。昭和二十三年（一九四八）から翌年にかけて、山形県と小林剛・鈴木尚による入定窟の学術調査が実施され、金箔押しの木棺と人骨五体分、円仁像と思われる頭部のみの木彫像などが発見されている。

（原　淳一郎）

【参考文献】

伊豆田忠悦『山寺の歴史』（山寺歴史会、一九九二年）
大友儀助「羽州山寺山の庶民信仰について」（月光善弘編『山岳宗教史研究叢書　七　東北霊山と修験道』名著出版、一九七七年）

アクセス情報

立石寺　奥の院　山形県山形市山寺四四五六－一
ＪＲ山寺駅から徒歩で10分／ＪＲ山形駅から車で30分／山形自動車道山形北ICから車で15分

葉山《はやま》

標高◆一、四六二メートル
山形県村山市・寒河江市

葉山を語る場合、二つの話をしなければならない。

一つはハヤマ信仰である。東北地方にはハヤマと呼ばれる山が複数ある。ハヤマは葉山のほか、端山、羽山、麓山などの漢字が宛てられている。「端山」とあるように、里から離れた奥山《おくやま》や深山《みやま》に対して、里に近くの山を意味していると考えられている。村近くの山の上に小祠《しょうし》を設け、祭神を羽山祇神《はやまつみのかみ》、少彦名命《すくなひこなのみこと》とし、その本地《ほんじ》を薬師如来《やくしにょらい》とする場所が多い。民俗学者のなかには、ハヤマ信仰は祖霊信仰であり、その祖霊が田畑の神となるとする者もいるが、現在のところその証拠はなく、作占《さくうら》における託宣《たくせん》儀礼に特徴づけられるように、作神《さくがみ》であるとするのが妥当であろう。

二つ目は、こうした東北地方のハヤマ信仰の源流とも考えられている村山地方の葉山である。ただし、この関係性については現時点では根拠に乏しい。この葉山は、役小角《えんのおづの》を開山とし、修験道の拠点となり、葉山の神は「葉山薬師権現」と呼ばれ、山麓には寺院や宿坊が造られた。

天台宗・真言宗兼学の慈恩寺《じおんじ》が葉山の別当寺《べっとうじ》であり、葉山修験の中心的存在であった。また江戸時代初期までは羽黒山《はぐろさん》・月山《がっさん》とともに出羽三山の一山に数えられ、湯殿山《ゆどのさん》を奥山に見立てていた。しかしながら、慈恩寺が葉山と関係を絶ち、三合山を奥の院としてから葉山修験は衰退し、出羽三山からも外れ、代わりに湯殿山が出羽三山の一山となった。

その後、慈恩寺に代わって葉山修験の中心となったのが天台宗大円院《だいえんいん》（山形県寒河江市《さがえ》）である。大円院は新庄《しんじょう》藩（山形県）の庇護を受け、新庄藩の祈禱所でもあった。また葉山は、作神のほか、最上川水運の守り神ともされ、葉山修験もかつてほどではないが勢力を保った。明治時代に入ると、葉山修験もなお一層衰退し、第二次世界大戦後は大円院も取り壊された。現在、大円院は葉山の登山口にあたる村山市に移転している。また、山頂に奥の院（葉山神社）が存在している。

（原　淳一郎）

【参考文献】

岩崎敏夫『本邦小祠の研究――民間信仰の民俗学的研究』（岩崎博士学位論文出版後援会、一九六三年）

大友儀助「羽州葉山信仰の考察」（『日本民俗学』九三、一九七四年）

鈴木正崇『山と神と人――山岳信仰と修験道の世界』（淡交社、一九九一年）

関口健「山形県村山地方の葉山信仰――葉山派修験をめぐって」（『山岳修験』二五、二〇〇〇年）

アクセス情報

葉山神社（葉山山頂）　山形県村山市

JR村山駅から車30分、寒河江市畑登山口から山頂まで徒歩3時間

八甲田山《はっこうださん》

標高◆一、五八五メートル（大岳）
青森県青森市・十和田市

八甲田山は那須《なす》火山帯に属す火山で、北八甲田（大岳《おおだけ》・高田大岳《たかだおおだけ》・井戸岳《いどだけ》・赤倉岳《あかくらだけ》・前岳《まえだけ》など）と南八甲田（櫛ヶ峰《くしがみね》・乗鞍岳《のりくらだけ》・駒ヶ峰《こまがみね》）の二つの火山群からなる。この山の存在は、明治三十五年（一九〇二）一月に発生した弘前《ひろさき》第八師団青森歩兵第五連隊の遭難事件（犠牲者百九十九名）によって世に知られている。この事件よりも古い時代から、地域の人々は八甲田山を「農神《のうがみ》の山」として崇拝してきた。彼らは、春に八甲田山の前岳にカニのはさみ・牛首・マンガ（代掻《しろか》き道具）・サヘボ（代掻きの馬を誘導する棒）の形をした雪渓《せっけい》が現れるのを見て、田植えの時期の到来を知った。また、カニのはさみの雪渓の大きさから、その年に利用可能な農業用水の量を推測することも行っていたという。なお、近世後期の博物学者・菅江真澄《すがえますみ》は紀行文『栖家《すみか》の山《やま》』のなかに、八甲田山の雪渓に関する記録を残している。

（筒井　裕）

【参考文献】
秋田県立博物館菅江真澄資料センター編『影印本　栖家の山（写本）』（秋田県立博物館、二〇〇二年）
東奥日報社編『あおもり一一〇山』（東奥日報社、一九九九年）

アクセス情報
八甲田山
JR青森駅からバス1時間、八甲田ロープウェイ駅前バス停からロープウェイで、田茂萢岳山頂

室根山《むろねさん》

標高◆八九五メートル
岩手県一関市

室根山「特別大祭」

室根山は岩手県一関市折壁《おりかべ》にある霊山で、古くは「鬼首山《おにかべやま》」・「桔梗《ききょう》山」などと呼ばれた。この山を祀る室根神社の縁起によると、養老二年（七一八）九月十九日に、陸奥国鎮守府《ちんじゅふ》将軍大野東《おおののあずま》人《ひと》が紀州からこの地に熊野神を勧請《かんじょう》し、山名を「牟婁峯山《むろねさん》」に改めたのが室根山信仰の起源だとされる。同社は室根山八合目に鎮座する本宮《ほんぐう》（祭神は伊弉冉命《いざなみのみこと》）と新宮《しんぐう》（速玉男命《はやたまのおのみこと》・事解男命《ことさかのおのみこと》）の二つの社からなり、これらは奥七《おくしち》郡（磐井《いわい》・江《え》刺《さし》・胆沢《いさわ》・気仙《けせん》・本吉《もとよし》・登米《とめ》・牡鹿《おしか》）の人々の崇敬を集めてきた。室根神社では、閏年《うるうどし》の翌年の旧暦九月十七・十八・十九日に「特別大祭」を斎行《さいこう》する。十九日の未明に、男性たちが本宮と新宮の二基の神輿《みこし》を担いで室根山を下り、折壁集落に設けられた櫓状の仮宮（高さ約八・六メートル）へと向かう。そして早朝に、二基の神輿は先着順を争いながら、この仮宮の最上部へと運び上げられる。

（筒井　裕）

【参考文献】
室根大祭協賛会編『室根神社大祭記』（室根大祭協賛会、二〇一〇年）

アクセス情報

室根山
JR折壁駅から車25分で登山口、山頂まで徒歩1時間

室根神社　岩手県一関市室根町折壁字室根山

栗駒山《くりこまやま》

標高◆一、六二七メートル（酢川岳）
岩手県一関市、宮城県栗原市、秋田県湯沢市・雄勝郡東成瀬村

栗駒山は岩手、秋田、宮城の三県にまたがり、岩手県側では須川岳《すかわだけ》、秋田県側では大日岳《だいにちだけ》、宮城県側では駒ヶ岳《こまがたけ》と呼ばれてきた。なかでも宮城県側の駒形《こまがた》神社は信仰の中核を担ってきた。当社は江戸時代まで日宮《ひるみや》・大日社・駒形社と称し、俗にお駒《こま》様と親しまれてきた。社伝では日本武尊《やまとたけるのみこと》が東征した折、奥羽鎮護の一ノ宮として駒形嶽を奥宮《おくのみや》、沼倉の地に里宮《さとみや》を祀《まつ》ったとされている。日宮の「日」は火に通じて火山を意味し、栗駒山の持つ神秘性と霊威に対する信仰がうかがわれる。駒形神社は『延喜式神名帳《えんぎしきじんみょうちょう》』に記載されている。また嘉祥三年（九〇〇）駒形山大昼寺《くぎょうざんだいちゅうじ》を建立して神仏習合し、修験の山となった。江戸時代には、お駒精進講《しょうじんこう》・お駒講・駒形講が形成され、農業、畜産、家内安全、商売繁昌の神として信仰されたほか、とりわけ古来より馬の名産地であったことと、「栗駒」の山名と残雪の駒姿に由来すると考えられる馬の信仰が根強く残っている。

（原　淳一郎）

【参考文献】
小野寺正人「栗駒山・金華山の山岳伝承」（五来重編『山岳宗教史研究叢書　一六　修験道の伝承文化』名著出版、一九八一年）
月光善弘「栗駒山（須川岳）と修験道」（同編『山岳宗教史研究叢書　七　東北霊山と修験道』名著出版、一九七七年）

アクセス情報

栗駒山
JRくりこま高原駅から車で1時間10分／東北自動車道若柳金成ICから車で1時間／東北自動車道築館ICから車で1時間10分

金華山《きんかさん》

標高◆四四五メートル
宮城県石巻市

金華山は、宮城県石巻《いしのまき》市（旧牡鹿《おしか》郡牡鹿町《おしかちょう》）の牡鹿半島東南端の海上に位置する孤島である。金華山の中腹には黄金山《こがねやま》神社、山頂には大海祇《おおわたつみ》神社が鎮座しており、江戸時代にはそれぞれ大金寺《だいきんじ》（真言宗）、竜蔵《りゅうぞう》権現と呼ばれ、弁財天《べんざいてん》を祀《まつ》る山として信仰を集めてきたが、明治時代以前は女人《にょにん》禁制であった。明治二年（一八六九）には神仏分離によって、大金寺は廃寺となり、別当《べっとう》は還俗《げんぞく》して神職となり、祭神は鉱山の神である金山《かなやま》毘《ひ》古神《このかみ》、金《かな》山《やま》毘売神《ひめのかみ》に改められた。

江戸時代以前までの歴史は、たび重なる火災によって史料を焼失しているため不明であるが、江戸時代には仙台藩の庇護を受けて、仙台城下の龍宝寺《りゅうほうじ》の末寺《まつじ》として、当山《とうざん》派の修験寺院に位置づけられた。しかしながら一山組織としては衰退し、その結果、庶民への積極的な宣伝活動を行うことで金華山信仰が盛んとなり、沿岸部だけでなく、東北全体の農村部に参詣講《こう》が結成された。

金華山の信仰は、商売繁盛の神、海上安全の神、海運の神としての性格が強い。その要因として弁財天を祀っていたことが考えられる。しかしながら、その基盤には、その立地条件から東方海上の理想郷と見なされたこと、古代陸奥国の黄金産出のイメージと結びついて黄金の島と考えられたことなどがある。

元来は、沿岸部の漁民によって素朴な海上の島への自然信仰や漂着物を神聖視する寄神《よりがみ》信仰があったと考えられるが、神仏習合して大金寺が創建されるとともに修験の聖地となり、彼らによって東アジアで信じられてきた東方海上の浄土と結びつけられたものと考えられる。弁財天については、この理想郷思想のなかで福神としての弁財天が持ち込まれたものであろう。さらには、東北地方の多くの山岳信仰と同じく、死者の赴く場所としても認識されていた。

また社伝では、東大寺《とうだいじ》毘盧遮那仏《るしゃなぶつ》建立に際して供出された金の産出地が金華山であり、この際に産金の神を祀るため、天平勝宝二年（七五〇）に創建されたとしている。この伝承は文化十年（一八一三）に国学者沖安海《おきやすみ》によって否定されたが、それでも広く信じられており、金華山信仰の拡大と深い関係があるものと考えられる。

近世以降の金華山の発展については、金華山修験の果たした役割は大きく、彼らは勧進《かんじん》してまわって金華山信仰を広めた。とくに近世以降は財運や海運招福の神としての信仰が強く、広く農村部に広まるきっかけとなった。島内には「胎内潜《もぐ》り」など修験の痕跡をうかがわせる史跡が残されている。

金華山への参詣者は東北地方の人々だけでなく、出羽三山参詣を終えた関東地方の参詣者が訪れることも多かった。また金華山を訪れる場合、仙台から石巻を通る街道が使用されていたことから、途中の松島や塩竈神社などと組み合わされた旅であった。また参詣者は島に上陸した際、新しい草鞋に履き替えて脱ぎ置いたり、金などの鉱石や砂などを島外に持ち出す事は禁止されるなど独特な習俗があった。

（原　淳一郎）

【参考文献】
奥海登和子「金華山信仰」（岩崎敏夫編『東北民俗資料集』四、萬葉堂書店、一九七五年）
小野寺正人「金華山信仰の展開」（月光善弘編『山岳宗教史研究叢書　七　東北霊山と修験道』名著出版、一九七七年）
月光善弘「金華山の修験道」（月光善弘編『山岳宗教史研究叢書　七　東北霊山と修験道』名著出版、一九七七年）
宮田登『ミロク信仰の研究』新訂版（未來社、一九七五年）
『牡鹿町誌　下巻』（二〇〇二年）

アクセス情報

大海祇神社（金華山山頂）　宮城県石巻市鮎川浜金華山
黄金山神社（金華山中腹）　宮城県石巻市鮎川浜金華山

ＪＲ石巻駅からバス1時間30分、鮎川港から定期船20分で金華山港

篦岳山《ののだけやま》

標高◆二三六メートル（篦岳山）
宮城県遠田郡涌谷町

篦岳山は、宝亀元年（七七〇）、鎮守府《ちんじゅふ》将軍大《おお》伴《ともの》駿河《するが》麻呂《まろ》の草創《そうそう》と伝えられ、坂上田村麻呂《さかのうえのたむらまろ》がこの地に堂宇を創建したとする縁起がある。また、延暦二十（八〇二）年に坂上田村麻呂が奥州合戦《おうしゅうかっせん》に勝利し、平和を祈念して矢竹を逆に立てたところ、その竹に枝葉が生え、以来、弓矢を造る竹の意味、篦岳と呼ばれるようになったとする由来が伝えられている。古くは霧岳山正福寺《むがくさんしょうふくじ》と称していたが、嘉祥二年（八四九）に円仁《えんにん》が中興、無夷《むい》山篦峯寺《さんこんぽうじ》と改め、以後天台宗に属するようになった。その後は奥州鎮護の祈願所として、南北朝時代には葛西《かさい》氏、大崎《おおさき》氏らの豪族、江戸時代には仙台藩の崇敬を受け、二代藩主伊達《だて》忠宗《ただむね》によって再興されている。篦峯寺は篦岳山山頂に南向きに建っており、本堂のほか仁王門・護法堂・薬師堂・文殊《もんじゅ》堂・阿弥陀堂・白山妙理《はくさんみょうり》堂などがある。篦峯寺は篦岳観音とも呼ばれ、松島の富山・石巻《いしのまき》の牧山《まぎやま》（いずれも宮城県）と並んで奥州三観音の一つ、あるいは奥州三十三観音第九番札所に数えられている。

（原　淳一郎）

【参考文献】
月光善弘「篦峯寺開創と十一面観音信仰」（戸川安章編『山岳宗教史研究叢書　五　出羽三山と東北修験の研究』名著出版、一九七五年）

アクセス情報

篦岳観音・篦峯寺（篦岳山山頂）　宮城県遠田郡涌谷町篦岳字神楽岡
ＪＲ涌谷駅から車で15分／東北自動車道古川ICから車で50分

本山《ほんざん》／真山《しんざん》

本山　標高◆七一六メートル　秋田県男鹿市
真山　標高◆五七一メートル　秋田県男鹿市

秋田県男鹿《おが》半島の南西部にある本山・真山は、寒風山《かんぷうざん》とともに「男鹿三山」を構成する霊山として知られる。年代は不明だが、男鹿半島に熊野信仰が定着すると、この地の二つの峰続きの山、すなわち薬師岳と湧出山《わきでやま》は、紀州の熊野本宮《ほんぐう》と新宮《しんぐう》になぞらえて「本山」・「真山」と呼ばれるようになった。近世期に、赤神山日積寺永禅院《せきしんさんにっしゃくじようぜんいん》が本山を、赤神山遍照院光飯寺《へんじょういんこうぼうじ》が真山を支配し、それぞれ別個に赤神大権現を祀っていた。さらに両霊山には、武内宿禰《たけうちのすくね》にまつわる縁起や「柴燈祭《せどまつり》」・「油餅行事」などの年中行事が等しく伝わっていることから、これらは非常に近似した宗教的伝統を持つと言える。明治初期の神仏分離令により、永禅院が「赤神《あかがみ》神社」と、遍照院が「真山神社」と改称して今日に至る。真山神社の「柴燈祭」と男鹿半島一帯で行われる「ナマハゲ行事」を統合した行事「ナマハゲ柴燈祭」（毎年二月第二日曜日）は、新春を言祝《ことほ》ぐ行事として全国的にも名高い。（筒井裕）

【参考文献】
月光善弘編『山岳宗教史研究叢書　七　東北霊山と修験道』（名著出版、一九七七年）

アクセス情報

真山
真山神社　秋田県男鹿市北浦真山水喰沢九七
JR羽立駅からバスで50分／JR男鹿駅からバスで50分

本山
赤神社（本山山頂）　秋田県男鹿市
JR男鹿駅からバス40分、門前の五社堂の駐車場から徒歩2時間30分

保呂羽山《ほろわさん》

標高◆四三八メートル
秋田県横手市

保呂羽山は平鹿《ひらか》・仙北《せんぼく》・由利《ゆり》地方の境界に位置する古い霊山で、その山頂には式内社「保呂羽山波宇志別神社《はうしわけ》」が鎮座《ちんざ》する。社家《しゃけ》大友氏の伝承によると、この神社の創建は、天平宝字元年（七五七）に大友右衛門太郎吉親が大和国《やまと》の金峯山《きんぷせん》から同地に蔵王《ざおう》権現を勧請《かんじょう》したことにさかのぼるという。平安中期以降、保呂羽山は修験の道場として栄え、地域の人々の崇敬を集めた。その様子は、天正十八年（一五九〇）に、仙北地方の武将が上杉景勝《かげかつ》の家臣色部《いろべ》長真《ながざね》に宛てた起請文《きしょうもん》において、保呂羽山の神の名をとりわけ強調して記載している点からも把握できる。保呂羽山波宇志別神社では、毎年十一月七・八日に「霜月神楽祭《しもつきかぐらまつり》」を斎行《さいこう》しており、七日の夕方から翌朝にかけて、神殿内に大きな湯釜を据えた状態で神楽（湯加持《ゆかじ》・天道舞《てんどうまい》・保呂羽山舞など）が奉納される。そして、祭りが終盤を迎えると、参列者に湯釜の熱湯が振りかけられる。これには、祓《はら》いと浄《きよ》めの意味があると言われる。（筒井　裕）

【参考文献】
月光善弘編『山岳宗教史研究叢書　七　東北霊山と修験道』（名著出版、一九七七年）
谷川健一編『日本の神々――神社と聖地』第一二巻　東北・北海道（白水社、一九八四年）

アクセス情報

保呂羽山波宇志別神社　本殿（保呂羽山山腹）　秋田県横手市大森町八沢木字保呂羽山一-一
JR横手駅からバス1時間、山頂まで徒歩40分
保呂羽山波宇志別神社　里宮　横手市大森町八沢木宇木ノ根板
JR横手駅から車で40分／JR大曲駅から車で40分

金峰山《きんぼうさん》

標高◆四五八メートル
山形県鶴岡市

庄内平野の南端に位置している金峰山は、山頂に吉野の金峰山《きんぶせん》から勧請《かんじょう》したと伝える金峯《きんぼう》神社がある。山頂本殿は、九世紀に造営されたと伝えられるが、慶長《けいちょう》の様式がよく保存されており、江戸時代初期の建築物として、また東北地方の修験道の数少ない遺構としても貴重である。この本殿は、神仏分離までは蔵王権現堂《ざおうごんげんどう》と言い、修験の地であった。金峯山の周囲の虚空蔵山《こくぞうさん》、熊野長峰《くまのながみね》を含めた三山が熊野三所権現となり、出羽三山《でわさんざん》とも深い関係を保ちながら、母狩山《ほかりさん》から摩耶山《まやさん》に至る広大な山域は、逆峰《ぎゃくふ》修験の場となった。そのほか、金峯山全域には数多くの社殿が存在する。その長らく庄内平野の人々によって鳥海山《ちょうかいさん》、出羽三山とともに農耕神、祖霊の山として信仰されてきた。明治期に金峯神社と改称し、山麓の真言宗青龍寺《しょうりゅうじ》は金峯神社から分離した。現在は、少彦名神《すくなひこなのかみ》・大国主神《おおくにぬしのかみ》・事代主神《ことしろぬしのかみ》・安閑《あんかん》天皇を祭神とし、金運と縁結び、禁酒の神として信仰されている。

（原　淳一郎）

【参考文献】

戸川安章「羽前金峰山の修験道」（戸川安章編『山岳宗教史研究叢書　五　出羽三山と東北修験の研究』名著出版、一九七五年）
『戸川安章著作集　Ⅰ　出羽三山と修験道』（岩田書院、二〇〇五年）

アクセス情報

金峯神社　山形県鶴岡市青龍寺金峯一
ＪＲ鶴岡駅からバス20分、金峯登山口から徒歩40分
青龍寺　山形県鶴岡市青龍寺金峯六

朝日岳《あさひだけ》

標高◆一、八七〇メートル（大朝日岳）
山形県西村山郡朝日町・小国町・西川町・大江町、新潟県村上市

朝日岳は、山形県と新潟県の県境上、朝日山地の南部にある。山形県に属する主峰の大朝日岳《おおあさひだけ》のほか、北東の小朝日岳《こあさひだけ》（一、六四八メートル）、北西の西朝日岳《にしあさひだけ》（一、八一四メートル）などを含む山塊である。九世紀の史書『三代実録《さんだいじつろく》』に「貞観十二年八月二十八日戊申　出羽国《でわのくに》白磐神、須波神《すわのかみ》並《ならびに》従五位下《じゅごいげ》ニ叙《じょ》ス」とあり、白磐神が葉山《はやま》、須波神（諏訪神）が朝日岳と考えられる。また、置賜《おきたま》地方の複数の神社には、白鳳時代（七世紀後半）に役小角《えんのおづの》によって開かれたとする縁起や伝承が残されており、朝日修験の活発な活動の痕跡であると考えられる。朝日修験の発達の基礎にあるのは、山形県の村山地方西部、置賜地方北東部における自然崇拝であろう。しかしながら、朝日信仰を示す史料は極端に少ない。また一時、庄内《しょうない》地方を領した上杉家の朝日軍道《あさひぐんどう》が敷かれた山としても知られ、現在では百名山にも選ばれたことから、原始林の残る山として登山客を惹きつけている。

（原　淳一郎）

【参考文献】
宇井啓「朝日軍道について」（『西村山地域史の研究』四、二〇〇二年）
渡辺茂蔵「朝日連峰と山岳信仰」（月光善弘編『山岳宗教史研究叢書　七　東北霊山と修験道』名著出版、一九七七年）
『朝日連峰』（山形県合学術調査会、一九六四年）

アクセス情報
朝日岳（大朝日岳）　JR左沢駅から車1時間30分、朝日鉱泉口から徒歩6時間
朝日岳神社　西村山郡朝日町鳥原山

蔵王山《ざおうさん》

標高◆一、八四一メートル（熊野岳）
山形県山形市・上山市、宮城県柴田郡川崎町・蔵王町・七ケ宿町・白石町

奥羽《おうう》山脈の一峰である、山形・仙台間にそびえる蔵王連峰の名称は、七世紀末に役行者《えんのぎょうじゃ》が大和《やまとの》国吉野《くによしの》（奈良県吉野郡）の金峰山《きんぷさん》から金剛《こんごう》蔵王大権現を勧請《かんじょう》し、山頂に祀《まつ》ったことに由来すると伝えられている。蔵王連峰は複雑な形容をしており、山形側と宮城側に張り出す形となっており、それぞれに信仰圏を有している。宮城県側では、刈田岳《かったたけ》山頂にある奥宮《おくのみや》としての刈田嶺《かったみねじんじゃ》神社と山麓の里宮《さとみや》としての刈田嶺神社が中核となっている。江戸時代には山頂の社は蔵王大権現社と称し、山麓の金峯山蔵王寺嶽之坊が管理を行っていた。山形側では、熊野岳《くまのだけ》に熊野神社（離宮）が建立され、これに酢川《すかわ》神社（口之宮《くちのみや》）、瀧山《たきやま》（本宮）を加えて三社一宮とされ、熊野神社を管理した三乗院《さんじょういん》と瀧山は蔵王修験の拠点となった。瀧山は、盛時には三百もの宿坊を有したとされるが、鎌倉時代に閉山させられ、山麓に移り、瀧山神社などとして残っている。第二次世界大戦後、酢川神社のある高湯《たかゆ》は蔵王温泉へと、熊野神社は蔵王山神社へと改称した。

（原　淳一郎）

【参考文献】
小野寺正人・月光善弘「蔵王山の修験道」（月光善弘編『山岳宗教史研究叢書　七　東北霊山と修験道』名著出版、一九七七年）

アクセス情報

蔵王山（熊野岳）
JR山形駅からバス45分、または山形自動車道山形蔵王ICから車35分、蔵王温泉バスターミナルから徒歩10分、ロープウェイ20分、地蔵山頂駅から熊野岳まで徒歩1時間

蔵王山神社（熊野岳山頂）　山形県山形市大字上宝沢二七六二－一

吾妻山《あずまやま》

標高◆二、〇三五メートル（西吾妻山）
福島県耶麻郡北塩原村、山形県米沢市

東の吾妻小富士《こふじ》、一切経山《いっさいきょうざん》、東吾妻山から西の西吾妻山、西大顛《にしだいてん》に至る、東西およそ二十キロにわたる連峰である。吾妻山は東の安達太良山《あだたらやま》から、西の磐梯山《ばんだいさん》に至る広大な修行場の中核をなしており、なかでも一切経山はその精神的中心であった。磐梯山側の中心は慧日寺《えにちじ》（福島県耶麻郡磐《ばん》梯町《だいまち》）であり、厩岳山《うまやだけさん》、猫魔ヶ岳《ねこまがだけ》、磐梯山、吾妻山（一切経山）、安達太良山を巡る回峰行《かいほうぎょう》が生まれた。江戸時代から明治初頭にかけて、吾妻山は会津地方だけでなく、東の一切経山は福島県中通りから、西吾妻山周辺には山形県置賜《おきたま》地方から、作神《さくがみ》あるいは死者の赴《おもむ》く山として信仰された。こうした信仰が生じた背景には、吾妻連峰を浄土として解釈し、また吾妻修験がそれを教説としていたことにある。その教説によれば、中通りにおいて「妻」は西方《さいほう》浄土を意味し、また置賜地方では最高峰である西吾妻山を大日岳《だいにちだけ》と呼んでいたことも、浄土信仰の名残であろう。吾妻信仰を直接物語る文献史料は少ないが、わずかに周辺の地方史料に江戸から明治にかけての吾妻登拝の記録が残されている。

（原　淳一郎）

【参考文献】
中地茂男「吾妻山の修験道」（月光善弘編『山岳宗教史研究叢書　七　東北霊山と修験道』名著出版、一九七七年）
橋本武「磐梯山信仰」（月光善弘編『山岳宗教史研究叢書　七　東北霊山と修験道』名著出版、一九七七年）

アクセス情報

吾妻山（西吾妻山）
ＪＲ米沢駅から車45分、ロープウェイ白布湯元駅から登山口の北望台までロープウェイ・リフトで40分

磐梯山《ばんだいさん》

標高◆一、八一六メートル
福島県耶麻郡猪苗代町・磐梯町・北塩原町

磐梯山の南西麓にあった慧日寺《えにちじ》（耶麻《やま》郡磐梯《ばんだい》町《まち》）は、北東に磐梯山、北に厩岳山《うまやだけさん》、さらに磐梯山の北に吾妻山《あづまさん》と、山岳信仰の盛んな山を抱えており、この地域の山岳信仰の中心的存在であった。慧日寺の開基は、磐梯山が噴火した翌年、大同元年（八〇六）の徳一《とくいつ》によるものとされ、噴火と慧日寺開基との間に山岳信仰上の関連があるのではないかとする見方もある。また、奥の山としての吾妻山神社への参拝ルートは、慧日寺門前町の本寺を始点としたいくつかのルートが開拓されている。しかしながら、山口弥一郎《やいちろう》氏は、磐梯山信仰は恵日寺に多くを負っているものの、元来は素朴な農業神信仰を基盤としていることを強調している。また、現在の磐梯山は、明治初期までの姿と大きく変わっていることは重要な点である。明治二十一年（一八八八）七月十五日午前七時頃からのたび重なる地震と、次いで起きた数十回の爆発ののちに、小磐梯が爆発的噴火で山体崩壊を起こし、発生した爆風と岩屑《がんせつ》なだれによって北麓の集落が埋没するなどの被害を及ぼし、四百七十七人の死者を出した。この噴火は、明治になってからは初めての大災害であり、政府が国を挙げて調査、救済、復旧を実施した。また、土石流などのせき止めにより、桧原湖《ひばらこ》、小野川湖《おのがわこ》、秋元湖《あきもとこ》、五色沼《ごしきぬま》をはじめ、大小様々な湖沼《こしょう》が形成され、現在の裏磐梯の景観が形成された。

（原　淳一郎）

【参考文献】
橋本武「磐梯山信仰」（月光善弘編『山岳宗教史研究叢書　七　東北霊山と修験道』名著出版、一九七七年）
山口弥一郎「磐梯山信仰と会津惠日寺」（『会津学会報』、一九五三年）

アクセス情報

磐梯山
JR猪苗代駅から車40分、八方台登山口から山頂まで徒歩3時間

恵日寺（**慧日寺跡に再建**）福島県耶麻郡磐梯町磐梯字本寺上四九五〇
JR磐梯町駅から徒歩で15分

安達太良山《あだたらやま》

標高◆一、七二八メートル（箕輪山）
福島県福島市・二本松市・郡山市・安達郡大玉村・耶麻郡猪苗代町

安達太良山は、二本松《にほんまつ》（福島県二本松市）辺りから見ると、なだらかな裾野《すその》と、切り立った三角形の鋭角を見せる山容が特徴のある山である。安達太良山を望むことができる所には祭祀遺跡が多く、古来より信仰の対象とされた可能性を示している。裾野の大玉《おおたま》村一帯は歌枕《うたまくら》の「安達《あだち》が原」の地であり、都の歌人に早くから知られていた。安達太良山への信仰を強くしているのは、三角形の山容だけでなく、噴火の山だからである。現在の沼の平は、たび重なる噴火の上に、明治三十二年（一八九九）の噴火が重なって出来たものである。また火山ゆえに、山麓には温泉郷が複数誕生した。安達太良山周辺には、関連があると考えられる名の神を祀る神社や山号を持つ寺院、安達修験ゆかりの寺院が複数残っている。（原　淳一郎）

【参考文献】
梅宮茂「霊山・安達太良山とその信仰」（月光善弘編『山岳宗教史研究叢書　七　東北霊山と修験道』名著出版、一九七七年）

アクセス情報

安達太良山（**大関平**）
磐梯自動車道磐梯熱海ICから車、母成グリーンライン駐車場から徒歩20分、石筵登山口から山頂まで徒歩5時間

安達太良神社　福島県本宮市本宮字舘ノ越二三二
JR本宮駅から徒歩で15分

飯盛山《いいもりやま》

標高◆三一四メートル
福島県会津若松市

会津若松城（福島県会津若松市）の北東部、会津盆地の東端にある山。江戸時代末期までは正栄寺やさざえ堂、宇賀《うが》神社などのある景勝地として知られていたが、慶応四年（一八六八）の会津戦争の際、戸ノ口原《とのぐちはら》の戦いで敗れた白虎隊《びゃっこたい》市中二番隊が若松城下を眼下にして自刃《じじん》した場所として知られる。明治十七年（一八八四）に自刃十九士の墓が建ち、その後、戦死三十一士の墓が追加された。また、自刃の場も整備された。昭和三年（一九二八）にローマから記念碑が贈られ、昭和十年（一九三五）には駐日ドイツ大使館付武官によって石碑が建てられた。また、松平容保《まつだいらかたもり》の歌碑をはじめ、数多くの石碑が建てられている。昭和三十二年（一九五七）には、自刃の際に助かった飯沼貞吉の墓も設けられ、山下には白虎隊記念館も建設された。

（原　淳一郎）

アクセス情報
飯盛山
JR会津若松駅からバス5分で、飯盛山下バス停／磐越自動車道会津若松ICから車で15分

霊山《りょうぜん》

標高◆八二五メートル
福島県伊達市・相馬市

霊山は円仁《えんにん》によって開かれたとされ、天台宗の拠点として栄え、霊山寺《りょうぜんじ》を中心とした修験も盛んであった。その信仰の対象は全山にある無数の

奇岩快石であり、なかでも山頂の二つ岩である。現在でも、親不知《おやしらず》・子不知《こしらず》や、それらを抜けたあとに待ち受ける護摩壇《ごまだん》、さらには天狗《てんぐ》の相撲場、蟻《あり》の戸渡りなど、山内には行場の名残《なごり》と思われる場所が無数にある。霊山は、北畠顕家《きたばたけあきいえ》が延元二年（一三三七）に城を築いたことで歴史の表舞台に登場した。顕家は、義良親王《のりよし》（のちの後村上天皇《ごむらかみ》）を奉じて霊山に陸奥国《むつのくに》の国府《こくふ》を置くなどして、奥羽地方における南朝方の一大拠点とした。しかし、北朝方が優勢となり、正平二年（一三四七）に落城し、霊山寺も焼失した。なお、霊山城跡よりやや下ったところにある国司舘跡には、当時のものと思われる礎石《そせき》があるほか、山内には霊山寺の遺構である礎石が残されている。（原　淳一郎）

【参考文献】
梅宮茂「霊山・安達太良山とその信仰」（月光善弘編『山岳宗教史研究叢書　七　東北霊山と修験道』名著出版、一九七七年）

アクセス情報

霊山
ＪＲ福島駅からバス1時間10分、または東北自動車道福島西・福島飯坂ICから車50分で、登山口

霊山寺　福島県伊達市霊山町大石字倉波一四
ＪＲ福島駅からバスで50分／東北自動車道福島西・福島飯坂ICから車で45分

関東

榛名山《はるなさん》

標高◆一、四四九メートル
群馬県高崎市・北群馬郡榛東村・渋川市・吾妻郡東吾妻町

伊香保嶺

赤城山《あかぎさん》・妙義山《みょうぎさん》とともに上毛三山《じょうもうさんざん》とされる。広い裾野を持つ二重式成層《せいそう》火山であり、山頂部には東西に長い長円形のカルデラがある。外輪山は最高峰の掃部ヶ岳《かもんがたけ》をはじめ、硯岩《すずりいわ》・鬢櫛《びんぐし》山《やま》・烏帽子ヶ岳《えぼしがたけ》・臥牛山《ねうしやま》・磨墨《するす》峠・天目山《てんもくさん》・氷室岳《ひむろだけ》・天神《てんじん》峠などからなる。その中に中央火口丘の榛名富士・蛇ヶ岳《じゃがたけ》があり、火口原湖の榛名湖がある。外輪山の寄生火山には相馬山《そうまやま》・二ツ岳《ふたつだけ》・水沢山《みずさわやま》がある。榛名山とはこれらの峰々の総称である。

『万葉集《まんようしゅう》』巻十四東歌三四二一・三四二三の「伊香保嶺《いかほね》」は榛名山、三四一五の「伊香保の沼」は榛名湖とされる。「伊香保嶺」は平安時代の『五代集歌枕《ごだいしゅううたまくら》』『八雲御抄《やくもみしょう》』に歌枕として挙げられた。榛名の地名は、『万葉集』三四一〇・三四三五にある「伊香保ろの岨《そひ》の榛原《はりはら》」の榛原から転じたという説がある。『延喜式神名帳《えんぎしきじんみょうちょう》』に伊香保神社とともに榛名神社と見えるのが初見である。伊香保沼は、「如何《いか》」を引き出す枕詞《まくらことば》として「いかほの沼のいかにして」（『古今和歌集《こきんわかしゅう》』一〇〇三壬生忠岑《みぶのただみね》）と詠まれた。

榛名の戸神と満行大権現

山麓には戸榛名《とはるな》神社（高崎市神戸町《ごうどまち》）・榛名木戸《はるなきど》神社（高崎市本郷町《ほんごうまち》）など榛名の名をもつ神社が多く存在していることから、本来は榛名山の神をそれぞれの山麓で祀った神社であったが、平安時代後期に修験者の祭祀場や行場として榛名山中に移したのが現在の榛名神社（高崎市榛名山町）であると推測される。十二世紀以降に別当寺の榛名寺が祭祀の主体となり、榛名神社は将軍地蔵を本地とする満行大権現《まんぎょうだいごんげん》という仏名として成立した。『神道集《しんとうしゅう》』の「上野国九ヶ所大明神の事」に上野六宮は春名満行権現で本地は地蔵と記される。同集の「上野国那波八郎大明神の事」には、群馬大夫満行が神と現れ群馬郡長野庄《ながののしょう》に満行権現、戸榛名と称すると記される。近世には別当寺は天台宗榛名山巌殿寺《がんでんじ》と称したが、明治初年の徹底した廃仏毀釈により廃止され、現在の榛名神社となった。

榛名山座主と地蔵信仰

南北朝時代に榛名山座主《ざす》を務めた頼印《らいいん》（一三三二〜九二）の事跡は『頼印大僧正行状絵詞《らいいんだいそうじょうぎょうじょうえことば》』（『続群書類従《ぐんしょるいじゅう》』所収）に記されている。これによると、文和三年（一三五四）に榛名神社で地蔵の供養法一座を行い、貞治三年（一三六四）に地蔵護摩百座を勤修し、応安五年（一三七二）には五輪塔婆八万四千基、地蔵菩薩六万体を香煙して刷り写し、開眼して滅罪生善を祈ったという。また、「院主（頼印）ハ地蔵菩薩ナリ」として頼印は地蔵の即身であるとされた。榛名山信仰は本地仏である地蔵信仰と一体をなしていた。

峰々への登拝信仰

相馬山は黒髪山とも呼ばれ、木曽御嶽行者《ぎょうじゃ》が江戸時代後期に登拝して修行した。明治十四年（一八八一）に御嶽講《おんたけこう》から分かれた神道修成派の行者によって、黒髪山《くろかみやま》神社が山頂に建立された。山頂には慶応四年（一八六八）に御嶽講によって造立された相馬山造立権現《そうまやまぞうりゅうごんげん》、大正年間に造立された御嶽大神《みたけのおおかみ》・大山祇命《おおやまつみのみこと》の石像が建ち、登拝口には行者を祀る霊神碑が建つ。明治二十二年（一八八九）に北群馬郡榛東村《しんとう》広馬場《ひろばば》に、神道修成派の行者によって相馬山の里宮として黒髪神社が創建された。榛東村では旧暦四月八日に黒髪山へ登った。

水沢山は外輪山の東端にあり、頂上に浅間《あさま》神社が祀られることから浅間山《あさまやま》ともいう。水沢山の山麓には水澤観音《みずさわかんのん》水澤寺《みずさわでら》（渋川市伊香保町水沢）がある。水沢山の麓の地域では、七月十三日の迎え盆に水沢山に登拝した。水行をして清めた若衆がボンデンを持ち、竹ぼらを吹きながら水沢山に登り、頂上でお焚き上げをして提灯に火をつけて帰り、盆棚の灯明にともした。榛名山は先祖の霊が集まる山と考えられていた。

榛名山の南面にある天狗山には籠り堂があって、行者の修行場であった。榛名山の北面の烏帽子ヶ岳の八合目にある洞穴には稲荷の祠があり、養蚕神として信仰されている。五月五日の山開きに登拝し、狐の像を借りてのちに二つにして返す。

中央火口丘の榛名富士の頂上には、「富士山権現」と記された御正体が祀られていたが、明治末期に榛名神社に合祀された。昭和三十九年（一九六四）に榛名富士山神社として社殿が再建された。縁結びとお産の神として信仰され、五月五日の山開きに登拝する。

沼の神と雨乞い

『神道集』の「上野国第三宮伊香保大明神の事」には、赤城大明神の妹伊香保姫が伊香保沼に入水して伊香保大神になった話、伊香保大明神の力で伊香保の山と沼を汚した上野国司らを懲らした話、赤城沼の唵佐羅摩女《おんさらまにょ》と伊香保沼の竜神吠尸羅摩女《べいしらまにょ》が沼争いをしたという話が記されている。そこには榛名の神が沼神として語られている。榛名湖には高崎市木部町《きべまち》ゆかりの木部姫（竜体院）や吾妻《あがつま》郡東吾妻町原町《ひがしあがつままちはらまち》の善導寺円光上人《ぜんどうじえんこうしょうにん》の母が入水《じゅすい》して、蛇体すなわち竜神となったという伝説があり、沼神信仰につながっている。

榛名富士と榛名湖

榛名湖は榛名神社の御手洗《みたらい》沼とされ、榛名湖の竜神は榛名山から立った雨雲によって雨を降らせるという信仰が起こり、雨乞いの沼とされた。文永六年（一二六九）仙覚『万葉集註《まんようしゅうちゅう》釈《しゃく》』の『万葉集』東歌三四〇九「伊香保ろに天雲いつぎ」（雨雲がかかって）の歌の注釈として、「イカホノヌマハ請雨ノ使タツトコロナリトイヘリ」とある。『頼印大僧正行状絵詞』には、頼印が「湖水ニ参詣ス、シバラク湖水ニ憩テ法施《ほうせ》ヲイタシ、テヅカラ笹舟ヲ製シテ、舎利《しゃり》一粒ヲ案ジテ湖神ニ献ズ」とある。中世において、榛名湖では水神の信仰と雨乞いが行われていたのである。元禄十一年（一六九八）の跡部良顕《あとべよしあき》『伊香保紀行』

には、「旱《ひでり》の年は此《この》沼の辺にて民ども雨こひすれば、あめふるといふ、古へこの沼より竜舞て洪水をなしたるよし云伝る」とある。鎌倉時代以来の雨乞い習俗は現在まで伝えられている。山麓の村では、旱魃の折に雨乞講を結成して参詣し、榛名湖の水や榛名神社の万年泉を竹筒に入れて持ち帰り、雨乞いの行事を行う。高崎市木部町では榛名湖に入水した木部姫ゆかりの地として、この地から榛名山に雨乞いに行けば必ず雨が降るといわれた。榛名神社の雨乞いは非常に効験があったという。

御師と榛名講

江戸時代には御師が宿坊を営み、信者の地域に配札し、各地に榛名講が結成された。榛名神社の御師は、修験者が定着して宿坊を営むようになったものである。参詣人を迎え入れる門前町が形成され、享保九年（一七二四）には九十九の御師の坊があった。伊香保温泉と合わせて参詣するようになり、享和三年（一八〇三）に『上州榛名詣《じょうしゅうはるなもうで》』が出版された。榛名講は、榛名神社の辻札・祈禱札・午王《ごおう》宝印・嵐除《あらしよけ》札・虫除《むしよけ》札や、その年の作物の豊凶を占う筒粥《つつがゆ》占いの結果などの御札類を受けに毎年榛名神社を訪れる各地の講中のことで、現在でも関東一円にその広がりを持っている。榛名講の全員の登拝が済むと、神楽《かぐら》を奏上するところもある。雨乞いや筒粥神事に見られるように、作神《さくがみ》としての信仰がある。

（久野俊彦）

【参考文献】

相葉伸編『榛名と伊香保』（みやま文庫、一九六二年）

井田安雄「榛名山信仰」（宮田登・宮本袈裟雄編『山岳宗教史研究叢書　八　日光山と関東の修験道』名著出版、一九七九年）

今井善一郎「山の神々」（今井善一郎著作集刊行会編『今井善一郎著作集　民俗編』煥乎堂、一九七二年）

大島由紀夫「満行権現の縁起伝承考」（大島由紀雄『中世衆庶の文芸文化——縁起・説話・物語の演変』三弥井書店、二〇一四年）

尾崎喜左雄『上野国の信仰と文化』（尾崎先生著書刊行会、一九七〇年）

小山友孝「上野国相馬山をめぐる庶民信仰（1）」（『群馬県立博物館調査告書』一、一九八五年）

時枝務「榛名山系の相馬山信仰と黒髪神社」（『あしなか』二〇一、一九八七年）

都丸十九一「赤城・榛名・妙義の山岳伝承」（五来重編『山岳宗教史研究叢書　一六　修験道の伝承文化』名著出版、一九八一年）

アクセス情報

榛名山（掃部ヶ岳）
JR高崎駅からバス1時間30分で、榛名湖畔

榛名神社　群馬県高崎市榛名山町八四九
JR高崎駅からバスで1時間20分／関越自動車道渋川伊香保ICから車で50分

男体山《なんたいさん》

標高◆二、四八六メートル
栃木県日光市

神と仏の二荒山・日光山

二荒山《ふたらさん》・日光山《にっこうさん》・黒髪山《くろかみやま》ともいう。中禅寺湖《ちゅうぜんじこ》の北東にそびえる成層《せいそう》火山であり、直近の噴火は約七千年前であり、山頂に火口がある。中禅寺湖は男体山の溶岩によりせき止められてできた。日光山と総称される男体山・女峰山《にょほうさん》・太郎山《たろうさん》の三山の主峰である。二荒山とは、観音菩薩の住む浄土である補陀落山《ふだらくせん》から「ふたらやま」となって二荒山の字が当てられたとする説のほか、男神・女神の二神が現れた山とする説、男体山麓の洞穴から雷鳴と暴風の荒れが年に二度生ずる山とする説がある。『続日本後紀《しょくにほんこうき》』承和三年（八三六）十二月二十三日条に「二荒神」とあるのが初見で、十一世紀の『大日本国法華験記《だいにほんこくほっけげんき》』には下野国《しもつけのくに》の山岳霊場として「二荒」が見える。二荒《にこう》の音から日光の佳字を当てたとされる。大治四年（一一二九）の年紀がある清瀧寺《きよたきじ》（日光市清滝）所蔵『二荒山一切経《いっさいきょう》（大般若経）』には、「二荒山」と「日光山」（保延四年〈一一三八〉奥書）の名称が併用されており、神が宿る二荒山と、仏が護る日光山という意味が習合した神と仏の霊山であった。

平安時代中期の『延喜式神名帳《えんぎしきじんみょうちょう》』では、二荒山神社は下野国の名神大社となっているが、日光二荒山神社と宇都宮二荒山神社に比定する両説がある。

安山岩《あんざんがん》質の頂部の山容が黒髪に見えることから黒髪山とも言われ、平安時代後期『五代集歌枕《ごだいしゅううたまくら》』・鎌倉時代初期『八雲御抄《やくもみしょう》』に歌枕として挙げられ和歌に詠まれた。文明十八年（一四八六）に聖《しょう》護院道興《ごいんどうこう》は中禅寺湖まで来て、「黒髪山のふもとを過侍るとて」と記し、元禄二年（一六八九）四月に日光東照宮を詣でた芭蕉は『おくの細道』に「黒髪山は霞かかりて雪いまだ白し」と詠んでいる。

男体山と戦場ガ原

日光山の開山と頂上祭祀

弘仁五年（八一四）空海撰の「沙門勝道歴山水瑩玄珠《しゃもんしょうどうさんすいをめぐりてげんしゅをみがく》碑 并序《ひならびにじょ》」（『性霊集《しょうりょうしゅう》』）によると、天応二年（七八二）に下野国芳賀《はが》（真岡市南高岡か）の勝道《しょうどう》が、山菅の蛇橋（神橋）を渡って二荒大神を祀り（現在の二荒山神社本宮）、書写した経・像を背負って補陀落山（男体山）を登頂し、湖畔に中禅寺を建て、そばに権現（現在の二荒山神社中宮祠）を祀ったという。男体山頂には、古墳時代・奈良時代から江戸時代に至るまで、男体山に登頂して銅鏡・錫杖《しゃくじょう》・独鈷《とっこ》・御正体（鏡像）・種子《しゅじ》札《ふだ》・禅定札《ぜんじょうふだ》・銅印・神像・仏像・経筒・武具などを奉斎した祭祀遺跡があり、約六千九百点の遺物が出土した。勝道以前の時期から千年にわたって男体山頂で祭祀が行われていたことがわかる。勝道は大同二年（八〇七）の大旱魃の時に、補陀落山上での祈雨の修法によって降雨の験力を現したという。登頂して雨乞いを行う民俗が山岳信仰と仏教修法に結びついていた。また男体山は経塚《きょうづか》の要素も持っていた。

日光山の女神

平安時代の日光山の神は女神・男神の二神であり、平安時代後期（十二世紀）作の輪王寺《りんのうじ》（日光市）所蔵「木造男神・女神坐像」二軀に表れている。鎌倉時代に記された『補陀落山建立修行日記』（弘仁九年〈八一八〉仮託）によれば、日光山の神は、「一人は天人の如く、其の姿端厳美麗にして玉冠《ぎょくかん》・瓔珞《ようらく》を以って身を飾り、齢《よわい》三十有余なり、一人は束帯にして笏《しゃく》を把《と》り衣冠を直して威儀端厳《いぎたんごん》なり、年五十有余、髪は白黒半ばなり、一人は狩衣・白袴にし武具を負ひ、形貌は鮮白なり、年十五六ばかり」という姿で現れる。これは女神と二男神の三神信仰である。至徳元年（一三八四）奥書の『日光山縁起』でも、赤城明神と戦った日光権現は女神として現れて猿丸に助力を請う物語となっている。「日光三所権現像板絵」（輪王寺所蔵）も、中央は女神で左右に男神を描く。これらのことから、平安時代までの日光山の神は女神を主とした女神・男神の二神信仰であり、鎌倉時代に至って三山三神信仰となったが、やはり女神信仰の名残をとどめていた。日光権現は山の神となり、狩猟民から狩猟守護神として信仰された。

日光三所権現と日光修験の成立

鎌倉時代後期には日光山に三山信仰が及び、男体山・女体山（女峰山）・太郎山を神体山として、本地仏と神名が配された。すなわち、男体山—男体権現—千手観音—二荒山神社新宮（日光市山内）、女体山—女体（滝尾《たきのお》）権現—阿弥陀如来—滝尾神社中宮（日光市山内）、太郎山—太郎明神—馬頭観音—二荒山神社本宮となった。日光三所権現を祀る堂社は、元禄十年（一六九七）の『日光山満願寺《まんがんじ》勝成就院《しょうじょうじゅいん》堂社建立記』によれば、初めは神橋近くの本宮に男体権現、中宮滝尾に女体権現を祀ったが、嘉祥三年（八五〇）に本宮が洪水に遭い、男体権現を西方に遷座して新宮（東照宮の西にある現在の二荒山神社）とし、本宮に太郎明神を祀ったという。洪水の年代は不確実だが、祭祀地の遷座と御子神の加入による三山信仰の成立を伝えている。享禄五年（一五三二）写『日光山権現因位《いんい》縁起』には、本宮男体権現から新宮男体権現への変遷が記されているので、この時期までに新宮が日光山の神々の中心に位置づけられた。日光山に日光修験としての形態が確立し、日光三所権現が信仰対象となったことは、十四世紀に入峰《にゅうぶ》修行の修行場である「宿《しゅく》」の坊舎にその本尊として施入された「日光三所権現像板絵」に現れている。これは、中央に唐装女神（女体権現）、左右に二体の束帯男神（男体権現・太郎明神）を描き、『補陀落山建立修行日記』の記述を絵画化しており、これは、修験者が観想した神の姿であった。至徳元年（一三八四）『日光山縁起』では、これら三神は有宇中将《ありうちゅうじょう》（男体権現）・朝日《あさひ》姫（女体権現）の夫婦と子の馬頭御前《ばとうごぜん》（太郎明神）として人間界に現れている。山岳の霊力が神像として神格化され、物語絵として人格化されていった。日光連山に神仏の存在を認めた日光三所権現の成立は、日光連山全体を宗教的宇宙と捉える曼荼羅《まんだら》的な世界が形成されたと考えられる。

男体禅定と三峰五禅頂

霊山の山頂を極めることを、悟りの境地を得ることから禅定という。男体山頂遺跡からは、建久六年（一一九五）銘の御正体のほか、承久三年（一二二一）「日光山中禅寺」銘と元亨三年（一三二三）「日光禅定権現」銘の経筒、貞治三年（一三六四）・同五年「日光山中禅寺男体禅定」銘の男体山を十三・十四度の禅定を遂げた禅定札が出土している。鎌倉時代までは「日光禅定」「男体禅定」の呼称が併用された。男体山への登拝行を中世は「禅定」といったが、近世には「禅頂」といった。男体禅定という山岳登拝行は、やがて日光連山の神仏をめぐる山岳練行へと展開した。

近世の日光修験の入峰修行は三峰五禅頂《さんぶごぜんじょう》という。三峰とは春の華供峰《はなくのみね》と冬峰・夏峰の修行で、秋の五禅頂は五組編成で五山を修行した。華供峰と冬峰は、勝道が出流山《いずるさん》（栃木市出流の満願寺）から補陀落（男体）山に至ったと言われる修行の道であるが、近世には出流山に至らない短縮路となった。夏峰は天正年間（一五七三〜九二）に途絶し、近世には花供峰と冬峰を両峰《りょうぶ》と称し、五禅頂も三組に縮小して惣禅頂と称した。近世の入峰作法書などによって、日程と回峰路を略記しておく。

華供峰は三月三日開闢《かいびゃく》、四月二十二日出峰、輪王寺等がある山内から南下して古峰ヶ原・行者岳・地蔵岳を経て中禅寺湖の歌が浜に出て、中禅寺権現で読経し千部大法会《せんぶだいほうえ》の花を献上した。

冬峰は十二月十三日開闢、三月二日出峰《しゅっぷ》、華供峰と同じ経路で古峰ヶ原《こぶがはら》・行者岳《ぎょうじゃだけ》・地蔵岳・

薬師岳・鳴虫山《なきむしやま》を経て帰着した。古峰ヶ原から中禅寺湖に至る行者道は、現在では登山道として利用されている。

夏峰は五月十二日開闢、七月十四日出峰、山内から鳴虫山・薬師岳を経て歌が浜に入り、中禅寺湖南岸・黒檜岳・宿堂坊山・錫ヶ岳・白根山・温泉ヶ岳・小真名子山・太郎山・大真名子山を経て男体山・女峰山を禅頂して帰着する大行だった。

五禅頂は八月十四日から五組が一日おきの開闢で十日間行われ、女峰山・小真名子山《こまなこさん》・大真名《おおまな》子山《こさん》・太郎山・男体山を修行して中禅寺湖に出て中禅寺権現を経て帰着した。

入峰修行では山中に多く設けられた宿に参籠して修法《すほう》を行なった。男体山北麓の大多和宿跡には金剛堂・不動明王像・閼伽《あか》場（水場）とともに護摩壇《ごまだん》の遺構がある。五禅頂の禅頂道は現在では表日光連山縦走の登山道となっている。

在俗信者である行人の男体禅頂は、御戸開《みとびらき》の禅頂（四月八日）・端午の禅頂（五月五日）・七夕の禅頂（七月七日）・御戸閉《みとだて》の禅頂（九月九日）であり、七夕の禅頂の登拝者が最も多かった。船で中禅寺湖を一周して各拝所を巡る船禅頂（補陀落禅頂・浜禅頂）は、六月一日から十九日まで行われた。

三峰五禅頂は、明治初期の修験道廃止以後は衰退したが、華供峰は昭和四十四年（一九六九）に興雲律院《こううんりつりん》（日光市萩垣面《はんがきめん》）と古峯《ふるみね》神社（栃木県鹿沼市草久《くさぎゅう》）によって再興され、古峰ヶ原から中禅寺までの入峰や男体禅頂・船禅頂は一九八〇年代から日光修験道山王院（鹿沼市銀座）で行われている。湖畔の中禅寺でも船禅頂を八月四日に行っている。

男体講

神仏分離以降は、禅頂を登拝と改称した。江戸時代までは男体山は女人禁制で、女性は中禅寺道（第一いろは坂）途中の女人堂で遥拝し、中禅寺湖畔にも行けなかったが、明治十一年（一八七八）に女人登拝が許された。中禅寺湖畔には登拝者が泊る行小屋があった。二荒山神社では五月五日に男体山の開山祭を、十月二十五日に閉山祭を行う。開山祭の時は、男体山には残雪があるので中宮祠の二荒山神社で祭典を行い、登拝門を開いて一合目まで登って男体山頂の奥宮を遥拝する。八月一日から七日間は、男体山登拝祭で多くの人が登拝する。男体講は中宮祠二荒山神社に参拝し、内陣《ないじん》にある母の胎内をくぐって二荒大神のふところに入ると生まれ変わるという。講中は行衣《ぎょうい》を着て中禅寺湖の湖水で身を清め、夜中に登山門から登り、頂上の対面石で御来光を拝し、頂上の半鐘を鳴らし、奥宮で行衣に判を押してもらい下山する。対面石は勝道聖人が神に出会った場所とされ、大きな鉄剣が建っている。頂上には二荒山神社奥宮・太郎山神社・二荒山大神銅像が建っている。

（久野俊彦）

【参考文献】
飯田真「日光山の信仰伝承」（五来重編『山岳宗教史研究叢書　一六　修験道の伝承文化』名著出版、一九八一年）
池田正夫『全踏査――日光修験三峯五禅頂の道』（随想舎、二〇〇九年）
NHKプロモーション編『聖地――日光の至宝展』（NHK、二〇〇〇年）
大和久震平『古代山岳信仰遺跡の研究――日光山地を中心とする山頂遺跡の一考察』（名著出版、一九九〇年）
柏村祐司「栗山村川俣、野門地区における男体山登拝習俗と擬死再生」（『栃木県立博物館研究紀要』四、一九八七年）

斎藤忠ほか『日光男体山――山頂遺跡発掘調査報告書』（角川書店、一九六三年）
柴田立史「日光山の入峰修行――華供養を中心として」（宮田登・宮本袈裟雄編『山岳宗教史研究叢書　八　日光山と関東の修験道』名著出版、一九七九年）
時枝務『修験道の考古学的研究』（雄山閣、二〇〇五年）
中川光憙「日光山修験道史」（宮田登・宮本袈裟雄編『山岳宗教史研究叢書　八　日光山と関東の修験道』名著出版、一九七九年）
萩原龍夫「下野二荒山信仰について」（『歴史手帖』六－四、一九七八年）
久野俊彦『絵解きと縁起のフォークロア』（森話社、二〇〇九年）
宮本袈裟雄「男体山信仰」（宮本袈裟雄『里修験の研究　続』岩田書院、二〇一〇年）
和歌森太郎「日光修験の成立」（和歌森太郎編『山岳宗教史研究叢書　一　山岳宗教の成立と展開』名著出版、一九七五年）

アクセス情報

男体山
JR日光駅からバス50分、二荒山神社中宮祠から山頂まで徒歩4時間

日光二荒山神社中宮祠　栃木県日光市中宮祠二四八四
JR日光駅からバス50分で、二荒山神社前

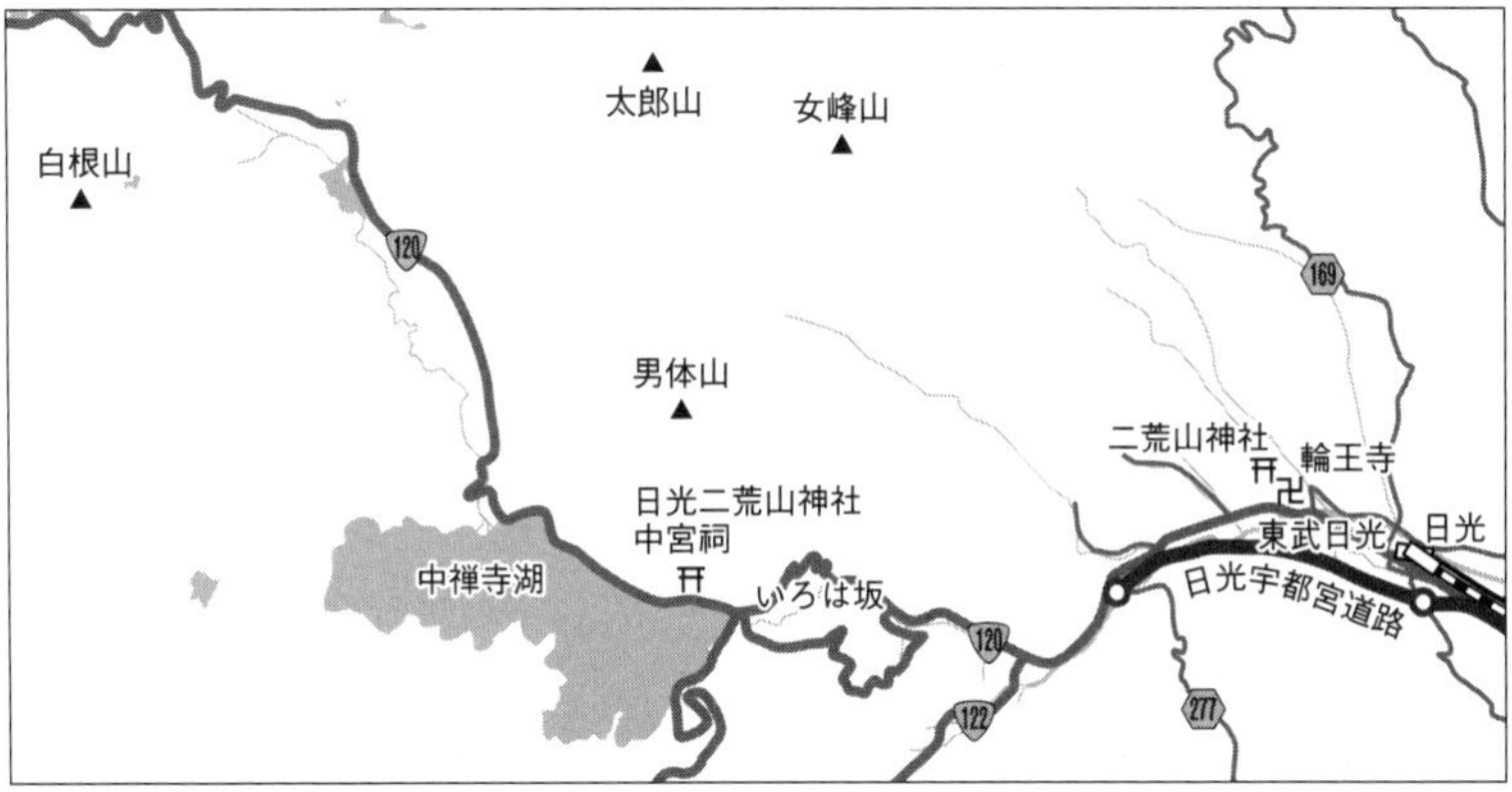

三峰山《みつみねさん》

標高◆一、三三二メートル（妙法ヶ岳）／一、九二一メートル（白岩山）／二、〇一七メートル（雲取山）
埼玉県秩父市

三峰山とは

三峰山は、古くは奥秩父の雲取山《くもとりやま》・白岩山《しらいわやま》・妙法ヶ岳《みょうほうがたけ》の三山のことを指したが、現在は、妙法ヶ岳に連なる三峰《みつみね》神社がある一帯を指すのが一般的になっている。また、三峰山とは、このように山のことを指すと同時に、山上に展開する宗教施設群のことも指す。宗教施設群に関しては、江戸時代には天台・真言・修験の三宗兼帯の別当寺である観音院高雲寺《こううんじ》によって三峰権現が奉斎され、山上には多くの堂宇《どうう》が建ち並んでいた。明治元年（一八六八）の神仏分離によって、観音院高雲寺は廃寺となり、三峰権現は三峰神社となって、現在は神社の施設が立ち並んでいる。

三峰山の発生と聖護院支配

江戸時代に作成されたとされる由緒『当山大縁起』には、三峰山の興りは、日本武尊《やまとたけるのみこと》が東征の折、三峰山へ登って伊弉諾《いざなぎ》・伊弉冉《いざなみ》を祀り、その父景行《けいこう》天皇が三峰宮の号を下したことにあるとされている。その後は、以下のような記述が続く。すなわち、役行者《えんのぎょうじゃ》が伊豆配流《いずはいる》の際、三峰山で修行した。天平八年（七三六）、疫病流行の折に葛城連好久《かつらぎのむらじのよしひさ》の奉幣があり、大明神号が授けられた。翌天平九年（七三七）には、光明《こうみょう》皇后が観音像を寄進し、天平十七年（七四五）には、月桂僧都《げっけいそうず》が住職に就任、天長年中（八二三〜八三四）には、空海が十一面観音像を奉納した。その後、畠山重忠《はたけやましげただ》の崇敬を受けて神領が寄進されたが、元弘・建武の乱の際、新田義興《にったよしおき》に荷担したことから神領が没収された。これらは、三峰山の主祭神である伊弉諾《いざなぎ》・伊弉冉《いざなみ》のことや修験の山であること、三峰権現とその本地十一面観音との関係を説明するために創作されたものと考えられる。

三峰山に残る文献史料は、江戸時代以降のものがほとんどであるため、それ以前の歴史は不明なことが多い。断片的な文献史料から三峰山の歴史を考えるに、まずは三峰山に素朴な山岳信仰が発生し、その後、関東の諸寺院を拠点として活動していた修験者が、行場にするために秩父の山岳に分け入り、三峰山へ至って神仏を奉斎したのが、三峰山誕生のきっかけであったと言えよう。文明十九年（一四八七）には、修験本山派本山聖護院門跡道興《しょうごいんもんぜきどうこう》の巡錫《じゅんしゃく》により、関東の熊野修験が本山派へ取り込まれるに至り、その際、越生の先達《せんだつ》山本坊配下に、三峰山も組み込まれたと考えられる。その後、三峰山は一時荒廃した状態になったが、文亀年間（一五〇一〜〇四）には熊野修験であった道満《どうまん》が住職となり、一山の立て直しが行われ、天文二年（一五三三）、道満の弟子龍栄の住職時代には、聖護院から三峰権現の称号を賜った。

江戸時代に入り、寛文五年（一六六五）には、山本坊配下から離脱し聖護院直末《じきまつ》寺院になった。しかし、その後再び荒廃状態に陥り無住となった。三峰山では神領を所持していたが、そこに居

オイヌサマが祀られているお仮屋

住する神領百姓は三峰山の経営を支える重要な存在であった。

これら神領百姓の招聘活動によって、同じ秩父郡内にある長瀞《ながとろ》多宝寺《たほうじ》の、敏腕と評判の真言僧日光《にちこう》法印を住職として招き、一山の立て直しに成功した。これ以後、代々住職は真言僧が務めたが、住職着任時には三井流引き直し灌頂を行い、天台宗系寺院の住職になるための対応もとられた。

三峰山中興とオイヌサマ信仰の発生

日光は、三峰山立て直しの一環として、甲州周辺の民間で展開していたオイヌサマ信仰を取り込み、オイヌサマのご利益があるとされる護符を頒布する御眷属《けんぞく》信仰のシステムを作り上げたと言われている。オイヌサマとは、動物のオオカミであるとともに、神と同様の霊力を持つとされる山の神の神使のことであり、三峰山では、オイヌサマのほか、御神犬、御眷属、大口真神《おおぐちまかみ》などとも呼んだ。三峰山には、日光が巡礼中、三峰山中で巨犬に出会い、その犬の導きにより三峰山と縁を持った、また、日光法印が三峰山入院後、三峰山の再興を一心に念じたところ、三峰山山上が満ちるほどオイヌサマが現れた、というような伝承が伝わっているが、これはオイヌサマ信仰の興りを説明するために、のちの時代に創作されたものと考えられる。

オイヌサマ信仰は、まず権力者に、そして庶民に受容された。ここでいう権力者とは、朝廷、幕府、藩、寛永寺や東照宮といった有力寺社など様々であった。これら権力者に札献上を行い、彼らと縁を持ったことから、保護・優遇の機会に恵まれることになった。オイヌサマの火盗除けというご利益は、様々な宗派に関係なく受容される性格のものであり、そのために様々な権力者集団への札献上が可能になったと考えられる。

三峰講の展開

一方、庶民とは、村落や都市に住む人々のことであるが、三峰講という信者組織を結ばせることによって教線を拡大させていった。村落には代参講が結成され、オイヌサマは村落の氏神の機能を補完する共同体の神として迎えられたが、期待されるご利益は五穀豊穣、火盗除けであった。

オイヌサマ像

一般的に三峰山の代参講は、くじ引きなどによって代参者を選出し、御眷属札を請けるために、三峰山へ登拝した。代参者は、精進潔斎をしたあとに登拝し、オイヌサマが乗り移ったとされる御眷属札とご利益が記載された付札を請けて帰山し、地元で三峰山の掛軸をかけ、オヒマチを行った。その後、御眷属札は地域の小祠へ納められ、付札は講員で分けられた。都市には講員全員で登拝する総参り講が結成され、講員各人の個人の

御眷属札と祈禱札

神として各家に迎えられた。建物が隣接して建ち並んでおり火災が致命傷となる、また、多くの金銭を日々取り扱う商人への盗難事件が多発するという都市の特性からも、オイヌサマ信仰の持つ火盗除けというご利益への期待感は大きく、特に江戸では人気があった。

都市では、地域社会を越えた職縁で結ばれた人たちで結成される講も多かった。三峰講には、富裕商人である材木商が結ぶ講も多く、これらの講は、三峰山へ莫大な経済的支援を行うこともあった。現在でも、山内にはこれら商人の講から奉納された灯籠やオイヌサマの石像が残されている。

三峰講は、現在でも関東甲信越を中心に東日本全体に分布しており、オイヌサマ信仰が盛んに展開している。三峰山の講へのサポートは、三峰山抱えの僧・家来らが、講元への檀廻りをして挨拶、配札、祈禱などを行い、講員が登拝してくる時には、三峰山内の宿坊へ宿泊させ接待することであった。これらのサポートは神社化された現在でも続けられ、きめ細やかな信者への対応が、信仰発展の大きな要因となっている。

オタキアゲ

三峰山では、江戸時代、三峰山周辺でオオカミの子が生まれた時、小豆飯などの扶持を供える、産《うぶ》立《た》てと呼ぶ不定期の儀礼を行っていた。明治になり、ニホンオオカミが絶滅したため、事実上廃止状態である。しかし、江戸時代から現在まで、定期の儀礼としてオイヌサマが祀られているお仮屋でオタキアゲ（御焚上げ）が続けられている。毎月十日には、三峰山にいて山内を守護しているオイヌサマを祀る近宮の祭り、毎月十九日には、各地の三峰講へ貸し出されているオイヌサマを祀る遠宮《とおのみや》の祭りが行われている。この儀礼を執行することによって、オイヌサマの霊力の維持に努めているのである。江戸時代の三峰山は、祈禱寺であったため、葬祭による檀家からの収入がなかった。また、本山派の有力寺院は、霞《かすみ》と呼ばれる支配領域を広く所持し、霞内に居住する配下の里修験から役料を上納させていたが、江戸時代後期になって発展した三峰山の場合、霞の所持量は微々たるものであったため収入は少なかった。そのため、オイヌサマ信仰によって得られる収入は、三峰山にとって大変重要な経済源であった。

仁王門（現在の随身門）

三峰山の発展と近現代

江戸時代後期になると、三峰山は飛躍的な発展を遂げる。文化三年（一八〇九）には、三代住職日俊《にっしゅん》が参仕修学者・大僧都に補任された。文化六年（一八〇九）には花山院《かざんいん》家猶子《ゆうし》となり、文化十二年（一八一五）には江戸城出仕時の独礼《どくれい》・乗輿《のりこし》が許可され、天保十一年（一八四〇）九代住職観魏《かんぎ》の時には永院室《えいいんしつ》となる。嘉永元年（一八四八）十代住職観深が隠居後に融天光院《ゆうてんこういん》と名乗って在京していたが、本山派院家伽耶院《がやいん》を兼帯することになった。嘉永三年（一八五〇）には、十一代住職観宝《かんぼう》が、幕府との取次《とりつぎ》役で関東の本山派修験の代表者とも言える総触頭《ふれがしら》赤坂《あかさか》氷川《ひかわ》神社別当大乗院《だいじょういん》後継者の後見役を本山より命じられた。日頃から、本山派教団へ速やかな官金収納を果たし、滞りなく峰入修行をこなす三峰山は、聖護院から大きな信頼を得ていた。その繁栄ぶりは、俗に十万石クラスの大名に相当する寺院、天台修験の関東総本山と称されるほどであった。こうした発展の背景には、オイヌサマ信仰の隆盛があったと考えられる。

　明治になると、神仏分離の際、住職・役僧らは復飾して観音院を廃し、神道一途の三峰

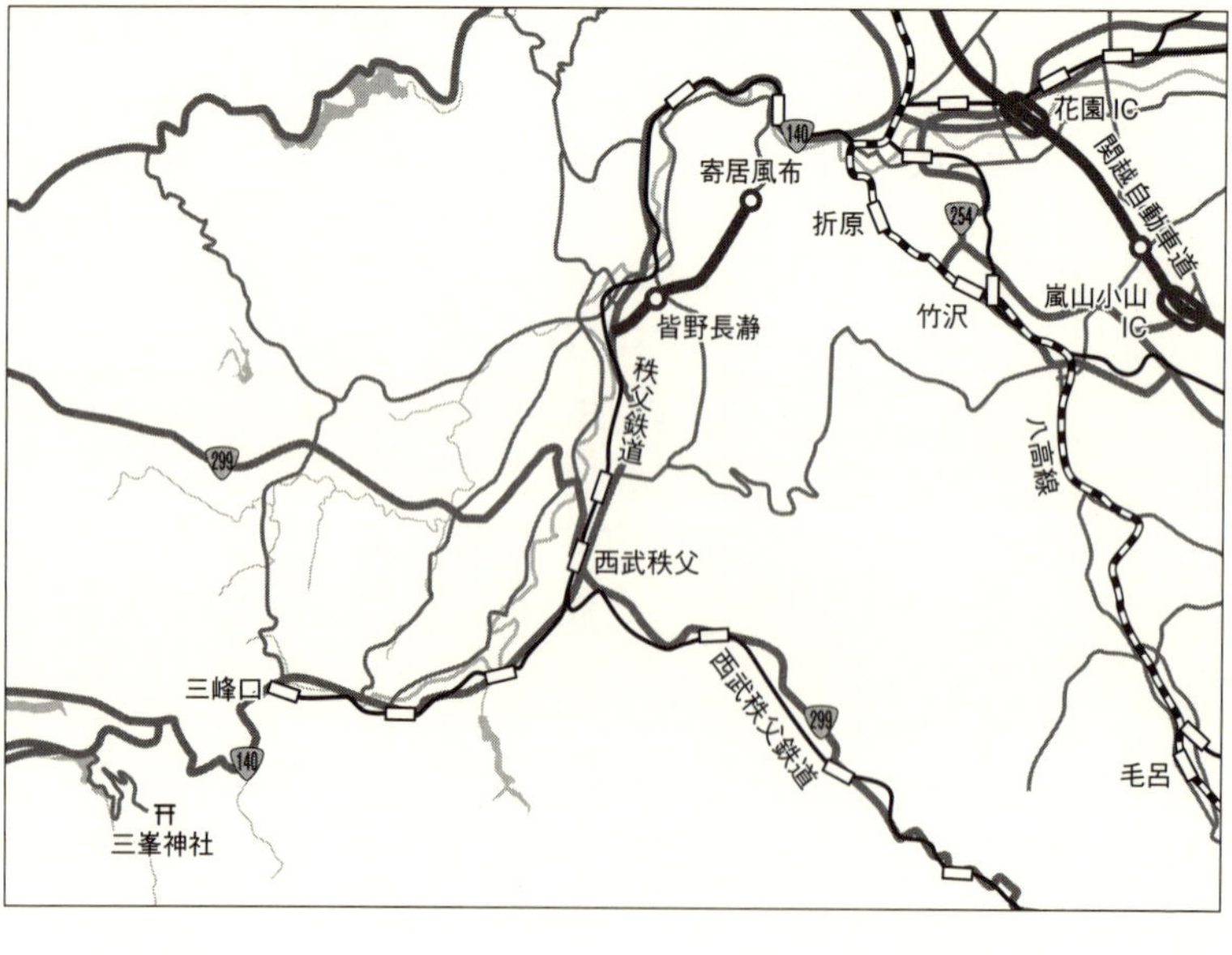

神社になることを選択した。彼らが神仏分離の際、旧来の仏像・仏具を隠し守り、また仁王門（現・随身門《ずいしんもん》）などの建築物を残すよう努力したため、貴重な文化財が今に残ることになった。（西村敏也）

【参考文献】

新井啓『続・三峯山誌』上・下（秩父宮記念三峰山博物館、一九八八年、一九九一年）
西村敏也『武州三峰山の歴史民俗学的研究』（岩田書院、二〇〇九年）
三木一彦『三峰信仰の展開と地域的基盤』（古今書院、二〇一〇年）

アクセス情報

三峯神社　埼玉県秩父市三峰二九八－一
西武鉄道西武秩父駅からバス1時間30分、三峰神社バス停から徒歩15分／関越自動車道花園ICから車で1時間30分

武州御嶽山《ぶしゅうみたけさん》

標高◆九二九メートル
東京都青梅市

武州御嶽山は東京都青梅《おうめ》市にあり、現在では山麓の滝本《たきもと》駅から山頂御岳山駅までケーブルカーに乗って六分ほどで、容易に登ることができる。御嶽山の四方には高山が連立し、北には秩父《ちちぶ》、西に大菩薩嶺《だいぼさつれい》（山梨県甲州市・北都留《きたつる》郡丹波山《たばやま》村）などが眺望でき、眼下には多摩川や奥御嶽、秋川《あきかわ》などの渓谷が開け、遠くは常陸の国御嶽《くにみたけ》である筑波山《つくばさん》（八七七メートル）や東京湾、江の島（神奈川県藤沢市）などが展望できる。

一方、山（円山）頂に鎮座する武蔵御嶽神社は、その境内千六百坪以上を有し、参道を登りきろうとする付近には、樹齢八百年以上といわれる神代《じんだい》ケヤキ（御嶽山名木めぐり八番、国指定天然記念物）や、中里介山《なかざとかいざん》の『大菩薩峠《だいぼさつとうげ》』で有名となった剣豪机龍之助《つくえりゅうのすけ》に由来する松などをはじめ多くの巨木が繁茂し、神域に我々を誘ってくれる。

御嶽山の成立と展開

歴史的に見ても、御嶽神社はかなり古い。『延喜式神名帳《えんぎしきじんみょうちょう》』に記載が見られる多摩八座のうち、「大麻止乃豆天神社《おおまとのずのあまつかみしゃ》」がこの御嶽であるとされ、境内から出土した遺物などによって、規模は明らかではないものの、平安時代末にはすでに社殿が建立されていたことが確認されている。伝承によれば、御嶽は崇神《すじん》天皇七年の創立で、聖武《しょうむ》天皇天平八年（七三六）に行基《ぎょうき》（六六八～七四九）が蔵王権現《ざおうごんげん》を安置したと言われる。鎌倉時代においては、武蔵武士の棟梁である畠山重忠《はたけやましげただ》が御嶽山（現在の奥の院付近）に築城したが、重忠の没後に灰燼と帰し、その後、文暦年間（一二三四～三五）に大中臣国兼《おおなかとみのくにかね》が御嶽山蔵王権現として再興したというが、これらは伝承の域を出るものではなく、歴史的事実か定かではない。

一の鳥居より御嶽神社を遠望する

しかし、社宝に鎌倉時代から室町時代にかけて製作された懸《かけ》仏《ほとけ》四枚があることから、ここが鎌倉時代以降に御嶽山蔵王権現あるいは武《ぶ》州《しゅう》金峯山《きんぶせん》などと呼ばれて関東における蔵王権現信仰の中心的存在であったことがうかがえる。このほか、建久二年（一一九一）に畠山重忠が奉納したと伝えられる赤糸威《あかいとおどしの》大鎧《おおよろい》（国宝）や紫裾濃大鎧《むらさきすそごのおおよろい》は、いずれも鎌倉時代初期を下らないものであるという。関東における蔵王権現信仰の中心的として、当地域を領した壬生《みぶ》氏、関東管領《かんれい》および三田《みた》氏の庇護を受け、江戸時代に入ってからは幕府によって社殿の造営が頻繁に行われた。なかでも慶長十一年（一六〇六）には、従来南向きであった社殿を東向きに変え、幕府鎮護の神と位置づけられ、崇められてきた。なお、この慶長十一年の造営に関しては、

『谷合氏見聞録《たにあいしけんぶんろく》』元禄十三年（一七〇〇）の条中に「御嶽山慶長十四巳酉（十一年の誤り）家康公御建立、当辰年迄九十四年ニテ」の記述が見られる。以後、幕府の武運長久を祈願するところとなっていた。この間、山伏や先達たちは、全国各地から多数の信者を集めて、為政者のみならず庶民にも信仰を広めた。

武蔵御嶽神社

御嶽御師の成り立ち

現在、御嶽山上の二十七軒と山麓の七軒の三十四軒が、御《お》師《し》として御嶽神社の運営にあたっている（ほかに宗教法人としての御師が一軒ある）。彼らのうち、片柳家（現在八軒）、服部家（現在二軒）、馬場家（現在三軒）、北島家（現在三軒）などの諸家は、先祖が阿波《あわ》の人であるとか、熊野の権僧都《ごんのそうづ》であるとする伝承がある。関東における中心的な修験道場として、御嶽山を多くの修験者が入峰修行に訪れていた。御師の多くは、こうした修験者が戦国時代から江戸時代初頭にかけて御嶽山に定住するに至ったものである。彼らにとって修行のために登拝することは二次的なものとなり、むしろ関東を中心とする信者と師檀関係を結ぶことによって生計を立てるようになった。妻帯者も多くなり、御師集落は次第に増大した。こうして、江戸時代初頭以降、御師集落が発展し、明暦四年（一六五八）以後は、御嶽社の運営に、神主・社僧・御師という三者の合議制がとられるようになった。

神主・社僧・御師のうち、神主は、その祖を大中臣国兼とする金井家（屋敷と呼称し、御岳山集落のほぼ中心に位置している）が代々世襲で務めていたのに対して、社僧側は源空《げんくう》を開山とする世《せ》尊寺《そんじ》で、醍醐寺三宝院の末寺であった。ただし世尊寺は、二十世日応の代に社木《しゃぼく》伐採の件で、宝暦十三年（一七六三）から明和三年（一七六六）まで係争を続け、天明八年（一七八八）に、事実上廃寺となった。

神社の管理運営は、神主が本社内陣の鍵を保管し、そして牛王《ごおう》の祈禱札を出していたのに対して、世尊寺は本社外陣《げじん》の鍵を管理保管し、護摩札を出していた。御師は、形式上、神主の支配下にあり、神主に対して年貢を納入し、神事祭儀、例えば一月一日の元旦祭、一月三日の太占祭《ふとまに》などに奉仕した。

御嶽参道に奉納された板マネキ

御師の配札

御師は、毎年、講中《こうちゅう》が代参して来る春から夏の期間には、講中に宿を提供し、御嶽参拝を案内した。御師と講中とは、御師と檀那《だんな》（檀家《だんか》）という世襲的な師檀関係を結んでおり、代参を受け入れる一方で、代参のない秋から冬の時期には、各地へ檀家回り（村回り）に出かけた。檀家回りの主な目的は、配札《はいさつ》（札を配る）である。

府県別御嶽講中分布表

県名	講中	信徒数
群馬	31	74
栃木	33	721
千葉	61	1588
山梨	97	2388
静岡	32	652
茨城	159	2700
神奈川	769	21203
東京	909	42270
埼玉	1368	63680
その他	26	4599
計	3485	144974

明治期「講社台帳」より作成

御師の配札は、その初期において村内の有力者宅を定宿としていたようで、そこを拠点として一日数十軒の檀家を案内人とともに回る、必死の活動をすることによって、今日見られるような関東甲信越にわたる一大信仰圏を形成していったものと思われる。

明治以降になると、青梅街道や青梅線などの整備によって御嶽信仰は飛躍的に展開し、今日に至っている。

ここで、明治末年から大正期にかけての御嶽講の分布を府県別に見たのが表である。

武州御嶽講の信仰圏は、関東地方を中心に中部・東海がこれに続いている。そのほかに、稀少ではあるが、北海道や九州の講社も存在している。

御師は、年間数百日にわたって全国各地を回って布教し、武蔵国御嶽神社太占祭（作物の豊凶を占う神事）の占表や、御嶽神社祈禱神爾《しんじ》などの配札をする一方、三月八日以降、六月初旬にかけて集中して御嶽神社へ代参に来る講中に対して、休憩や宿泊あるいは太々神楽《だいだいかぐら》奉納などの斡旋を行っている。

御師の数は、明暦年間（一六五五〜五八）には六十軒（山上御師・山下御師を含む）を数えたが、寛政二年（一七九〇）には、山上御師三十六件、弘化四年（一八四七）には三十五軒、昭和五十三年（一九七八）段階では二十七軒と減少の一途をたどっている。さらに、山下御師に至っては弘化四年に十七軒を数えたが、現在では七軒と急激な減少の傾向を示している。なんといっても減少に拍車をかけたのは、昭和二十五年（一九五〇）以降、御師が神職のかたわら旅館・民宿の経営に乗り出したことである。現在では山上に国民宿舎六軒を有するという、全国屈指の国民保養地に転化しつつあるのが現状である。

オイヌサマの信仰

武州御嶽山では、埼玉県の三峰山《みつみねさん》・両神山《りょうかみさん》・宝登山《ほどさん》と同様に、御眷属であるオイヌサマ（狼）の信仰があり、講社の家々では、オイヌサマのお姿を刷り込んだ大口真神《おおぐちまかみ》の札を、火難除け・盗難除けとして戸口や蔵に貼ったり、虫害除けとして辻に立てたりする。集落や個人の屋敷内の社や祠に御嶽山の札を収める例も多い。（西海賢二）

【参考文献】
西海賢二『武州御嶽山信仰』山岳信仰と地域社会　上（岩田書院、二〇〇八年）

アクセス情報

武蔵御嶽神社（武州御岳山山頂）　東京都青梅市御岳山一七六
ＪＲ御嶽駅からバス10分、滝本駅からケーブルカー6分、御岳山駅から徒歩30分

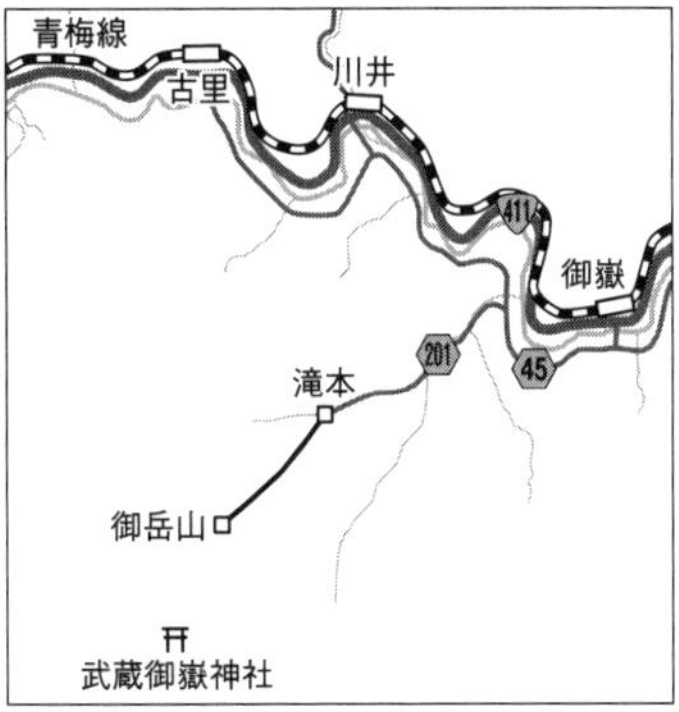

関東

大山《おおやま》

標高◆一、二五二メートル
神奈川県伊勢原市・秦野市・厚木市

神奈川県の中央にある大山は、「雨降山《あふりやま》」「阿夫利山《あふりやま》」とも言われ、雨乞いの山として著名である。一方、「石尊大権現《せきそんだいごんげん》」とも言われるように、本来は山頂の上社《かみしゃ》に祀られる巨岩への崇拝を基盤としていたと考えられる。美しい山容は相模《さがみ》平野からも海からもよく見え、沖に出た漁民たちの目印ともされてきた。

大山は、農村でその水をもらい受けて雨乞いをするなど、一般に雨乞いの神として知られる一方、「初山《はつやま》」と称して十三歳や十五歳の男子が登拝したり、厄年の人が参詣したりする山でもある。その信仰は関東地方に広がっているが、旧武蔵国などでは五穀豊穣を、相模湾周辺では大漁を祈願するなど、地域による違いがある。病気治癒や商人・職人の商売繁盛祈願なども見られる。

大山信仰の成立と展開

かつて大山は、雨降山大山寺《うこうさんたいさんじ》を中心とする神仏習合の山であった。その開山は相模国出身の良《ろう》弁《べん》であると伝えられている。天平勝宝四年（七五二）、山頂付近で不動明王《ふどうみょうおう》像を感得したのち、天平勝宝七年（七五五）に勅許を得て三年間大山に住んで伽藍《がらん》を整えたという。大山は、山頂に石尊権現、中腹に不動堂があって、山内や周辺には八大坊をはじめ社僧や修験者が住んでおり、彼らが石尊権現と不動の神仏一体の信仰を広めた。大山は相模国の国御嶽《くにみたけ》としても知られ、源《みなもとの》頼朝《よりとも》をはじめ鎌倉武士や小田原北条氏などの庇護を受けた。

慶長年間（一五九六～一六一五）、徳川家康《いえやす》は寺院法度《はっと》を出して大山の改革を図り、大山寺を清《せい》僧《そう》（学僧）のみとして古義《こぎ》真言宗に転宗させ、妻帯する僧や修験者を山麓に追いやった。そのことで修験者たちが山麓に集団移住し、坂本《さかもと》（伊勢原《いせはら》市）・蓑毛《みのげ》（秦野《はだの》市）などの御師《おし》集落の母体が形成されたと考えられている。

御師の宿坊前には講中奉納による石垣が続く

江戸時代中期以降、大山参詣（「大山参り」「大山詣で」）が流行し、御師の指導によって関東・東海を中心に多くの講社《こうしゃ》（講《こう》とも。参詣者の集団）が成立した。

一年に一度の参詣期間である六月二十七日から七月二十七日までの一ヶ月間、大山は群参する人々で賑わった。大山参詣ののち、弁才天《べんざいてん》で知られる江《え》の島《しま》（神奈川県藤沢《ふじさわ》市）に足を延ばす者も多く、大山～江の島の旅程は、当時の遊山コースとしてごく一般的なものであった。また十九世紀以降は、富士参詣と同時に大山参詣をすることが隆盛した。富士山だけに登るのを「片参り」として忌む風は、当時の江戸周辺の著作にしばしば見られ、現在も富士山須走《すばしり》口（静岡県駿東《すんとう》郡）に通ずる東海道

江戸・東京の講社が奉納したマネキ

筋を中心にその伝承がある。

　富士・大山の同時参詣ルートは、さらに、江戸〜甲州街道〜吉田〜富士山〜須走〜道了尊《どうりょうそん》（南足柄《みなみあしがら》市）〜大山〜江の島〜鎌倉などの遊山ルートに発展し、男子が一人前となる旅（成人儀礼）として位置づけられた地域もあった。

　江戸町人社会では、山開きの二十七日の初山から特定の職人集団などが中心になって登拝するなど、多分に現世利益の神として信仰されていた。

　大山信仰は、文化・文政期（一八〇四〜三〇）以降にその最盛期を迎えた。万延元年（一八六〇）の地域ごとの大山の信者を記した『開導記《かいどうき》』には、関東のほか、福島・新潟・静岡・愛知・山梨・長野などの信者も含まれ、九十二万戸近くに達している。

　落語の「大山詣《まい》り」や、江戸の川柳「盆山は駆落《かけおち》らしい人ばかり」（盆の借金取から逃げ出してきた人ばかり）など、大山参詣の盛況を物語る江戸の文芸は多い。

大山の賑わいと神仏分離

　大山の麓には、御師が経営する宿坊や茶屋、土産物屋などが軒を連ね、門前町の体をなしていた。参詣者が休む茶屋や宿はたいてい講ごとに決まっていて、その店先には講の名や紋の染め抜かれたマネキと呼ばれる布が目印に掲げられていた。

御師宅に泊まった参詣者は、翌日早朝、御師宅の神前で祓いを受け、白い行衣《ぎょうい》で鉢巻を締め、杖をつき、いくつかの滝で身を清めつつ、「さんげさんげ、六根清浄《ろっこんしょうじょう》、お山は快晴」と唱えながら、男坂から山頂の石尊社目指して登っていった。女性は女坂を行き、中腹の大山寺（不動堂）に参詣し、それより上は女人禁制であったため、そこから下りてきた。

このように、かつての大山は、山頂の石尊権現と中腹の大山寺（不動堂）の神仏一体とする信仰であった。明治初期の神仏分離では、大山は強力に神道化された。中腹にあった大山寺（不動堂）は廃されて、新たに阿夫利《あふり》神社（下社《しもしゃ》）が建立され、山内の寺堂はほとんど破却され、仏教色は一掃された。しかし、明治六年（一八七三）に来迎院《らいごういん》跡地に不動の仮堂が設けられ、明治十八年（一八八五）に明王寺《みょうおうじ》として再建された。さらに大正五年（一九一六）、これが大山寺の名に復し（真言宗大覚寺《だいかくじ》派準大本山）、現在に至っている。

大山御師

江戸時代中期以降、大山信仰が関東に拡大するにあたって貢献したのが、御師と呼ばれる宗教者たちであった（大山では、明治以降一般に御師を「先導師」と称している）。参詣者は、大山を訪れると御師宅に立ち寄り（坊入《ぼういれ》という）、食事や風呂、宿泊の世話を受け、御師の案内や取り次ぎで石尊社や大山寺など山内の寺社への参拝や祈禱を済ませた。一方、御師は、冬に檀回《だんまわ》り（檀那《だんな》・檀家《だんか》回り）と称して信者の在所を回って配札をし、信仰を広めた。

大山の参詣道にある「大山道標」

大山で御師がいつどのように形成されてきたかははっきりしないが、史料に「御師」が登場するのは、慶長年間の家康による山内改革以降である。

大山御師に類似するものとして、伊勢・熊野・石清水《いわしみず》・白山《はくさん》・武州《ぶしゅう》御嶽《みたけ》などの御師がある（このうち伊勢の場合は、特に「オンシ」と呼び、ほかの御師と区別していた）。一般に、御師の役割としては、祈禱・宿泊をはじめとする参詣者の便を図ることであった。これに対して参詣者は、相応の初穂料を納めた。参詣者は檀那と呼ばれ、御師にとっての経済基盤であって、吉野・熊野などでは室町期あたりから檀那株の売買も見られた。大山御師の場合、檀那株の売買の記録の上限は寛文五年（一六六五）であり、この頃には大山でも御師と檀那の関係が成立していたことがわかる。

大山では、坂本（伊勢原市）と、西坂本（秦野市蓑毛）に、それぞれ御師集落が形成されていた。坂本の御師は、江戸の町方の講社を歓迎する傾向にあった。これに対して西坂本の蓑毛御師は、伊豆《いず》・駿河《するが》の村方の講社を優先的に宿泊させるなど、配札を中心とする檀那とのつながりよりも、宿泊・案内を重視する性格が強い。このように坂本の御師と蓑毛御師は、表裏一体のうちに大山信仰を育成させていったものと考えられる。

大山の信仰習俗

大山への道筋は「大山道《おおやまみち》」と呼ばれ、江戸時代以降、至るところに石の道標が建てられたり、庚申塔《こうしんとう》や地蔵などに道標銘が刻まれたりした。また、大山に木太刀《きだち》を持参して奉納し、別の木太刀を持ち帰ることが行われた。さらに、大山で受けた神酒《みき》を神酒枠《みきわく》で持ち帰る習俗もあった。神酒枠は、神棚風の細工物で、棒の前後に一つずつ取り付け、天秤棒のように担いで道中したものらしい。これら道標・木太刀・神酒枠などは、関東各地に残されている。一方、夏の山開きの時期、講社が地元に設けた石製や木製の灯籠（大山灯籠）に毎晩明かりを灯すことは、現在でも見受けられる。

大山の中腹には茶湯寺参りの看板が見られる

山麓に受け継がれた信仰

山麓にある通称茶湯寺《ちゃとうでら》（涅槃寺《ねはんでら》）で、死者の百箇日に近親者が茶湯供養《ちゃとうくよう》をすると、寺から帰る道すがら故人に似た人に会うという。神仏分離以前の百箇日では、まず大山寺不動堂に詣り、帰途に山内の寺院で茶湯供養をした。このことから、大山はかつて死霊がとどまる地でもあったと捉えられ、その信仰の多様さがうかがえる。

（西海賢二）

【参考文献】

浅香幸雄「大山信仰登山集落形成の基盤」（宮田登・宮本袈裟雄編『山岳宗教史研究叢書　八　日光山と関東の修験』名著出版、一九七九年）
関東民具研究会編『相模・武蔵の大山信仰』（岩田書院、二〇一一年）
田中宣一「相模大山の茶湯寺参りについて」（『成城文藝』九一号、一九八〇年）
圭室文雄編『大山信仰』（雄山閣出版、一九九二年）
西海賢二『富士・大山信仰』山岳信仰と地域社会　下（岩田書院、二〇〇八年）
沼野嘉彦「大山信仰と講社」（宮田登・宮本袈裟雄編『山岳宗教史研究叢書　八　日光山と関東の修験』名著出版、一九七九年）

アクセス情報

大山
小田急線伊勢原駅からバス30分、大山ケーブルカー阿夫利神社駅から徒歩1時間30分

大山阿夫利神社　神奈川県伊勢原市大山一二
小田急線伊勢原駅からバス30分、大山ケーブルカー阿夫利神社駅下車

大山寺　神奈川県伊勢原市大山七二四
小田急線伊勢原駅からバス30分、大山ケーブルカー大山寺駅下車

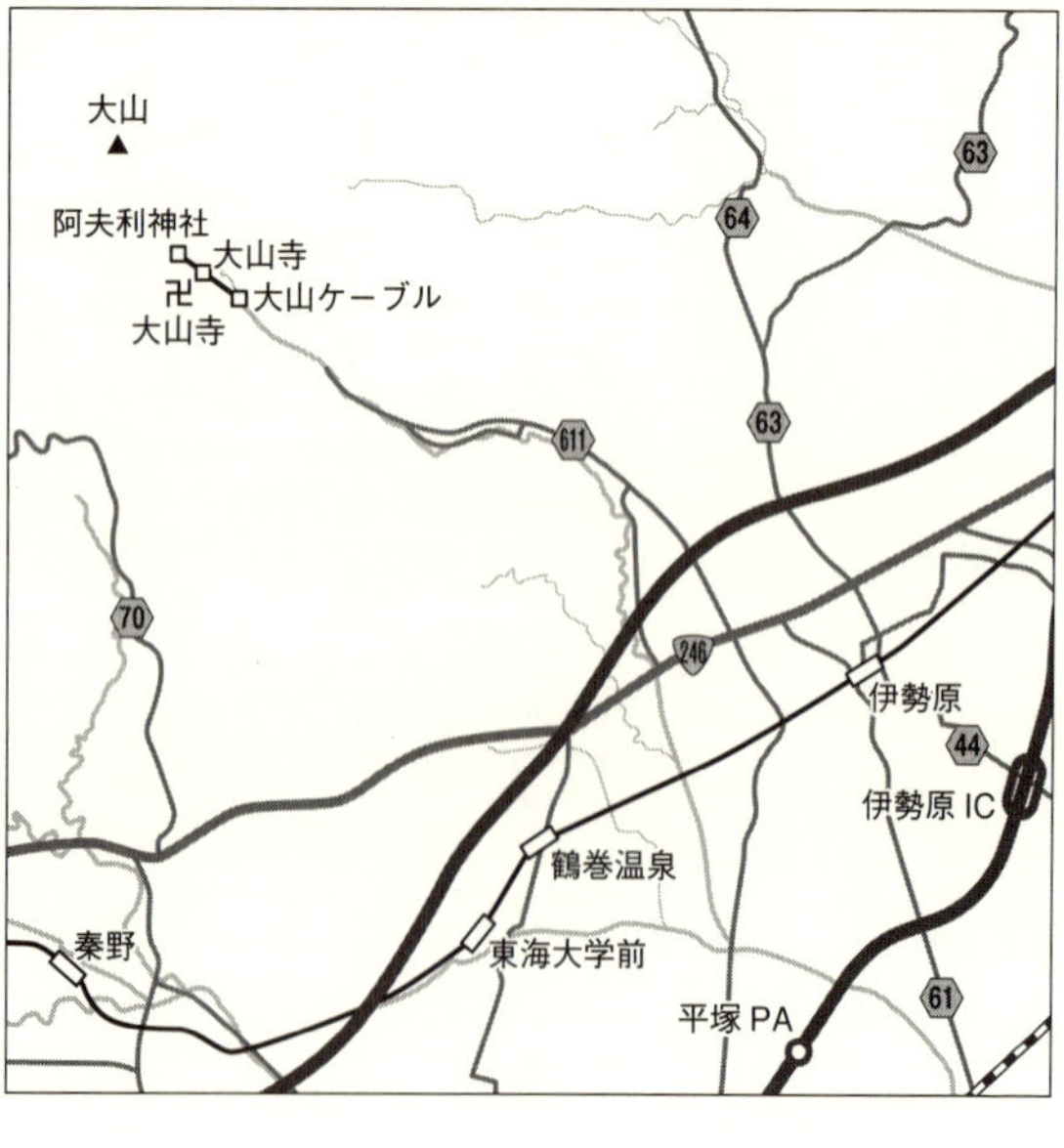

赤城山《あかぎさん》

別の呼称◆あかぎやま
標高◆一、八二八メートル（黒檜山）
群馬県前橋市・桐生市・渋川市・利根郡昭和村・沼田市

くろほの嶺《ね》

榛名山《はるなさん》・妙義山《みょうぎさん》とともに上毛三山《じょうもうさんざん》とされる。広い裾野を持つ二重式の火山で、頂部に小型のカルデラがあり、そのなかに溶岩ドームの火口丘がある。最高峰の黒檜山《くろびやま》をはじめ、小黒檜山《こくろびやま》・駒ケ岳《こまがたけ》・鈴ケ岳《すずがたけ》・長七郎山《ちょうしちろうさん》などの外輪山《がいりんざん》があり、中央火口丘の地蔵岳《じぞうだけ》、寄生火山の荒山《あらやま》・鍋割《なべわり》山《やま》などを総称して赤城山という。火口原湖の大沼《おの》・湿原の覚満淵《かくまんぶち》、火口湖の小沼《この》がある。『万葉《まんよう》集《しゅう》』巻十四東歌《あずまうた》三四一二の「上《かみ》つ毛野《けの》　久路保《くろほ》の嶺《ね》ろの」にある久路保嶺《くろほね》とは、黒い雷雲が起こる赤城山の意といわれ、黒檜山にその名が残る。この歌は藤原俊成《ふじわらのとしなり》の歌論書『古来風体抄《こらいふうていしょう》』や『歌枕名寄《うたまくらなよせ》』にも引用されているが、「くろほね」は歌枕としての詠歌はなかった。赤城山の東南部での雷雨は赤城山から発生する場合が多い。平安時代後期成立の『上野国神名帳《こうずけのくにじんみょうちょう》』勢多《せた》郡（前橋市）の「従三位《じゅさんみ》於神《おかみ》明神」は、「久路保の嶺」を神格化した神名とされる。

赤城の石神・沼神

赤城の語源は明らかでないが、『続日本後紀《しょくにほんこうき》』承和六年（八三九）六月の条に「赤城神」とあるのが初見である。赤城山神《やまがみ》は『日本三代実録《にほんさんだいじつろく》』元慶四年（八八〇）の記事では、伝本により「赤城石神《いしがみ》」または「赤城沼神《ぬまがみ》」と記されている。石神としては、荒山中腹の三夜沢《みよさわ》に櫃石《ひついし》という巨石があり、五世紀の祭祀遺跡の磐座《いわくら》と見られる。赤城山頂の大沼・小沼を神格化したのが沼神である。『神道集《しんとうしゅう》』「上野国勢多郡赤城大明神の事」の物語では、赤城の沼の竜神は唵佐羅摩女《おんさらまにょ》といい、上野に下った高野辺《こうのべ》大将の姫赤城の御前は赤城明神となって大沼に現れ、大将は神となって小沼に現れるという赤城二所明神の成立が語られている。同集の「上野国赤城山三所明神内覚満大菩薩の事」には、赤城明神（大沼、本地千手観音）、小沼明神（小沼、本地虚空蔵菩薩）に、覚満大菩薩（地蔵岳、本地地蔵菩薩）を加えて、赤城三所明神が成立したと語られている。十〜十二世紀には、小沼に銅鏡を投げ入れる儀礼が行われ、鏡が出土している。また小沼には、赤城山南麓に住んだ赤堀道元《あかほりどうげん》の娘が十六歳の時に入水《じゅすい》して沼の主となったという女人入水伝説が伝えられている。山麓の地域では、雨乞いや日照り乞いのために、赤城山へ登って沼の神に祈願をする。

黒檜山の山麓で大沼の東岸に大洞《だいどう》赤城神社が鎮座していたが、昭和四十五年（一九七〇）に大沼の小鳥ヶ島《ことりがしま》（前橋市富士見町、現在は半島状）に移築された。荒山の南麓で大沼・小沼の入り口には三夜沢赤城神社（前橋市三夜沢町）が鎮座し、さらに裾野には二宮赤城神社（前橋市二之宮町）が鎮座する。三夜沢赤城神社の社家の活動によって山麓に三夜沢講《こう》が結成され、講人が参詣して祈禱を受ける。

霊魂の集まる山

旧暦四月八日（現在の五月八日）の山開きには、山麓の地域では各戸一人ずつ赤城山に登拝する。山麓の地域では死者の魂は赤城山に行っているといわれ、赤城山に登れば死んだ人に会えるといわれた。親族を亡くした者が赤城山に登り、死者の名を呼ぶと死者の顔が現れるという。旧暦七月一日の釜蓋朔日《かまぶたついたち》に地蔵岳に登って、先祖霊とともに家に帰るのだといわれた。地蔵岳と小沼の間には血の池や地獄谷があり、赤城山は霊魂の集まる山とされた。

赤城山は、周囲の日光山《にっこうさん》（男体山《なんたいさん》）・白根山《しらねさん》・榛名山・子持山《こもちやま》・武尊山《ほたかやま》と争い、それぞれの山との神争い伝説がある。赤城の神は日光の神と、湖水をめぐって争い、赤城は百足《むかで》となり日光は蛇となって戦った時、矢が当たって血を流して山が赤くなったので赤木（赤城）という。赤城山は榛名山へ谷を盗みに行き、見つけられて逃げ帰ったが、赤城は石を投げ榛名は茨《いばら》を投げたという。赤城山とそれぞれの山々を仰ぎ見る地域では、霊山の信仰圏が拮抗することで神戦伝説が語られてきた。

（久野俊彦）

【参考文献】
今井善一郎『赤城の神』（煥乎堂、一九七四年）
大河原節子「霊山信仰における宗教民俗学的考察――上州赤城山の山中他界観をめぐって」（『日本民俗学』八九、一九七三年）
都丸十九一「赤城・榛名・妙義の山岳伝承」（五来重編『山岳宗教史研究叢書　一六　修験道の伝承文化』名著出版、一九八一年）

都丸十九一『赤城山民俗記』（煥乎堂、一九九二年）
福田晃『神道集説話の成立』（三弥井書店、一九八四年）
丸山知良「赤城山信仰」（宮田登・宮本袈裟雄編『山岳宗教史研究叢書　八　日光山と関東の修験道』名著出版、一九七九年）

アクセス情報

赤城山（黒檜山）
ＪＲ前橋駅からバス１時間で、赤城山公園ビジターセンター

赤城神社　群馬県前橋市富士見町赤城山四－二
ＪＲ前橋駅からバス１時間10分で、あかぎ広場前バス停

三夜沢赤城神社　群馬県前橋市三夜沢町一一四
北関東自動車道伊勢崎ICから車で30分／上毛電鉄大胡駅からタクシーで20分

妙義山《みょうぎさん》

標高◆一、一〇四メートル（相馬岳）
群馬県甘楽郡下仁田町・富岡市・安中市

明々巍々の奇勝・奇岩

赤城山《あかぎさん》・榛名山《はるなさん》とともに上毛三山《じょうもうさんざん》とされる。鋸歯状の尾根が連なる金洞山《こんどうさん》（中之嶽《なかのたけ》）・白雲山《はくうんざん》・金鶏山《きんけいざん》・相馬岳からなる表妙義と、御岳《おんたけ》・烏帽子岩《えぼしいわ》・谷急山《やきゅうさん》・千駄木山《せんだぎさん》に至る裏妙義がある。これらの山塊を総称して妙義山という。妙義山は激しく浸食された安山岩《あんざんがん》・凝灰岩《ぎょうかいがん》・角礫岩《かくれきがん》からなり、それらによる奇岩怪石が多く見られる急峻な岩山である。その明々巍々たる奇勝によって明巍と呼ばれ、妙義に改められたという。

奇岩が多い妙義山のなかでも、中之嶽の中腹を巡る第一石門から第四石門を始め、ロウソク岩・大砲岩・筆頭岩・ユルギ岩・虚無僧岩・剣の刃渡り・馬の背渡り・賽の河原・鬼のひげそり岩・屛風岩・鬼の閨《ねや》・烏帽子岩などの岩場がある。これらは行者の行場であった。その奇観から国の名勝に指定されている。

白雲山の波己曾神

白雲山の東山腹に鎮座する妙義神社（富岡市妙義町妙義）は、境内社である波己曾《はこそ》神社が旧社

妙義山

である。『日本三代実録《にほんさんだいじつろく》』貞観元年（八五九）三月六日条には上野国《こうずけ》の「波己曾」、長元三年（一〇三〇）『交替実録帳《こうたいじつろくちょう》』には碓井《うすい》郡（高崎市・安中《あんなか》市）の「波己曾神社」、平安時代後期の『上野国神名帳《こうずけのくにじんみょうちょう》』には碓井郡の「従二位波己曾大明神」と見える。岩山を神に祀った岩社《いわこそ》から波己曾神になったとされ、境内の影向《ようごう》岩は磐座《いわくら》とされる。白雲山の山麓に祀られた七つの波己曾社の中心である。白雲山は、堯恵《ぎょうえ》の『北国紀行《ほっこくきこう》』文明十八年（一四八六）十一月五日条に「西の方に一筋たいらなる岡あり、うへに白雲山ならびにあら舟（荒船山）御社のやま有」と見え、白雲山に祀られたのが波己曾社である。金洞山には倭健命《やまとたけるのみこと》を祭神とする中之嶽神社（甘楽郡下仁田町上小坂《しもにたまちかみおさか》）、金鶏山には菅原道真《すがわらのみちざね》を祭神とする菅原神社（富岡市妙義町《みょうぎまち》菅原）が祀られた。

妙義神社と中之嶽神社

波己曾社の別当であった白雲山高顕院石塔寺《こうけんいんしどうじ》が、江戸時代前期に寛永寺座主《ざす》である輪王寺宮《りんのうじのみや》の配下となって再興し、白雲山・金洞山・金鶏山の三神を合わせて、石塔寺に白雲山妙義大権現が成立した。「白雲山秒義大権現由来」では、妙義大権現は天慶三年（九四〇）に逝去した比叡山第十三代座主法性房尊意僧正《ほっしょうぼうそんいそうじょう》が、寛弘三年（一〇〇六）白雲山に現れたものという。菅原道真の子孫と称した七日市《なのかいち》藩主前田氏の崇敬により堂社が造営された。現在の妙義神社の社殿は江戸時代中期の造営で、国指定重要文化財となっている。元禄十五年（一七〇二）の「白雲山妙義大権現由来」によれば、本殿のほか護摩堂・本地堂（千手観音）・仁王門・天狗堂などを備えていた。明治初期の廃仏毀釈によって、石塔寺は廃され妙義神社に改称されたが、石塔寺の旧寺域は社務所となり、高顕院の額を掲げた仁王門は総門として存在している。妙義神社の門前町には妙義山温泉がある。

金洞山（中之嶽）の中腹には倭健命を祀った中之嶽神社が鎮座する。江戸時代は巌高寺《がんこうじ》が別当であり、天保七年（一八三六）板倉節山《いたくらせつざん》の『白雲山記』には、金洞山中の巌高寺に日本武尊の祠があると述べる。武尊《ほたか》権現とも称したが、廃仏毀釈により中之嶽神社と改称した。中之嶽神社は轟岩を神体の磐座としているため本殿を持たず、拝殿・幣殿《へいでん》のみの神社である。境内に大国《おおくに》神社があり、平成十七年（二〇〇五）に金色大黒《こんじきだいこく》像が建立された。子《ね》の神である大国主命《おおくにぬしのみこと》（大黒天《だいこくてん》）を祀るので甲子園大会をめざす高校野球の神として参拝されている。

妙義講の登拝

関東各地に妙義山を参詣する妙義講が結成され、火伏《ひぶ》せ・雷除け・豊作・養蚕・商売繁盛などの霊験が祈願された。講社は妙義神社から登り、白雲山中腹にある「大の字」近くの妙義神社奥の院で祈禱をして回峰した。妙義神社から大の字を経て相馬岳・東岳・金洞山などを回峰し、中之嶽神社を経て妙義神社に戻るという登拝路である。奥の院には「龍立の岩屋《りゅうたち》」といわれる岩窟があり、雨乞い天神が祀られている。岩窟前の釈迦嶽という岩山に登り、「あーめ降れ、あーめ降れ、おれにかーかる、あーま雲」と唱えて雨乞いをした。

（久野俊彦）

【参考文献】

あさを社編『妙義山』（上州路文庫、あさを社、一九八〇年）

池田秀夫「妙義山の信仰」（宮田登・宮本袈裟雄編『山岳宗教史研究叢書　八　日光山と関東の修験道』名著出版、一九七九年）

田島武夫ほか『奇岩の山妙義』（みやま文庫、一九六三年）

堀口育男「板倉節山『白雲山記』に就いて」（『群馬文化』二二九、一九九二年）

堀口育男「『白雲山記』訳註稿」（『広島修大論集』四〇－二、二〇〇〇年）

アクセス情報

妙義山（相馬ケ岳）

ＪＲ松井田駅からタクシー10分、または上信越自動車道松井田妙義ICから車5分で、登山口

妙義神社　群馬県富岡市妙義町妙義六

ＪＲ松井田駅からタクシーで10分／上信越自動車道松井田妙義ICから車で5分

武尊山《ほたかやま》

標高◆二、一五八メートル
群馬県利根郡みなかみ町・川場村・片品村

峰高いホタカ

截頭円錐《せっとうえんすい》形の成層《せいそう》火山で、武尊山（沖武尊）の南側の爆裂火口は馬蹄《ばてい》形の谷をなし、それを囲む剣《つる》ヶ《が》峰《みね》（西武尊）・前武尊・獅子《しし》ヶ《が》鼻山《はなやま》など八つの主な峰がある。霊山としての武尊山は、これらの峰々の総称である。登山口は、東は片品村の花咲《はなさく》口、南は川場村の川場《かわば》口、西はみなかみ町の藤原《ふじわら》口がある。ホタカとは峰《ほ》が高いことの意で、麓から仰ぎ見る山岳信仰に基づいている。平安時代後期の『上野国神名帳《こうずけのくにじんみょうちょう》』の利根郡には、諸本により表記は異なるが「實高明神・保實明神・保寶明神」と記されている。江戸時代以降に武尊の字を用いて日本武尊《やまとたけるのみこと》を祭神とした。

花咲の武尊神社と猿追い祭り

武尊山を仰ぎ見る利根郡東部に、武尊神社が十六社分布している。その中で代表的な古社は、片品村花咲の武尊神社である。花咲の登山口である登戸には花咲石という巨石があり、日本武尊の休み石だとも、日本武尊が退治した悪者の霊魂の石だともいわれるが、これには巨石信仰がうかがえる。花咲では、旧暦七月一日の山開きに頂上まで道刈りを行った。武尊山の神は、赤城山と日光山の神が争った時に赤城山の神を助けたが、逃げる時に里芋の芋茎《いもがら》ですべって胡麻で目を突いたため、武尊の神は片目だといわれ、武尊神社の氏子は胡麻と里芋を作らない。川場村川場湯原の武尊神社は花咲の武尊神社を分祀したものだが、武尊山を祭神とするために本殿を持たない拝殿のみの神社である。

旧暦九月中の申《さる》の日に、花咲武尊神社で猿追い祭りが行われる。氏子が白い頭巾に白装束姿の猿に扮して逃げ回り、祭り当番が神社の周囲を追い回す。武尊山麓の猿岩に猿が現れて害をなすので、猿を追ったところ豊作になったといわれ、かえって猿は富をもたらす神霊と考えられている。

武尊山の登拝

花咲武尊神社別当の武尊山法称寺は、文明二年（一四七〇）に山伏修行の寺として建てられ、江戸時代には本山派修験の上野国惣代を務めた。木曽御嶽《きそおんたけ》の大滝口（長野県木曽郡王滝《おうたき》村）を開いた普寛行者《ふかんぎょうじゃ》が、寛政六年（一七九四）に、花咲口から頂上までの登拝路を開いた。武尊スキー場の上にある普寛石像には「武尊中興開山行者普寛法印　享和元」と刻まれている。嘉永三年（一八五〇）には、前武尊山頂に日本武尊の銅像が建立された。武尊山の行者深沢心明《ふかさわしんめい》（一八七三～一九三九）は明治二十一年（一八八八）に川場口の登拝路を開き、沖武尊《おきほたか》山頂に日本武尊の銅像を建て、武尊講社（現在、伊勢崎市波志江町《はしえまち》の武尊山教会）を創始した。武尊講社は川場村に支教会を設け、昭和初期には信者二万人に達した。武尊山には禅定窟・不動岩・天狗岩・蟹の横ばい・

胎内くぐりの行場があり、本山修験宗三重院《さんじゅういん》（みなかみ町月夜野）が中心となって、毎年七月に入峰《にゅうぶ》修行を行っている。川場村では、武尊山に八回登って修行すれば大和大峯山《おおみねさん》（奈良県吉野郡）に一回登ったことになると言われている。（久野俊彦）

【参考文献】

新井富美麿『関東の霊峯武尊山と片品の奇勝』（関東の霊峯武尊山と片品の奇勝発行所、一九二二年）
伊勢崎市編『波志江の民俗』（伊勢崎市、一九八四年）
板橋春夫「猿追い祭り調査報告」（『花咲区有文書目録・猿追い祭り調査報告』群馬歴史民俗研究会、一九八〇年）
今井善一郎「巫祝見聞記」（今井善一郎著作集刊行会編『今井善一郎著作集　民俗編』煥乎堂、一九七六年）
岡田敏夫『上州武尊山――奥利根の秘峰』（東京新聞出版局、一九八五年）
中山郁「本明院普寛と上州武尊開山――『武尊山開闢記』をもとに」（『ぐんま史料研究』一三、一九九九年）

アクセス情報

武尊山（沖武尊山）
ＪＲ沼田駅からバス1時間10分、または関越自動車道沼田ICから車40分、武尊牧場から山頂まで徒歩3時間

迦《か》葉《しょう》山《ざん》

標高◆一、三二二メートル
群馬県沼田市

迦《か》葉《しょう》尊者《そんじゃ》の来現伝承

山体は礫岩・砂岩からなり、浸食が激しく奇岩・怪石が多い景勝地である。上田秋成《うえだあきなり》『雨月物《うげつもの》語《がたり》』の「仏法僧」に、ブッポウソウの鳴く深山として紹介されている。中腹に曹洞宗の迦葉山龍華院弥勒寺《りゅうげいんみろくじ》（沼田市上発知町《かみほっちまち》）がある。弥勒寺への入口の門前町は透門《とうもん》と言われ、仁王像が置かれている。釈迦十大弟子の一人である天竺《てんじく》の迦葉が来現した山（『上毛《じょうもう》伝説雑記』安永年間）とも、迦葉が入定した山（十八世紀後期「迦葉山縁起」）なので迦葉山という。龍華院はもとは密教の道場であった（加沢平次衛門〈元禄五年没〉『加沢記』）。龍華院は嘉祥元年（八四八）に葛原親王《かずらわらしんのう》の発願により、比叡山の円仁《えんにん》によって開創され、康正二年（一四五六）に、天巽慶順《てんそんけいじゅん》禅師により曹洞宗に改宗されたという（「迦葉山縁起」・『上野国志《こうずけのくにし》』安永三年〈一七七四〉）。迦葉は釈迦滅後に出現する弥勒菩薩を待って入定したといい、禅宗で尊信される。禅宗への改宗によって、迦葉山弥勒寺という山号寺号に起因して迦葉山の山名となった（『日本洞上聯燈録《にほんとうじょうれんとうろく》』）。

天狗の信仰

戦国時代に最乗寺《さいじょうじ》（神奈川県南足柄市大雄町）で修行した天巽が龍華院に来遊し、その時に随伴した中峯《ちゅうほう》という弟子がいた。中峯は終生童形であり、険峻な迦葉山の岩山に登拝路を開き、文明十六年（一四八四）に、自分は迦葉の化身であり衆生を抜苦与楽すると告げて境内正面の案内峰から昇天し、天狗の面を残したという。中峯は迦葉山の守護として、鎮守中峯大菩薩として中峯堂（天狗堂）に祀られた。最乗寺で天狗として祀られた道了《どうりょう》大菩薩と同様の伝承である。弥勒寺は天狗信仰が盛んで、多くの大天狗面が掲げられている。参拝の際には、中峯堂から張り子の天狗面を借りて帰り、願いが成就したら、二つにして返す。中峯堂前には赤城の神の霊水と言われる赤城水の井戸があり、この水に顔が映ると長生きできるという。天巽が修行した御開山の座禅石、直立した岩である和尚台（奥の院）、胎内くぐりの岩、絶壁に安置された飛び羅漢といわれる五百体の羅漢像、丁目石があり、修行者の行場となっている。

迦葉山講

豊蚕祈願や商売繁盛に霊験があるとして、多くの講組織の参詣者がある。五月上旬の中峯尊大祭に参詣することが多い。迦葉山講は群馬県西部地域にあり、豊蚕祈願のため迦葉山に参詣し、借りた天狗面は蚕室《さんしつ》に掛けておく。

（久野俊彦）

【参考文献】

丑木幸男「迦葉山の山岳信仰」（宮田登・宮本袈裟雄編『山岳宗教史研究叢書　八　日光山と関東の修験道』名著出版、一九七九年）

とよた時「天狗・仙人妖怪ばなし（14）――上州迦葉山の天狗中峰尊者」（『あしなか』二三三、一九九三年）

アクセス情報

迦葉山龍華院弥勒寺　群馬県沼田市上発知町四四五

ＪＲ沼田駅からバス40分、迦葉山バス停から徒歩1時間／関越自動車道沼田ICから車で30分

女峰山《にょほうさん》

標高◆二、四六四メートル
栃木県日光市

如宝権現の峰

男体山《なんたいさん》の東にある成層《せいそう》火山で、東西隣の赤薙山《あかなぎさん》（二、〇一〇メートル）と痩せ尾根でつながって一体をなし、この二山にわたって霊山としての女峰山の山容をなす。元禄十年（一六九七）『日光山満願寺勝成就院堂社建立旧記』には「如宝嶽《にょほうだけ》」とあって、勝道《しょうどう》が山頂に滝尾権現《たきのおごんげん》を鎮座して如宝権現と号したと記されている。文政八年（一八二五）『日光山志』には「如宝山・女貌山」と見える。男体山と対をなす女体山として信仰された。山頂に祭祀遺跡がある。

滝尾権現の信仰

日光三社権現のうちの中宮滝尾権現（現在の二荒山神社別宮滝尾神社）は、女峰山を神体山として麓の稲荷川沿いの滝尾の地にあり、本地仏は阿弥陀如来である。平安時代末期に記された『日光山滝尾建立草創日記』（天長二年〈八二五〉仮託）には、日光を訪れたとする空海が滝尾の滝で妙見星《みょうけんぼし》に出会い、「此《こ》の嶺に女体霊神有り」と告げ、「其《そ》の貌《かお》天女の如《ごと》し、端厳美麗、金冠・瓔珞を以て、其の身を荘《かざ》る」姿に化現した霊神尊体に会い、女体中宮の題額を書したという説話が記されている。滝尾には滝尾権現の別所があり、日光責め（強飯式《ごうはんしき》）が行われた。女体神は影向《ようごう》石《いし》や三本杉の神木に現れたという（『日光山志』）。滝尾権現の西に子が授かるという子種石《こだねいし》があり、南には安産祈願の産《さん》の宮（現在の観音堂・香車堂《きょうしゃどう》）があり、女人信仰の地であった。現在の滝尾神社本殿は、背後の扉が開くと神体山が遥拝できる構造になっている。

禅頂道と唐沢宿

女峰山への登山道は、日光修験の入峰《にゅうぶ》修行である夏峰と惣禅頂（五禅頂《ごぜんじょう》）の禅頂道となっている。禅頂道は、滝尾権現・行者堂一之宿・殺生禁断境石・稚児《ちご》ヶ墓《はか》・寂光石《じゃっこういし》・水呑《みずのみ》・白樺金剛堂・八風《はっぷう》・黒岩・箱石金剛堂・竜口金剛堂を経て頂上近くの唐沢宿（現在の唐沢避難小屋）に至る。現在、唐沢宿跡に石造の金剛堂・不動明王像・護摩炉があり、山頂に滝尾神社の奥宮《おくみや》の女峰山神社がある。金剛堂とは金剛童子《こんごうどうじ》や不動明王を祀る小祠である。唐沢宿には正和二年（一三一三）の「日光三社権現像板絵」（三所御影、輪王寺所蔵）が掲げられていた。これには唐沢宿の古称である「瑠璃《るり》宿」と記され、板額の形態で画面を覆う被板（蓋板《がいばん》）が蝶番《ちょうつがい》で取り付けられており、頂上付近の宿の過酷な環境でも尊像が保護されて奉斎されていた。

赤薙山の山頂には赤薙山神社が建ち、赤薙山から西の小丸山への尾根上の岩場には焼石《やけいし》金剛堂がある。『日光山満願寺勝成就院堂社建立旧記』には「閼伽擲山」とあって、行者の玄長が浄水を汲んで登頂した時に化人が現れて閼伽水を請うたので、浄水を山上に擲《な》げたことからの山名とする。これは、浸食された涸れ谷を薙ぎといい、赤い火口壁《かこうへき》（薙ぎ）に由来する山名を、山岳信

仰から説く説話である。（久野俊彦）

【参考文献】
池田正夫『全踏査──日光修験三峯五禅頂の道』（随想舎、二〇〇九年）
中川光憙「日光山修験道史」（宮田登・宮本袈裟雄編『山岳宗教史研究叢書　八　日光山と関東の修験道』名著出版、一九七九年）
和歌森太郎「日光修験の成立」（和歌森太郎編『山岳宗教史研究叢書　一　山岳宗教の成立と展開』名著出版、一九七五年）

アクセス情報

女峰山
ＪＲ日光駅からバス30分、霧降高原キスゲ平から山頂まで徒歩4時間20分

赤薙山
ＪＲ日光駅からバス30分、霧降高原キスゲ平から山頂まで徒歩1時間30分

太郎山《たろうさん》

標高◆二、三六七・五メートル
栃木県日光市

男体山・女峰山の子

男体山《なんたいさん》の北にある成層《せいそう》火山の独立峰である。頂上には溶岩円頂丘《ようがんえんちょうきゅう》がある。日光三社権現の本宮太郎大明神の神体山とされ、頂上には二荒山《ふたらさん》神社別宮本宮《ほんぐう》神社の奥宮《おくのみや》である太郎山神社がある。至徳元年（一三八四）『日光山縁起』の物語では、有宇中将《ありうちゅうじょう》が男体権現、朝日《あさひ》姫が女体権現として、それぞれ男体山・女峰山《にょほうさん》に祀られた。その子の馬頭御前《ばとうごぜん》が太郎大明神であり、二山の間にある山がそれらの子（太郎）と見なされ、太郎山とされた。近くの大真名子《おおまなこ》山・小真名子《こまなこ》山も子の山とされた。元禄十年（一六九七）『日光山満願寺勝成就院堂社建立旧記』に「太郎嶽《たろうだけ》」と見え、勝《しょう》道《どう》が山頂に本宮権現の神である「慈眼（示現）太郎大明神」を祀り、寛永二年（一六二五）に南山腹に月山権現《がっさんごんげん》を勧請したので月山とも言うと記している。噴火口外輪山《がいりんざん》に月山神社がある。山頂に祭祀遺跡がある。

本宮権現の小野氏

『日光山堂社建立旧記』「新宮」によれば、本宮は勝道が山菅蛇橋《やますげのじゃばし》（神橋《しんきょう》）の近くに建立した四本竜寺《しほんりゅうじ》に鎮座したが、稲荷川の洪水のために天長四年（八二七）に遷座し、嘉祥三年（八五〇）に新造して、それを新宮とした。四本竜寺の旧社地は本宮と称した。『日光山権現因位縁起《いんい》』でも、有宇中将の骸を埋めた所を本宮と記しており、もともと本宮は、二荒山信仰を古くから伝えた中心的存在であった。新宮とは現在の日光二荒山神社本社であり、本宮は神橋近くにある本宮神社である。本宮の神主である小野氏について、『日光山満願寺勝成就院堂社建立旧記』では、小野の猟師が日光の神に加勢して赤城《あかぎ》の神を追い退けたため、その子孫小野源太夫が正月四日の流鏑馬で赤城方に矢を射る神事をし、春秋には男体山麓の岩窟で風鎮めの秘儀を行うと記されている。これは、『日光山縁起』の物語を保持する小野氏が物語世界を具現化させた祭儀であり、小野氏が狩人や修験などの秘儀を伝えていたことを示している。しかし小野氏は、寛文十年（一六七〇）に社家相論《しゃけそうろん》で神職を解かれた。矢を射る神事は、現在では一月四日に中禅寺湖畔で行なわれる武《む》射祭《しゃさい》となっている。

『日光山満願寺勝成就院堂社建立旧記』には生岡《いくおか》（日光市七里《しちり》）の村民の伝承として、昔、太郎山の神が頂上から生岡の岩山へ飛来して大蛇と化し、尾を立てて東に向かい宇都宮の丸山にとどまったので、そこに日光山正一位《しょういちい》宇都宮大明神として祀ったと記されている。これは『日光山縁起』や文明十六年（一四八四）「宇都宮大明神代々奇瑞《きずい》之事」に、猿丸が日光山の太郎大明神を河内《かわち》郡小寺山峰に移して若補陀洛大明神（宇都宮大明神）として祀ったと記されていることの伝承である。

禅頂道と寒沢宿

太郎山への登山道は、日光修験の入峰《にゅうぶ》修行である夏峰と、惣禅頂（五禅頂《ごぜんじょう》）の禅頂道となっている。太郎山への夏峰の禅頂道は、温泉ヶ岳《ゆぜんがたけ》から東に行き、山王烏帽子山《さんのうえぼしやま》を経て太郎山に至り、寒沢宿《さむさわしゅく》・大田和宿《おおだわ》・男体山に至って北に戻り女峰山に進む。惣禅頂では女峰山から寒沢宿に至り太郎山へ往復し、大田和宿・男体山から南の中禅寺湖《ちゅうぜんじこ》に進む。太郎山頂上の露岩《ろがん》が拝所の石体と考えられる。山頂入り口に阿弥陀石像があり、山頂に太郎山神社石祠がある。太郎山の東麓にあった唐沢宿跡には、石造の金剛堂と不動明王像がある。寒沢宿に元徳三年（一三三一）の「役行者八大童子像板絵」（行者御影、輪王寺所蔵）が掲げられていた。これには「補陀洛山上寒沢宿役行者御影」と記され、役行者《えんのぎょうじゃ》を中心に大峰八大童子《おおみねはちだいどうじ》が描かれている。板絵を蓋板で覆って尊像を保護し、奉斎していた。

（久野俊彦）

【参考文献】

池田正夫『全踏査――日光修験三峯五禅頂の道』（随想舎、二〇〇九年）

中川光熹「日光山修験道史」（宮田登・宮本袈裟雄編『山岳宗教史研究叢書　八　日光山と関東の修験道』名著出版、一九七九年）

和歌森太郎「日光修験の成立」（和歌森太郎編『山岳宗教史研究叢書　一　山岳宗教の成立と展開』名著出版、一九七五年）

アクセス情報

太郎山

ＪＲ日光駅からバス１時間20分、光徳から山頂まで徒歩３時間

日光二荒山神社　栃木県日光市山内二三〇七

ＪＲ日光駅からバス７分で、西参道

輪王寺　栃木県日光市山内二三〇〇

ＪＲ日光駅からバス７分で、勝道上人像前または大猷院二荒山神社前

古《こ》峰《ぶ》ヶ《が》原《はら》

標高◆約一、〇〇〇メートル
栃木県鹿沼市草久

禅頂道と深山巴の宿

中禅寺湖《ちゅうぜんじこ》の南に位置する前日光の高原であり、日本武尊《やまとたけるのみこと》を祀る古峯《ふるみね》神社がある。古峰ヶ原は、日光修験が入峰《にゅうぶ》に際して峰中灌頂《ぶちゅうかんじょう》などの秘法伝授を行った深山巴《じんぜんともえ》の宿の入り口にあたり、その拠点であった。日光修験の冬峰と華供峰《はなくのみね》（春峰）の禅頂道は、日光山内から南下して小来川《おころがわ》を経て、古峰ヶ原の石原隼人《はやと》家に至って読経を行い、深山巴の宿に至る。この宿で、冬峰は旧暦一月二十七日から約一ヶ月間、華峰修は旧暦三月十四日から十一日間修行した。深山巴の宿跡には金剛堂四基がある。近くにある三昧石には参籠した岩窟があり、内部に金剛堂と不動明王がある。

前鬼石原隼人

古峰ヶ原に住む石原隼人について、文政八年（一八二五）『日光山志』には、「氏を石原と称す、伝えいう、先祖は役小角《えんのおづの》に仕《つか》へし妙童鬼《みょうどうき》が子孫なる由《よし》。旧《ふる》くよりこの所に住し、当（日光）山内の行者、かの家へ行きて一宿し、それより入峰する事なり」と記される。江戸時代後期の石原家は、日光修験の入峰のための拠点であり、前鬼《ぜんき》（妙童鬼）を称した奉仕者であった。大峯山（奈良県）では、役行者の弟子の前鬼の子孫と称して山麓集落である前鬼（奈良県吉野郡下北山村）を形成し、その人々が宿坊を営み先達を務め、大峰山修行の修験者に食糧供給などを行った。前鬼を称した石原家も同様であり、石原家の上床には金剛童子が安置され、深山巴の宿への荷物の運搬と参籠修行中の行者の世話を役務とした。

天狗信仰

文化十三年（一八一六）四月二十九日に古峰ヶ原を訪れた野田泉光院成亮《のだせんこういんじょうりょう》の『日本九峰修行日記』には、「此《この》家他国にては前鬼と云ひ所々より参詣人多し。書院奥の間に不動を安置す。主人は俗にて名を隼人と云ふ、社人にも非ず百姓家也。前鬼と云ひ、又天狗使ひと江戸表にては専ら云ふ事也」と記され、その由来を尋ねても不明だと記している。また、「又天狗の集まり玉ふは、当所山中一里に籠り堂と云ふがあり、日光より一ヵ年に春秋二度宛《づつ》籠りありて、此堂折々喧《かまびす》しき事ありと云ふ。乍然《さりながら》此堂には人の参る所にもあらずと云ふ。又隼人宅よりは風除《よ》けの札とて出せり、悪風を除けるとて皆々申し請け帰る也」とも記している。さらに十巻本（稿本）『日光山志』巻四には、「往古より当山内の行者入峰する時、彼《か》のものの家へ行きて、それより入峰の行装となり、嶺入するとはいへども、別に奇異なる事もなけれど、世俗隼人は天狗を指揮するなどいふことを唱えちらせる故に、祈禱の札守等を出し与ふるゆへ、家の辺に社などを設け頻繁《しきりに》栄し家富けるとぞ」とあり、入峰行者が禅頂道に迷わないという鳴子《なるこ》の護符を石原家が刷っていたことを記している。春峰・秋峰（五禅頂《ごぜんじょう》）の時に深山巴の宿で修行する修験者が天狗と捉えられ、

古峯神社

入峰の世話を行う隼人は天狗使いであるという天狗信仰の観念が成立し、石原家が世俗信者の参詣所となって嵐除けの祈禱札を出し、繁栄するにようになったのである。現在、古峯神社の参籠室に多数の大小天狗面が奉納されており、天狗は古峰ヶ原信仰の象徴となっている。

古峰ヶ原講

嵐除け・火伏《ひぶ》せ・盗難除けの神として、関東・東北・中部地方に講が結成されて信仰されてきた。寛政九年（一七九七）に江戸下谷《したや》（東京都台東区）の古峯講《こぶこう》によって建てられた現在の古峯神社の石鳥居からは、江戸時代中期には講が成立していたこと、古峯原《こぶがはら》金剛山講と称していたことがわかる。古峰ヶ原講は明治時代以降に流行して、急速に普及した。各地の講では古峯神社に代参して札を受けてきて講員に配り、札を集落に立てた札箱に納めたり、田畑に立てたりする。

古峯神社

自宅に金剛童子を祀ってきた石原家は、慶応四年（一八六八）の神仏判然令をうけて、金剛童子は日本武尊だとして、古峯ヶ原金剛講の参集殿を古峯神社と改称し、古峯社人として神道許可を願い出た。古峯神社は明治五年（一八七二）に草久《くさぎゅう》村の村社となった。現在では石原家の祖先の隼人が古峰ヶ原に日本武尊を祀って古峯神社とし、勝道が深山巴の宿で修行するのを隼人が助けたという由緒を述べている。昭和四十一年（一九六六）以来、古峯神社と日光山興雲律院《こううんりついん》の共催によって華供峰を復活して、六月初旬に巴祭《ともえまつり》（華供峯供養祭）を行っている。

金剛山瑞峯寺

金剛山瑞峯寺

古峯神社南方の麓に、明治二十九年（一八九六）に金剛童子を本尊とする金剛教会が創設された。真言宗東高野山医王寺《いおうじ》（鹿沼市北半田《きたはんだ》）の僧が金剛教会の講長となり、三昧石《さんまいいし》を奥の院とし、勝道以来の古峰ヶ原の信仰を復興して日光修験の入峰修行を継承した。明治四十三年（一九一〇）に井上家が継承し、大正八年（一九一九）の洪水による移転をへて現在地に再建され、真言宗醍醐派の金剛山瑞峯寺《ずいほうじ》（鹿沼市草久）となっている。五月に火渡り修行を行い、十一月に奥の院（三昧石）登山参拝を行っている。

（久野俊彦）

【参考文献】
池田正夫『全踏査――日光修験三峯五禅頂の道』（随想舎、二〇〇九年）
岡本一雄「埼玉における古峯講の分布とその信仰」（『埼玉県史研究』二一、一九八八年）
菊池健策「福島県における古峰原信仰」（『かぬま――歴史と文化』三、一九九八年）
栃木県教育委員会編『発光路・高取の民俗――附麻つくり・古峰ヶ原信仰』（栃木県教育委員会、一九六八年）
栃木県教育委員会編『古峰ヶ原の民俗』（栃木県教育委員会、一九六九年）
中川光憙「古峰ヶ原の信仰」（宮田登・宮本袈裟雄編『山岳宗教史研究叢書　八　日光山と関東の修験道』名著出版、一九七九年）
宮本袈裟雄「古峰ヶ原信仰」（宮本袈裟雄『里修験の研究　続』岩田書院、二〇一〇年）

アクセス情報

古峰ヶ原
JR鹿沼駅からバス1時間10分、または東武日光線新鹿沼駅からバス1時間、古峰原神社バス停から徒歩1時間30分

古峯神社　栃木県鹿沼市草久三〇二七
JR鹿沼駅からバスで1時間10分、または東武日光線新鹿沼駅からバスで1時間／東北自動車道鹿沼ICから車で40分

金剛山瑞峯寺　栃木県鹿沼市草久二二三九
JR鹿沼駅からバス1時間、または東武日光線新鹿沼駅からバス50分で金剛山バス停

八溝山《やみぞさん》

標高◆一、〇二二メートル
茨城県久慈郡大子町、栃木県大田原市、福島県東白川郡棚倉町

八溝の水源と鬼神岩嶽丸

山頂は茨城県と福島県の県境にあるが、尾根は栃木県境に連なり、八溝山塊をなす。八溝山から南へ、鷲子山《とりのこさん》・鶏足山《けいそくさん》を経て筑波山《つくばさん》に山地が連なり八溝山地をなす。主峰の八溝山は高原状をなし、天保七年（一八三六）『新編常陸国誌《ひたちこくし》』では、八方に渓水が流れるのでこの名があるとする。頂上には八溝嶺《やみぞみね》神社が鎮座し、南側中腹には坂東三十三観音霊場第二十一番の天台宗日輪寺《にちりんじ》がある。『新編常陸国誌』に「水戸領地理志云、今久慈郡上野宮ニアリ、山中至テ深陰、殊ニ連ル峯々多ク、又八嶽八水ト云フアリ」と記されている。八溝山には八峰・八滝・三池・五滝・三水（名水）があるという（『八溝山八之峯』）。八溝山は水源林であり、茨城県側の頂上近くには「八溝五水」（金性水《きんしょうすい》・鉄水《てっすい》・龍毛水《りゅうもうすい》・白毛水《はくもうすい》・銀性水《ぎんしょうすい》）と呼ばれる湧水群があり、八溝川を経て久慈川《くじがわ》の水源となっている。また、栃木県側では武茂川《むもがわ》を経て那珂川《なかがわ》の水源となっている。

延宝四年（一六七六）『那須記《なすき》』巻一には、陸奥国白河郡八溝山の鬼神岩嶽丸《いわたけまる》が人民を取り食うので、天治二年（一一二五）に守藤権守貞信《すどうごんのかみさだのぶ》が、三河《みかわ》国から来てこれを退治し、八竜権現《はちりゅうごんげん》として祀り、貞信は那須の守護となって須藤と改め、那須氏の祖となったと記されている。武茂川沿

八溝山頂の八溝嶺神社

いの大田原市川上《かわかみ》の大頭竜《だいとうりゅう》神社には岩嶽丸が祀られ、大田原市片府田《かたふた》の鬼塚がその首塚だという伝説がある。常陸国側でも同様の悪鬼退治の伝説があり、年未詳『八溝山日輪寺縁起』には大猛丸《おおだけまる》とある。悪鬼は竜蛇であり、山麓の蛇穴《じゃけつ》という所に住んでいたという。八溝山の悪鬼征服伝説は、水源地の神の鎮撫を意味したものと考えられる。

八溝黄金神と農耕神

『続日本後紀《しょくにほんこうき》』承和三年(八三六)一月二十五日条には、「八溝黄金神」に国司が祈って砂金を採取させたところ、倍の量が採れたと記されている。八溝山麓の常陸国久慈郡(茨城県)・陸奥国白河郡(福島県白河市)・下野国那須郡(栃木県)には古代から金山があり、八溝山は黄金神の神体山として信仰された。『延喜式神名帳《えんぎしきじんみょうちょう》』に、陸奥国白河郡の「八溝嶺神社」と見える。その信仰圏は、陸奥国白河郡北郷八十六ヶ村、同南郷五十八ヶ村（福島県東白河郡棚倉町《たなぐらまち》八槻《やつき》周辺）、常陸国久慈郡依上保内郷四十二ヶ村（久慈郡大子町周辺）、下野国那須郡二百六十ヶ村（大田原市・那須郡那珂川町《なかがわまち》）の総鎮守であったという。

八溝嶺神社は作神だとして、五月十七日のボンデン祭りでは、干瓢《かんぴょう》・芋がら・稲わら・数珠状に連ねた餅で飾ったボンデンを、麓の村々から担いで八溝山に登り八溝嶺神社に納める。ボンデンは稲の実りを表す。十一月の秋祭りには、収穫した種籾を藁苞（ツッコ・ツトッコ）に入れて奉納し、ほかの人が奉納した種籾と交換する。この種籾のツッコ別けの神事は、八溝山麓北方の都々古別《つつこわけ》神社（福島県白河郡棚倉町八槻）の霜月祭りでも行われている。また、八溝山を取り巻く福島県東白川郡・石川郡・白河市・茨城県久慈郡などの都々古別神社や近津《ちかつ》神社を祀る複数の集落では、五穀豊穣を願い、枡や籾を入れた枡を神体にして祭祀を引き継いでいく祭りである。かつては都々古別神社、近津神社それぞれの氏子数十か村が一つのまとまりとして行っていたものである。

八溝山の観音信仰と日輪寺

明和八年（一七二三）『坂東三十三所観音霊場記』「八溝山縁起」には、日輪寺は役小角《えんのおづの》の創建で、空海が八溝の鬼人を退治して十一面観音を安置し、日輪寺・月輪寺《がつりんじ》としたという。現在、月輪寺はない。八槻都々古別神社の十一面観音像の銘文から、天福二年（一二三四）には、弁成が「三十三所観音之霊地」「八溝山観音堂」で三百日間参籠《さんろう》したと記されており、鎌倉時代初期には坂《ばん》東《どう》三十三観音霊場が成立し、八溝山観音堂（日輪寺）に十一面観音が安置されていたことがわかる。西麓の栃木県大田原市大久保の道坂《どうざか》観音堂には、弘安元年（一二七八）の銘のある十一面観音像があり、八溝観音と同一の元木で造られたので姉様観音と呼ばれている。八溝山は観音の霊場地であった。

近津修験と八槻大善院

『新編常陸国誌』には、八溝山の日輪寺・月輪寺に修験が住し、山上・山下に三別当があったと記している。これらは札所《ふだしょ》観音の別当であり、八溝山頂に最も近い村で日輪寺への入り口である上野宮の蛇穴《じゃけつ》（大子町上野宮《だいごまちかみのみや》）にあった下之坊《しものぼう》（善蔵院・勝蔵院）、上野宮地内にあった上之坊《かみのぼう》光蔵院である。八溝山の十一面観音信仰をもとに修験が活動していた。日輪寺は、八槻の都々古別神社の別当大善院（棚倉町八槻の八槻家）の配下に入った。大善院は地方の熊野先達《せんだつ》であったが、十五世紀に白河結城《ゆうき》氏の先達職に補任《ぶにん》され、八溝山を本拠とした本山派修験の有力な先達である。

（久野俊彦）

【参考文献】

鈴木三郎『八溝山　上　奥常陸霊峰八溝山とその山麓』（筑波書林、一九八六年）

藤田定興「八溝山信仰と近津修験」（宮田登・宮本袈裟雄編『山岳宗教史研究叢書　八　日光山と関東の修験道』名著出版、一九七九年）

アクセス情報

八溝山

ＪＲ常陸大子駅からバス50分、蛇穴バス停から山頂まで徒歩2時間30分／ＪＲ常陸大子駅から車で50分

八溝嶺神社（八溝山山頂）　茨城県久慈郡大子町上野宮二一一九

日輪寺（八溝山中腹）　茨城県久慈郡大子町上野宮二一三四

ＪＲ常陸大子駅からバス50分、蛇穴バス停から徒歩2時間／ＪＲ常陸大子駅から車で40分

筑波山《つくばさん》

標高◆八七六メートル
茨城県つくば市

男神・女神の恋の山

八溝《やみぞ》山地の南端に位置し、関東平野からそびえて見える独立峰である。山体上部は岩山で、男《なん》体山《たいさん》・女体山《にょたいさん》の二峰に分かれ、そこに筑波男神・筑波女神が祀られ、『延喜式神名帳《えんぎしきじんみょうちょう》』の見える筑波山神社二座にあたる。二峰間の平坦地を御幸ヶ原《みゆきがはら》という。

『常陸国風土記《ひたちのくにふどき》』には、「祖神《みおや》の尊《みこと》」を迎えて宿した筑波山は、宿を拒んだ富士山とは対比的に、「往き集ひ歌ひ舞ひ飲《さけの》み喫《ものくら》ふ」山となり繁栄したと記されている。さらに『常陸国風土記』は、「雄の神」という西の峰（男体山）は登れないが、東の峰（女体山）は関東諸国の男女が春秋に集い、「神嶺《かみね》」で遊ぶという歌垣（嬥歌《かがい》）を記している。

『万葉集《まんようしゅう》』の高橋虫麻呂《たかはしのむしまろ》の歌（一七五九）に、男女が集って人妻にも言問うことは、土地の神が昔から諫めない行事であったとある。また丹比国人《たじひのくにひと》の筑波山に登っての歌（三八二）には「国見する筑波の山を」とある。歌垣や国見が行なわれたことは、この山が聖なる境界の山だったことを示している。『古今集《こきんしゅう》』「仮名序《かなじょ》」に「筑波山《やま》にかけて」と記されたように、和歌の世界では筑波山は木々の繁茂した山や恋のイメージの歌枕として知られ、和歌に詠われた。男体・女体の峰から発して流れる男女川《みなのがわ》は、陽成院の「筑波嶺《つくはね》の峰より落つる男女川」の歌（『後撰集』七七六）以来、恋歌の歌枕となった。

筑波山の両山頂の巨石群には九、十世紀の祭祀遺跡がある。巨石は山麓のつくば市臼井《うすい》にある飯名《いいな》神社や六所《ろくしょ》神社（現在は跡地）、歌垣の地とされる夫女ヶ原《ぶじょがはら》にもある。これらは里宮や遥拝地の岩座であり、山頂から神を招き降ろして祀った所であろう。

筑波山景

観音のおわす山

正嘉元年（一二五七）『私聚百因縁集《しじゅひゃくいんねんしゅう》』、十三世紀『南都高僧伝』および元亨二年（一三二二）『元亨釈書《げんこうしゃくしょ》』によれば、天長元年（八二四）に法相宗《ほっそう》の僧徳一《とくいつ》が陸奥国恵日寺《えにちじ》（福島県耶麻《やま》郡磐梯町《ばんだいまち》）から常陸国に来て中禅寺を建立したという。これらは後代の記録であるが、現在の筑波山神社境内からは平安時代の瓦が出土している。徳一が開いた寺名は不明だが、のちに中禅寺と称した。鎌倉時代に常陸国守護の八田知家は子の為氏に筑波国造《くにのみやつこ》の名跡を継がせて筑波別当とし、為氏は筑波明玄と名乗って筑波神を奉斎し中禅寺別当となったという（「筑波氏系図」）。筑波山の男女二神は、観音を本地仏とする筑波山両部《りょうぶ》権現として祀られ、戦国武将による願文《がんもん》には筑波権現の名が挙げられ

筑波山大御堂

た。坂東三十三観音霊場の第二十五番札所であった。江戸時代には筑波山知足院《ちそくいん》中禅寺として、千手観音を本尊とする大御堂を中心に仁王門・三重塔・八角堂などが並ぶ大寺院であり、参道に門前町が形成された。

筑波山禅定と講

室町時代の中禅寺は修験の道場であったらしく、聖護院道《しょうごいんどう》興《こう》が文明十八年（一四八六）九月二十四へ筑波山に登り、『回国《かいこく》雑記《ざっき》』に男女川について記している。山中には筑波山禅定で巡拝して歩く巨石や窟（岩屋）があり、禅定窟・禅定巡拝所と呼ばれ、全行程で六十六か所ある。禅定道は、中禅寺から筑波山の南面、現在のケーブルカー鋼索路の東に沿っており、第一番巡拝所の十一面観音の窟（大山祇《おおやまずみ》の窟）から始まり、御海《みうみ》の窟・立身石《りっしんせき》を経て男体山神社に至る。御幸ヶ原の鶺鴒石《せきれいいし》・蝦蟇石《がまいし》を経て女体山神社に至り、筑波山の西面を下りながら、日輪の窟・霞ヶ石・出船入船《でふねいりふね》・胎内くぐりなど数々の巡拝所を経て、第六十六番の大願成就叶石に至り、弁慶七戻りの石窟を経て中禅寺に戻る。江戸時代には、修験の宝海坊・南宗院が先達を務めた。明治五年（一八七二）の修験道廃止以降は、筑波山神社を崇敬する筑波山神窟講社が登拝を行っている。

筑波山信仰の講は、東麓に筑波講、南麓に御六神講、北麓に大同講（大当講）があり、山麓の村々で豊作と一年の安全を祈って行われる。筑波山を中心に同心円状に分布し、筑波山に近いほど山と講との結びつきが強い。

筑波山神社と後座替祭

明治初期の廃仏毀釈の際、中禅寺は徹底して破却され、仁王門は楼門として一部は残ったが、跡地には明治八年（一八七五）に現在の筑波山神社が建てられた。筑波山の御座替祭《おざがわりさい》は、四月と十一月の春秋二回、山頂の本殿と中腹の拝殿で、神が御座を替える神事である。春には山上の神が里に下りて田の神となり、秋には豊穣をもたらして山に帰るとされる信仰である。明治時代までは里宮の六所神社から出た神輿が筑波山を登り、男体山神社・女体山神社、山中の四社を経て六所神社に還御し、山頂と里宮の岩座をつなぐ信仰であった。現在では山頂の神社の神御衣《かんみそ》を替える神事となっている。

筑波山神社楼門（旧筑波山権現仁王門）

筑波山大御堂

中禅寺大御堂は破壊されたが、本尊十一面千手観音像は中禅寺の東にあった古通寺《こつうじ》に移されて護持されてきた。昭和十三年（一九三八）の災害で、古通寺は流出したが本尊は救出され、昭和三十六年（一九六一）に護国寺別院筑波山大御堂として中禅

寺跡（筑波山神社）南西の現在地に再建された。現在では、坂東三十三観音霊場巡りの参拝者が訪れている。（久野俊彦）

【参考文献】
茨城県立歴史館編『筑波山――神と仏の御座す山』（茨城県立歴史館、二〇一三年）
木村繁『筑波山』（筑波書林、一九九四年）
筑波山神社編『関東の名山筑波山――筑波山神社案内記』（筑波山神社、二〇〇八年）
土浦市立博物館『神奈備の山――山岳信仰と筑波山』（土浦市立博物館、一九九三年）
土浦市立博物館『古代の筑波山岳信仰――内海をめぐる祭祀の源流』（土浦市立博物館、二〇〇九年）
時枝務『山岳考古学――山岳遺跡の動向と課題』（ニューサイエンス社、二〇一一年）
西海賢二「筑波山信仰の展開とダイドウ講」（宮田登・宮本袈裟雄編『山岳宗教史研究叢書 八 日光山と関東の修験道』名著出版、一九八四年）
西海賢二『改訂新版 筑波山と山岳信仰――講集団の成立と展開』（崙書房出版、二〇一二）
西谷隆義『霊峰筑波山と徳一大師――知足院中禅寺と筑波山神社』（茨城県郷土文化顕彰会、二〇一二年）
牧雅子「筑波山信仰の信仰圏」（『現代宗教』二、春秋社、一九八〇年）

アクセス情報

筑波山
つくばエクスプレスつくば駅からバス40分、筑波山神社バス停からケーブルカー8分、徒歩15分で男体山山頂。つつじヶ丘からロープウェイ6分、徒歩15分で女体山山頂

筑波山神社　茨城県つくば市筑波1
つくばエクスプレスつくば駅からバス40分、筑波山神社バス停から徒歩10分

加《か》波《ば》山《さん》

標高◆七〇九メートル
茨城県桜川市・石岡市

八溝《やみぞ》山地の南部にあり、西から筑波山《つくばさん》・足尾山・加波山と連なる常陸三山の一つである。山頂に加波山神社（中宮）、加波山三枝祇《さえなずみ》神社本宮、親《しん》宮のそれぞれの本殿・拝殿がある。養老五年（七二一）『常陸国風土記《ひたちのくにふどき》』新治《にいはり》郡の「葦穂《あしほ》山」に油置売命《あぶらおきめのみこと》という山賊《やまのにしもの》がいて、これをまつる「石屋《いわや》」があったと記す。葦穂山は足尾山が遺称であるが、足尾山のみならず加波山にかけての称であり、加波山・足尾山には多くの岩窟がある。『日本三代実録《にほんさんだいじつろく》』貞観十七年（八七五）十二月二十七日条に「三枝祇神《さえなずみ》」とあるのが加波山に祀られた神である。

加波山権現の三社

加波山における信仰の中心は、近世には西麓の本宮・新（親）宮、東麓の中宮の三社に分かれていたが、これらが加波山権現を祀る修験の道場であった。神仏分離が行われた明治初期以降は、三社は神社として改称した。

近世の本宮の別当は長岡の正幢院であり、加波山西麓に信仰されてきた。本宮は加波山三枝祇神社と称し、桜川市長岡に里宮としての拝殿があり、山頂に本宮の拝殿・本殿がある。

近世の新宮の別当は長岡の円鏡院であり、加波山北麓に信仰されてきた。新宮は近世には長岡村の鎮守であったが、大正初期までには本宮に合祀され、現在では加波山三枝祇神社親宮と称している。長岡の里宮拝殿は本宮・親宮を兼ね、山頂に親宮の拝殿・本殿がある。

近世の中宮の別当は大塚の文殊院であり、加波山東麓に信仰されてきた。中宮は加波山神社を称し、石岡市大塚に里宮としての加波山神社八郷拝殿があり、山頂近くの山腹に拝殿・社務所、その山頂方に本殿がある。平成十六年（二〇〇四）には西麓の桜川市長岡の加波山三枝祇神社里宮近くに、新たに加波山神社中宮の里宮が建立された。加波山の山頂および山頂付近には、三神社の本殿と拝殿がそれぞれ独立して鎮座し、祭礼も別々に行われている。

御分霊神輿の巡行と総登り

三社とも、旧暦正月から旧暦四月八日の大祭までに、御分霊を載せた神輿が、信仰地域に巡行され、神主が五穀豊穣。嵐除け・厄災除け・村内安全を祈願して札を配った。山先達は加持祈禱を行った。これを春祈禱といった。神輿巡行は元禄五年（一六九二）から始められ、三七八四ヶ村を巡行したというが、近世の神輿巡行の様相は明らかでない。昭和三十年代まで行われていた各神社の巡行記録によれば、本宮は加波山西麓から栃木県東部、親宮は北麓の茨城県地域、中宮は東麓から栃木県東部の地域を巡行した。神輿が巡行する地域では、三、四月に加波山に登拝して厄病除け・嵐除けの札を受けてきた。総登りの大規模なものが四月八日の大祭である。旱魃になると加波山に水迎えにきて、山頂の湧水を持ち帰った。神輿巡行と総登りには、作神・

除災神としての加波山信仰が現れている。加波山は雷を起こす山として雷神としても信仰されている。

加波山禅定

近世後期になると、本宮・新宮・中宮それぞれが山先達の組織を形成した。山中に散在する奇岩・岩窟によって構成される行場（岩屋禅定）が表山・裏山・東山と三所に設定されて、独自の信仰を展開してきた。神輿巡行の地域では、山先達の先導による禅定講が、夏に加波山中の七百の霊場で行をしながら巡る加波山禅定を行った。文政五年（一八二二）平田篤胤『仙境異聞』には、仙人の従者だった寅吉が「岩間山に十三天狗、筑波山に三十六天狗、加波山に四十八天狗、日光山には数万の天狗といふなり」と語ることが記され、天狗の山として知られた。修験を継承する祭りとして、本宮では十二月冬至に星祭りと火渡りが行われ、中宮で八月一日から十日頃まで禅定祭が行われている。

加波山事件

明治十七年（一八八四）九月二十二日、自由党員十六名が加波山頂の社屋に籠り、山頂に「自由之魁・圧制政府転覆・一死以報国」の旗を立て、翌日に檄文を発して襲撃し、二十四日に下山、敗走した。山頂の本宮本殿近くに旗を立てたという「旗立石」があり、石碑には、「我々茲ニ革命ノ軍ヲ茨城県真壁郡加波山上ニ挙ケ、以テ自由ノ公敵タル専制政府ヲ顛覆シ、而シテ完全ナル自由立憲政体ヲ造出セント欲ス」という檄文が刻まれている。また、山頂の中宮本殿前に昭和二十四年（一九四九）建碑の「加波山事件七十年記念　自由の魁」碑がある。筑波山神社に祈願した水戸天狗党の例もあり、挙兵には山籠りと祈願が意識されたのだろう。

（久野俊彦）

【参考文献】

加藤明子「筑波山加波山信仰の一考察――大当講を中心として」（『日本民俗学』八三、一九七二年）

神原百世「加波山の信仰」（『西郊民俗』一五九、一九九七年）

鈴木市右『霊峰加波山』（加波山神社々務所、一九七八年）

宮本袈裟雄「加波山信仰の展開と山先達――地方霊山信仰の一例として」（宮本袈裟雄『里修験の研究』吉川弘文館、一九八四年／岩田書院、二〇〇九年）

アクセス情報

加波山

北関東自動車道桜川筑西ICから車20分、加波山神社から山頂まで徒歩2時間

加波山神社（拝殿）　茨城県桜川市真壁町長岡八九一

加波山神社（八郷拝殿）　茨城県新治郡八郷町大塚字加波山二三九九

加波山三枝祇神社　茨城県桜川市真壁町長岡八〇九

加波山神社里宮から望む加波山

高尾山《たかおさん》

標高◆五九九メートル
東京都八王子市高尾町

高尾山内の寺院である薬王院《やくおういん》は、正式名称を高尾山薬王院有喜寺《ゆうきじ》という。現在、寺院は新義真言宗智山派の大本山であり、成田山新勝寺《なりたさんしんしょうじ》、川崎大師平間寺《へいけんじ》とともに、智山《ちざん》派の関東三大本山に列している。

寺伝によると、薬王院の草創は天平十六年（七四四）に行基《ぎょうき》が聖武《しょうむ》天皇の勅命によって開山したとされ、寺院の名は行基が創建当初に薬師如来を本尊としたことから付けられたとされる。その後、永和二年（一三七六）に山城国醍醐寺《やましろのくにだいごじ》の俊源大徳《しゅんげんだいとく》が無量寿院松橋《むりょうじゅいんまつはし》の法流を伝え、飯縄権現《いづなごんげん》を勧請《かんじょう》し、中興開山したという。

戦国時代においては、高尾山が甲斐国に隣接し、戦略上の要所だったこともあり、北条氏康《ほうじょううじやす》が永禄三年（一五六〇）に薬師堂修理のための土地を寄進するなど、周辺部の戦国武将から庇護を受けた。天正十九年（一五九一）には、徳川家康の家臣大久保長安《おおくぼながやす》が高尾山の竹木伐採を禁じる制札を出し、山内の保護が実行され、慶安元年（一六四八）には、幕府から七十五石が下付された。明治時代になると、薬王院では寺領のほとんどが上知されてしまい、明治十四年（一八八一）には醍醐寺末から智積院《ちしゃくいん》末に転ずることとなった。これ以降、明治三十一年（一八九八）には真

飯縄権現堂（東京／薬王院）

言宗智山派別格本山、昭和三十三年（一九五八）には大本山となり、現在に至る。平成十九年（二〇〇七）に、フランスのミシュランの旅行ガイドで三ツ星を獲得し、近年は多くの観光客やハイカーで賑わいを見せている。

護摩札の配札

江戸時代の薬王院において、江戸の場合は寺の使者が檀家のもとを訪れて、札を配っていた。一方、江戸以外の地域では、檀家の間で札の取り次ぎを行い、多くの檀家に札を配るというシステムが存在した。薬王院に残る護摩札の配布の記録によると、高尾山の檀家は江戸時代前期に増加したことがわかる。当時、檀家の多くは八王子と周辺地域にいたが、元禄年間（一六八八〜一七〇四）には江戸の檀家が増え、享保年間（一七一六～三六）には高尾山周辺地域を中心に武蔵国の中央部まで檀家が拡大したという。

飯縄信仰

飯縄権現堂には、本尊として飯縄権現が入祀られている。飯縄権現については、寛永十四年（一六三七）の山内立木盗伐の書状（薬王院所蔵）に「いつなの宮」とあり、慶安二～三年（一六四九～五〇）の『武蔵田園簿《むさしでんえんぼ》』に「飯綱社領」とあることから、江戸時代の早い時期には堂社を設置したものと考えられる。享保十四年（一七二九）には、飯縄権現堂が造営されたが、享保～宝暦期の「年々諸用記《ねんねんしょようき》」（薬王院所蔵）には干害防止・火難除け・魔除け・養蚕安全の願意が記されており、飯縄権現は当時から多岐にわたった御利益を檀信徒に授けていたことがわかる。現在、東京都八王子市・日野市、神奈川県相模原市・横浜市などには飯縄権現を祀る地域もあり、各地には高尾山の本尊との関連を説く伝承が残る。

修験道

高尾山の修験道の組織である三寳会《さんぼうかい》が確立したのは、昭和二十三年（一九四八）のことであった。この組織は、薬王院の僧侶や高尾山を修行場としていた宗教者などが創設したものだが、昭和三十四年（一九五九）には護法会《ごほうかい》と改称し、春秋の大祭や火渡り祭などの年中行事に協力してきた。現在は薬王院が中心となり、修験道を継承している。

（乾　賢太郎）

【参考文献】

乾賢太郎「地域社会における飯縄信仰の展開――八王子周辺地域を中心に」(『八王子市史研究』創刊号、二〇一一年)
乾賢太郎「現代に生きる高尾山先達」(西海賢二編『山岳信仰と村落社会』岩田書院、二〇一二年)
外山徹『武州高尾山の歴史と信仰』(同成社、二〇一一年)

アクセス情報

高尾山

京王電鉄高尾山口駅から徒歩5分、ケーブルカー高尾山駅から山頂まで徒歩40分

高尾山薬王院　東京都八王子市高尾町二一七七

京王電鉄高尾山口駅から徒歩5分、ケーブルカー高尾山駅から徒歩20分

箱根山《はこねやま》

標高◆一、四三八メートル（神山）
神奈川県足柄下郡箱根町

箱根山は、神奈川県足柄下郡《あしがらしも》箱根町《はこねまち》を中心とする、神奈川県と静岡県にまたがる火山帯の総称である。「箱根の山は天下の険《けん》」とは、子どもにも知られた「箱根山」の一節である。ここで歌われるように箱根は険しい山であったが、交通の要衝として、あるいは文化の側面から知られてきた。

平安時代初期以前、東海道は箱根山の西方を北上し金時山《きんときやま》（一、二一三メートル）より北の足柄峠（静岡県駿東《すんとう》郡小山町《おやまちょう》⟷神奈川県南足柄《みなみあしがら》市）を越えて東方へ延びていたが、延暦十九年（八〇〇）富士山の噴火によって通行ができなくなったため、箱根山の南方の箱根峠（静岡県田方《たがた》郡函南《かんなみ》町）を通る街道が整備され、交通の要衝となったのである。江戸時代には「入《い》り鉄砲《でっぽう》に出女《でおんな》」に象徴される箱根の関所が置かれ、厳しい取り締まりの拠点となった。

また、箱根山は峠が多く、箱根峠（静岡県田方郡函南町）、湖尻《こじり》峠（静岡県裾野《すその》市）、長尾峠（静岡県御殿場《ごてんば》市）、乙女《おとめ》峠（静岡県御殿場市）、矢倉沢《やぐらさわ》峠（神奈川県南足柄市）・足柄峠（静岡県駿東郡小山町⟷神奈川県南足柄市）があり、古代よりの交通網の整備拡張が多くの宗教や文化的側面にも影響を与えてきた。

関東

西国と東国の境に造立された13世紀の地蔵尊

箱根の山容と箱根権現

箱根独特の景観は、噴火や水蒸気爆発、陥没など活発な火山活動によって生まれたもので、中央火口丘に最高峰である神山《かみやま》（一、四三八メートル）や駒ヶ岳《こまがたけ》（一、三二七メートル）、二子山《ふたごやま》があり、外輪山《がいりんざん》に金時山、明神ヶ岳《みょうじんがたけ》（一、一六九メートル）などが並ぶ。

神山の崩壊で川がせき止められてできた芦ノ湖《あしのこ》の湖畔には、箱根神社が祀られている。縁起によると、古くは聖占仙人《しょうぜんしょうにん》が駒ヶ岳に神仙宮を開き、のち天平宝字元年（七五七）、万巻《まんがん》上人が箱根山の三神（女体《にょたい》形、比丘《びく》形、宰官《さいかん》形）を感得して箱根三所権現として祀ったのがその始まりといい、源《みなもとの》頼朝《よりとも》や北条《ほうじょう》政子《まさこ》など武士や貴族に厚く信仰された。明治の神仏分離に際しては箱根神社となり、別当であった東福寺金剛王院《とうふくじこんごうおういん》は神職に転じて、現在に至っている。

地獄

箱根山周辺は、「あしがりの吾をかけ山のかづの木の」と万葉の東歌に詠まれるなど古くから「あしがり」の名で知られた重要な場所であり、硫黄《いおう》を噴出する山の様相から、中世以降、重要な「聖地」もしくは「地獄」の霊場とされた。そうした様相は、大地獄（現在の大涌谷《おおわくだに》）、小地獄（小涌《こわく》谷《だに》）とともに、十三世紀以降の石造物群にうかがえる。芦ノ湖畔の賽ノ河原《さいのかわら》、精進ケ池《しょうじんがいけ》（お玉ケ《たまが》池《いけ》ともいう）周辺には、六道地蔵、二十五菩薩、多田満仲《ただみつなか》（源満仲《みなもとのみつなか》）の墓と伝える宝篋印塔《ほうきょういんとう》をはじめ、曾我《そが》兄弟と虎御前《とらごぜん》の墓とされる五輪塔が散在している。

温泉巡り

江戸時代の初頭、近世聖《ひじり》の祖とされる木食弾誓上人《もくじきたんぜいしょうにん》の新しい温泉の発見などにより「箱根七湯《しちとう》」が成立し、十九世紀初め以降、「箱根七湯」巡りが流行った。文化・文政年間あたりには、江戸を出立し、甲州街道を経て富士登山をしたのち、道了尊《どうりょうそん》（道了大権現・南足柄市大雄町《だいゆうちょう》）を経て箱根の温泉巡りをし、江ノ島、鎌倉、金沢八景などを経由して江戸に戻るというコースも生まれた。箱根は、こうした旅程に組み込まれる観光地の最たるものであった。（西海賢二）

【参考文献】
箱根町誌編纂委員会『箱根町誌』一・二巻（角川書店、一九六七年、一九七一年）

アクセス情報

箱根神社　神奈川県足柄下郡箱根町元箱根八〇-一
JR小田原駅からバス1時間、元箱根バス停から徒歩10分／箱根登山鉄道箱根湯本駅からバス40分、元箱根バス停から徒歩10分

芦ノ湖畔の六道地蔵

関東

白根山《しらねさん》

標高◆二、五七八メートル
栃木県日光市、群馬県利根郡片品村

成層《せいそう》火山であり、慶安二年（一六四九）に大噴火した。峰が白雪で覆われるので白根といい、日光白根山ともいう。古い火山の前白根と溶岩円頂丘で高峰の奥白根の二峰からなる。白根山は日光修験の三峯五禅頂《さんぶごぜんじょう》の回峰行《かいほうぎょう》の経路であり、南西の錫ヶ岳《すずがたけ》から白根山を経て五色山・温泉ヶ岳《ゆぜんがたけ》へと北上した。前白根山頂の露岩は十五童子の石体として拝された。ここに「昭和五年前白根神社」の銘がある金剛堂がある。奥白根山頂には降三世《ごうざんぜ》明王《みょうおう》の石体と岩屋があったといい、奥社跡には、承応二年（一六五二）・安永七年（一七七八）の不《ふ》動明王《どうみょうおう》石像二基、明和八年（一七七一）・天保十二年（一八四一）の白根山大権現の石鳥居二基がある。本地仏は十一面観音であった。前白根山上の五色沼と西側山腹の弥陀ヶ池《みだがいけ》は、八葉蓮華池《はちようれんげいけ》に見立てられて大八葉《だいはちよう》・小八葉《しょうはちよう》とされた。五色沼は深いので、恐れられて魔海《まのうみ》と言われ、弥陀ヶ池は湖の形が山越阿弥陀の形だという（『日光山志』）。西側山腹には血の池地獄がある。群馬県片品村側の中腹には日光神を祀った二荒山権現《ふたらさんごんげん》の神社があって産土神《うぶすながみ》としており、繭からとった新糸を神社から麓の村まで引きつないだ（『日光山志』）。片品川東岸地域では旧暦六月十七日に白根山へ登山して、山頂にボンデンを立てる白根参りを行なった。

（久野俊彦）

【参考文献】

池田正夫『全踏査——日光修験三峯五禅頂の道』（随想舎、二〇〇九年）

アクセス情報

白根山（日光白根山・奥白根山）
ＪＲ日光駅からバス1時間20分、湯元温泉バス停から山頂まで徒歩4時間30分

武甲山《ぶこうさん》

標高◆一、三〇四メートル
埼玉県秩父市・秩父郡横瀬町

古くより秩父地方の象徴と言われてきた山である。標高は明治三十三年（一九〇〇）の測量時には一、三三六メートルあったが、昭和五十六年（一九八一）から始まった山頂の石灰採掘の結果、平成十四年（二〇〇二）の測量では一、三〇四メートルになっている。

古来、地域の人々から信仰の山、神奈備山《かんなびやま》として崇敬され、神体の正体は蛇と言われてきた。山名は、古くは嶽、その後は地域の為政者の名前にちなみ秩父ヶ嶽、祖父ヶ嶽、そして地域の荘園名にちなみ武光山と変遷してきた。

その後、鎌倉時代になると、秩父地方の総社と言われてきた秩父神社が、秩父氏が祀る妙見菩薩《みょうけんぼさつ》を合祀してその信仰が盛んになったため、妙見宮《みょうけんぐう》と称されるようになった。そのため、武甲山は妙見宮の神体山と位置づけられ、妙見山と称されるようになった。室町時代には、山頂に熊野修験が蔵王権現、熊野権現を祀り、その活動拠点とした。江戸時代には、別当金玉寺《きんぎょくじ》管理のもと、蔵王権現を社家守屋越前《もりやえちぜん》が、熊野権現を社家守屋大隅《おおすみ》が奉斎し、江戸時代後期に金玉寺が廃寺になったあとは、蔵王権現を奉斎する守屋越前が、武甲山の祭祀を担うようになった。また、日本武尊《やまとたけるのみこと》が登山し平和を祈願して甲冑などの武具を納めたという伝承が流布し、武甲山という名称が使用されるようになった。

明治時代には、蔵王権現社は武甲山の本社とされ、武甲御嶽神社と改められて横瀬《よこぜ》（秩父郡横瀬町）の村社になった。また、武甲山では江戸時代より石灰採掘が行われていたが、昭和に入ると養蚕に代わる産業を求める地元と高度経済成長に伴うコンクリート需要に対応しようとする企業との利害が一致し、大規模な石灰採掘が始まった。しかし、開発によって著しい景観変化や環境問題が生じたため、現在は、市民・行政・企業による、緑化や生態系回復への取り組みが行われている。（西村敏也）

【参考文献】
清水武甲「武甲山と神奈備信仰」（宮田登・宮本袈裟雄編『山岳宗教史研究叢書　八　日光山と関東の修験』名著出版、一九七九年）
西村敏也「秩父武甲山に関する一考察」（『武蔵大学総合研究所紀要』一九、二〇一〇年）
西村敏也「秩父の象徴「武甲山」——開発と再生の歴史をめぐって」（由谷裕哉『郷土再考——新たな郷土研究を目指して』角川学芸出版、二〇一二年）
『武甲山総合調査報告書 下巻 人文編』（武甲山総合調査会、一九八七年）

アクセス情報

御嶽神社（武甲山山頂）
西武鉄道横瀬駅から徒歩で3～4時間

武甲山御嶽神社里宮　埼玉県秩父郡横瀬町横瀬八七九
西武鉄道横瀬駅から徒歩で約20分

両神山《りょうかみさん》

標高◆一、七二四メートル
埼玉県秩父郡小鹿野町両神・秩父市

硬いチャート質からなる山容は特徴的で、その姿は遠隔地からも眺めることができ、古くより山岳信仰の対象とされてきた。両神山は、日本《やまと》武尊《たけるのみこと》がこの山を八日間見ながら旅して到着したので八日見山《ようかみやま》、水を供給する山でありその守護神竜神が棲む山とされたため龍頭山《りゅうとうさん》・龍神山《りゅうかみさん》、伊《い》弉諾《ざなぎ》・伊弉冉《いざなみ》の二神を祀っているので両神山というように、様々な山名を持っている。特に、明治二十二年（一八八九）に薄《すすき》・小森《こもり》両村合併で両神村が誕生したこと、昭和二十五年（一九五〇）の秩父多摩国立公園誕生時に両神山として紹介されたことから、両神山という名称が広く知れ渡るようになった。

両神山を祭祀する神社には、両神神社、両神御嶽神社、龍頭神社の三社がある。両神山は、中世以来修験が進出して行場としたが、江戸時代になると、両神神社の別当である当山派修験の観蔵院《かんぞういん》、両神御嶽神社の別当である本山派修験の金剛院《こんごういん》が拠点となって、両神山の修験が活動を行い、彼らは信仰する庶民の登拝も支えた。また、龍頭神社は両神山の竜神信仰の拠点として栄えた。いずれの神社も、江戸時代より現在に至るまで、オイヌサマ信仰を展開し、オイヌサマの護符を頒布している。

（西村敏也）

【参考文献】
飯野頼治『両神山――風土と登山案内』（実業之日本社、一九七五年）
千嶋寿「両神山の信仰」（宮田登・宮本袈裟雄編『山岳宗教史研究叢書　八　日光山と関東の修験』名著出版、一九七九年）
椿真智子・城戸貴子「秩父両神村における修験の展開と変質」（『歴史学調査報告』第五号、筑波大学歴史・人類学系歴史地理学研究室、一九九一年）

アクセス情報

両神山（日向大谷コース）　西武鉄道西武秩父駅からバス35分、小鹿野役場バス停からさらにバス50分、日向大谷口バス停から徒歩約3時間30分

竜頭神社　秩父郡小鹿野町河原沢九九六－一

両神神社　秩父郡小鹿野町両神薄二二六七

両神御嶽神社　秩父郡小鹿野町両神薄六七八五

金鑽山《かなさなさん》（御嶽山《みたけさん》）

標高◆五五〇メートル
埼玉県児玉郡神川町

金鑽山（御嶽山）は、金鑽神社の奥宮《おくのみや》が配されている山であり、また金鑽山の一角にある御室山《みむろさん》（御室ケ嶽《みむろがたけ》）は金鑽神社の神体山である。金鑽神社は旧式内社《きゅうしきないしゃ》であり、武蔵国の二宮《にのみや》とされる神社であったとも言われている。

江戸時代には、金鑽山金鑽寺（大光普照寺《だいこうふしょうじ》）が

別当寺として管理していたが、明治元年（一八六八）の神仏分離政策以後はその支配下から離れた。金鑽神社には拝殿・本殿がないが、それは神体山である御室山が本殿と位置づけられているためである。金鑽神社は、古代の神奈備山《かんなびやま》信仰を今に伝える全国でも希少な神社である。なお、御室山は、禁足地《きんそくち》であったために人の手がほとんど加えられておらず、古くは関東地方で一般的であったクヌギやナラによって構成される照葉樹林となっている。

金鑽山は金華山《きんかざん》とも称され、戦国時代には金鑽神社を保護した安保《あぼ》氏の山城《やまじろ》である御嶽城《みたけじょう》が、江戸時代には麓の本山派修験法楽寺《ほうらくじ》の回峰行場《かいほうぎょうじょう》が設けられていた。山頂には今でも護摩壇《ごまだん》跡が残る。金鑽の語源は金砂《きんしゃ》であり、地域で砂金が取れたためと言われているが、古代に金鑽山からも鉄銅が採掘されたという伝承が残る。また、金鑽山の中腹には「御嶽の鏡岩《かがみいわ》」という名称の、国の天然記念物に指定された地質学上貴重な岩がある。

（西村敏也）

【参考文献】

神川町教育委員会『神川町誌』（神川町、一九八九年）

原島礼二「金鑽神社」（谷川健一編『日本の神々――神社と聖地』一一　関東、白水社、二〇〇〇年）

柳田敏司監修・岡本一雄著『金鑽神社』さきたま文庫六一（さきたま出版会、二〇〇三年）

アクセス情報

金鑽神社奥宮（金讃山山頂）　金鑽神社から徒歩で30分

金鑽神社　埼玉県児玉郡神川町二ノ宮七五〇

JR本庄駅からバス25分、新宿バス停から徒歩20分

鹿野山《かのうざん》

標高◆三七九メートル（白鳥峰）

千葉県君津市

鹿野山は、千葉県では三番目、上総《かずさ》では最高峰の山である。鹿野山とは春日峰（西峰、三五二メートル）、熊野峰（中央峰、三七六メートル）、白鳥

峰（東峰、三七九メートル）の三峰の総称である。日本武尊《やまとたけるのみこと》の伝説や、熊野信仰や修験の行場に関わる遺跡や地名が多い。山の南面は九十九谷《くじゅうくたに》と呼ばれる景勝地で、近場にマザー牧場がある。近年は東京湾アクアラインや館山道《たてやまどう》の開通により、多くの観光客で賑わっている。

熊野峰に、聖徳太子《しょうとくたいし》開創とされる鹿野山神野《じんや》寺《じ》がある。神野寺は平安時代から鎌倉時代にかけて天台道場として栄えたが、その後、浄土真宗、古義真言宗と移り、現在は真言宗智山派に属している。本尊の軍荼利明王《ぐんだりみょうおう》と薬師は武士の戦勝や女性の安産の信仰対象とされ、海上から目立つ山容は漁民の山あてや大漁祈願の対象とされた。

（西海賢二）

【参考文献】

岡倉捷郎『鹿野山と山岳信仰』（崙書房、一九七九年）

府馬修「鹿野山と上総の山岳信仰」（宮田登・宮本袈裟雄編『山岳宗教史研究叢書　八　日光山と関東の修験』名著出版、一九七九年）

アクセス情報

神野寺　千葉県君津市鹿野山
JR佐貫町駅からバスで35分

清澄山《きよすみやま》（妙見山《みょうけんやま》）

標高◆三七七メートル
千葉県鴨川市

房総半島の東海岸にそびえる清澄山は、別名妙見山と言い、山上付近に清澄寺《せいちょうじ》がある。天福《てんぷく》元年（一二三三）五月、日蓮が十二歳の時、生地の小湊《こみなと》（鴨川市）からこの清澄寺に入り、建長五年（一二五三）四月に日蓮宗立教開宗の第一声を上げたという。

清澄寺は、奈良時代に「不思議法師」という僧が虚空蔵菩薩《こくうぞうぼさつ》を祀ったのに始まり、慈覚大師円仁《じかくだいしえんにん》が天台密教を伝えたといい、日蓮の入寺当時は天台宗であったが、江戸時代に真言宗となり、昭和二十四年（一九四九）に日蓮宗に改宗した。日蓮の「得度開宗の地」である当寺は、山梨県身延《みのぶ》町の久遠寺《くおんじ》、東京都大田区の池上本門寺《いけがみほんもんじ》、鴨川市の誕生寺《たんじょうじ》とともに日蓮宗四霊場の一つとされ、四季を通じて日蓮宗の信者による参詣が多いことでも知られている。境内には、杉の巨木「清澄の大杉」（別名「千年杉」）がある。千葉県内最大の巨木で、大正十三年（一九二四）に天然記念物に指定されている。

（西海賢二）

【参考文献】

君塚文雄「安房の山岳信仰」（宮田登・宮本袈裟雄編『山岳宗教史研究叢書　八　日光山と関東の修験』名著出版、一九七九年）

宮本袈裟雄「清澄山」（櫻井徳太郎『歴史の山一〇〇選』秋田書店、一九七四年）

アクセス情報

清澄寺　千葉県鴨川市清澄三二二－一
JR安房天津駅からバスで15分

鋸山《のこぎりやま》

標高◆三二九メートル
千葉県安房郡鋸南町・富津市

房総半島の東京湾側にあり、頂上付近からは三浦半島・伊豆大島、さらには富士山を望む絶景地として知られている。山は凝灰岩からなり、江戸時代には房州石《ぼうしゅういし》と称して、下総《しもうさ》から江戸に向けて出されていた。その結果、山肌の岩が鋸の歯状に見えることから、鋸山と呼ばれるという。採石は一九七〇年代後半に途絶え、現在ではその採石地跡を観光資源としている。

中腹の日本寺《にほんじ》は、行基《ぎょうき》菩薩によって神亀二年（七二五）に開山され、七堂十二院百坊を有し、良弁《ろうべん》、空海《くうかい》、慈覚《じかく》らが訪れ、本尊の薬師《やくし》が戦傷を癒すことから源《みなもとの》頼朝《よりとも》、足利尊氏《あしかがたかうじ》など武士の来訪や信仰があったと伝える。当初は法相宗《ほっそう》であったが、天台宗、真言宗を経て、正保四年（一六四七）に曹洞宗《そうとう》となった。

この山の元来の名称は乾坤山《けんこんざん》で、十九世紀には江戸近郊という立地もあり、江戸時代にまとめられた『日本名山図会《にほんめいざんずえ》』で日本八十名山にも数えられていた。

（西海賢二）

【参考文献】
君塚文雄「安房の山岳信仰」（宮田登・宮本袈裟雄編『山岳宗教史研究叢書　八　日光山と関東の修験』名著出版、一九七九年）
宮本袈裟雄「鋸山」（櫻井徳太郎『歴史の山一〇〇選』秋田書店、一九七四年）

アクセス情報

鋸山　JR浜金谷駅から徒歩8分、鋸山ロープウェイで鋸山山頂駅

日本寺　千葉県安房郡鋸南町元名
JR保田駅から徒歩で45分／JR浜金谷駅からバス、日本寺入口バス停から徒歩20分

三原山《みはらやま》

標高◆七五八メートル（三原新山）
東京都大島町

三原山は、伊豆七島のうち伊豆大島のほぼ中央にある成層《せいそう》火山で、カルデラ内に鎮座する中央火口丘を指している。山頂には直径三〇〇メートル、深さ二〇〇メートルを超える火口が開いている。現在の山は、安永六年（一七七七）以降の安永噴火によって誕生し、三十五年ほどの周期で大きな噴火を繰り返し、その姿を変化させている。昭和六十一年（一九八六）の噴火では全島民一万人が島外での避難生活を余儀なくされたが、平成十年

（一九九八）には噴火口を一周する「おはち巡りコース」が開通している。

火口から吹き上がる火柱は「御神火様《ごじんかさま》」「三原《みはら》大明神《だいみょうじん》」として、人々の信仰対象とされてきた。毎年六月一日、火を鎮め、平穏を祈願する「御山参り」の登山が行われた。以前は、数日前から村の氏神に籠ったり、海水を浴びたりして身を清めて登拝したといい、女性の登山は禁じられていた。大正時代の中頃に山頂の内輪山に社殿が建てられ、三原神社として信仰されている。

（西海賢二）

【参考文献】

『東京都大島町史　民俗編』（一九九九年）

アクセス情報

三原神社（三原山山頂）　東京都大島町三原山

元町港から車30分、三原山山頂口から徒歩1時間

八丈富士《はちじょうふじ》

標高◆八五四メートル（西山）

東京都八丈町

八丈島《はちじょうじま》は、東京都心の真南二九〇キロにあり、西山《にしやま》（富士山）と東山《ひがしやま》（三原山《みはらやま》）という二つの山を中心とした瓢箪《ひょうたん》形の島である。西山である富士山すなわち八丈富士は、標高八五四メートル、伊豆七島中最高峰の火山で、火口は直径四〇〇メートル余、深さ五〇メートル余である。

島の人々は、八丈富士登拝を「お富士参り」と呼んで、願を掛け、それが叶うとお礼参りをする。船が遭難した時に安全を祈り、無事に帰宅するとお礼参りをする。男子が十五歳で若い衆に入る時や徴兵検査の年に登山したり、厄年の人が登山したりする。女人禁制のため、代わりに若者が登拝することもあった。

九月二十三日には七歳の男の子と、それを介添

えする近所や親類の十五、六歳の若者ら七人が登山した。前夜には子の家に泊まり込み、当日は浜で潮垢離《しおこり》をとり、海中の石を拾い、山頂の社に供えてきた。

（西海賢二）

【参考文献】

『八丈町誌』（一九七三年）

アクセス情報

八丈富士（西山）

空港から車20分、八丈富士登山口から1時間30分

中部

富士山《ふじさん》

標高◆三、七七六メートル
山梨県富士吉田市・南都留郡富士河口湖町・鳴沢村、静岡県御殿場市・裾野市・富士市・富士宮市・駿東郡小山町

山梨・静岡両県にまたがってそびえる日本の最高峰である。剣ヶ峰《けんがみね》が最高地点で、天空にそそり立ち、なだらかな裾野《すその》を持つコニーデ型の成層《せいそう》火山で、山頂部に火口を持つ。火口の直径は五〇〇から六〇〇メートル、深さ二四〇メートルほどを測る。噴火口は内院と呼ばれ、その外周には、久須志岳《くすしだけ》・大日岳《だいにちだけ》・伊豆岳《いずだけ》・成就ヶ岳《じょうじゅがたけ》・三島ヶ岳《みしまがたけ》・剣ヶ峰・白山岳《はくさんだけ》などの高所がめぐり、古来それらを八葉《はちよう》と称してきた。標高二、五〇〇メートル以上は同心円状の等高線を描くが、それ以下の山腹には大室山《おおむろやま》・宝永山《ほうえいざん》など多くの側火山《そっかざん》が北北西から南南東方向に集中するため楕円形となっている。北面は山梨県に属し、南面は静岡県に含まれる。江戸時代後期の地誌『甲斐国《かいこく》志《し》』によれば、当時の富士山の東側の境界は、八合目大行合《おおゆきあい》東へ大天井《おおてんじょう》・小天井《こてんじょう》を経て、天神《てんじん》峠を見下ろして籠坂《かごさか》峠へ下る線であり、西は薬師ヶ岳《やくしがたけ》より無間《むげん》谷・三ッ俣、それより長山の尾崎に下り三ヶ水・狐ヶ水、裾野に至って裂石《さけいし》までが国境をなし、八合目より頂上までは両国の国境はなかったとある。今日においてもなお、山梨県富士吉田市と静岡県駿東郡小山町との境界は未確定である。

河口から望む富士山

富士の登山道

江戸時代後期の登山道は、北に吉田口（富士吉田市）、東の須走《すばしり》口（小山町）、南口にあたる村山口（富士宮市）・大宮口（同上）からの四道であった。須走道は八合目で吉田道と一緒になるので、そこを大行合《おおいきあい》と言い、大宮道も途中で村山道と合流するので、頂上に至っては南北二道のみであった。それ以前の古い登山道には須山口（裾野市）と船津（富士河口湖町）からの道があった。須山口は聖護院道興《しょうごいんどうこう》の紀行文『廻国雑記《かいこくざっき》』文明十八年（一四八六）条に「すはま口」として記録されている古道であるが、宝永四年（一七〇七）の大噴火のために廃道《はいどう》となり、その三十六年後に復旧した。明治十六年（一八八三）に御殿場《ごてんば》口登山道が開設されるにあたり、この道は須山口三合目に結びつけられた。

北面（北口）には、富士御師《おし》の集落である河口（富士河口湖町）から船津を通過して北面を山頂へ向かう登山道があったとされるが、山崩れによって江戸時代後期にはすでに廃絶していたとされ（『甲斐国志』）、御膳場、三ツ穴を経て小御岳《こみたけ》に至る別の道があった。また小御岳から屛風岩を経て白山岳に直登する「ケイアウ道」と称する道が存在した。そのほか北西麓の精進《しょうじ》口登山道に加え、大嵐《おおあらし》からの登拝《とはい》路もあったという。吉田口登山道六合目を起点として、中腹を一周する御中道《おちゅうどう》という巡拝路があり、御中道巡りに用いられたが、今日では大沢崩《おおさわくずれ》が通行不能である。

富士山噴火の記録

記録された火山活動として、奈良時代の末期から平安時代にかけては、富士火山帯の活動期であったらしい。史料に残されたものとしては十数回の噴火が記録され、そのうちの延暦十九年（八〇〇）・貞観六年（八六四）・宝永四年（一七〇七）の活動を三大噴火と呼ぶ。『万葉集《まんようしゅう》』にも詠まれ、怖《おそ》れられてきた。六国史《りっこくし》に見える富士山噴火の初見は、『続日本紀《しょくにほんぎ》』天応元年（七八一）の富士山が灰を降らせ、木葉が彫萎《ちょうい》したもの、次いで延暦十九年の噴火が駿河国から報告され、同二十一年にも噴火した。同年の噴火では、噴石が東海道の足柄《あしがら》路を塞《ふさ》いだため、同路の代わりに箱根《はこね》路が開かれている。古代の最も大規模な噴火は貞観六年のもので、精進口登山道一合目付近の側火山長尾山の噴火であったというから、北面甲斐国側の大噴火であった。

最古の富士登頂

富士山への登拝が始まったのはいつからなのか明らかではない。『聖徳太子伝暦《しょうとくたいしでんりゃく》』や『日本《にほん》霊異記《りょういき》』の記す聖徳太子や役行者《えんのぎょうじゃ》の伝承はともかく、『富士山記《ふじさんき》』には頂上の実景が描き込まれているから、平安時代前期にはすでに登山が行われていたと考えられる。北口の古道「ケイアウ道」から出土した鰐口には長久三年（一〇四二）の刻銘があったというから（『甲斐国志』）、十一世紀のなかばには山内に信仰施設が設けられていたと見られる。実際の登頂例としては、『本《ほん》朝世紀《ちょうせいき》』久安五年（一一四九）四月十六日条などが伝える末代《まつだい》（富士上人）の例が古い。同書によれば、末代は富士へ登山すること数百度に及び、山頂に仏閣を構え（大日寺）、鳥羽《とば》法皇をはじめとする衆庶《しゅうしょ》の結縁《けちえん》による経典の書写と埋納を企画したという。

昭和五年（一九三〇）、頂上奥宮の参籠所《さんろうしょ》建設に伴って、三島ヶ岳の麓を削ったところ、木郭・経巻軸・銅器・土器などとともに経筒《きょうづつ》三点と多数の経巻および土器などが発見され、ここが経塚（三島ヶ岳経塚）であったことが確認された。経筒は特に外容器に入れられているわけではなく、三個発見されたが、二個は銅片のみで、経筒の形状を知ることができるのは一点のみであった。経筒の一点の底部には「承久」と墨書《ぼくしょ》されたものがあったという。これによれば鎌倉時代前半のものか。吉田口五合五勺経ヶ岳《きょうがたけ》にも経塚（経ヶ岳経塚）が存在した。

御山禅定

富士山のような霊山に信仰登山することを禅定《ぜんじょう》と言い、それを中心的に行うのは修験者《しゅげんじゃ》たちであった。また、登拝の最終的な到達点である頂上のことを禅定ということもある。室町時代には、先達《せんだつ》に引率されて一般の人々も盛んに登山するようになる。そのような登山者を道者《どうしゃ》（導者）という。『勝山記《かつやまき》』によれば、明応九年（一五〇〇）六月には「富士へ道者参ル事無限」であったが、長享の乱のために本来北口へ到着するはずの道者がみな須走へ着いて、そこから登山したとある。なお、この年は庚申年で、富士山の縁年《えんねん》にあたる。縁年は富士山の全容が出現したのが孝《こう》安《あん》天皇九十二年の庚申の年だとする縁起《えんぎ》に由来し、この明応九年が庚申年登山の初見である。同書の永正十五年（一五一八）条には、六月一日の山開き初日の出来事として、富士山禅定（頂上か）に大嵐が吹荒れて道者十三人がたちまち亡くなり、そのうち内院（噴火口か）から大きな熊が出てきて道者三人を喰い殺したという記事がある。夏山期には、麓の御師宿坊は富士禅定を遂げようとする道者で賑わった。河口御師の宿坊は道者坊とも呼ばれ、主に西関東の上州（群馬県）から信州（長野県）、甲州（山梨県）の地域に檀那《だんな》所を所持した。吉田御師は、古くは江戸を含めて関東の平野部を主な檀那所としていた。吉田御師は北口の下浅間《せんげん》・浅間明神（富士吉田市）まで道者を案内し、そこから強力《ごうりき》がついて荷物を担ぎ道案内を行った。御師の各宿坊に宿泊した道者は、翌日に山頂をめざして登山した。江戸時代初期頃の記録「印むすび」（筒屋文書）によれば、登拝は以下のようになされた。道者は登山に先立って垢離《こり》をとり、着衣する。浅間明神に向かい、仁王に参拝、大鳥居をくぐり、隋神《ずいしん》に詣でる。鰐口《わにぐち》を鳴らし、狛犬を拝んで社の石段を登り、御《み》簾《す》を上げ、扉を開く。奉幣《ほうへい》して神楽《かぐら》を執行する。道者は登山道に踏出し、御師は登山門で見送る。下向の手始めに鐘を撞《つ》き、社の扉を閉じて神霊にいとま乞いをする。その後、下向の道順に従って、随神・大鳥居・仁王を拝して自坊に帰り着く。このようにして御師は道者を送り出した。祈禱の随所で印を結び、真言を唱えている。延宝八年（一六八〇）の「八葉九尊図《はちようくそん》」（正福寺《しょうふくじ》所蔵）に表現された浅間神社付近の施設に対応し、この時代までこのような形で登拝が行われた。

北面からの登拝

吉田宿の南限に諏訪森があり、そこに浅間明神が祀られる。登山道は、ここにある大鳥居を起点として富士山頂へと延びる。諏訪森《すわのもり》の出はずれから馬返までが草山三里《くさやまさんり》と俗称され、そこから先は灌木《かんぼく》帯となるが、森林限界にあたる天地界《てんちのさかい》までの林のなかの道を木山三里《きやまさんり》という。天地界の別称をオハマ（御浜）ともいい、海岸の浜に見立てられている。その先の樹木のない焼石の道を焼山三里《やきやまさんり》という。草山と木山の境に鈴原大日《すずはらだいにち》が、近接する御室《おむろ》に御室浅間神社が祭祀される。木山と焼山の境界である天地界に中宮社・中宮大日が祀られ、そこに浅間大菩薩とその本地仏《ほんじぶつ》の大日如来が奉納された。須走口と合する大行合はのちの八合目である。そこより上位は八葉とされ、仏が支配する領域として、昔から信仰上の大きな境界と見なされていた。吉田口を中心としてみた富士山は、本地垂迹《ほんじすいじゃく》の山として、信仰上の各境界ごとに大日如来とその神変《じんべん》浅間大菩薩が祀られる空間を構成していた。道者の登山は垂直的に区切られた信仰空間を登って禅定を遂げ、そのまま下山する形態をとっていた。江戸時代になると、富士行者の修験行（富士行）を取り込みながら、整えられていった。山内に滞留《たいりゅう》しながら修行を重ねたり、御中道巡りに象徴される荒山を踏む回峰行《かいほうぎょう》が行われたりするようになる。また登山の大衆化とともに、登拝の目安として旧来の信仰地を基礎として合目《ごうめ》が設定されていく。

富士講の隆盛

戦国時代末期に現れた長谷川角行《はせがわかくぎょう》は修験系富士行者の一人で、この世と人間の生みの親はもとのちち・はは、すなわち富士山が根本神であるとし、江戸とその周辺の庶民の現生利益的な要求に答えて近世富士講の基礎を作った。正保三年（一六四六）に百六歳で人穴《ひとあな》において死んだというが、その信仰は弟子の日旺《にちがん》・旺心《がんしん》・月旺《げつがん》へと伝えられ、月心とその子村上光清の光清派と、月行《げつぎょう》から食行身禄《じきぎょうみろく》へと受け継がれる身禄派の二派に分かれた。光清は北口の富士浅間明神の大修復をしたことにも示されるように、その財力によって身禄派を圧倒しており、吉田では「乞食身禄に大名光清」といったという。身禄は世直しの理想のため、享保十八年（一七三三）に富士山七合五勺の烏帽子《えぼし》岩岩陰で入定《にゅうじょう》し、それに従ったのが田辺十郎右衛門である。身禄は入定にあたって信徒の登山本道を吉田口と定め、吉田の御師宿坊を山もとの拠点とした。瓦版によって、身禄の死はいち早く江戸に知らされ、これからのち身禄派が優勢となり、その教えは江戸時代後期にかけて次第に呪術性を脱却して、筋道の立てられた教義をもとに独自な実践道徳を持つものとして発展していくことになる。

さらに、その信仰は身禄の三女花、参行《さんぎょう》、不二道《ふじどう》を興した小谷三志《こたにさんし》などへと継承された。そのため幕府の弾圧の対象ともなった。十八世紀もなかばとなると、江戸市中にあっては禁制が出されるまでに組織化され、広がりをみせていた。寛保二年（一七九五）の御水の禁止に続いて、寛政七年（一七九五）には「富士講と号」して奉納物を建立し、行衣や数珠を用い、祭文《さいもん》を唱え、あるいは護符を出したりすることを禁止する触書が出されており（『御触書天保集成』）、その頃までに富士講が組織的に確立されたことがうかがわれる。「江戸は広くて八百八町、八百八町に八百八講」と言われるほどに数多くの講の分立を見た。これらの富士講道者の登拝口として、吉田とその御師宿坊の繁栄に対し、それとは一線を画して旧来の信仰を持伝えた川口御師坊は、江戸時代中期以降、次第に衰微していくことになる。大衆化された道者が、信仰の拠点で、また地理的にも条件のよい吉田口へ直接向かうことになったためである。

富士山縁年の庚申年には大祭が執行されて、いっそうの賑わいを呈した。女人の登山は通常の年は二合目の女人改所までに定められ、脇道をわずかに登った女人禅定場から山頂を拝するのみであったが、縁年には四合五勺の御座石《ございし》浅間社まで登山が許され、その場で山頂を遥拝《ようはい》した。

近代以降の富士信仰

明治初年の神仏分離によって、山内の仏像・仏具は下山させられた。北口の浅間神社でも鐘楼・鐘・仁王門・護摩堂などが「混淆付取除」かれた（『富士吉田市史』）。一合目鈴原大日堂は鈴原神社に再編され、二合目の役行者堂は廃された。明治七年（一八七四）には富士山中の仏教的な地名の改称がなされ、山頂八葉などでは文殊ヶ岳が三島ヶ岳、釈迦ノ割石が割石、薬師ヶ岳が久須志岳、釈迦ヶ岳が志良山岳（白山岳）、阿弥陀ヶ久保が片瀬戸、観音ヶ岳が伊豆岳、勢至ヶ久保《せいしがくぼ》が荒巻、大日堂が浅間宮（奥宮）、東西（斎）ノ河原が東安河原、西西（斎）ノ河原が西安河原となった。九合目迎薬師《むかえやくし》は迎久須志《むかえくすし》、経ヶ岳は成就ヶ岳と変更された。近世的な富士講は富士山一山教会、富士北口教会などに再編され、そのなかから神道十三派に属する実行教《じっこうきょう》・扶桑教《ふそうきょう》・丸山教《まるやまきょう》などの教派が出現した。明治以降は国家神道のもとに、このような信仰形態が展開していった。白装束で六根清浄《ろっこんしょうじょう》を唱えながらの集団登拝は今日に引き継がれている。

（堀内　眞）

【参考文献】

岩科小一郎『富士講の歴史――江戸庶民の山岳信仰』（名著出版、一九八三年）
鈴木昭英編『山岳宗教史研究叢書　九　富士・御嶽と中部霊山』（名著出版、一九七八年）
平野栄次編『富士浅間信仰』民衆宗教史叢書一六（雄山閣出版、一九八七年）

アクセス情報

吉田口ルート（河口湖口）
富士急行線河口湖駅からバス60分、富士スバルライン五合目から山頂まで徒歩約6時間

富士宮口ルート
JR富士宮駅からバス50分、またはJR三島駅からバス2時間、富士宮口五合目から山頂まで徒歩5～7時間

須走口ルート
JR御殿場駅からバス1時間、須走口五合目から山頂まで徒歩約5時間40分

御殿場口ルート
JR御殿場駅からバス40分、御殿場口五合目から山頂まで徒歩約7時間30分

北口本宮冨士浅間神社　山梨県富士吉田市上吉田五五五八
富士急行線富士山駅から徒歩で20分

富士山本宮浅間大社　静岡県富士宮市宮町一－一
JR富士宮駅から徒歩で10分

村山浅間神社　静岡県富士宮市村山一一五一
JR富士宮駅からバスで30分

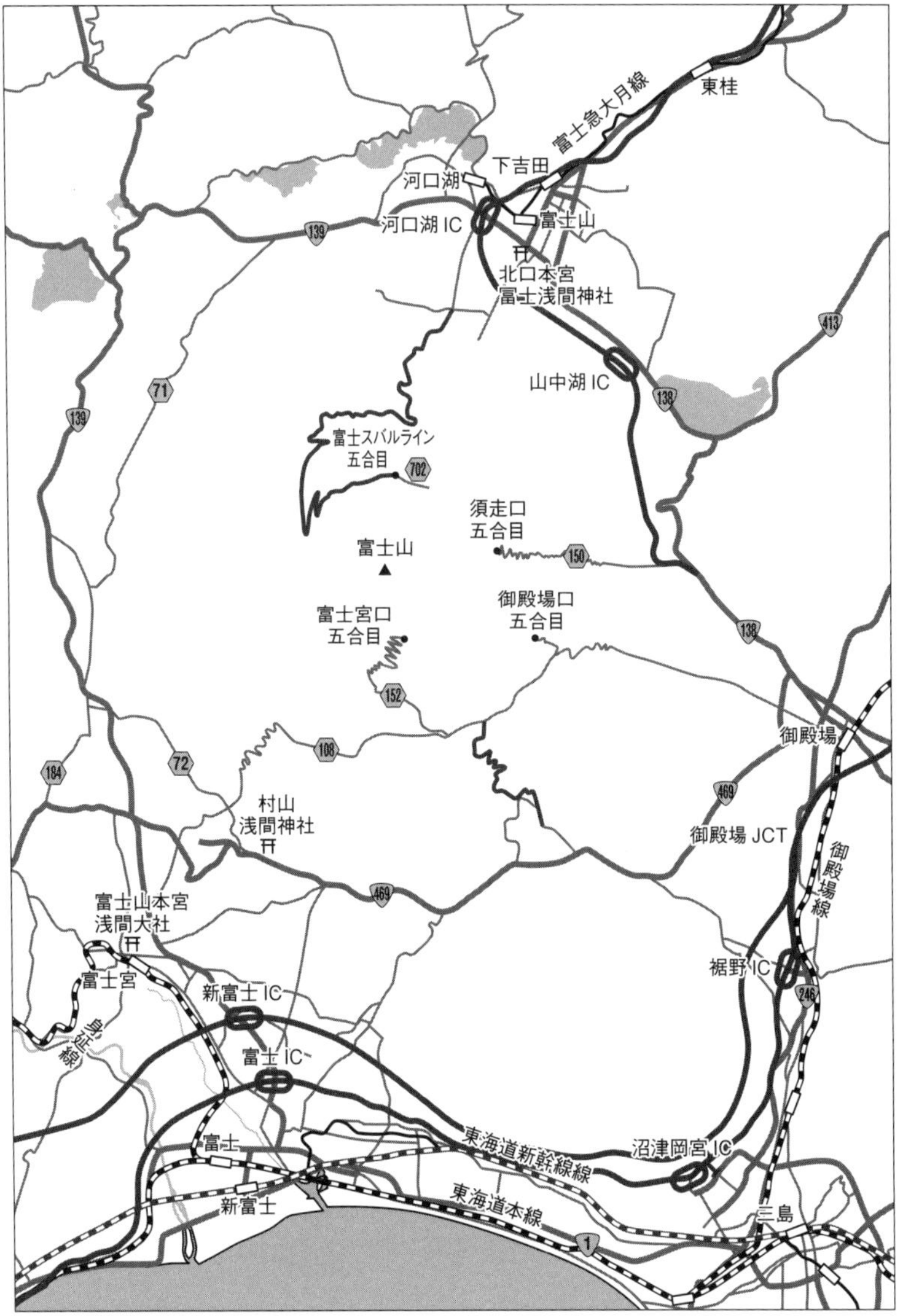
富士急大月線
東桂
下吉田
河口湖
富士山
河口湖 IC
139
北口本宮
冨士浅間神社
413
山中湖 IC
138
71
139
富士スバルライン
五合目
702
須走口
五合目
富士山
150
御殿場口
五合目
富士宮口
五合目
138
152
御殿場
108
184
72
469
村山
浅間神社
御殿場 JCT
御殿場線
469
富士山本宮
浅間大社
富士宮
裾野 IC
246
新富士 IC
身延線
富士 IC
東海道新幹線
沼津岡宮 IC
富士
東海道本線
新富士
三島
1

妙高山《みょうこうさん》

標高◆二、四五四メートル
新潟県妙高市

古代の妙高山信仰

古代の妙高山については不明の点が多いが、後世に唱えられるようになった伝説として、和銅元年（七〇八）に裸行上人《らぎょうしょうにん》が妙高山を開山したとされる。このほかに、麓の平野部からの妙高山信仰に関しては、のちに「関山《せきやま》」と呼ばれるようになる東北側山麓に、いくつか往時の妙高山信仰を推測させる信仰遺物が存在する。

第一に、現在の関山神社で非公開の御神体とされ、近世まで関山権現の本尊・聖観音《しょうかんのん》菩薩として崇敬されていた菩薩座像を挙げることができる。六世紀後半から七世紀初頭頃にかけて朝鮮半島で制作されたものと考えられている。第二に大正五年（一九一六）、神社境内を整地した際、偶然発見された経塚《きょうづか》の存在である。この「関山神社経塚」からの出土遺物は、銅製経筒と珠洲《すず》壺、珠洲鉢であり、経筒が形態から十二世紀に地方で製作されたもの、珠洲壺と珠洲鉢はともに十二世紀後半頃のものと推定されている

さらに、同じく関山神社境内の覆いがされた堂内に二十五体ある石仏をはじめとして、関山周辺に三十数体点在する胸から下側が地中に埋め込まれている石仏群の存在である。こちらは、平

安末から鎌倉期にかけての造像というのが通説化している。

中世の妙高山

中世に関して妙高山山頂付近で発見されている考古遺物で最古のものは、十四世紀第二四半期と推定される珠洲壺の砕片である。ほかにも十五、六世紀頃と推定される土師器《はじき》が十二点、発見されている。このことから、妙高山頂への信仰目的の登拝が開始された時期を、およそ十四世紀頃からと推定しておきたい。

宝蔵院庭園から見た妙高山

関山神社拝殿

関山神社境内の石仏

姥堂

というのも、この山名の初出が、十四世紀後半頃の成立と考えられている『神道集《しんとうしゅう》』第五十話「諏訪縁起事」だと考えられるからである。

これ以降、十五世紀に入ると、妙高山に言及する文献が急に増え始める。

第一に、室町時代初期の成立と考えられる『義経記《ぎけいき》』の巻第七「直江《なおえ》の津にて笈探されし事」、第二に、歌人としても知られる僧・尭恵《ぎょうえ》が寛正六年（一四六五）、加賀国から善光寺《ぜんこうじ》（長野市）に参詣する旅程を記した『善光寺紀行』（『群書類従《ぐんしょるいじゅう》』第十八輯所収）、第三に、その二十年ほどあと、もと臨済禅僧で還《げん》俗《ぞく》した万里集九《ばんりしゅうきゅう》による漢詩文集『梅花無尽蔵《ばいかむじんぞう》』（『続群書類従《ぞくぐんしょるいじゅう》』第十二輯下、所収）に、「妙高山」が言及されている。

近世の妙高山、登山および温泉

十七世紀初めに関山権現を再興したのは、当時の幕府御用達の天台僧・天海《てんかい》の弟子と称される俊海《しゅんかい》である。俊海は、天海との師弟関係もあってか、幕府より慶長十六年（一六一一）に百石の寄進を受け、近世宝蔵院《ほうぞういん》の再興者となった。この寺社領百石については、のちに三代将軍徳川家光より慶安元年（一六四八）に朱印地として賜った。宝蔵院は、天海が江戸上野に開いた東叡山《とうえいざん》寛永寺《かんえいじ》の末寺となった。宝蔵院は、近世を通じて関山権現もしくは関山三社権現の別当であった。文政元年（一八一八）建立の同権現の本殿は、現在の関山神社に継承される。

近世の妙高山については、妙高山登山および妙高山をめぐる温泉の発見と利用が注目される。妙高山登山は、六月の二十二、二十三日に限定されていた。長野県中野市の旧庄屋であった土屋家所蔵文書によると、登拝に先だって宝蔵院に三百文を奉納している。山中の拝所については、胎内潜《くぐ》りや天狗の宝蔵のように修験者の関与をうかがわせる名称も見られるが、姥堂、如意輪観《にょいりん》音、血の池、六地蔵、それに山頂の阿弥陀三尊は、山腹における血の池地獄の信仰と、そこからの女人救済（如意輪や地蔵）、そして山頂における阿弥陀浄土という観念を反映していると考えられる。

温泉については、妙高山の七つの温泉のうち、近世に始まるのは前山《まえやま》と神奈山《かんなさん》を源泉とする現在の関《せき》温泉、および北地獄谷を源泉とする赤倉《あかくら》温泉であり、幕末開湯という燕《つばめ》温泉もあるが、ほかは明治以降の開湯である。

関山神社火祭りの棒使い

宝蔵院日記と関山権現の火祭り

宝蔵院に関しては、正徳二年（一七一二）から幕末まで『雲《うん》上寺《じょうじ》日記』『日並記《ひなみき》』ないし『宝蔵院日記』などが約百冊残されている。

六月の祭礼については『宝蔵院日記』の記載初年度から記録されており、現在も七月中頃に行われる関山神社の火祭りに継承されている。儀礼の次第を大きく分けると、旧六月十七日の宝蔵院から関山権現への行列、宝蔵院院主を中心とする権現堂内での祭儀、「棒使い」と称される長刀や木製短剣による試闘、および二本の柱松への点火競争、そして旧十八日の神輿渡御からなる。

明治の神仏分離以降

宝蔵院の神仏分離については詳しく解明されていない。十八世宝蔵院院主・量潤、もしくは常磐法印が、復飾して関山神社宮司の関山氏となった。

宝蔵院の建物は、明治十一年（一八七八）、明治天皇の北陸巡幸《じゅんこう》に際して、宿泊地となった浄土真宗大谷《おおたに》派新井別院《あらいべついん》（妙高市）の庫裡《くり》再建の資材として急遽取り壊されたと伝えられている。

なお、関山権現の旧六月の祭礼は、棒使いの部分を中心に十八世紀の早い時点から在俗の若者によって担われていたことなどがおそらく背景となり、明治以降も継続して行われ、現在に至っている。

（由谷裕哉）

【参考文献】
小島正巳・時枝務「関山神社経塚の基礎的研究」（『妙高火山研究所年報』一〇号、二〇〇二年）
小島正巳『妙高火山の考古学』（岩田書院、二〇一一年）
小柳義男「妙高山の山岳信仰」（山の考古学研究会編『山岳信仰と考古学』同成社、二〇〇三年）
時枝務「妙高山信仰の諸段階」（『山岳修験』四四号、二〇〇九年）

平野団三「石仏」（『頸南』新潟県教育委員会、一九六六年）
妙高市教育委員会『妙高山雲上寺宝蔵院日記』全三巻（高志書院、二〇〇八－二〇一一年）
由谷裕哉「一八世紀における宝蔵院祭礼に関わった宗教者について」（『山岳修験』四四号、二〇〇九年）
由谷裕哉「一九世紀における関山権現の夏季祭礼について」（『北陸宗教文化』二五号、二〇一二年）

アクセス情報

妙高山　JR関山駅よりバス20分、燕温泉登山口から山頂まで徒歩4時間30分

関山神社・関山宝蔵院跡　新潟県妙高市関山四八〇四
JR関山駅からバスで5分、または徒歩で15分／上信越自動車道妙高高原ICから車で10分

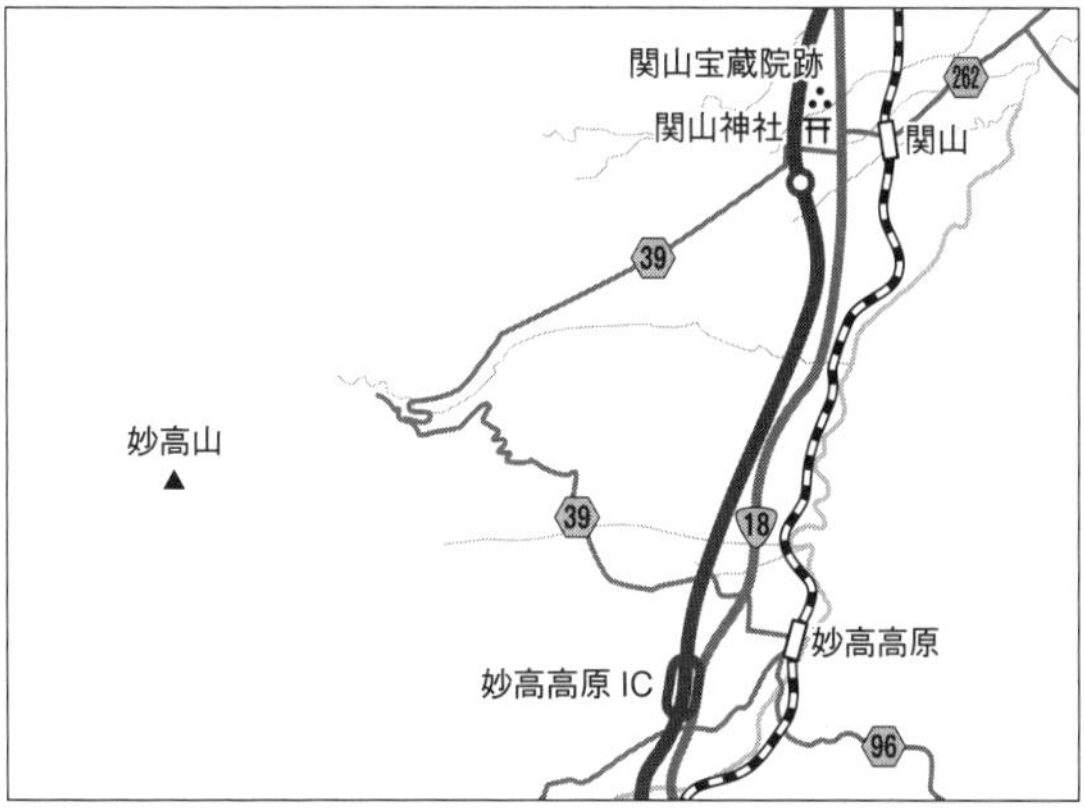

立山《たてやま》

標高◆三、〇一五メートル（大汝山）
富山県中新川郡立山町

立山は、富山県中新川郡《なかにいかわ》に位置する連峰の総称である。最高峰の大汝山《おおなんじやま》は標高三、〇一五メートルであるが、一般に立山と考えられるのは富士の折立《おりたて》・雄山《おやま》・大汝山という立山三峰、特にそのうち主峰の雄山（三、〇〇三メートル）である。

古くから『万葉集《まんようしゅう》』にも詠まれている雄山神《おやまのかみ》は、立山権現と同一のものであるかどうかには諸説があるものの、この主峰の名にちなむものであった。なお、広義の立山連峰は、北の別山乗越《べっさんのっこし》（剣岳《つるぎだけ》との間の最低鞍部）から南の浄土山《じょうどさん》までを含む。

立山は、富士・白山《はくさん》と合わせて、日本三名山もしくは日本三霊山と呼ばれることもある。この三山を巡る三山詣《さんざんもうで》は、中世にすでに始まっていたとされる。

立山の開創と地獄説話

立山開創《かいそう》の由来は、鎌倉時代末もしくは南北朝期の成立とされる『類聚既験抄《るいじゅうきげんしょう》』は、無名の狩人の開山を伝える。その後のものと考えられる伝承や近世以降の立山曼荼羅《まんだら》（これは研究者による通称である）、立山縁起などでは、佐伯有頼《さえきありより》、またはその父とされる越中国守の佐伯有若《ありわか》によ

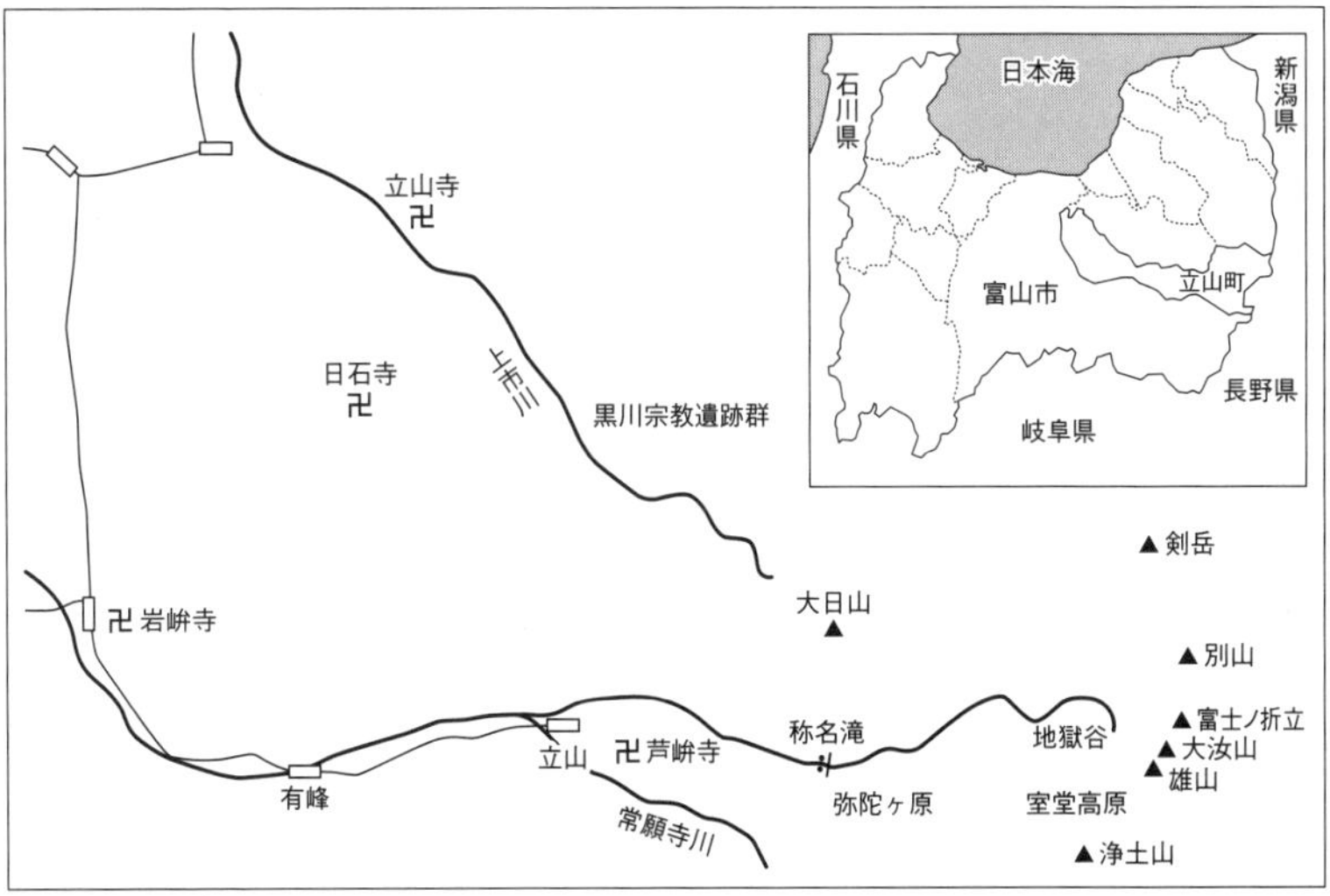

立山周辺概略図

る開山が主張される。

一方、平安時代の『法華験記《ほっけげんき》』や『今昔《こんじゃく》物語集』に、地獄に堕ちた女人が父母の法華経写経や地蔵講会《じぞうこうえ》の開催によって救済された説話が収録されているように、雄山の北方大日岳《だいにちだけ》と室《むろ》堂《どう》との間に位置する地獄谷《じごくだに》に対する信仰が、早くから都にまで知られていた。

このほか、ミドリガ池、ミクリガ池、鏡石、姥石《うばいし》、美女平《びじょだいら》、美女杉などの地名伝承が山内に残っており、法華経の書写修行や女人禁制の存在などがうかがわれる。

それらのうち、法華経にまつわる修行との関係からか、寺門《じもん》派の系譜に昌泰二年（八九九）没の康済律師《こうさいりっし》を、立山の開山と位置づけている。この年代は上述の『法華験記』が成立したと考えられる時期より四十年ほど前であるから、この頃天台系の宗教者が立山において何らかの拠点を形成したと考えられよう。

日石寺磨崖仏

上市町の上山古墓群

中古中世における立山山内

立山の登拝道や、それに対応する立山の宗教施設の展開に関して、真言・天台という二つの系列がある。

すなわち、前者（真言）は上市川をさかのぼって富士の折立から大日岳をめざすコースで、拠点となった宗教施設としては、真言宗大岩山《おおいわさん》日石《にっせき》寺《じ》や、現在は曹洞宗に転宗した眼目山《さっかさん》立山寺《りゅうせんじ》があたるとされる。両寺とも現在の上市町に位置し、このうち日石寺は磨崖仏《まがいぶつ》で著名であり、現在も多くの参詣者を集めている。

このほか同町の黒川地区には、北陸で最大規模の経塚《きょうづか》群といわれる円念寺山《えんねんじやま》遺跡や上山古墓《うえやまこぼ》群など数多くの宗教遺跡が点在している。

後者（天台）は現在の富山市を流れる常願寺川《じょうがんじがわ》をさかのぼって弥陀ヶ原《みだがはら》に出るコースで、その先には地獄谷、南側に浄土山があることを考慮すれば、『法華験記』などに表出する地獄の信仰に、さらに浄土教の浸透による山中《さんちゅう》浄土の信仰が加わったものと考えられる。

こうした天台浄土教系列の宗教勢力の拠点であったと考えられるのが、いずれも現在の立山町に位置していた岩峅寺《いわくらじ》と芦峅寺《あしくらじ》であった。

その岩峅・芦峅両寺にはかなり大量の文書が残されており、特に芦峅寺文書は「一山会《いっさんかい》文書」と称されて厳重に箱に保管され、部外秘とされてきたものである。しかし、それらを含めて両峅の文書には中世のものが極めて少ないため、中世における両峅を中心とする立山の宗教組織や修行形態は、今のところほとんど不明と言ってよい。

岩峅寺雄山神社

近世の立山

不明の部分の多い中世に比べて、立山の近世に関しては史料が豊富であり、山内組織も明確で既存の研究も多い。その組織の中心であった麓側の岩峅寺と直接の登拝口に当たる芦峅寺は、近世にはともに天台宗で無本寺《むほんじ》とされた。

そのうち岩峅寺は、十七世紀後半頃の加賀藩への寺社書き上げ『三州《さんしゅう》寺号帳』によれば、二十四の院坊の衆徒から成っていた。芦峅寺周辺を除く立山山内を支配し、夏の山開き期間中、室堂に詰めて雄山頂上の本社を祀るとともに、参詣者から室堂小屋の宿泊料や山役銭《やまやくせん》と呼ばれた一種の入場料をとっていた。

布橋

また、越中をはじめ加賀・能登など地元に布教するとともに、堂塔修理などに際しては飛騨・美濃・遠州・越前・加賀などで立山権現の出開帳《でがいちょう》を行った。

これに対して芦峅寺は、同じ『三州寺号帳』によると、衆徒が八の寺坊、社人が二十坊から成っていたとされる。しかし、こちらは衆徒が次第に増え、享和元年（一八〇一）に至って衆徒が三十三坊となった。芦峅寺は諸国の檀那場に講中を設け、毎年配札《はいさつ》を行って翌年の代参を約するとともに、血盆経《けちぼんきょう》（女人が堕ちる地獄を描く偽経《ぎきょう》）や霊薬を配ったり、立山曼荼羅の絵解きを行ったりして、作善《さぜん》を勧めた。

また、芦峅寺最大の宗教行事が布橋大灌頂会《ぬのはしだいかんじょうえ》であり、近年試行的に復活している。これは主に女人のための一種の擬死再生儀礼であったと考えられ、閻魔《えんま》堂から川に架けられた布橋を渡って姥《うば》堂に至り、そこでの法要によって女人の往生が可能と説かれたとされる。

次に、近世期の一般的な登拝順路を、『和漢三才図会《わかんさんさいずえ》』に見ておく。岩峅寺―横江―血掛―芦峅寺―湯川―美女杉―断罪坂―伏拝《ふしおがみ》―桑谷《くわたに》―不動堂―中津原《なかつはら》―国見《くにみ》坂―室堂―懺悔《ざんげ》坂―祓川―一ノ越―五ノ越―九品《くほん》―本社。このように、立山山頂に登拝することを立山禅定《ぜんじょう》と称した。

これに対し、立山における修験的な修行は、近世に廃れてしまったと考えられてきたが、三山廻峰《かいほう》、大廻峰という入峰《にゅうぶ》に関する伝承、『大日灌頂密法』『高貴山の秘法』『国常立の秘法』という修法の存在したことが明らかになった（『立山信仰の源流と変遷』）。

布橋大灌頂会、立山曼荼羅、江戸城大奥との関係

布橋大灌頂会については、かつて五来重《ごらいしげる》が、この法会の原型を奥三河《おくみかわ》（旧三河国北東部の山間部の総称）の花祭りと共に、白山修験による擬死再生をめざす修験道儀礼に求めていた。

それに対して、福江充《ふくえみつる》は、第一に延宝二年（一六七四）記載の『一山旧記扣《いっさんきゅうきひかえ》』の記述に基づき、布橋大灌頂会の原初形態を、慶長十九年（一六一四）に芳春院《ほうしゅんいん》（前田利家《としいえ》の妻）および玉泉院《ぎょくせんいん》（同利長《としなが》の妻）が中宮（芦峅寺）姥堂に参詣したことに求めている。第二に、同法会が元は「天《あま》の浮《うき》橋《はし》」なる神道的な呼称であったものの、文政期（一八一八～三〇）において真言密教の結縁《けちえん》灌頂の観念が取り入れられて仏教法会として完成したとし、その背景に芦峅寺に関わった真言僧龍《りゅう》淵《えん》の存在を指摘した。

なお、布橋大灌頂会に男性と女性の両方が参加しており、特に儀式に参加する可能性が極めて低かった江戸城大奥や諸大名家の間では、女性も男性と同様に救済される儀式と認識されていた。それに対して女性のためだけの堕地獄《だじごく》からの救済には、血盆経の代参奉納に関わる信仰が意味を持っていた、と福江は位置づけている（『江戸城大奥と立山信仰』）。

この血盆経に関わる儀礼は、地獄谷に隣接して立山に「血の池」が存在していたことを前提としている。この名称は、室町時代頃に中国から伝来した血盆経に由来し、その経典の内容が江戸

時代に民衆の間で浸透していたので、芦峅寺や岩峅寺は立山の「血の池」への血盆経投げ入れ儀礼に納経すれば救われると説いたという。

（由谷裕哉）

【参考文献】

五来重「布橋大灌頂と白山行事」（高瀬重雄編『山岳宗教史研究叢書　一〇　白山・立山と北陸修験道』名著出版、一九七七年）

佐伯幸長『立山信仰の源流と変遷』（立山神道本院、一九七三年）

高瀬重雄『古代山岳信仰の史的考察』（名著出版、一九八九年）

廣瀬誠『立山黒部奥山の歴史と伝承』（桂書房、一九九六年）

福江充『立山信仰と立山曼荼羅』（岩田書院、一九九八年）

福江充『近世立山信仰の展開――加賀藩芦峅寺衆徒の檀那場形成と配札』（岩田書院、二〇〇二年）

福江充『江戸城大奥と立山信仰』（法藏館、二〇一一年）

アクセス情報

立山（**大汝山**）

長野県側からは、JR信濃大町駅からバス1時間、関電トロリーバス扇沢駅からバス、ケーブルカー、ロープウェイを乗り継いで室堂駅。富山県側からは、富山地方鉄道立山駅からケーブルカー7分、バス50分で室堂駅。室堂駅から大汝山山頂まで徒歩2時間30分

雄山神社（**峰本社**）　富山県中新川郡立山町芦峅寺

立山駅からケーブルカー7分、高原バス50分、徒歩120分

雄山神社（**芦峅中宮　芦峅雄山神社**）　富山県中新川郡立山町芦峅寺

富山地方鉄道千垣駅からバスで10分

雄山神社（**前立社壇　岩峅雄山神社**）　富山県中新川郡立山町岩峅寺

富山地方鉄道岩峅寺駅から徒歩で10分

眼目山立山寺　富山県中新川郡上市町眼目一五

富山地方鉄道上市駅からバス10分、眼目下バス停から徒歩15分

大岩山日石寺（大岩不動）真言密宗大本山　富山県中新川郡上市町大岩一六三

富山地方鉄道上市駅からバス25分、大岩バス停から徒歩3分

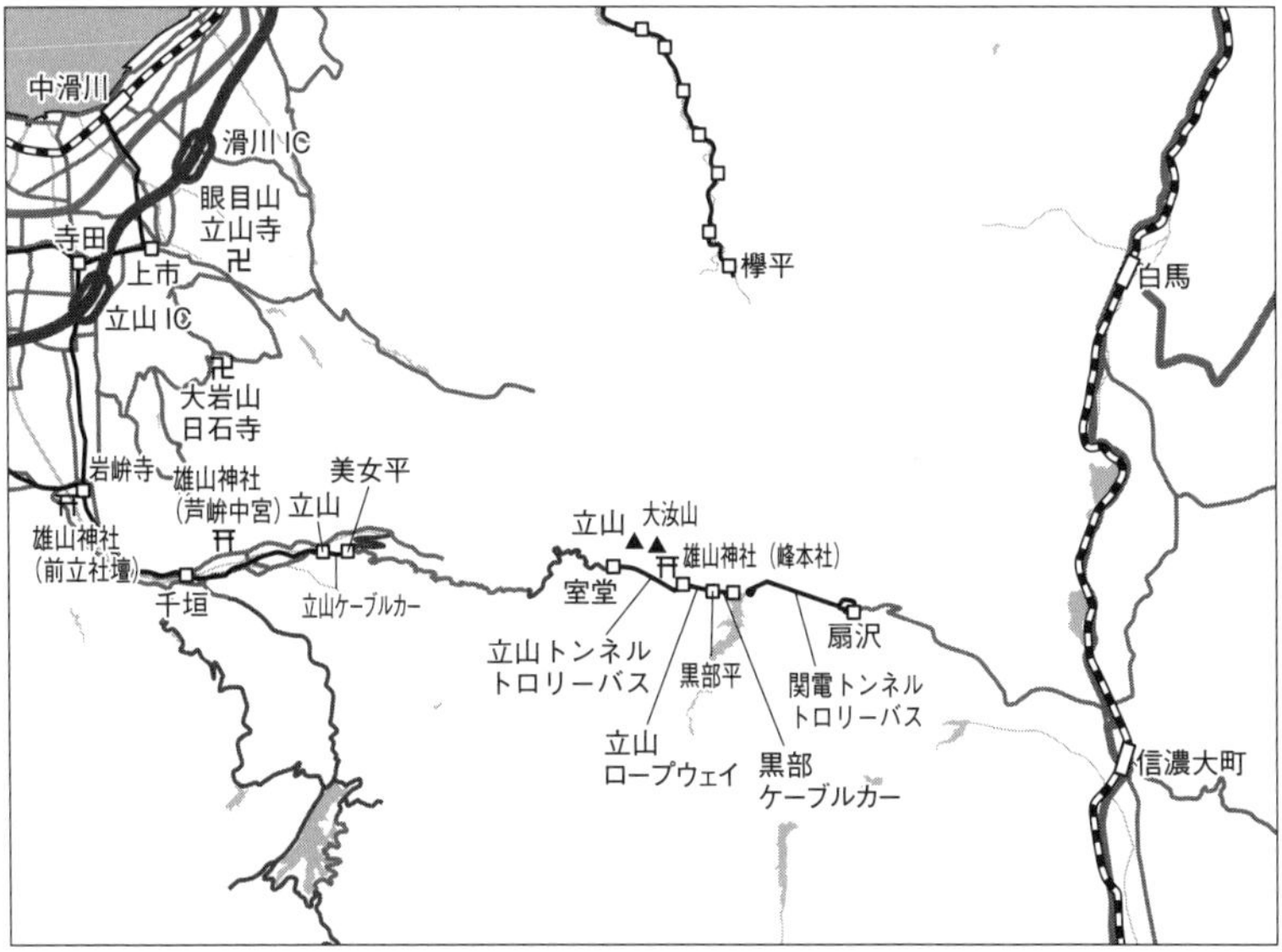

石動山《せきどうさん》

標高◆五六五メートル
石川県鹿島郡中能登町（山頂）・七尾市、富山県氷見市

北陸の修験霊山

「いするぎやま」とも称される。現在、山頂付近にある伊須流岐比古《いするぎひこ》神社は、能登《のと》国能登郡十七座の一として『延喜式《えんぎしき》』に記載される「伊須流支比古神社」を継承している。もっとも、延喜式の時代に同社が今のように山頂付近に鎮座していたかどうかは不明であり、『式内社《しきないしゃ》調査報告』では式内社を山麓にあった下社と推定している。

標高は低い山であるが、白山に次ぐ北陸修験道の中心として栄えたとされる。かつては金剛《こんごう》証《しょう》宝満宮《ほうまんぐう》（もしくは石動寺《せきどうじ》、天平寺《てんぴょうじ》）を中心に一山《いっさん》を形成し、盛時には三百六十坊を擁したとされる。

能登高爪山《たかつめやま》（石川県輪島市と羽咋《はくい》郡志賀町《しかまち》との間）の建治元年（一二七五）銘の高爪六所明神懸《ろくしょみょうじんかけ》仏《ほとけ》（国指定重文）の一面に「伊須流岐権現」が墨書されており、その表面に虚空蔵《こくぞう》菩薩が描かれている。また、鎌倉中期頃成立の『拾芥抄《しゅうがいしょう》』に、「石動寺」は智徳上人《ちとくしょうにん》の開創で虚空蔵を本地《ほんじ》とすることが記されており、虚空蔵菩薩を本地とする山岳霊場だったと考えられる。

さらに、能登をはじめ越中・越後に、伊須流岐や石動の名を冠する神社が数多く分布している。

上越の能生白山《のうはくさん》神社（新潟県糸魚川《いといがわ》市）に石動衆徒との関連を示す伝承が残るし（『西頸城郡《にしくびきぐん》誌』『改訂頸城郡誌稿』）、鎌倉初期には下越の弥彦《いやひこ》神社（新潟県西蒲原《にしかんばら》郡弥彦《やひこ》村）に石動山の衆徒が奉斎している。

これらのことから、石動山が白山に次ぐ山岳霊場だったという通説は、あながち的外れではなかったと考えられる。

しかし、石動山は建武二年（一三三五）に一山炎上した。これは、南朝方の越中国司であった中院定清《なかのいんさだきよ》が石動山の衆徒を頼って当山に立て籠り、足利方に攻められたためであった。

伊須流岐比古神社拝殿

石動山山容

南北朝期以降

このの ち、『神道集《しんとうしゅう》』には、石動権現は男女両体で、男体の本地は虚空蔵菩薩、女体の本地は如意輪《にょいりん》観音とされている。また、同権現は、王子七《しち》仏薬師《ぶつやくし》の利益により病衆に平癒の薬種を与えたとされてい

動字石

た。

成立年代不明で、中世後半以降の写本が『能登石動山縁起』『金剛証大宝満宮縁起』などと題されている通称古縁起は、山名の由来が当山に鎮座する動字石《どうじせき》によること、動字石が元は南《なん》閻浮提《えんぶだい》を支える三石の一であったこと、地主神が天目一箇命《あまのまひとつのみこと》であること、実質的な開山は智徳上人であり、山内で虚空蔵求《ぐ》聞持頭巾《もんじときん》法を修していたことを述べている。

もっとも、智徳上人の開山以前に、垂仁《すいにん》天皇の第一皇子誉《ほむ》津別《つわけ》王の祈誓《きせい》のために、勅《ちょく》により方道《ほうどう》仙人が呼ばれた伝承が挟み込まれていたり、智徳の開山後には、泰朝《たいちょう》大師が孝謙仙洞《こうけんせんどう》の重祚《ちょうそ》のために祈誓し、その功によって大僧正位《だいそうじょうい》を与えられた伝承が追記されたりするなど、かなり複雑な語り口となっている。

以上のうち、三石の一である動字石にまつわる語りは、伯耆大山の『大山寺縁起』において都《と》卒天《そってん》の巽《たつみ》の角《かく》から盤石《ばんじゃく》が落ち、それが三つに割れてその一が大山となった、という伝承を連想させる。

また、古縁起後半に見られる泰朝大師への言及は、わざわざ漢字を変えてはいるが、白山の開山である泰澄《たいちょう》を念頭に置いたものであろう。もっとも、『泰澄和尚《かしょう》伝』には、泰澄による孝謙天皇御重祚の祈禱についての記載はない。

白山修験との関わり

以上のように、およそ中世後半の成立と考えられる石動山の古縁起に、白山の開山・泰澄を連想させる泰朝大師が言及されているが、戦国時代に近づく頃には石動山と白山との一体説が明確に語られるようになる。

例えば、永正五年（一五〇八）撰とされる『白山禅頂私記』（校訂本しか現存せず、現存写本の題名は『白山禅頂御本地垂迹《ほんじすいじゃく》之由来私伝』）では、白山大汝峰《おおなんじみね》の伊弉諾尊《いざなぎのみこと》（本地阿弥陀如来《あみだにょらい》）は石動山に金色太子として垂迹したので、阿弥陀と虚空蔵は「分身示現《じげん》の躰」とある。蓮如《れんにょ》の十男で現在の石川県白山市にあった清沢願得寺《せいざわがんとくじ》に住していた実悟《じつご》の『拾塵記《しゅうじんき》』にも、白山権現は石動権現と夫婦になり石動山に移った、などと記されている。

また、石動権現を石動山五社権現と称することは十三世紀末頃に史料的にさかのぼることができるといわれるが、近世にはこの五社のうち、本地を虚空蔵菩薩とする本社大宮大権現とともに十一面観音菩薩を本地とする客人《まろうど》大権現が、本社内相殿に祀られるようになった。

同じく近世になるが、承応三年（一六五四）に林道春《はやしどうしゅん》（羅山《らざん》）が選び石動山に寄進したとされる『石動山縁起』、通称新縁起では、白山を開いた泰澄が気多神宮寺《けたじんぐうじ》を創建したあとに石動山に赴き、開山となったと主張している。

以上のように、中世後半から近世にかけての白山修験の影響があるのか、石動山は観音信仰とも深く関わるようになった。そのこともあって、近世に成立した能登国三十三所観音霊場には、石動山と関係深い札所が少なくない。

近世の石動山

天正十年（一五八二）、石動山は前田利家《としいえ》らの兵火により再び炎上した。衆徒たちは近隣の伊掛《いかけ》山《やま》（石川県七尾市）に逃れていたが、慶長二年（一五九七）に旧地への還住が許された。その後、加賀藩三代前田利常《としつね》の寄進によって復興し、社家一を含む五十八坊からなる高野山末真言寺院・天平寺となった。なお、天平寺の称は、十五世紀頃までさかのぼるという説もある。

近世期の天平寺年中行事について、元禄三年（一六九〇）の『石動山来歴』により見ておく。一月一日天下太平祈禱、一月三日牛王《ごおう》宝印祭・大般若《はんにゃ》、三月二四日梅宮《うめみや》祭、六月四日十一面観音祭、十月十三日大権現之祭、十一月朔日より三日まで火宮《ひのみや》・剣宮《つるぎのみや》祭、十二月八日仏名会《ぶつみょうえ》。

このうち、三月の梅宮、十一月の火宮・剣宮は、上述した石動山五社権現の本社大宮大権現と相殿の客人大権現以外の三社にあたる。梅宮祭では女人禁制が解かれ、築山《つきやま》なる猿田彦《さるたひこ》などの人形を飾った巨大な祭壇を見に、老若男女が登山したとされる。この築山は、近隣の高岡市二上射《ふたがみい》水《みず》神社の春の祭礼、および射水市放生津《ほうじょうづ》八幡宮の秋の祭礼で現在も建造されている。

また、上記史料で泰澄が虚空蔵頭巾の行者として三月晦日から五月三日まで堂に籠って執行したことに由来するとされる「出成《でなり》神事」は、史料によっては四月三日とされ（『能登名跡志《のとめいせきし》』）、現在の羽咋市に立地する旧国幣大社の気多神社に石動衆徒が登場する儀礼であったらしい。出成という山伏の出峰を意味する語から、近世にも石動衆徒が山林修行をしていた可能性をも示唆する。

以上のほか、四月晦日から五月晦日まで、能登三郡から初穂米《はつほまい》もしくは麦を徴収する祈禱廻りが行われ、九月から十月にかけては北陸道七国（能登・越中・越後・飛騨・加賀・佐渡・信濃）を石動衆徒が回り、「智識米《ちしきまい》」を徴収していたともされる。

奥宮

旧観坊

明治以降

明治の神仏分離により、石動衆徒は大半が還俗《げんぞく》して離山《りざん》した。山内に残された宗教施設は、山頂の奥宮、山頂近くの拝殿と本殿、および旧観坊《きゅうかんぼう》の三者のみとなったが、講堂などの建造物跡や旧坊跡が周辺に数多く存在するほか、民家や日蓮宗寺院もある。近年は、石動山資料館の向かい側の旧地に、本社大宮大権現の別当・大宮坊が復元された。

なお、石動山は近世に石動山七口と呼ばれる登拝道を有していたとされる。それぞれの道の復元は充分になされていないが、旧登拝道に沿って宗教施設が立地している場合もあるので、その点について付記しておく。

氷見《ひみ》（富山県氷見市）側からは、南西から北東にかけて角間《かくま》・大窪《おおくぼ》・平沢《ひらさわ》の三口が通常挙げられるほか、さらに平沢口の支道的な長坂《ながさか》口を挙げる場合もある。

加久麻神社

開の白山社

父宮神社

角間口には、金剛界大日如来の板碑《いたび》や虚空蔵菩薩懸仏を残す加久麻《かくま》神社、そこから山頂を結ぶ線上に、虎石権現と称される胎蔵界《たいぞうかい》大日如来の板碑がある。麓側には式内磯部《いそべ》神社、石動山との関連を伝える真宗寺院・覚照寺《かくしょうじ》などがある。

大窪口は越中口とも言われ、越中側からの表参道と称されている。山頂近くの大窪に開の白山社、中腹の戸津宮《とつみや》に父宮《ちちみや》神社および虚空蔵の宮がある。沿岸部の宇波《うなみ》にある真言宗常尊寺および聖満寺、またその北、小境《こざかい》の浄土宗大栄寺は、石動山との関連を伝えるか類似した縁起を有する。

道神社

長坂口は、上述のように次に見る平沢口の支道的な登拝道であったらしい。大窪口と分かれる辺りの長坂に長坂神社があり、北東の平沢に向かって登る途中の西側斜面に、石動山関連遺物を多く所蔵する曹洞宗光西寺がある。平沢の北側には、天正五年（一五七七）銘の胎蔵界大日如来の板碑がある。

平沢口は、現在の車道と重なるような登拝道であったらしい。平沢の平沢神社や上述の板碑の他、現在の車道に沿って山頂寄りに高坂剣主神社がある。沿岸部の中田にある道神社《みちじんじゃ》は、社殿自体が神仏分離以降に石動山の開山堂を移したといわれている他、梅宮祭における湯立てで使った大釜を境内に保管している。

以上の氷見側からに比べて、能登側からの登拝道についてはあまり研究が進んでいない。とりあえず、南から荒山《あらやま》・二宮《にのみや》（中

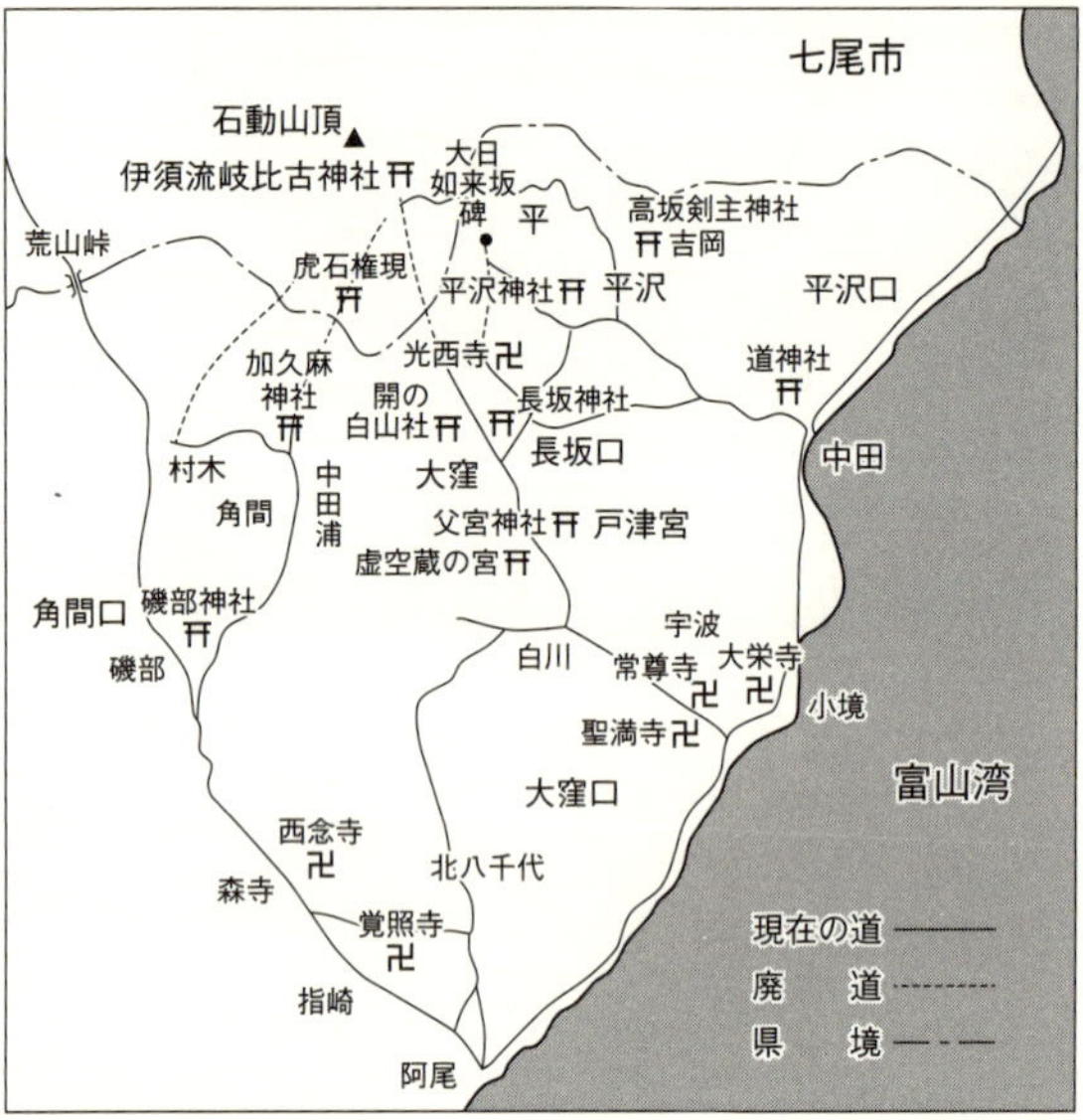

氷見側の石動山登拝口

能登町）・多根《たね》（七尾市）の三口について見ておく。

荒山口は、口能登《くちのと》（羽咋市・羽咋郡）と氷見とを結ぶ荒山峠から石動山頂を尾根づたいに向かうルートだったらしい。荒山峠と石動山頂との間には、弥陀三尊の板碑が発見されている程度であるが、荒山峠への登り口にあたる芹川《せりかわ》（中能登町）には朝日神社、および石動山の里寺的な真宗寺院の泉福寺がある。さらに南の井田には高野山真言宗の円光寺《えんこうじ》、小竹《おだけ》には泰澄伝承を有し、元は真言宗であった真言宗瑤泉寺《ようせんじ》がある。

二宮口は、現在の登り口に「石動山本社迄従是《これより》五十八町」なる文政三年（一八二〇）制作と伝える道標が立てられているように、近世後半には石動山の表参道な位置づけがされた模様である。もっとも、山頂までの登拝道には、途中に庚申塚《こうしんづか》と称される板碑があるほかは、登り口周辺に受念寺《じゅねんじ》・長賢寺《ちょうけんじ》という二真宗寺院があるくらいである。後者には、石動山宝性院住持の開基とする伝もある。

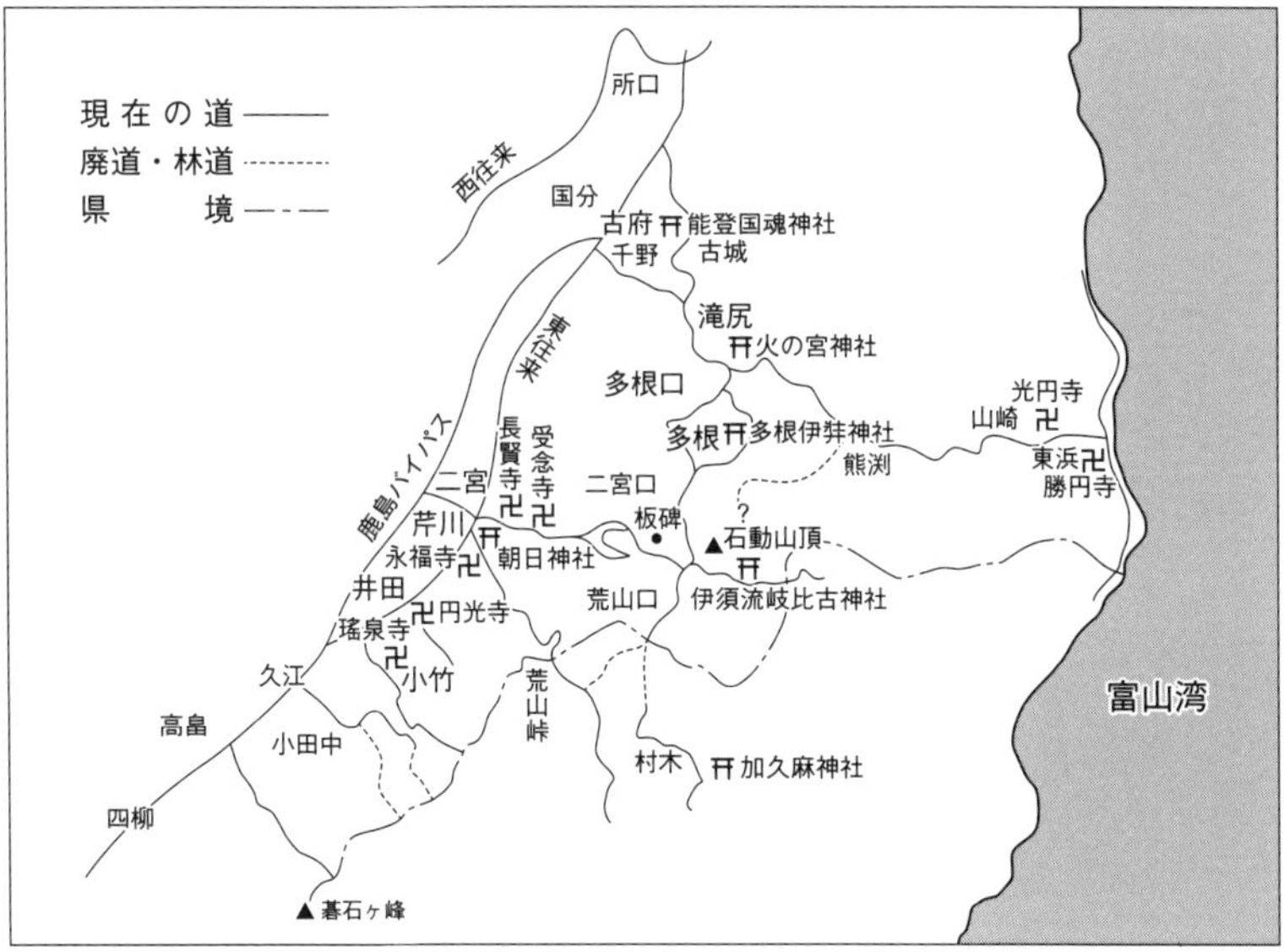

能登側の石動山登拝口

七尾からの多根口は、山頂近くの多根に多根伊弉諾神社、および山中に不動種子《ふどうしゅじ》の板碑が残っている。中腹の滝尻には火の宮神社、さらに麓側の古府には能登国魂《くにたま》神社がある。なお、滝尻から東に迂回し、富山湾沿岸の山崎（七尾市）から東浜（七尾市）に出る道もあり、これが大呑《おおのみ》口もしくは水上口と称されたらしい。山崎の光円寺、東浜の勝円寺はともに真宗寺院ながら、真言宗から転派した伝承を持ち、とくに光円寺は泰澄伝承をも残している。

以上のように、氷見側からの登拝口が沿岸部から中腹、山頂近くにかけて数多くの宗教施設や遺跡が分布するのに対して、能登側からの登拝口は研究の蓄積の薄さもあるだろうが、麓の宗教施設が中心となっている。

（由谷裕哉）

【参考文献】

菊地勇次郎「能登の山林修行」(高瀬重雄編『山岳宗教史研究叢書　一〇

白山・立山と北陸修験道』名著出版、一九七七年)

由谷裕哉『白山・石動修験の宗教民俗学的研究』(岩田書院、一九九四年)

『国指定史跡石動山文化財調査報告書』(氷見市教育委員会、一九八九年)

アクセス情報

伊須流岐比古神社　石川県鹿島郡中能登町石動山

石動山大宮坊　石川県鹿島郡中能登町石動山

ＪＲ良川駅から車20分、またはバスで二宮バス停下車、山頂まで徒歩1時間

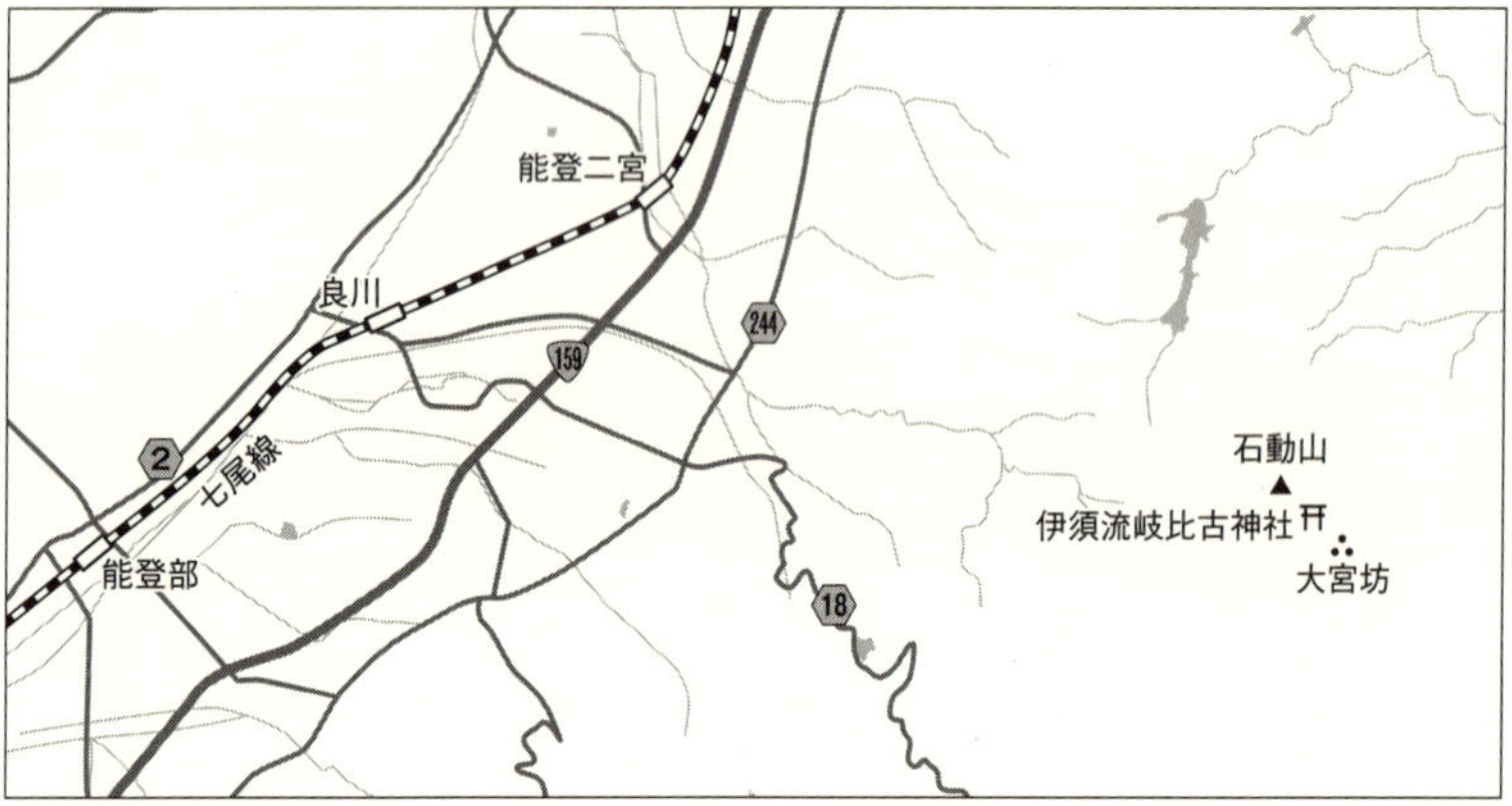

白山《はくさん》

標高◆二、七〇二メートル
石川県白山市、岐阜県大野郡白川村

白山は、越前・加賀・美濃三方から禅定道《ぜんじょうどう》と称される登拝道を有する霊山で、火山でもある。主峰・御前峰《ごぜんぼう》を中心に、大汝峰《おおなんじみね》、剣ヶ峰《つるぎがみね》の三峰（白山三峰と称されることがある）からなり、南方に別山《べっさん》、三ツ峰《みつみね》がある。

山名の由来は、年中の積雪による（『伊呂波字類抄《いろはじるいしょう》』『元亨釈書《げんこうしゃくしょ》』）と言われ、『万葉集《まんようしゅう》』に「志良夜麻」と書かれていることから、古来はシラヤマと呼びならわされてきたと考えられる。富士・立山《たてやま》と併せて、日本三名山もしくは日本三霊山と呼ばれることもある。

観音の山と泰澄による開山

白山は、『枕草子《まくらのそうし》』に観音信仰の山として言及されてきたように、摂関期にはすでに本地《ほんじ》が観音菩薩と定まり、霊山として信仰されてきたと考えられる。この理由として、北アルプスの山々から見ればそれほどの標高でないものの、周囲に比肩するほどの高山がないため、麓からその秀麗な姿が顕著であったことが推察できる。さらに、都に比較的近いことも、早くから仏教系修行者を集めた要因だったのかもしれない。

中部

白山

そうした初期の修行者の姿は、『泰澄和尚伝《たいちょうかしょう》』や『元亨釈書』などに描かれる八世紀頃の越前の伝説的な行者《ぎょうじゃ》・泰澄が白山を開山した伝承に、ある程度うかがうことができる。なお、上記の文献に出る年号は、あくまで伝説上のことである。

これらによれば泰澄は、当初は白山を遠くに臨む越知山《おちさん》（六一三メートル、福井県丹生《にゅう》郡越前町《えちぜんまち》）で修行しており、臥《ふせり》・浄定《きよさだ》の二行者を侍者としていた。

泰澄は養老元年（七一七）、貴女の霊夢によって白山登拝を決意し、まず山麓の林泉《りんせん》（現在の平泉寺《へいせんじ》、福井県勝山市）で妙理《みょうり》大菩薩と号する白山神を感得した。その後、さらに貴女の啓示によって禅頂と称される頂上によじ登り、池から示現《じげん》した九頭《くず》竜《りゅう》の本地を十一面観音と感得し、別山では聖《しょう》観音、大汝峰で阿弥陀如来を感得した、などとされる。この三つの峰の仏菩薩は、のちに白山を修行地とする白山修験《しゅげん》によって、白山三所権現などと称されて崇拝された。

この泰澄伝承の宗教的意味は、いくつか考えられる。まず、泰澄が当初白山よりはるかに低い越知山で修行したとされること、白山神の啓示も当初はやや小高い程度の山麓地帯における聖地であったこと、また侍者とされる臥が雪に伏すような修行をしたという描写があることから、古代に神奈備《かんなび》（美しい景観の小高い山）的な山や高山の伏拝《ふしおがみ》的な聖地で、籠り型の修行をしていた行者の姿を反映したものではないだろうか。

次に、白山神の啓示や霊夢によって泰澄が修行方法を決めてゆくように記されていること、さらにもう一人の侍者・浄定が、白山を開山したあとの泰澄による玉体加持《ぎょくたいかじ》の描写のなかで、地霊的なものを体現するように描かれていることなどから、古代の白山を巡る行者がシャーマン的な技術を求めて修行していたとも推察される。

また、白山を加賀側から登拝すると大汝峰が、美濃側から登拝すると別山が前方に見えるのに対し、御前峰を中心に左右に大汝峰と別山が見えるのは越前側から登拝した時のみである。したがって、泰澄伝承における白山三所の本地の比定は、泰澄伝承が越前側からの登拝修行者によって作られたことをうかがわせる。

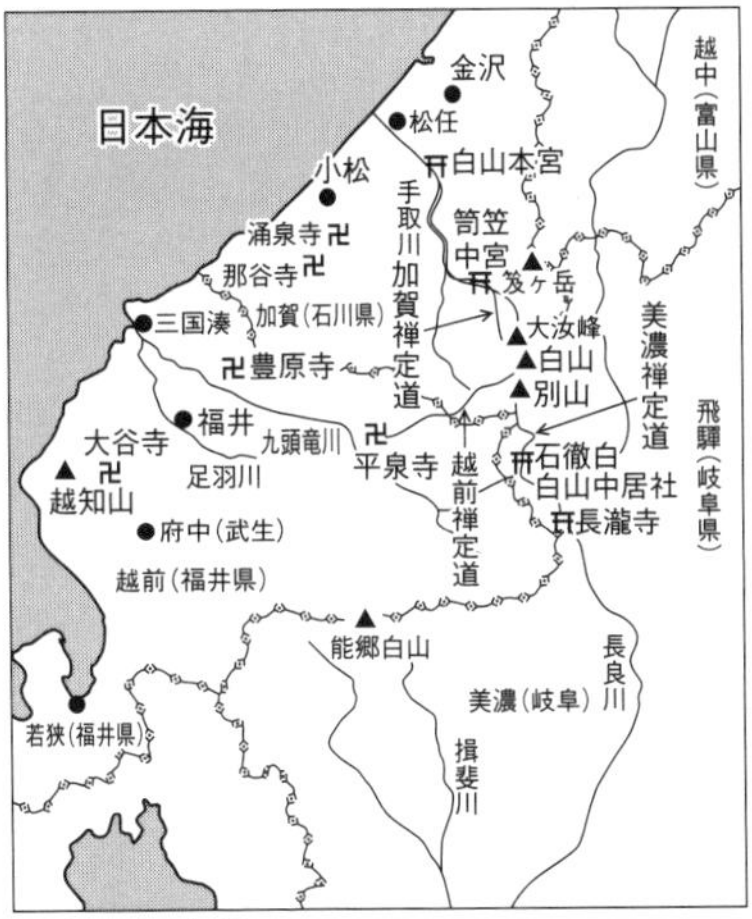

三方の禅定道

三方の禅定道

さて、禅頂とも称される御前峰に登拝することを、いつの時代からか禅定《ぜんじょう》と称するようになったが、そのための登拝道は禅定道と呼ばれた。

その起点として、越前・加賀・美濃という三方の麓ごとに、拠点的な宗教施設が作られた。これを馬《ばん》場《ば》と呼ぶ場合があるが、これは加賀側で作られた白山縁起で十二世紀中頃に原本が成ったと考えられている、通称『白山記《しらやま》』（白山比咩《しらやまひめ》神社所蔵、現存本は標題なし）で盛んに使われる表現に過ぎず、越前や美濃側で古来から馬場という表現を使用していたかどうかは分からない。

白山の歴史については、こうした越前・加賀・美濃という三方の禅定道ごとに異なるが、おおむね三方の拠点寺院のいずれもが十一〜十二世紀頃に比叡山延暦寺末となっている。

［越前禅定道］

まず泰澄伝承が生成した越前側では、拠点寺院であった平泉寺（現在の平泉寺白山神社）をはじめ、泰澄の最初の修行地とされる越知山大谷寺《おおたんじ》（丹生郡越前町）や、旧坂井郡の豊原寺《とよはらじ》や千手寺（廃）など、泰澄ゆかりと伝えられる寺院群があった。平泉寺は十一世紀後半頃に叡山《えいざん》末となっており、最盛期とされる南北朝期頃には六千坊と称される大勢力を擁していたらしい。

近年、平泉寺境内は勝山市教育委員会によって発掘調査が進んでおり、中世における一種の宗教都市の様相が少しずつ明らかになってきた。

平泉寺は一向一揆によってその勢力が衰退したが、中世末から江戸期にかけて山頂の社殿造営の権限などに関して、加賀側登拝口であった尾添《おぞえ》村と越前側登拝口の牛首《うしくび》村・風嵐《かざらし》村（いずれも石川県白山市）などとが繰り返し争論を起こしたことに乗じて、次第に山頂の祭祀権を掌握するようになった。最終的に寛保三年（一七四三）、平泉寺が白山三峰すべての祭祀を牛耳《ぎゅうじ》るようになったとされる。

なお、平泉寺は江戸期に東叡山寛永寺《とうえいざんかんえいじ》末の天台寺院となっており、明治以降は神社化した。

越前側に残る文化財としては、大谷寺所蔵の泰澄大師及二行者坐像と石造五重塔の二者が、国指定重要文化財に指定されている。

また民俗芸能として、平泉寺との関係は不明ながら、鵜甘《うかん》神社（今立《いまだて》郡池田町《いけだちょう》）で毎年二月十五日に行われる「水海《みずうみ》の田楽能舞《でんがくのうまい》」が、国指定重要無形民俗文化財に指定されている。この芸能の田楽の部分の最終演目、祝詞《のっと》は延年《えんねん》の開口《かいこう》という演目に相当するという説があり、中世にさかのぼる芸能民に由来する芸能と位置づけるより、むしろ白山修験の延年ではないかと考えられる。

延年とは、古代以来、寺院などで主に僧により行われてきた芸能のセットである。

平泉寺白山神社拝殿

越知山大谷寺

平泉寺の発掘現場

白山比咩神社拝殿

〔加賀禅定道〕

加賀側の拠点寺院は、現在の白山比咩神社の前身とされる白山寺もしくは本宮を中心としていた。本宮との称は、先にも言及した『白山記』に特有の呼称であるが、現在は白山信仰を巡る言説で一般化して使われている。

『白山記』によれば、加賀の「馬場」は三方の馬場の「本馬場」だと主張されている。本宮を中心とする七社が形成されたことが記されるが、これは白山寺が十二世紀頃に比叡山《ひえいざん》末となったことを受け、日吉山王七社になぞらえたものと考えられる。すなわち、麓側の本宮四社が金剣宮《きんけんぐう》・本宮・岩本宮《いわもとぐう》・三宮であり、中宮三社が別宮・佐羅宮・笥笠《けがさ》中宮であった。

さらに白山麓平野部に、白山五院・中宮八院・三箇寺などの末寺的寺院群を有していた。これらの寺社群は『平家物語』の諸本、特に『源平盛衰記《げんぺいじょうすいき》』において、当地の国司目代《もくだい》近藤師経《もろつね》と中宮八院に含まれる涌泉寺《ゆうせんじ》衆徒らとの争いに関する、いわゆる安元事件の描写において、ほぼ『白山記』と同様の呼称で登場する。しかも、『源平盛衰記』では中宮八院を「北の四箇寺」「南の四箇寺」に分類していたり、中宮八院と『白山記』における中宮三社を「八院三社」と総称したりしている。

一向一揆《いっこういっき》の時代を経て、近世に旧白山本宮は白山太神宮ないし下白山《しもしらやま》などと通称されていた。

加賀藩はこれを神社と捉えていたと考えられ、寺社書き上げでは「神主中」と称される社家集団が由緒を書き上げていたが、それとは別に別当にあたる長吏《ちょうり》家も幕末まで存在し、由緒を書き上げていた。

もっとも、近世を通じて長吏家は、中世末までの天台宗とは異なり、無本寺の真言宗となっていた。神仏分離後は白山比咩神社となった。

加賀側に残された文化財としては、白山比咩神社所蔵で先にも言及した『白山記』ほか数点の古文書が国指定重要文化財となっている以外には、目立つものがない。民俗行事として、白山市白峰地区に「かんこ踊り」という盆踊り、同市尾口地区に「でく回し」という人形浄瑠璃が残っている。美術品は、山頂や檜新宮で祀られていた仏像が廃仏毀釈で下ろされ、白峰や尾口で下山仏として今も祀られている程度である。

〔美濃禅定道〕

美濃側の拠点寺院であった長滝寺《ちょうりゅうじ》も、十二世紀頃に叡山末になった。往時は、六谷六院満山三百六十坊を有するという大寺院であったという。近世には平泉寺と同様、東叡山末の天台寺院となった。明治維新の際、越前側と同様に神社化して長滝白山神社となったが、大講堂・薬師堂・弁天堂・鐘楼《しょうろう》・経蔵《きょうぞう》などは長滝寺という天台寺院となっている。

現在、同神社拝殿で一月六日に行われる国指定重要無形民俗文化財の「六日祭《むいかまつり》」は、近世までの長滝寺で行われていた修験者の延年を今に残す行事である。

また、美濃側からの直接の登拝口であった石徹白《いとしろ》（岐阜県郡上《ぐじょう》市・大野市）には石徹白中居《ちゅうきょ》神

六日祭　長滝の延年

石徹白中居神社

社があり、近世には御師《おし》と称される社人の村であった。なお、石徹白大師堂には藤原《ふじわらの》秀衡《ひでひら》から送られたという伝説を有する虚空蔵菩薩が安置されており、美濃側の白山信仰の一端が虚空蔵菩薩に関わるものであった可能性を示唆している。

白山を巡る修験的修行

白山における修行については近年、山頂や山腹での考古学的調査が行われており、今後の研究が期待されるものの、中世文書が比較的残っている加賀側においてさえ、実態が解明されているとは言えない。旧来の研究では、中世において加賀本宮（白山寺）のいわばエリート的な衆徒から構成されたと考えられる荘《しょう》厳講《ごんこう》衆を修験者と位置づける説が主張されたこともあったが、現時点では首肯できないと考えられる。

先にも触れた『白山記』現存本は、末尾に永享十一年（一四三九）の書写年が記されているので、通説で原本が成立したとされてきた十二世紀中頃からその時期までの白山加賀側の宗教環境、と捉えるべきであろうが、修行形態を推測させる描写も含まれている。

すなわち、檜新宮《ひのしんぐう》や笥笠中宮の説明箇所に「夏衆《げ》」の勤行《ごんぎょう》についての記述があり、笥笠中宮に関しては法華三昧《ほっけさんまい》堂や常行《じょうぎょう》堂についての記述がある。このことから、おそらく夏の間、笥笠中宮より大汝峰よりの檜新宮や加賀室で、法華経を書写するような修行（法華三昧）が行われ、山頂付近の池の描写は、その書写のために山頂付近に登拝して池の水を汲んでから加賀室や檜新宮に下りたことを意味するのではないか、と考えられる。

さらに、笥笠中宮における常行堂の記述は、そこで念仏の修行が行われたことを示唆する。『白山記』には不動明王など密教の修行を推測させる記述も若干あるが、以上のように白山加賀側では法華経書写や念仏など、顕教《けんぎょう》の修行が主体だったのではないかと考えられる。以上は、十二世紀中頃から十五世紀前半頃まで、という限定内での推定である。

というのも、白山加賀側の文献史料において山伏の語が初めて登場するのは戦国時代に入ってのことだからである。『白山宮荘厳講中記録』において、天文二十三年（一五五四）の噴火に際して、山伏実乗《じつじょう》らに踏査《とうさ》させた旨の記録がそれにあたる。

これに数十年先だつ文明十八年（一四八六）、聖護院《しょうごいん》の道興准后《どうこうじゅんこう》が現在の小松《こまつ》市付近から白山禅定を試みており（山頂まで登拝したかどうかは不明）、大永五年（一五二五）には廻国の修験者・阿吸房即伝《あきゅうほうそくでん》が加賀那谷寺《なたでら》に立ち寄り、白山の行者に入峰《にゅうぶ》作法を指導したり、『古山の法則』の書写を許したりしたとされている。

このように、十五世紀後半から十六世紀前半にかけて、少なくとも加賀側では修験による大峰—熊野スタイルの入峰修行がおそらく行われるようになっており、それが天文年間(一五三二〜五五)における山伏の語に継承されていると考えられるのである。

白山と曹洞宗・加賀一向一揆

白山に関しては修験に加えて、曹洞宗および加賀一向一揆との関わりを見ておく必要があるだろう。

【曹洞宗】

曹洞宗と白山との関係については、開祖道元《どうげん》(一二〇〇〜五三)が白山越前側の麓に永平寺を築いたことにさかのぼる。

洞門ではその後、能登に教線を延ばした瑩山紹瑾《けいざんじょうきん》(一二六八〜一三二五)が、現在の羽咋市の永光寺《ようこうじ》にて止住《しじゅう》時の夢の記録を集成した『洞谷記《とうこくき》』において、「白山氏子」と自称している。『瑩山清規《しんぎ》』にも「仏法大統領白山妙理大権現」なる表現が見られる。瑩山の弟子にあたる明峰素哲《めいほうそてつ》(一二七七〜一三五〇)には、白山水にまつわる伝承がある。

近世に入ると、道元禅師に関して宝暦三年(一七五三)に撰述された『訂補建撕記《ていほけんぜいき》』において、道元が帰朝する前夜に白山権現が現れて『碧巌録《へきがんろく》』(宋代の禅籍《ぜんせき》)の書写を助けたという伝説が付加されるほか、入宋する二十代の道元に追随するかのような存在として「仏法大統領白山妙理大権現」が言及されている。

さらに、道元が開いた永平寺の雲水《うんすい》は現在も白山拝登行を行っているし、全国の曹洞宗寺院には境内に白山神を祀るケースが少なくない。このように白山と曹洞宗との関係は、曹洞宗門側が白山を崇敬すべき神祇《じんぎ》と捉えていることに発していると考えられる。

[加賀一向一揆]

それに対して浄土真宗、特に加賀一向一揆と白山との関わりは、生々しい人間集団相互の利害関係という側面が大きいと考えられる。

まず、加賀における一向一揆の端緒となった文明一揆（文明六・一四七四）において、白山本宮は一揆方の富樫政親《とがしまさちか》に助力した。加賀をいわゆる「百姓の持ちたる国」へと導いた長享《ちょうきょう》一揆（長享二・一四八八）においても、近世の軍記物『官地論《かんちろん》』によれば、本宮は金剣宮と大衆詮議のうえ三千騎を出したとされる。

しかし、十六世紀に入ると、越前から加賀に逃れてきた地方大坊である超勝寺《ちょうしょうじ》（福井市）や本《ほん》覚寺《がくじ》（石川県小松市）らの大一揆方と、蓮如の子息が住職を務める賀州三箇寺（本泉寺《ほんせんじ》・松岡寺《しょうこうじ》・光教寺《こうきょうじ》）を中心とする小一揆方とが対立し始める。白山本宮は、かねてからの関係により後者に肩入れした結果、両者の争いとなった享禄《きょうろく》の乱（享禄四・一六三四）および天文の乱（天文六・一五三七）に際して存亡の危機を招いた。当時の本宮長吏澄祝《ちょうしゅく》は、本覚寺に人質を出すなどによって難を逃れた（『白山宮荘厳講中記録』『天文日記』）。

もっとも、澄祝はこれに先立つ大永七年（一五二七）、京都に数ヶ月滞在し、本願寺も訪問している（『言継卿記』）。この在京の目的は明確でないが、澄祝の子息と考えられる長吏澄辰《ちょうしん》も、天文十三年（一五四四）、京都に数ヶ月滞在した。彼の目的は、かつて白山本宮の所領であったと思われる能美《のみ》郡軽海《かるみ》郷（小松市）の代官職の綸旨《りんじ》を賜ることだったらしく、おそらくその実現のため、山科言継《やましなときつぐ》とともに石山《いしやま》本願寺を訪問している（『言継卿記』）。

このことから、かつては一揆勢力に請われて兵力を助勢したほどだった白山本宮は、澄辰の時代に至って本願寺に請わなければ失った所領に関する権利を奪回できないほど、衰退していたと推察される。なお、澄辰がそれにあたるかは不明であるが、この時代の本宮長吏は加賀一揆の中心に位置するようになった超勝寺と姻戚関係があり、超勝寺住持の孫娘を嫁に迎えていた。

［一揆の終息から加賀藩時代へ］

加賀一揆が終焉を迎える時の本宮長吏は澄勝《ちょうしょう》で、澄辰との血縁はなく、京都の広橋《ひろはし》家から本宮長吏家に婿入りしてきたとされる。一揆の終焉は天正八年（一五八〇）、織田勢佐久間盛政《さくまもりまさ》の攻勢によるが、この時、加賀白山の主な宗教施設の多くが焼失した。

澄勝は、その四年後にあたる天正十二年（一五八四）、退転した禅頂権現を再興すべしという綸旨を賜るなど引き続き長吏を務め、前田家からの寄進などにより、白山太神宮ないし下白山などという称で元の白山本宮が復興するのに尽力した。

（由谷裕哉）

【参考文献】
由谷裕哉『白山・石動修験の宗教民俗学的研究』（岩田書院、一九九四年）
由谷裕哉『白山・立山の宗教文化』（岩田書院、二〇〇八年）

アクセス情報

白山（御前峰）

ＪＲ金沢駅からバス２時間10分、別当出合バス停から山頂まで徒歩４時間30分

平泉寺白山神社　福井県勝山市平泉寺町平泉寺五六-六三

えちぜん鉄道勝山駅から車で20分／えちぜん鉄道勝山駅からバス15分、平泉寺白山神社前バス停から徒歩４分

白山比咩神社　石川県白山市三宮町二一〇五-一

ＪＲ金沢駅からバス16分、野町バス停下車／北陸鉄道鶴来駅から徒歩で30分／北陸自動車道白山ICから車で30分

長滝白山神社　岐阜県郡上市白鳥町長滝一三八

長良川鉄道白山長滝駅より徒歩で約５分

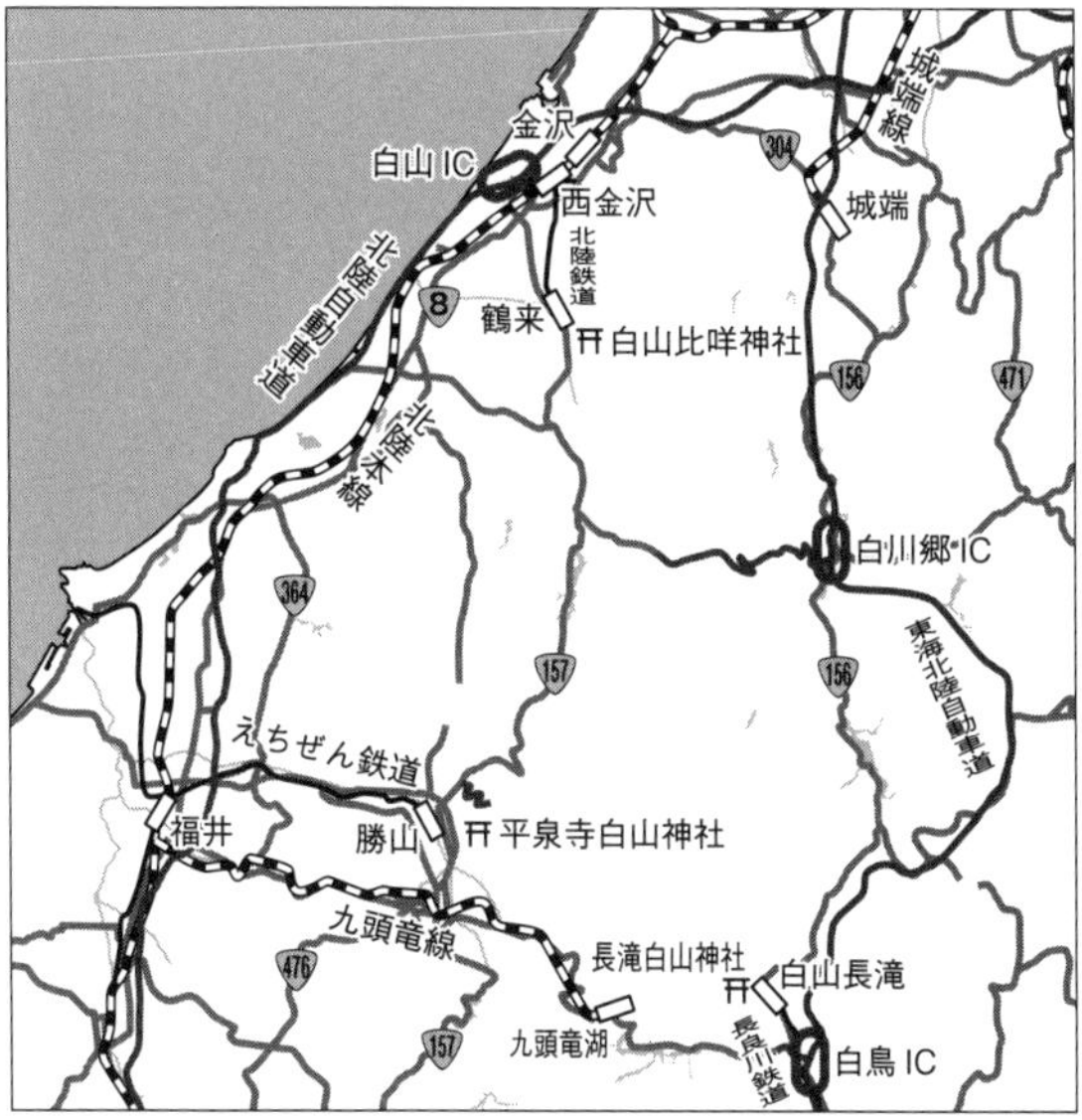

戸隠山《とがくしやま》

標高◆一、九〇四メートル（西岳）
長野県長野市

戸隠山は、西岳《にしだけ》・八方睨《はっぽうにらみ》から五地蔵岳《ごじぞうだけ》までの表山と、乙妻山《おとつまやま》・高妻山《たかづまやま》などの裏山の総称で、最高峰は西岳である。その山容は、岩山が連続する険しいもので、登拝者を拒否するような強いインパクトを与える。表山は、あたかも屏風のような切り立った断崖が続いているが、行場として早くから開かれたと言われ、現在は奥社《おくしゃ》と戸隠牧場の登山口から入山すれば尾根沿いに縦走できる。

戸隠山は、後白河《ごしらかわ》法皇が編んだ今様《いまよう》集である『梁塵秘抄《りょうじんひしょう》』に見える霊場で、十二世紀には走《そう》湯山《とうさん》・富士山・伯耆大山《ほうきだいせん》・成相寺《なりあいじ》と並ぶ屈指の霊場として、京都でも有名であったことが知られる。

学問行者の開山

長禄二年（一四五八）七月十七日に編まれた『戸隠山顕光寺流記《けんこうじるき》』によれば、戸隠山は、学問《がくもん》行者《ぎょうじゃ》によって嘉祥三年（八五〇）三月中旬に開山されたという。学問行者は飯綱山《いいづなやま》で法華経を読《どく》誦《じゅ》し、西に向かって金剛杵《こんごうしょ》を投げたところ、戸隠山に落ちた。すると、地主神である九頭龍《くずりゅう》権《ごん》

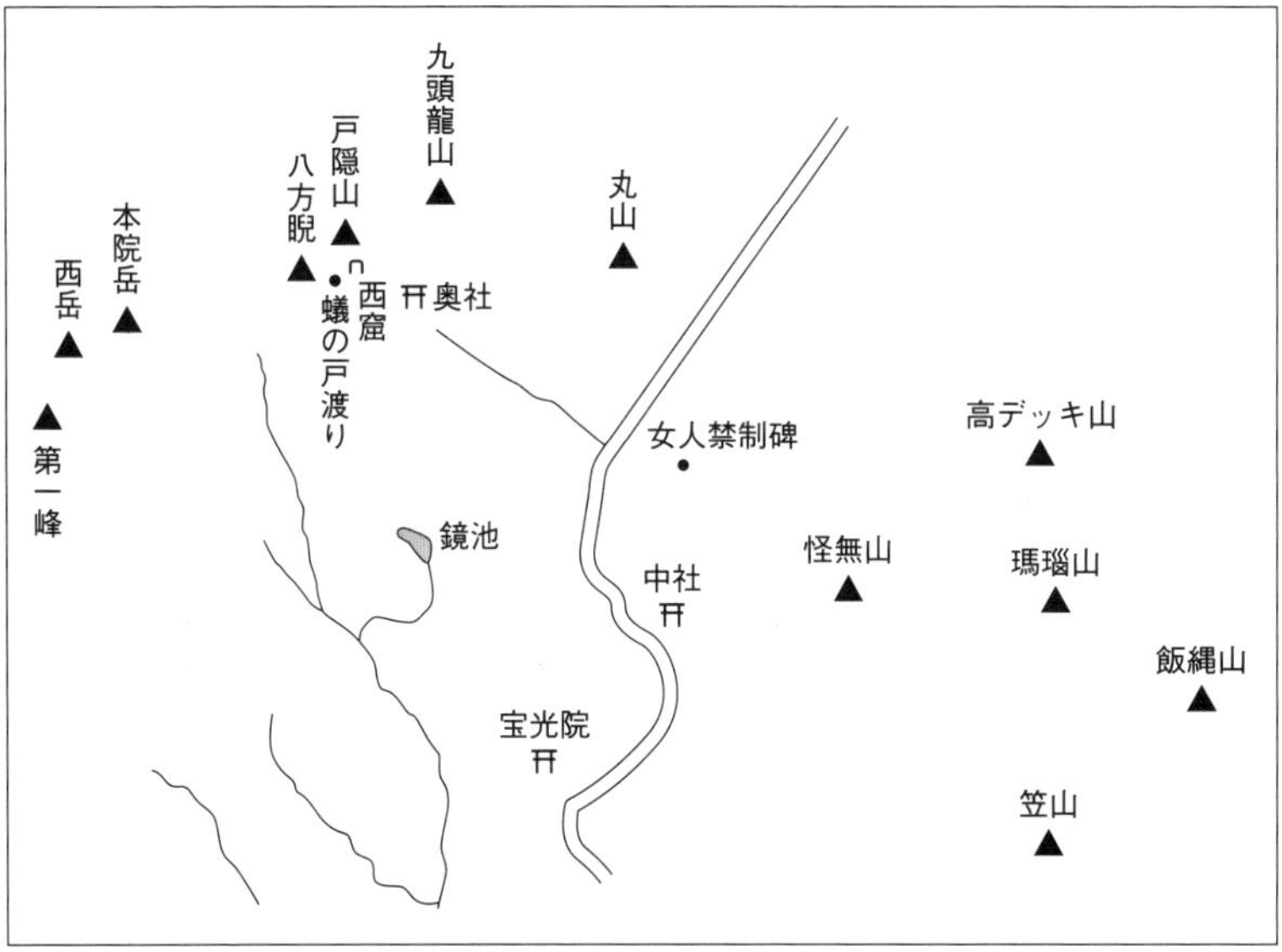

戸隠山略図

現《げん》が現れ、法華経の功徳で解脱《げだつ》したので、以後この山を守護するといった。そこで、学問行者は九頭龍権現を表山の断崖の直下にあった洞窟内に祀り、入口を大石でふさぎ、その前面に顕光寺《けんこうじ》を建立したという。九頭龍権現は、水源を神格化した神と見られるが、その姿は頭が九つあり、尾は一本であったという。学問行者が伽藍《がらん》を創建した場所が現在の奥社であるが、幽邃《ゆうすい》（奥深く静かなこと）の地であったので、多くの行者が修行する道場となった。顕光寺は、明治初期の神仏分離までは奥院《おくいん》と呼ばれたが、それ以後は神道的な装いを取るようになり、奥社と称されるようになった。

奥社の背後には表山がそびえ、山腹には戸隠三十三窟《さんじゅうさんくつ》と呼ばれる、行者が修行するための修行窟が営まれ、そのほかにも様々な行場が設けられていた。そのうち、東窟には薬師如来《やくしにょらい》、西窟には蔵王権現《ざおうごんげん》が祀られ、修験者による供養がなされた。西窟は、戸隠山の行場である三十三窟のなかでも、最も重視された修行窟である。『阿娑縛抄《あさばしょう》』や『戸隠山顕光寺流記』には蔵王権現を祀っていたと記されており、発掘調査の結果、中世の金銅仏・花瓶・六《ろっ》器《き》などが出土した。金銅仏や仏具はいずれも十四世紀のもので、当時窟内に本尊を安置し、その前で花や水を供えた祭祀が執行されたことが知られるのである。

奥院が整備されたのち、地蔵菩薩の霊告によって、康平六年（一〇六三）に「伏拝《ふしおがみ》」という場

戸隠神社奥社随神門

戸隠神社中社

蟻の戸渡り

所に宝光院《ほうこういん》（宝光社）が設けられた。また、寛治八年（一〇九四）に奥社と宝光院の中間地点付近に中院《ちゅういん》（中社《ちゅうしゃ》）が設けられ、顕光寺は、宝光院・中院・奥院の三院で構成されるようになった。当時流行していた本地垂迹説《ほんじすいじゃくせつ》の影響を受け、奥院は聖観音《しょうかんのん》菩薩、中院は釈迦如来、宝光院は地蔵菩薩が本地仏《ほんじぶつ》とされた。もっとも、鎌倉時代に成立した『阿婆縛抄』に地蔵菩薩だけ見えないことから、宝光院の本地仏が定められた時期は、ほかのものよりも遅れる可能性がある。

また、戸隠山への参詣道沿いには、札懸宮《ふだかけのみや》・嶺之宮《みねのみや》などの当山の王子が祀られたが、熊野《くまの》の九十九王子《くじゅうくおうじ》の影響のもとに成立したものとみられる。

中世の戸隠山

顕光寺には、一山を統轄する役職である別当《べっとう》が置かれたが、大部分の別当は武士の出身であった。そのため、二十九代別当澄海《ちょうかい》の時、井上氏出身の別当と寺院大衆が対立し、井上氏の武士団と寺院大衆が合戦に及び、別当が追放された。この事件から、寺院大衆（一般身分の僧。僧兵を含む）が武士団と対峙できるだけの武力を保持していたことが知られ、戸隠山でも僧兵を擁した寺社勢力が形成されていたと考えられる。また、永仁五年（一二九七）七月の柱松《はしらまつ》の行事に際して、学侶《がくりょ》と行人《ぎょうにん》が対立したために、行事が執行できないことがあった。学侶が学問僧で、法会の執行などを任されている僧侶であるのに対し、行人は修行僧で、法会に用いる花や水などを用意する僧侶である。両者が階層分化し、互いに自らの権利を主張するなかで、対立が生まれていたのであろう。

中世の顕光寺は、奥院の天台系修験と宝光院の真言系修験に分かれ、大いに繁栄した。しかし、真言系修験は飯縄山と密接な関係にあったため、時に天台系修験と対立した。戦国時代末期、真言系修験が飯縄山とともに武田信玄と結んだのに対し、天台系修験は上杉謙信と連携したが、その後、武田方に下った。永禄二年（一五五九）六月、上杉方の兵が侵入したため、三院の衆徒《しゅと》は鬼無里《きなさ》に一時的に避難して帰山したが、永禄七年（一五六四）に上杉方の乱入を恐れて奥院の祇乗坊真佑《ぎじょうぼうしんゆう》ら衆徒七十四人が筏が峯（長野県上水内郡小川村）に移った。このように、両派の対立は、戦国時代の内乱と相まって、一山を衰退させた。

戸隠御師と戸隠講

文禄元年（一五九二）、前座主《ざす》の子賢栄《けんえい》が上杉景勝（一五五五～一六二三）の信頼を得たことを機に、筏が峯から多くの衆徒が戻り、戸隠山は徐々に再興された。再興された坊は、奥院が十二、中院が二十四、宝光院が十七で、中世よりも大幅に減少したという。

慶長十七年（一六一二）五月一日、幕府は、一山別当観修院、奥院社僧、社司栗田氏に一千石の朱印地を与えた。顕光寺は、寛永十年（一六三三）二月、天台宗東叡山寛永寺の直末寺院《じきまつ》（直接の末寺）となり、それまでの修験道色を払拭した。元禄十一年（一六九八）には山内の年中行事、元禄十四年（一七〇一）には参詣者の駄賃が定められるなど、法規や組織の整備が行われ、戸隠山の近世的再編成が進んだ。

朱印地を与えられなかった中院と宝光院の衆徒は、御師《おし》として信者と師檀《しだん》関係（御師と檀家との関係）を結び、さらに信者に戸隠講《とがくしこう》の結成を促した。そして、毎年決まった時期に信者に護符《ごふ》を配り、信者の参詣に際しては祈禱を受け持つとともに、宿泊の便を供した。戸隠講は、中部地方を中心に関東地方や東北地方の各地で結成され、江戸時代後期には数千軒の檀家を持つ坊が出現した。多くの戸隠講が農民によって結成されたため、九頭龍権現は作神としての信仰を集めた。雨乞いの際に戸隠山で種子水《たねみず》を汲み、リレー式に村まで運ぶ行事が広く行われた。

神仏分離とその後

明治初年の神仏分離では、廃仏毀釈《はいぶつきしゃく》の嵐が吹き荒れ、戸隠神領の朱印地も返上され、奥院は社僧が退転するなどして廃墟と化した。奥院の坊跡などは、現在も残されており、かつての隆盛を偲ぶことができる。一方、中院と宝光院では、戸隠講《こう》が盛んであったため、神仏分離の荒波を乗り越えることができたが、僧侶から神職へ転身し、それまでの仏式の儀礼をすべて神道式に改めた。そのため、宝光院・中院・奥院の三院は、宝光社・中社・奥社の三社に改変され、開山の縁起は記紀神話に見える天岩戸を開けた手力男命《たじからおのみこと》が活躍するものが主流をなすようになった。

江戸時代に活躍した御師は、明治になっても活発に宗教活動を続けたが、第二次世界大戦後における信者の減少に伴って廃業した家もある。しかし、現在も宗教活動を継続している家が見られ、旅館や民宿として続いている家も少なくない。戸隠講は農業の低迷の影響を受けて解散したところが多いが、逆にマイカーを利用して個人的に参詣する人の数は減少しておらず、近年ではパワースポットとしても注目されている。また、戸隠山は蕎麦の名所であり、中社周辺などに多数の蕎麦屋が営まれ、多くの観光客を惹きつけている。

（時枝　務）

【参考文献】
戸隠神社編『戸隠信仰の歴史』（戸隠神社、一九九七年）
戸隠神社編『図録　戸隠信仰の世界』（戸隠神社、二〇〇三年）
戸隠総合学術調査実行委員会事務局『戸隠――総合学術調査報告』（信濃毎日新聞社、一九七一年）
米山一政「戸隠修験の変遷」（鈴木昭英編『山岳宗教史研究叢書　九　富士・御嶽と中部霊山』名著出版、一九七八年）

アクセス情報

戸隠神社　長野県長野市戸隠
JR長野駅からバス1時間、宝光社は宝光社宮前下車、中社は中社宮前下車、奥社は奥社下車。中社から奥社・九頭龍社へは徒歩で50分

御嶽山《おんたけさん》

標高◆三、〇六七メートル（剣ヶ峰）
長野県木曽郡木曽町・王滝村・開田村、岐阜県下呂市・高山市

御嶽山は活火山で、昭和五十四年（一九七九）の噴火では山体崩壊を引き起こし、多くの犠牲者を出した。御嶽山の登拝口は、黒沢口《くろさわぐち》・王滝口《おうたきぐち》・開田口《かいだぐち》の三つに大別されるが、古くから主に利用されてきたのは前二者である。黒沢口は尾張の覚明《かくめい》、王滝口は武蔵国出身の普寛《ふかん》によって開拓されたルートで、現在も行衣《ぎょうえ》に身を包んだ木曽御嶽講の行者が登拝する道である。登山道沿いに、御嶽講の行者を祀る霊神碑《れいじんひ》が林立する景観は、御嶽山が生きている霊山であることを実感させてくれる。

御嶽山略図

中世の御嶽信仰

御嶽山は、信濃国の国峰《くにのみたけ》であるとされ、中世から信仰の対象であった。山麓の黒沢と王滝には御嶽神社里宮《さとみや》が鎮座し、黒沢は諏訪《すわ》大社《たいしゃ》大祝《おおほおり》家から派遣されたと伝えられる神職武居《たけい》家、王滝は開発領主

御嶽神社（王滝）

三浦八郎兼重の系統を引く神職滝《たき》家によって奉祀されてきた。黒沢では、至徳二年（一三八五）に現在の若宮社の場所へ御嶽《おんたけ》座《ざ》王権現《おうごんげん》と安気《あんき》大菩薩を祀ったのが最初で、その後、蔵王権現と八幡《はちまん》大菩薩を勧請し、本宮が創建されたと伝える。里宮は、木曽氏の庇護を受け、神社としての整備が進められ、神領が安《あん》堵《ど》された。王滝の滝家には、中世にさかのぼる古い祭文《さいもん》・祝詞《のりと》などが残されており、山麓における祭祀の実態を知る貴重な史料となっている。

　中世にも御嶽山登山が行われたが、百日の重潔斎《じゅうけっさい》を経ないと行えない厳しい修行であったため、登拝したのはもっぱら修行を専門に行う道者《どうじゃ》ばかりであった。彼らは、潔斎のために滝行・垢離《こり》・湯立《ゆたて》神事・参籠《さんろう》などを行い、その後、初めて山頂を目指して登山した。近世の史料ではあるが、『翁草《おきなぐさ》』に、御嶽山登山は、昼夜を問わず光明真言《こうみょうしんごん》を唱え続け、何度となく水垢離をとる難行で、「御山禅定《おやまぜんじょう》」といったと見える。神仏習合色の強い修行であったことが知られる。

覚明と普寛

このような重潔斎の修行では、一般の行者が御嶽山に登拝することはできず、信仰を拡大することはできなかった。そこで、軽精進《けいしょうじん》のみで入山できる方法を最初に生み出したのが、覚明《かくめい》である。覚明（一七一八～八六）は、尾張国春日井郡《かすがいぐん》牛山村《うしやまむら》（愛知県春日井市）で生まれ、何度も四国遍路などを行った宗教家である。天明五年（一七八五）、地元民や信者を率いて黒沢口から登拝を試み、見事登拝に成功した。しかし、神職武居家の許可のないまま登拝を強行したため、代官所に捕えられた。重潔斎を守ろうとする神職・代官らと、軽精進での登拝を広めようとしていた覚明らの間に、軋轢《あつれき》が生じていたことがうかがえる。翌年、覚明は神職家などの反対を押し切って登山し、地元民の協力のもとで登山道の整備を進めたが、二ノ池畔で立ったまま往生したという。死骸は九合目の岩窟に葬られたが、後年そこに覚明堂《かくめいどう》が建設され、現在も木曽御嶽講の聖地として信仰を集めている。

普寛《ふかん》（一七三一～一八〇一）は、寛政四年（一七九二）に王滝口から登拝を試みて成功した。これは、多くの江戸の信者を率いての登拝であった。普寛は、武蔵国秩父郡《ちちぶぐん》大滝村落合（埼玉県秩父市）で生まれ、三峰山観音院《みつみねさんかんのんいん》で修行した本山派の修験者で、江戸八丁堀法性院《はっちょうぼりほっしょういん》（東京都中央区）の住職を務めていたが、ふとしたことから御嶽山の存在を知り、登拝を志したと伝えられている。普寛が、江戸から多くの信者を連れてきた背景には、御嶽山の信仰を江戸において広めようとする意図があってのことと考えられる。普寛は、覚明と異なり、御嶽山を多くの信者が自由に登拝できる霊山として整備しようという意志が最初からあったのである。そのため、山中の随所で御《お》座《ざ》を立て、神仏を祀るべき地点を探索した。御座というのは、中座《なかざ》に降りた神霊の言葉を、前座《まえざ》が聞き取るもので、現在でも各地の御嶽講《おんたけこう》で広く行われている儀礼である。

御嶽講の変遷

覚明と普寛によって中興された御嶽山は、中京や江戸の信者の信仰を集め、毎年多くの参詣者で賑わうようになった。とりわけ、普寛によって導入された御座は、神霊や講祖《こうそ》（各御嶽講の開祖）と直接対話ができることが魅力とされ、多くの民衆の心を惹きつけた。普寛の墓所がある武蔵国本庄宿《ほんじょう》（埼玉県本庄市）には普寛堂《ふかんどう》が創建され、弟子の泰賢《たいけん》（?〜一八〇五）・順明（?〜一八三八）が相次いで堂守《どうもり》となり、普寛の法統を受け継いだ。

その後、御嶽信仰では普寛の最後の弟子と伝える一心《いっしん》（一七七一〜一八二二）によって結成された一心講《いっしんこう》が隆盛したが、文政三年（一八二〇）に、一心が幕府から遠島に処せられて下火になった。しかし、その後も御嶽信仰は主に在俗の行者たちから支持され、関東地方の各地に普寛の系譜を引く御嶽講が結成された。御嶽講は、関東地方から中部地方にも伝播し、覚明の系譜を引くとされる覚明講《かくめいこう》が誕生した。さらに御嶽講は、東北地方から四国地方までの各地に広まった。

御嶽講では、毎年夏季に多くの講員が御嶽山に登拝したが、山中で御座を立てる講社が多かった。御座は、中座に神霊や講祖などが憑依《ひょうい》して託宣《たくせん》を行う儀礼であるが、中座になるためには厳しい修行が必要とされたため、冬季の御嶽山を訪れて清滝《きよたき》などで修行に励む行者も少なくなかった。

明治政府によって断行された神仏分離は、御嶽山にも大きな影響を与え、それまで祀っていた本地仏《ほんじぶつ》に代わり、大己貴命《おおなむきのみこと》・少彦名命《すくなひこなのみこと》・国常立尊《くにとこたちのみこと》の御嶽三神を主神として祀るようになった。元来、御嶽信仰は、仏教的な色彩が濃く、両部神道《りょうぶしんとう》を基本としていたが、そうしたあり方が神仏分離によって否定されたのである。そのため、神道の儀礼を積極的に取り入れるなどの努力をして、時代への適応を図ったのである。

また、各地の御嶽講は、宗教活動を存続させるために、新田邦光《にったくにてる》（一八二九〜一九〇二）を教祖とする神道修成派《しゅうせいは》や芳村正秉《よしむらまさもち》（一八三九〜一九一五）率いる神習教《しんしゅうきょう》御嶽教会《おんたけきょうかい》などに所属した。明治十五年（一八八二）、下山応助《しもやまおうすけ》（生没年不詳）の尽力によって、平山省斎《ひらやませいさい》（一八一五〜九〇）を管長とする御嶽教《おんたけきょう》が成立し、関東地方を中心とする御嶽講の多くが加入した。御嶽教は、長年東京に本部を置いていたが、昭和四十年（一九六五）に奈良市に移転した。奈良市の本部を「里の本部」、木曽町の木曽福島駅前にある大教殿《だいきょうでん》を「山の本部」と呼び、現在も活発に活動している。昭和二十一年（一九四六）には、黒沢の御嶽神社を拠点に中部地方の覚明講が結集し、御嶽神社宮司の武居誠《たけいまこと》を管長とする木曽御嶽本教《きそおんたけほんきょう》が結成された。このように、明治以降の御嶽講は、教派神道のなかに組み込まれ、新たな活動を展開したのであった。

清滝不動尊

御嶽講の民俗

御嶽教や木曽御嶽本教は、各地の御嶽講を統轄する組織であるが、個々の御嶽講の自立性は維持された。御嶽講では、夏山登拝や寒行などの修行を行うとともに、地元の鎮守の祭日などの機会に火渡《ひわた》りをはじめとする儀礼を執行してきた。また、行者は、占いや祈禱などを行い、地域住民の生活に深く関わってきた。四月十日と十月十日（かつては九月十日）に開催される本庄普寛堂（埼玉県本庄市）大祭には、全国から御嶽講の行者が集まり、柴燈護摩《さいとうごま》・線香護摩・豆煎《まめい》り護摩・米煎《こめい》り護摩・釜鳴《かまな》り護摩・五行《ごぎょう》垂《だ》れ護摩・刃渡《はわた》り・火渡りなどが実修され、日頃の技を競い合う光景が見られる。

また、御嶽講では、行者の霊魂は、死後も御嶽山で修行を続けていると言われる。優れた行者には霊神号《れいじんごう》を付与し、霊神の地元や御嶽山の中腹に、霊神を祀るための霊神碑《れいじんひ》を建てる。霊神碑は、講ごとに霊神場《れいじんば》を設けて管理されている場合が多く、黒沢や王滝の登山道沿いにたくさんの霊神碑が林立している景観は、御嶽山独自のものといえよう。御嶽講では、夏山登拝の際に、自分たちの講祖などを祀る霊神場を訪れ、御座を立てて霊神の意思をうかがい、祭祀を執行する。霊神信仰は、人が死後神になる人神《ひとがみ》信仰の典型ともいえ、日本の宗教を考える上で重要な手がかりを提供してくれる。

（時枝　務）

【参考文献】

生駒勘七『御嶽の歴史』（木曽御嶽本教総本庁、一九六五年）
生駒勘七『御嶽の信仰と登山の歴史』（第一法規、一九八八年）
菅原壽清『木曽御嶽信仰――宗教人類学的研究』（岩田書院、二〇〇二年）
菅原壽清・時枝務・中山郁『木曽のおんたけさん――その歴史と信仰』（岩田書院、二〇〇九年）
菅原壽清編『木曽御嶽信仰と東アジアの憑霊文化』（岩田書院、二〇一二年）

中山郁『修験と神道のあいだ――木曽御嶽信仰の近世・近代』（弘文堂、二〇〇七年）

アクセス情報

黒沢口コース

JR木曽福島駅からバス55分、ロープウェイ飯森高原駅から山頂まで徒歩3時間

王滝口コース

JR木曽福島駅からバス1時間20分、田ノ原七合目から山頂まで徒歩3時間

黒沢口

木曾御嶽神社　奥社本宮（剣ヶ峰頂上）

木曾御嶽神社　里社本社　長野県木曽郡木曽町三岳

木曾御嶽神社　里社若宮　長野県曽郡木曽町三岳三ツ屋

王滝口

木曾御嶽神社　奥社本宮・王滝口（御嶽山頂上）

木曾御嶽神社　里宮　長野県木曽郡王滝村

中部

弥彦山《やひこやま》

標高◆六三四メートル
新潟県西蒲原郡弥彦村・長岡市

北は多宝山《たほうざん》（六三四メートル）、角田山《かくだやま》（四八二メートル、新潟市西蒲区）、南は国上山《くがみやま》（三一三メートル、新潟県燕市）に連なる。東側には麓から山頂付近まで弥彦山ロープウェイがあり、ロープウェイの駅周辺に弥彦《いやひこ》神社の奥社《おくしゃ》（御神廟）がある。山の東麓に、延喜式の明神大社で旧国幣中社《こくへいちゅうしゃ》の弥彦神社が位置する。

古代の弥彦山

『万葉集《まんようしゅう》』に、弥彦ないし弥彦神を詠んだものがある。「伊夜彦おのれ神さび青雲の棚引《やなび》く日すら小雨そほ降る」、「伊夜彦神の麓に今日らもか鹿の伏すらむ皮服着て角附きながら」の二首である。このことから、弥彦山が古代から信仰の対象になっていたことがうかがえる。『続日本後紀《しょくにほんこうき》』には、天長十年（八三三）、伊夜比古神が蒲原《かんばら》郡に旱魃や疫病があるたびに雨を降らせたり病気を治したりした、との理由で名神となったことが記されている。

『延喜式神名帳《えんぎしきじんみょうちょう》』では、「伊夜比古神社」は越後国で唯一の明神大社として記載されている。

中世の弥彦山と阿弥陀信仰

中世の弥彦神社は、阿弥陀如来を安置していた神宮寺《じんぐうじ》のほかに、弥彦山脈の南に連なる国上山の南側中腹にある国上寺《こくじょうじ》（現在は真言宗豊山《ぶざん》派）を本寺としたとされる。国上寺は、泰澄《たいちょう》の雷神呪縛の伝承を残しており（『法華験記《ほっけげんき》』）、白山修験との関係も考えられる。

十四世紀後半頃の『神道集《しんとうしゅう》』は、本地《ほんじ》を阿弥陀如来と位置づけている。明治の廃仏毀釈まで弥彦神社境内にあった神宮寺でも阿弥陀如来が安置されていた。文明三年（一四七一）の奥書のある『古縁起写《こえんぎうつし》』によると、文永九年（一二九二）に弥彦大明神が禅帳上人なる僧侶に、弥彦山塊が八葉蓮華《はちようれんげ》であると告げ、そこに仏閣を建てて顕教《けんぎょう》密教の修行を行うことを求めた。さらに、弥彦大明神が現れる弥彦周辺の地は、安養世界、つまり九品《くほん》極楽浄土の荘厳があり、一度参詣すれば罪障が消滅する、などともされている。

弥彦神社

近世以降の排仏と真宗門徒の抵抗

近世に弥彦神社の祭神は、天香久山命《あまのかぐやまのみこと》とされた。境内には神宮寺、隣接地には神宮寺を支配する別当真言院およびそれに隣接する供僧宝光院《ぐそうほうこういん》があり、それぞれ弥彦神社の神事に関わっていた。

これに対して、万治元年（一六五八）に神主となった高橋左《たかはしさ》近光頼《こんみつより》が唯一神道を信奉し、延宝八年（一六八〇）国上寺を神事から排除した。

本格的な排仏運動は、明治維新期に再度起こった。明治三年（一八七〇）、越後府の神仏分離令に伴って、六月、神主高橋縫殿介《ぬいのすけ》が、神宮寺および別当真言院の退去と仏具などの撤去、並びに本地仏の焼却を願い出たところ、間髪を入れずに越後府はその通りの下知を出した。

これに対して、周辺の真宗門徒は阿弥陀如来を守る運動を始め、翌七月に至って焼却を阻止した。この仏像は、何度かの移転を経て、宝光院の地内に明治二十六年（一八九三）再建された阿弥陀堂内に現在はある。

（由谷裕哉）

【参考文献】
中野豈任『忘れられた霊場』（平凡社、一九八八年）
奈倉哲三『真宗信仰の思想史的研究』（校倉書房、一九九〇年）

アクセス情報

弥彦山
ＪＲ弥彦駅から徒歩15分で弥彦神社登山口、山頂まで徒歩1時間30分、または弥彦神社上の山麓駅からロープウェイ5分で山頂

弥彦神社　新潟県西蒲原郡弥彦村
ＪＲ弥彦駅から徒歩で15分

米山《よねやま》

標高◆九九二・五メートル
新潟県柏崎市・上越市

海岸付近にそびえ立ち、四角錐の形をしているため、古来、海上・陸上交通の目標として信仰を集めた。

米山密蔵院（護摩堂）

本地《ほんじ》仏である米山薬師（山頂薬師堂）は日本三大薬師の一つとされ、泰澄《たいちょう》が感得したものと言われている。また、泰澄による飛鉢《ひはつ》伝承を残すところから、越後に伝播した白山修験の影響が推測される。山の南西麓に位置する米山寺密蔵院（上越市柿崎区、真言宗豊山《ぶざん》派）が米山薬師の旧別当で、上杉氏などの庇護を受け、中世に多くの伽藍《がらん》が立ち並ぶほど栄えたと伝えられる。

江戸時代以降は、米山講《こう》が作られて多くの信者を集めるようになり、現在に至っている。こうした民間における米山信仰は、薬師の現世利益に加え、その山名から農業神的な性格が強い。代参講として上越・中越に広く分布する米山講も、農耕に関する諸行事と関連しているものが多い。さらに、講のない地域でも、卯月八日を薬師の縁日として米山まつりを行うところが多く、また米山塔も各地に見られる。

このように江戸時代以降の米山は、修験の山としてより、むしろ多様な民間信仰の山として栄えた。

（由谷裕哉）

【参考文献】

大関政子「米山薬師と米山講」（鈴木昭英編『山岳宗教史研究叢書 九 富士・御嶽と中部霊山』名著出版、一九七八年）

アクセス情報

米山薬師（米山山頂）

ＪＲ米山駅から大平山登山口まで徒歩1時間30分、登山口から徒歩2時間30分

密蔵院（米山薬師別当） 上越市柿崎区米山寺九七〇

ＪＲ柏崎駅から車で約5分

八海山《はっかいさん》

標高◆一、七七八メートル
新潟県魚沼市

峰続きの駒ケ岳《こまがだけ》（二、〇〇二メートル）および中ノ岳（二、〇八五メートル）と共に、越後三山もしくは魚沼《うおぬま》三山と称される。山名の由来について『越後野志《えちごやし》』は、「山中に八湖あり、故に八海《はっかい》山《さん》と云《いう》。一説に八階と云、連峰八ありて次第に高く階級を登るが如《ごと》し」と記している。

越後有数の霊山として知られてきたが、史料が乏しく、わずかに十四世紀後半頃に成立した『神道集《しんとうしゅう》』が、八海大明神を越後三の宮と位置づけ、その本地を薬師《やくし》如来としている。

江戸末期に秩父出身の御嶽行者《おんたけぎょうじゃ》・普寛《ふかん》と、その法弟にあたる地元大崎の泰賢《たいけん》が中興開山したことにより、八海山は山岳宗教の新しい中心地に変貌した。

登拝口と主な宗教施設

南から城内《じょうない》口、大崎《おおさき》口、大倉《おおくら》口（一部が大崎口と合流）が主な登拝口である。

【城内口】

城内口は、山口に八海神社里宮《さとみや》がある。藤原《ふじはら》に位置する真言宗の古刹法音寺《ほうおんじ》（現在は真言宗智《ち》山《ざん》派）は、長森《ながもり》の満願寺《まんがんじ》（現在は真言宗醍醐《だいご》派）とともに、かつては真言宗醍醐派に属していたと

暮坪八海神社

いう。法音寺は上杉家歴代の菩提寺として上杉景勝《かげかつ》の信仰が篤く、のちに景勝に従って米沢《よねざわ》（山形県米沢市）に移転している。

上薬師堂《かみやくしどう》の長福寺《ちょうふくじ》（現在は真言宗智山派）は法音寺の末寺であったが、山号を八海山とし、境内薬師堂に『神道集』で八海山の本地とする薬師如来を祀ることから、八海山信仰の古い拠点と見る説もある。

また、暮坪にも八海神社があり、現在の登拝口ではなくなっているものの、八海山の古い遥拝所の一つと考えられている。藤原にある八海山神社も、里宮であったと考えられる。

このほか、八海山から峰続きの桂山《かつらやま》の麓にある坂本《さかもと》神社も、八海山の里宮の一つと考えられる。同社は近世には八海神社と称していたが、延喜式内社坂本神社の論社の一となっている。

［大崎口］

大崎口には、馬止平の霊窟に近い地に八海神社里宮がある。なお、昭和五十四年（一九七九）、旧里宮社地より若干麓側に御神体を遷座し、現在は八海山尊《はっかいさんそん》神社と称している。また、大崎の鎮守は大前《おおさき》神社である。

八海山尊神社より麓側に位置する曹洞宗の龍谷寺《りゅうこくじ》は、山号を八海山とし、かつては天台もしくは真言宗で、八海山の峰続きの堂平山腹にあったと伝える。現在も、本堂裏の壺山に八海山神の石祠《せきし》を祀っている。

この堂平山に続く尾根の登り口にあたる水尾《みずお》にも、八海神社がある。

[大倉口]

大倉口は、大倉坂本神社が里宮となっている。同社は、延喜式内社坂本神社の論社の一とされる。

以上のように、城内口関連では山口《やまぐち》八海神社、暮坪《くれつぼ》八海神社、藤原八海神社、宮坂本神社、大崎口では大崎八海山神社里宮（現在の八海山尊神社）、水尾八海神社、大倉口では大倉の坂本神社という計七社が、いずれも八海山の遥拝所から発した里宮だと考えられる。

普寛・泰賢による中興開山

寛政四年（一七九二）に木曽御嶽山《おんたけさん》の王滝《おうたき》口を開いた普寛は、同六年（一七九四）に江戸にて堤《だい》頭頼神王《ずらしんおう》（大般若十六善神の一）より、八海山を開くようにとの夢告《むこく》を得たとされる。それにより普寛は江戸から越後に下り、山口の行者らに大崎の泰賢を加えて八海山に城内口から登拝し、新しく屏風道《びょうぶどう》を開いたという（『八海山開闢伝記』）。泰賢の生家は大崎の鎮守・稲荷大明神（現在の大前神社）の神官・山田家であったが、同家は日待《ひまち》・月待《つきまち》や家祈禱など修験的な活動を行っていたらしい。泰賢自身も、普寛と遭遇する前年（異説あり）に長森の満願寺で修行していたとされる。

伝説では、普寛の八海山登拝に際して、泰賢に神霊が憑依《ひょうい》して先導し、四合目からは白狐が道案内をしたという。

中部

ともあれ、これを契機に泰賢は普寛の弟子となり、主に八海山麓で活動し、大崎口を開いたともされる。また、泰賢は生霊《いきりょう》および死霊《しりょう》を中座《なかざ》につけて託宣させる引座という、独自の憑祈禱《よりぎとう》の方法を案出したという。

明治以降の八海山

普寛・泰賢による中興開山後、御嶽行者により関東・東海・甲信越に及ぶ講社《こうしゃ》が組織化されていった。これらの八海山講・御嶽講ないし泰賢講などと称される講中は、八海山中に霊神碑《れいじんひ》を建立することが多かった。近年、霊神碑の一部には納骨も行われている。

また、普寛・泰賢にさかのぼる、神がかりの託宣《たくせん》儀礼として先達《せんだつ》と中座で行われる御座《おざ》も、講中で行われる場合があった。藤原の八海神社に依拠する八海山講や、特に大崎の八海山尊神社社務所に本部を置く泰賢講では、御座において中座への神おろしが行われている。

なお、山口の八海神社は明治期に宮司・村山家が神道修正派に所属していたが、現在は御嶽教の下部組織に編入され、境内に「新御嶽教大霊場」が設置されている。藤原の八海神社も、それになかば包括されるような形となっている。

それに対して、大崎の八海山尊神社は御嶽教とは関係なく、姻戚関係もあって長森の満願寺がこれを助けている。なお、この里宮は、泰賢の生家であり大崎の鎮守・稲荷大明神（現在の大前神社）の神職であった山田家が、幕末頃に新たに創建した神社とされる。近年は、上述のように八海山尊神社と改称し、十月二十日の大火渡《だいひわた》り祭りにより多くの信者を集めている。

以上のような普寛・泰賢を起源とする講や御座の活動とは別に、大倉口の大倉坂本神社は、八朔《はっさく》まいりや太々神楽《だいだいかぐら》のように伝統的な民間信仰にのっとった八海山信仰に支えられている。

なお、八海山神社里宮の火渡りは、現在は大崎里宮（十月）だけでなく、大倉里宮で五月下旬、城内里宮で六月最終日曜日にも行われるようになり、それぞれ多くの信者や観光客を集めている。

（由谷裕哉）

【参考文献】

鈴木昭英「八海山信仰と八海講」（鈴木昭英編『山岳宗教史研究叢書　九　富士・御嶽と中部霊山』名著出版、一九七八年）

宮家準編『修験者と地域社会――新潟県南魚沼の修験道』（名著出版、一九八一年）

アクセス情報

八海山神社　奥宮（八海山山頂）

関越自動車道六日町ICから車30分、またはJR六日町駅からバス30分、下車後、徒歩20分で八海山ロープウェイ、山頂駅から山頂まで徒歩3時間30分

八海山尊神社　里宮　新潟県南魚沼市大崎四一六一

JR浦佐駅からバス10分、八海山入口バス停から徒歩15分

身延山《みのぶさん》

標高◆一、一五三メートル
山梨県南巨摩郡身延町・早川町

南アルプスの前衛である巨摩《こま》山地の南、富士川中流部の西側に身延山地が一、〇〇〇メートル級の山々が南北に連なる山群を形成する。その中心にある身延山（一、一五三メートル）は、山頂は平坦で、奥之院《おくのいん》・思親閣《ししんかく》などがある。奥之院の周辺の千本杉という杉の美林は、山梨県指定の天然記念物であり、また身延町ブッポウソウの繁殖地としても保護されて、さらにその主要な棲息地として、国指定の天然記念物にもなっている。

日蓮宗《にちれんしゅう》総本山の久遠寺《くおんじ》があることで知られ、山全体がこの寺の境内となっている。身延七谷といって、沢筋に堂塔僧坊を設置するところの七谷が、鶯谷、西谷、東谷、醍醐谷、蓮華谷、金剛谷、中谷と名づけられ、南傾斜面にある。山頂からは富士山や駿河湾、七面山、南アルプスの眺望がすばらしく、思親閣は、晴天には房総半島が望めることから、日蓮がここに登って両親を偲んだことにちなむという。久遠寺と身延山間をロープウェイが運行し、徒歩による三光山経由の登拝《とはい》者は少なくなった。南には鷹取山《たかとりやま》（一、〇三六メートル）があり、北麓に日蓮の草庵跡・御廟所がある。

日蓮は、文永十一年（一二七四）に波木井《はきい》の南部実長《なんぶさねなが》の領地である身延山に入り、西谷に庵室を構えた。身延について日蓮は、「甲州飯野御牧三箇郷之内、波木井と申、此郷之内、戌亥の方に入て二十余里の深山あり、北は身延山、南は鷹取山、西は七面山、東は天子、板を四枚つい立てたるか如し、この外を回て四の河あり、北より南へ富士河、西より東へ早河、此は後也、前に西より東へ波木井河中に一の滝あり、身延河と名けたり」と述べる（日蓮書状）。庵室は弘安四年（一二八一）に改築され、身延山久遠寺と命名された。

遺言により、日蓮の墓は西谷草庵の北に建てられた。西谷には、草庵を中心に堂宇や弟子たちの僧坊が散在していたが、文明七年（一四七五）に十一代の日朝《にっちょう》が現在地に諸堂を移転した。正徳二年（一七一二）には山内に百三十三坊を数えたが、火災や天災などによる統廃合で、現在は三十二坊が存在する。久遠寺の本院に対して、支院、坊と呼び、檀家を持って葬祭を執行し、宿坊は身延詣《もう》での信徒を参籠させる。三十二坊中、二十坊が宿坊となっている。

身延山に登拝する人々を身延道者《どうしゃ》といい、題目を大書した笈摺《おいずる》に手甲《てっこう》・脚絆《きゃはん》に団扇太鼓《うちわだいこ》の服装で集団登山する。この旅を身延道中と称した。江戸時代には、休息立正寺《きゅうそくりっしょうじ》（甲州市）・石和遠妙《いさわおんみょう》寺《じ》（笛吹市）・甲府遠光寺《おんこうじ》・同信立寺《しんりゅうじ》・青柳昌福寺《あおやぎしょうふくじ》（富士川町）・小室山《こむろやま》（同町）は、江戸からの順路にあたっていた。道者は身延講を構成し、先達《せんだつ》に引率されて身延山内の宿坊に宿泊した。身延参拝が盛んになると、『法華諸国案内記《ほっけしょこくあんないき》』や『金草鞋身延道中之記《かねのわらじみのぶどうちゅうのき》』（十返舎一九）のような案内書が刊行され、また身延詣でを題材にした落語に「鰍沢《かじかざわ》」がある。

身延山への登山は奥之院までの五十の町目石《ちょうめいし》の立つ道（表参道）をたどる。三門をくぐって門前町を行き、二百八十七段の菩提梯《ぼだいてい》の石段を登ると久遠寺本堂がある。左脇から参道が始まる。

尾根上に二十五町目の大光坊《だいこうぼう》と三光堂《さんこうどう》がある。法明坊《ほうみょうぼう》を経て、山上の奥之院・思親閣になる。身延町と早川町の境界になる尾根を行き、早川の谷へ下ると山腹に赤沢《あかさわ》宿があり、七面山《しちめんさん》に相対し、身延山から七面山への信仰登山の拠点になっている。

（堀内　眞）

【参考文献】

身延町誌編纂委員会編『身延町誌』（一九七〇年）

アクセス情報

身延山

ＪＲ身延駅からバス15分、ロープウェイ奥之院駅から山頂まで徒歩

身延山久遠寺　山梨県南巨摩郡身延町身延三五六七

ＪＲ身延駅からバス15分、身延山バス停から徒歩15分

金峰山《きんぷさん》

標高◆二、五九八メートル
山梨県甲府市・北杜市、長野県南佐久郡川上村

関東山地の一部で、秩父《ちちぶ》山地の主峰。標高は二、五九八メートルである。高さでは北奥千丈ヶ《きたおくせんじょうが》岳《たけ》（二、六〇一メートル）に次ぎ、千曲川《ちくまがわ》水系・富士川水系の分水嶺《ぶんすいれい》をなしている。

南麓は山梨県甲府市と北杜市、北面は長野県南佐久郡川上村にまたがる。古くは「きんぷせん」、「きんぷうせん」、「きんぽうせん」と呼ばれ、今でも南麓の甲府市方面では「きんぷさん」、西麓の山梨県北西部や長野県では「きんぽうさん」と呼称する。幾日峰《いくひのみね》とも称され、山上には巨大な花崗岩《かこうがん》の奇岩である五丈岩《ごじょういわ》（御像石《ごぞういし》）が屹立する。

金峰山の由緒

御像石の南面には、蔵王権現《ざおうごんげん》を祀った方八尺の正殿と方三間の拝殿が建てられ、役小角《えんのおづの》奉納と伝える鉄杖《てつじょう》と剣、唐銅《からかね》の経筒《きょうづつ》、薙鎌《なぎかま》の神宝を納めていた（『甲斐国志《かいこくし》』）。現在は石垣の上に石灯籠と石祠（金峰山神社）がある。甲府市御岳町《みたけちょう》の金桜《かなざくら》神社の由緒書によれば、文武《もんむ》天皇の時代（在位六九七～七〇七）に大和国金峰山より蔵王権現を勧請《かんじょう》して山上と山下（里宮）に祀ったため、金峰山と改称したという（社記）。神体の御像石は高さ二〇メートルを超す花崗岩で、磐座《いわくら》信仰・

巨石《きょせき》信仰を伝えている。蔵石《くらいし》・御影石《みかげいし》・五丈石・五丈岩とも呼ばれ、蔵王権現が踏みつける磐石《ばんじゃく》に由来した名称と考えられる。御像石の頂きには甲斐派美《かいはみ》という池があり、旱魃《かんばつ》にも涸《か》れず、甲斐・武蔵《むさし》・信濃《しなの》の諸河川の水源に鎮座したことから、農耕の神のいる山として山麓の人々に崇められたばかりではなく、長野県では千曲川の水源をなす山として、古くはその広範な下流域の北信濃一帯に及ぶ地域の人々の信仰を集めていた。

山頂の遺跡と登拝口

平安時代以降、修験道の道場として発達し、南面の甲斐では富士山に次ぐ信仰を集めていた。五像石の岩陰を中心に、数ヶ所の岩場に修験系遺物が確認される（金峰山遺跡）。遺物は平安時代から明治時代までの陶磁器、古銭類のほか、御正体《みしょうたい》（鏡）、剣、刀子、杖、小環《しゃくしょうかん》、数珠《じゅず》玉などの奉献品である。土馬《どば》も発見され、水源としての水霊《みずち》の信仰があったことを示す。

金峰山への登山道は、長野県南佐久郡に北口があり、川上村秋山・川端下・梓山に里宮の金峰山神社が祀られる。秋山の鎮守に慶長十八年（一六一三）の棟札《むなふだ》が残り、「奉造営信州佐久郡大井庄秋山之郷金峰座王権現之里宮」と見える。甲斐国内からの登山道に九筋があった。万力・西保・杣口《そま》（山梨市）の各村からの道筋を東口、吉沢・亀沢（甲斐市）、塚原（甲府市）からを南口、穂坂（韮崎市）、江草《えぐさ》・小尾《おび》（北杜市）からを西口と称し、杣口・万力・歌田と御岳に里宮の金桜神社が建つ。『延喜式神明帳《えんぎしきじんみょうちょう》』に山梨郡九座の一つとして「金桜神社」を載せるが、式内社《しきないしゃ》の特定はできない。

中世の金峰山

南北朝期には、吉野（奈良県）が南朝の拠点となったので、根本の金峰山に登拝できなかったことから、ここを替わりの拠点として六月十五日を峰入りの初日とし、関東・関西の山伏が入《にゅう》峰《ぶ》して修行したといわれる。

『金峰山縁起』は、智聖《ちしょう》開山伝説を記録している。この人物は天台宗寺門派《じもんは》の祖の円珍《えんちん》（智証上人）と考えられ、仁寿元年（八五一）三月十一日に杣口の金桜神社を勧請したと伝えられる（金桜神社由緒）。蔵王権現ともいい、かつては大社であったが、次第に衰微して小社になったという。同社所蔵の蔵王権現鏡像は山梨県指定文化財である。

一方、甲府市から北へ抜ける道が走る荒川上流部の御岳《みたけ》には、その後の甲斐において、特に崇《すう》敬《けい》された蔵王権現の里宮（金桜神社）が鎮座する。里宮の正殿・拝殿・庁屋は武田信義《たけだのぶよし》によって造営され、中宮社殿は甲斐源氏の祖逸見太郎清光《へみたろうきよみつ》によって再建されたと伝えられる。戦国時代には御岳衆といわれる社家の集団がこの地にいた。

近世の金峰山

『甲斐国志』は江戸時代の入峰路として、吉沢口を中心とした記述を行っている。吉沢から外道坂・八王子嶺を経て御岳の金桜神社の前に出た。山宮へは滝尾坂・根子《ねこ》坂を越して黒平《くろべら》へ向かう。草鹿沢《そうかざわ》は御岳の西にあって、亀沢口から登る御岳道の道筋にあたる。御岳の北、荒川流域の最も上流に黒平がある。黒平を過ぎ、鳥居嶺・唐松嶺・水晶嶺を通って御室《おむろ》に至った。御室から

中部

山頂の山宮までは五十町（約五・五キロメートル）に及ぶ急坂で、鶏冠岩《とさか》や勝手明神《かってみょうじん》の祠《ほこら》、その傍らに隻手回《かたてまわし》の巨岩、胎内くぐりなどの行場がある。

甲斐では、近世中期以降は、黒駒《くろこま》、御坂《みさか》峠を経て、富士山へ至る道を道者《どうしゃ》街道といい、二つの信仰拠点をつなぐ修験者や信者の参詣道として栄えたとする。

（堀内　眞）

【参考文献】
清雲俊元「甲斐金峰山と修験道」（鈴木昭英編『山岳宗教史研究叢書　九　富士・御嶽と中部霊山』名著出版、一九七八年）
『御嶽道』山梨県歴史の道調査報告書一二（一九八七年）

アクセス情報

金峰山
ＪＲ韮崎駅からバス1時間20分、瑞牆山荘バス停から山頂まで徒歩4時間30分
金桜神社　山梨県甲府市御岳町二三四七
ＪＲ甲府駅からバスで50分

七面山《しちめんざん》

標高◆一、九八二メートル
山梨県南巨摩郡早川町・身延町

山梨県の南西部、赤石山脈《あかいし》（南アルプス）の前衛、身延《みのぶ》山地の主稜線から北に派生する同山地の主峰。早川町のなかにあり、山頂一帯は身延町の飛地《とびち》である。南は八紘嶺《はっこうれい》に至り、静岡県境に達する。山頂付近の平坦地には、一の池と称する岩清水を湛えた池があり、池大神社《いけだいじんじゃ》が祀られている。入口部の春木川《はるきがわ》は、糸魚川《いといがわ》静岡構造線の西縁にあたり、この山には、頂上部付近に大崩落地群のナナイタガレがあり、特に山頂東側斜面にはオオガレと称する大崩落があり、現在も崩落が続き、登山道が付け替えられている。そのほか各所に崩落が見られる。山名は主神の七面天女《しちめんてんにょ》を勧請《かんじょう》し、鬼門の一方を閉じて七面を開く、の意味だとされるが、ガレとは斜面の崩壊部を指す語句であり、ナナ、イタも斜面や崖を指す地形語と考えられる。このナナイタに七面の漢字を当て、それが後世シチメンと呼びならわされるようになったものと推測される。

日蓮宗《にちれんしゅう》七面山信仰の中心で、身延山久遠寺《くおんじ》から見上げる位置にある山上には、日蓮宗を守護するという七面大菩薩（七面天女・大明神）を中心に敬慎院《けいしんいん》の大伽藍《だいがらん》が展開する。七面社は法華経修行者の守護神とされ、一の池のそばに建つ。七面大明神は日蓮の在世に示現し、入滅後十六年の永仁五年（一二九七）九月、波木井実長《はきいさねなが》と日朗《にちろう》によって祀られたとされる。七面天女が降臨したという九月十九日を開創日とした大祭を行う。女人禁制のこの山に登り、女人禁制を打破しよう試み、参詣の道を開いたのが徳川家康の側室の万《まん》であり、羽衣《はごろも》滝でその身を清め、女人として最初の足跡を七面山に残した。男女を問わず、現在も多数の信者が集団で登山する。守護神の七面大明神が美しい女性だとする信仰は、山上の池の水神（龍神）信仰から発展したものとされ、古くからの龍神信仰に日蓮宗の信仰が結びついて成立したのが七面天女の信仰であったといえる。

身延山から七面山へ抜ける参詣道の途中に赤沢《あかさわ》（早川町）があり、両山への参拝者のための講宿集落として栄え、日蓮宗妙福寺《みょうふくじ》がある。集落の一部は国選定の伝統的建造物群になっている。赤沢で宿泊し、羽衣を起点にしてたどる表参道（表街道）は、荘厳《そうごん》な杉木立のなかに続いている。敬慎院までの五十町（約五・五キロメートル）を数える町目石《ちょうめいし》を目安に登っていく。途中に神力坊・肝心坊などの四軒の宿坊が存在する。山腹の四十六町目に和光《わこう》門があり、門をくぐって敬慎院の境内に入る。鐘楼《しょうろう》で南方に分岐して坂を登ると随身《ずいしん》門が建つ高台がある。東を向いたこの門からのご来光、富士山を眺望《ちょうぼう》する景色はすばらしく、春秋の彼岸頃には富士山頂からの旭光《きょっこう》、ダイアモンド富士が見られる。正月や春秋の彼岸には、全国から多数の信者が集まる。門を下ると本堂や宿坊が建ち並んでいる。南方の奥之院には七面大明神が示現したとされる影向石《ようごういし》がある。

早川町高住《こうじゅう》の角瀬《すみせ》を起点とする裏参道（北街道）の十九町目には大トチノキが、同四十町目には大イチイが、それぞれ所在する。大トチノキは、七面山宿坊の安住坊の庭にあり、目通り幹囲《かんい》七メートルの巨樹で、同大イチイは、奥院・影向石の近くにあり、裏参道四十町目の標高一、五〇〇メートル付近の春木川に臨む緩斜面《かんしゃめん》に所在するイチイの巨樹である。どちらも昭和三十四年

（一九五九）、山梨県の天然記念物に指定されている。

（堀内　眞）

【参考文献】

中尾尭「七面山の信仰」（鈴木昭英編『山岳宗教史研究叢書　九　富士・御嶽と中部霊山』名著出版、一九七八年）

アクセス情報

七面山

ＪＲ身延駅からバス50分、七面山登山口（角瀬）から山頂まで徒歩5時間

七面山本社　七面山山頂近く

七面山敬慎院　山梨県南巨摩郡身延町身延四二一七

飯綱山《いいづなやま》（飯縄山）

標高◆一、九一七メートル
長野県長野市・上水内郡飯綱町・信濃町

山頂に飯縄《いいづな》神社奥社《おくしゃ》、山麓の長野市富田荒安に里宮《さとみや》が鎮座する。里宮の祭神は皇足穂命《すめたるほのみこと》で、式内社《しきないしゃ》に比定され、飯綱権現を信仰した伊藤忠縄《いとうただつな》の子孫である千日太夫《せんにちだゆう》が、鎌倉時代から奉仕し続けてきたと伝える。

飯綱山の初見は、鎌倉時代に編纂された『阿娑縛抄《あさばしょう》』に収録された戸隠寺《とがくしでら》の縁起で、学問行《がくもんぎょう》者《じゃ》が、嘉承二年（八四九）頃の戸隠山《とがくしさん》（長野市）の開山に先立って飯綱山に登拝し、七日間祈念して独鈷杵《とっこしょ》を投じ、それが至った所に戸隠寺を建てたという記事である。室町時代に成立したとされる『戸隠山顕光寺流記《けんこうじるき》』によれば、天福元年（一二三三）に戸隠山の僧侶に飯綱大明神が憑《ひょう》依《い》し、「吾は日本第三の天狗なり」と名乗り、「戸隠山の鎮守とならん」と述べたという。このことから、飯綱山が戸隠山と深い関係にあり、中世には戸隠山の鎮守神と考えられていたことが知られる。また、飯綱大明神が天狗であるとする観念が早くも見られる点は重要で、「日本第三」と名乗っていることからすれば、すでに広く信仰が流布していたことになろう。

飯綱権現

飯綱大明神《いづなだいみょうじん》は、飯綱権現《いづなごんげん》とも言われ、本地仏《ほんじぶつ》は地蔵菩薩である。飯縄神社の里宮の別当《べっとう》であった本地院《ほんじいん》に伝来した金銅地蔵菩薩半跏《はんか》像（現在は公明院所蔵）の背面には、「飯綱山地蔵菩薩」とあるほか、「千日太夫」の銘文も見える。「千日太夫」は、本来千日間の修行を成就した人物の意味であるが、伊藤忠縄の子孫を名乗る里宮神職の仁科氏は、里宮を管理する職名として歴代「千日太夫」を称していた。

しかし、一般に、飯綱権現は、疾駆する狐に乗った烏天狗であるとされ、上杉謙信愛用の兜《かぶと》の前立《まえだち》をはじめ、応永十三年（一四〇六）の紀年銘を持つ永福寺《えいふくじ》（長野市松代町《まつしろちょう》）の銅飯綱大明神像などに造形化されている。飯綱権現が狐信仰と深い関係にあったことは確かであるが、なぜ狐との関係が説かれたのかは根拠が明瞭でないものの、「飯綱法《いづなほう》」という呪術《じゅじゅつ》との関連が予測できる。

武将の信仰

「飯綱法」は、応仁の乱を引き起こした細川勝元《かつもと》の子政元《まさもと》が通じていた魔法として知られ、『足利季世記《あしかがきせいき》』によれば、「愛宕法《あたごほう》」と密接な関係にあったことがうかがえる。愛宕権現は、勝軍地蔵《しょうぐんじぞう》を本地仏とし、天狗として顕現することで知られ、飯綱権現と共通する点が多く見られる。勝軍地蔵は、文字通り軍事的な性格を帯びており、「愛宕法」が武家にとって意義あるものであったことは容易に察することができる。「飯綱法」の内容は不明であるが、「愛宕法」同様、軍事的色彩を強く持つものであった可能性が高い。細川政元は、乱世にふさわしい呪術として「飯綱法」

を修得し、活用したことが推測できる。また、上杉謙信が使用した印判には、「立願　勝軍地蔵　摩利支天《まりしてん》　飯綱明神」とあり、謙信が軍神である勝軍地蔵や摩利支天とともに飯綱権現に願を掛けたことが知られ、飯綱権現の信仰が軍事と深い関係にあったことを裏づけている。

飯綱とイヅナ

飯綱信仰は、全国的に広まっているが、飯綱山と関係のあるものと直接的な関係が認められないものがある。後者には、イヅナや狐が憑依《ひょうい》するイヅナ憑《つ》き、あるいはイヅナや狐を使って目的を達成しようとするイヅナ使いの信仰が見られる。

（時枝　務）

【参考文献】

宮本袈裟雄「飯綱信仰試論」（『日本民俗学』七一、一九七〇年）

アクセス情報

飯縄山山宮（飯縄山山頂）
ＪＲ長野駅からバス1時間、中社宮前バス停から徒歩約40分で西側登山口、山頂まで徒歩2時間30分

皇足穂命神社（飯縄山里宮）　長野県長野市富田三八〇（荒安地区）
ＪＲ長野駅よりバス25分、新安バス停から徒歩10分

槍《やり》ヶ《が》岳《たけ》

標高◆三、一八〇メートル
長野県松本市・大町市、岐阜県高山市

日本アルプスを代表する山である槍ヶ岳は、槍の穂先を思わせる険阻な山容を特色とするが、その険しさゆえに古代・中世にはもっぱら山麓から仰ぎ見る山であった。近世になって、ようやく信仰登山が行われるようになったが、そこには念仏行者の播隆《ばんりゅう》（一七八六〜一八四〇）の執念と努力があった。

槍ヶ岳開山

播隆は、越中国新川《にいかわ》郡河内《かわち》村（富山市河内）出身の浄土宗の僧侶で、近江国伊吹山《いぶきやま》（滋賀県米原《まいばら》市）で修行したのち、飛驒と美濃を中心に布教活動に従事した。岐阜県や愛知県には、播隆が揮《き》毫《ごう》した名号軸《みょうごうじく》や石造の名号碑《みょうごうひ》などが多数残されており、念仏の行者であったことが知られる。

もともと伊吹山で修行するなど山岳修行への関心が高かった播隆は、文政六年（一八二三）に飛驒の笠ヶ岳《かさがたけ》（岐阜県飛驒市）に登頂し、再興と称して登山道の整備などを行った。

その後、播隆は、笠ヶ岳の奥にそびえて、いまだ開山されていない槍ヶ岳に強い関心を持ち、文政九年（一八二六）に信濃国安曇《あずみ》郡小倉《おぐら》村（長野県安曇野市）の中田又十郎の協力を得て、初登頂に成功した。以後、天保五年（一八三四）までに五回登頂し、山頂の小堂に銅製の阿弥陀如来像・釈迦如来像・観音菩薩像を安置し、岩壁に登拝用の鉄鎖を付けるなど、登山道の整備に尽力した。播隆の努力の結果、尾張国などから登拝者があったことが知られるが、なにぶんにも険しい山であったので、多くの参詣者が登拝するような状況は生まれなかった。多くの信者にとって、槍ヶ岳は遠くから拝するもので、登拝の対象とはならなかったようである。

近代登山の隆盛

近代になると、槍ヶ岳が本格的な登山の対象となるが、初期の登山は主に外国人によるものであった。

明治十一年（一八七八）、大阪造幣寮《ぞうへいりょう》の技術指導を行うためにイギリスから来日したお雇い外国人のウィリアム・ガウランド（一八四二～一九二二）は、外国人として初めて槍ヶ岳登頂を果たした。日本アルプスの名づけ親であるイギリス人宣教師ウォルター・ウェストン（一八六一～一九四〇）は、明治二十四年（一八九一）と翌二十五年に登頂したが、その様子は『日本アルプスの登山と探検』に詳しく記されている。

明治三十五年（一九〇二）には、志賀重昂《しがしげたか》『日本風景論』の影響を受けて、小島烏水《こじまうすい》らが登頂した。一行は初登頂と思い込んでいたが、下山後すでにウェストンら外国人が登頂していたことを知って愕然とし、当時横浜に滞在していたウェストンを訪ねた。それを契機に、小島は、武田久吉らと語らって、明治三十八年（一九〇五）に日本で初めて登山家の会である日本山岳会を創立した。

その頃から、槍ヶ岳登山は一般的な近代スポーツとなり、明治三十七年（一九〇四）には松本小学校（長野県松本市）の児童が集団で登り、話題となった。大正五年（一九一六）には、皇族の東久邇宮稔彦親王《ひがしくにのみやなるひこしんのう》が、長野高等女学校長河野齢蔵《こうのれいぞう》の案内で上高地からの登頂に成功し、登山路開発の気運に拍車をかけることになった。登山熱が高まるなか、大正七年（一九一八）、松本市の穂刈三寿雄《ほかりみすお》は、山腹の槍沢に山小屋「アルプス旅館」を開業したが、あまりにも洒落た名前であったためか、翌年には「槍沢小屋」と改称した。大正九年（一九二〇）には、西穂高村（安曇野市）の山案内人小林喜作が、燕岳《つばくろだけ》から槍ヶ岳へ通じる喜作新道を開き、槍ヶ岳はより身近な山となった。

（時枝　務）

【参考文献】

ウォルター・ウェストン著、青木枝朗訳『日本アルプスの登山と探検』（岩波文庫、一九九七年）

志賀重昂・近藤信行校註『日本風景論』（岩波文庫、一九九五年）

穂刈三寿雄・穂刈貞雄『槍ヶ岳開山　播隆』（大修館書店、一九八二年）

アクセス情報

槍ヶ岳

上高地線新島々駅からバス1時間で上高地バスターミナル、山頂まで徒歩10時間以上

高賀山《こうがさん》

標高◆一、二二四メートル
岐阜県郡上市・関市

高賀山は、郡上市の西南、長良《ながら》川と板取《いたどり》川に挟まれた地域に所在する山で、瓢ヶ岳《ふくべがたけ》（一、一六三メートル）・今淵ヶ岳《いまふちがたけ》（一、〇四八メートル）とともに高賀三山《こうがさんざん》と呼ばれる。

高賀六社の創建伝承

高賀山の山麓には、高賀六社と呼ばれる神社が鎮座しており、『高賀宮《こうがのみや》記録』『濃州郡上郡粥《のうしゅうぐじょうぐんかい》川村《がわむら》高賀山星宮粥川寺《こうがさんほしのみやかいがわじ》由来之事』『那比新宮記《なびしんぐうき》』などに次のような伝説が伝えられている。

霊亀年間（七一五～七一七）、瓢ヶ岳に棲息していた牛に似た妖怪が、山麓の村人に危害を加えた。そこで、養老元年（七一七）に勅命を受けた藤原高光《ふじわらのたかみつ》が妖怪を退治し、高賀山麓に国常立尊《くにとこたちのみこと》をはじめとする神々を祀った。退治に際しては、粥川（郡上市）に住むウナギが、道案内を務めたという。そのため、粥川周辺の人々は、現在でもウナギを殺さないという。その後、天暦年間（九四七～九五七）に妖怪の亡霊が住人を悩ましたので、再び高光が虚空蔵《こくうぞう》菩薩の加護を得て退治し、六社を建立したと伝える。

この高賀六社というのは、関市の高賀《こうか》神社、美濃市の瀧《たき》神社、郡上市の星宮神社・那比新宮神社・那比本宮《なびほんぐう》・金峰《きんぶ》神社で、あたかも高賀山を囲むように分布している。このことから、高賀山信仰が、古くは山麓に神を招いて祀るものであった可能性が推測できよう。

高賀山信仰の美術

高賀山の山麓の寺社には、多くの優れた美術品が伝来しており、一部は国指定重要文化財になっている。

高賀神社には、平安時代後期の神像のほか、多数の鎌倉時代の懸仏《かけぼとけ》、保延五年（一一三九）から文永七年（一二七〇）までの間に書写された大般若経五百六十三巻など、同社と関係の深い蓮《れん》華峯寺《げぶじ》には、天治元年（一一二四）銘の十一面観音菩薩像をはじめとする十八軀の仏像などがある。

瀧神社には、平安時代の観音菩薩像などが祀られているが、損傷が著しい。

星宮神社には、平安時代末期の蔵王権現像や鎌倉時代後期の虚空蔵菩薩像、鎌倉時代から室町時代にかけての懸仏などがあり、隣接する粥川寺には鎌倉時代の不動明王像、薬師堂には鎌倉時代の虚空蔵菩薩像などがある。

那比新宮神社には、貞和二年（一三四六）銘の金銅虚空蔵菩薩像などの仏像のほか、二百七十面に及ぶ鎌倉時代から室町時代に製作された懸仏が伝来し、国指定重要文化財に指定されている。懸仏は、半数を越える百五十一面が虚空蔵菩薩を本尊とするもので、中世に虚空蔵信仰が隆盛したことが知られる。

虚空蔵信仰の系譜

高賀山信仰の特色は、虚空蔵信仰が山岳信仰と一体化して、独自の信仰世界を形成している点にある。虚空蔵信仰が顕著になるのは、懸仏の製作時期から十三世紀のことであったと判断できるが、十五世紀には衰退した可能性が高い。高賀山の虚空蔵信仰は、一種の流行神としての性格を一面に持っているのであるが、その担い手として注目されているのが真言系修験である。真言系修験の虚空蔵信仰は、朝熊山金剛証寺《あさまやまこんごうしょうじ》（三重県伊勢市）や石動山天平寺《せきどうさんてんぴょうじ》（石川県中能登町）などにおいて顕著に見られるが、いずれも山岳信仰と深い関係を持っている。高賀山の虚空蔵信仰は、虚空蔵菩薩を本地仏とする白山の別山平《べっさんだいら》の加宝社《かほうしゃ》との関連を重視する説もあり、伝播の実態については不明な点が多いが、虚空蔵信仰が盛んな近畿地方と北陸地方をつなぐ要衝に立地していることは確かである。

高賀山の山麓では、現在でもウナギを食べないなどの習俗が残されており、かつて栄えた虚空蔵信仰の根強さをかいま見せている。

（時枝　務）

【参考文献】

佐野賢治「高賀山と虚空蔵信仰」（高瀬重雄編『山岳宗教史研究叢書　一〇　白山・立山と北陸修験道』名著出版、一九七七年）

佐野賢治『虚空蔵菩薩信仰の研究――日本的仏教受容と仏教民俗学』（吉川弘文館、一九九六年）

佐和隆研「高賀山信仰と美術」（『仏教芸術』八一、毎日新聞社、一九七一年）

アクセス情報

高賀神社　岐阜県関市洞戸高賀

ＪＲ岐阜駅からバス1時間30分、高賀口バス停から徒歩40分、山頂までは徒歩3時間

伊豆山《いずさん》

標高◆一七〇メートル（伊豆山神社）
静岡県熱海市

熱海市伊豆山上野地の伊豆山神社、およびその周辺一帯を指す。伊豆山神社は縁結びの信仰を広く集めており、本殿前の梛《なぎ》の木の葉を所持すれば縁結びに効験があると言われる。本殿はかつて上宮と呼ばれた標高一七〇メートルほどの地点にあるが、そこから海岸付近に向かって参道階段を下ると、標高五〇メートル弱の地点に下宮の跡地があり、さらに伊豆山浜に下ると岩窟《がんくつ》から温泉の熱湯が海に向けて噴出していた走り湯がある。一方で、本殿背後の神体山の山中に入ると、水立《みづたて》と呼ばれる場所に磐座《いわくら》群がある白山神社があり、西北にある子恋《こごい》の森、結明《むすぶみょうじん》神社を経ると標高三八〇メートルほどの地点に本宮社（奥宮）が鎮座する。さらに標高七三四メートルの岩戸山、標高七七四メートルの日金山《ひがねさん》を含めた一連は、伊豆山信仰に相互に関連する場所である。伊豆山浜から相模湾沖一〇キロメートルほどに浮かぶ初島、日金山から山間部を進んだ場所にある箱根山まで含めて重要な聖地となる。

走湯山（**伊豆山権現**）

『延喜式神名帳《えんぎしきじんみょうちょう》』にある火牟須比命《ほむすびのみこと》神社が伊豆山神社に相当すると考えられているが、明治時代以前は伊豆山権現、走湯山《そうとうさん》権現などと呼ばれた神仏習合の宮寺であった。伊豆山権現の本地仏は千手観音であるとされ、多くの寺僧が神仏習合による祭祀・勤行を行い、境内には社殿を凌駕《りょうが》する規模の仏堂・院家《いんげ》が立ち並び、一山を形成した。走湯山は平安時代から天台宗・真言宗が進出しており、東谷一帯は天台宗、西谷（岸谷《きだに》）一帯は真言宗の拠点となっていた。一山の総責任者である別当職は鎌倉時代以降、院家の密厳院《みつごんいん》が継承している。密厳院の院主は東寺《とうじ》で真言宗の教学を学び、東谷一帯も含めて山内は真言宗の勢力で固められていく。江戸時代になると密厳院に代わって般若院が別当を勤めるようになったが、このほかに供僧坊《くそうぼう》（坊中）が十二坊（岸・宝蔵・真浄・日下・泉蔵・善満・行覚・本地・福寿・常真・円蔵・常蔵）、修験者の坊が七坊（円光・定光・歓喜・常福・西蔵・円秀・宝珠）、一山総菩提所の成就坊《じょうじゅぼう》、承《しょう》仕《じ》が四家あり、幕府より三百石の朱印料を与えられていた。明治時代に入ると神仏分離令

伊豆山神社

走り湯

中部

により、梵鐘《ぼんしょう》が取り払われ、参道左右に立ち並んでいた僧坊はすべて廃止、現在の伊豆山小学校付近にあった般若院は岸谷の成就坊跡に移り、名称は存続したが、阿弥陀堂は廃棄、大師堂は成就坊跡に移動、本殿に祀られていた木像走湯権現像は僧衣をまとうことから般若院へと移された。下宮にあった中堂、講堂も廃棄された。

伊豆山経塚遺跡

関東大震災（大正十二年〈一九二三〉）で本殿背後の神体山が崩落し、昭和二年（一九二七）の復旧工事の際に多数の経塚遺跡が発見された。永久五年（一一一七）銘の経筒から承安二年（一一七二）銘の和鏡、経筒まで平安時代後期から鎌倉時代初期にかけて埋納されていた経塚群である。さらに平成八年（一九九六年）に陶製外容器が発見されたが、平成十五年（二〇〇三）～十七年にかけて國學院大學考古学資料館が調査を行い、六基の集石遺構を検出した。この遺構の三基からは経塚関連遺物も併せて出土している。経塚遺跡は本殿背後の神体山の中腹付近、標高二〇〇メートル弱の傾斜地に形成されており、十二世紀頃から埋納《まいのう》が開始され、十二世紀末頃を埋納のピークにしている。

伊豆峯修行

走湯山の修験が、十二月十五日から一月二十八日まで、伊豆半島の役行者の古跡を回る遍路修行を伊豆峯《いずみね》と呼んでいた。伊豆峯は伊豆の出崎《でさき》八葉蓮形に八つの秘所があるとして、伊豆半島を海沿いのルートで三百八十ヶ所の霊場を回り、四十五日間で一周するものである。先達一人、同行二人、合力一人で行い、これに役行者を加えて「同行五人」と記した札を二百三十八枚納めながら、天下安全・五穀成就と将軍家の武運長久を祈って柴燈護摩《さいとうごま》をして回った。先達は円光坊が勤めたが、十五日に先達宿所を出発し、下宮から熱海村の湯前《ゆぜん》大権現、来宮《きのみや》大明神、紀僧正《きのそうじょう》の祠、和田天満宮、上多賀《かみたが》の日野明神、下多賀《しもたが》の松尾明神に納札し、東伊豆を回って手石《ていし》の岩崎堂で年越し、そして西伊豆を回り、一月二十七日に三島明神から日金山東光寺と土沢《とさわ》光南寺の地蔵堂を経て、翌日伊豆山に帰山した。

（大高康正）

【参考文献】

貫達人「伊豆山神社の歴史」（『三浦古文化』三〇、一九八一年）

『熱海市史』上（熱海市、一九六七年）

『伊豆山経塚遺跡発掘調査報告』（國學院大學考古学資料館、二〇〇六年）

『伊豆修験の考古学的研究』（國學院大學、二〇一二年）

アクセス情報

伊豆山神社　静岡県熱海市伊豆山上野地

JR熱海駅からバスで10分、伊豆山神社前下車／JR熱海駅からタクシーで6分

日金山《ひがねさん》（十国峠《じっこく》）

標高◆七五五メートル
静岡県田方郡函南町桑原

熱海市と函南町《かんなみ》との境界付近にある日金山は、十国峠の別称を持つ。その名の通り、十国（伊豆、駿河、相模、武蔵、上総、下総、安房、遠江、信濃、甲斐）が見渡せ、伊豆諸島の大島、新島、神津島《こうづ》、三宅島、式根島に初島《はつしま》を加えた島々、駿河湾、相模湾に富士山までを眺望できる景勝地である。『万葉集《まんようしゅう》』三三五八番歌或本歌にある「伊豆能多可祢《いずのたかね》」は日金山を、『金槐和歌集《きんかいわかしゅう》』の「箱根路をわが越えくれば伊豆の海や沖の小島に波の寄る見ゆ」は日金山で詠まれた歌とされている。日金山といえば、山頂に近い東光寺《とうこうじ》の地蔵信仰がまず思い出されるのであるが、元来は伊豆山の神体山的な側面を持っており、光峰、火が峰、丸山などとも記された。東南の山裾に位置する伊豆山までを含めて、複数の聖地が重層する信仰空間となっており、日金山は伊豆山神社の旧社地とされていたのである。

日金山の三仙人

「走湯山縁起《そうとうさん》」によると、応神天皇の頃、異域の神人で湯神である伊豆山権現が円鏡《えんきょう》の姿で相模国の唐浜磯部（大磯町）に来臨し、さらに伊豆山の海に出現した。円鏡を松葉仙人が日金山に祀り、木生《きしょう》仙人（蘭脱《らんだつ》）と金地《こんじ》仙人が奉斎したとする。日金山に伊豆山権現を祀ったこの三人は、日金山の伝説上の三仙人とされ、東光寺境内の裏手に松葉仙人・木生仙人・金地仙人を供養する塚と三基の宝篋印塔《ほうきょういんとう》が建てられている。これら宝篋印塔は文化十年（一八一三）に伊豆山般若院別当の周道が、中世の石造物を合わせて造成したものである。三仙人の実在性はともかく、走湯山縁起の構成は箱根権現の縁起に共通する点が多く、また富士山縁起で語られる古代に富士登山を行った伝説的な人物にも、金時《きんとき》・覧薩《らんさつ》や金讃《きんらん》上人といった人物が登場している。伊豆山、箱根山、富士山の三山は相互に関連する修験者たちの存在によって、山岳修行の聖地として開かれていった可能性が高いと考えられる。

三仙人の塚と供養塔（右：木生仙人、中：松葉仙人、左：金地仙人）

石仏の道

熱海市西山町の西山バス停付近には、かつて地蔵堂があり四面塔《しめんとう》と呼ばれていた。ここに三島道と日金道とに分かれる道標が立ち、江戸時代より日金山東光寺への参道入口となっていた。天明二年（一七八二）、名主の今井半太夫《いまいはんだゆう》は子息を弔うため、熱海村の中心まで十町、日金山まで四十町のこの地に石仏を寄進する。これ以降、土地の名家や江戸の商人などによって、東光寺まで四十町の参道に一町ごとに地蔵を刻ん

日金山東光寺

だ石仏が寄進されていくことになる。現在もこのルートを一部改変した全長二、七〇〇メートルの石仏の道がハイキングルートとして整備されており、西山バス停付近の明水神社を起点に土沢《とさわ》を経て日金山まで石仏をたどりながら歩くことができる。石仏三十七町付近には、平安時代末に伊豆山で修行をし、富士山頂に経典埋納を行った末代《まつだい》上人《しょうにん》を供養するため、文化十一年（一八一四）に般若院《はんにゃいん》の周道が建てた宝篋印塔がある。また、神奈川県湯河原町の落合橋付近を起点に千歳《ちとせ》川をさかのぼり、湯河原温泉街から熱海市泉《いずみ》の山道に入り日金山へと至るルートも石仏をたどることができる。

日金山と地蔵信仰

日金山山頂から少し下がった場所に延命地蔵尊《えんめいじぞうそん》を本尊とする真言宗・日金山東光寺の境内がある。近くに賽《さい》の河原と呼ばれた場所もあり、日金山には地獄があると考えられていた。東光寺は江戸時代後期に熱海坊・田方坊・土沢坊・箱根坊・相模坊が確認され、坊名に付された地域を旦那場に活動していたものと思われる。境内背後には近年、霊園が開発されているが、地蔵信仰の霊地として春秋の彼岸《ひがん》に塔婆供養《とうばくよう》を行う参拝者が現在も訪れている。日金山の地蔵に対する信仰は、旧田方郡、駿東郡など伊豆半島北方から神奈川県小田原市以西にかけて広がっており、祖霊の集まる山として信仰されてきた。

日金山のイチコ

江戸時代には縁日に多数のイチコが境内に出て、参拝者に対して死者の口寄せを行っていたようである。イチコは近代まで、伊豆一円、東駿河、相模などを回り活動していた。東光寺の境内には、石仏や五輪塔など江戸時代以降の石造物を多数確認することができるが、近代に入ってからも戦没者供養に関する石碑や、追善供養のための幟が多数寄せられている。イチコが地域に日金山信仰を根づかせた。

（大高康正）

【参考文献】

川本静江「伊豆日金山の信仰」（『日本民俗学会報』三九号、一九六五年）
『熱海市史』上（熱海市、一九六七年）
『静岡県史』資料編二三民俗一（静岡県、一九八九年）

アクセス情報

日金山東光寺　静岡県熱海市伊豆山九六八
ＪＲ熱海駅からバス35分、または東名高速道路沼津ICから車40分、ケーブルカー十国峠登り口駅からケーブルカー3分、十国峠山頂駅から徒歩10分

中部

久能山《くのうざん》

標高◆二一六メートル
静岡県静岡市駿河区

静岡市駿河区根小屋付近、有度山《うどやま》南麓の独立した山頂部分を呼び、国指定史跡に登録されている。山下は有度浜に程近く、駿河湾からの風雨の影響を受けやすく、礫層が侵食され、急崖に囲まれた景観を形成している。現在、山頂には建造物が国宝に指定された徳川家康を祀る久能山東照宮が鎮座するが、もともとは古代の時代から補陀洛山久能寺《ふだらくさんくのうじ》と呼ばれた駿河国を代表する顕密《けんみつ》系の寺院が、山内に大伽藍《だいがらん》を形成していた。

久能寺

久能寺の由来について、康永元年（一三四二）成立の「久能寺縁起」によると、開山は推古天皇の時代に秦氏《はたし》の一族とされる久能忠仁《くのうただひと》が駿河の国司《こくし》として下向し、この地に草堂を建てたものが始まりとなっている。久能寺は補陀洛山の山号を持ち、本尊を千手観音とすることからも補陀洛信仰に由縁のある霊地と考えられていたことがわかる。補陀洛とは南方にある浄土の世界で、八角の形状をした山があり、観音菩薩の住処であるが、久能山は観音菩薩の聖地になぞらえられていたのである。平安時代には天台宗の寺院として存在したことが確認できるが、秘仏の木造千手観音立像が八世紀から九世紀初め頃の特徴を持っており、創建年代も奈良・平安時代までさかのぼる可能性が指摘されている。久能山は駿河国内では、建穂寺《たきょうじ》と勢力を二分し、ともに惣社《そうじゃ》である駿府浅間《せんげん》神社の祭祀にも社僧として関与していた。戦国時代以降に寺地を村松（現在の静岡市清水区村松）に移動し、新義真言宗の寺院となったが、引き続き江戸時代も幕府より朱印料二百石余を与えられ、多くの子院《しいん》を擁していた。しかし、明治維新の前後には衰退し、明治十六年（一八八三）旧幕臣の山岡鉄舟《やまおかてっしゅう》が臨済宗妙心寺派の今川貞山《いまがわていざん》を開山に招いて再興し、寺号を鉄舟《てっしゅう》寺《じ》と改めている。

久能山

久能寺経

久能寺の名前を現在に伝えるものとして、きらびやかな装《そう》飾経《しょくきょう》の国宝・久能寺経が知られている。平安時代の永治元年（一一四一）鳥羽上皇の出家の際、あるいは翌年二月の待賢門院《たいけんもんいん》の落飾《らくしょく》の際に成立したものとされる。江戸時代初期以前には久能寺に伝来しており、法華経全八巻を構成する二十八品の章に加えて、開経《かいきょう》として無量寿経《むりょうじゅきょう》、結経《けっきょう》として観普賢経《かんふげんぎょう》を加えた三十巻として成立した。現在は二十六巻が伝来し、鉄舟寺に十七巻、東京国立博物館に三巻、五島美術館に二巻、個人蔵として四巻が伝来している。

七観音巡礼

駿河七観音参りという巡礼がある。養老七年（七二三）に行基《ぎょうき》が諸国を行脚《あんぎゃ》する途中に駿河国へ立ち寄り、七体の千手観音像を彫ったことが起源との伝承を持つ。七観音のある寺院は駿府周辺の法明《ほうみょう》寺、増善《ぞうぜん》寺、建穂寺、徳願《とくがん》寺、久能寺、平澤《へいたく》寺、霊山《れいざん》寺で、中世後期にはこれらをめぐる巡礼が始まっていたようである。七観音参りは、江戸時代には駿河国内を巡る駿河国観音三十三所巡礼や、伊豆・駿河両国を巡る横道《よこどう》観音三十三所巡礼といった地方巡礼に発展する。駿河国観音三十三所は宝永七年（一七一〇）以前、横道観音三十三所は元禄五年（一六九二）以前には成立している。

久能山城

久能山は、南北朝期頃に城として利用されていたことが確認できるが、久能寺の伽藍を利用した砦のようなものだったと思われる。本格的に城郭に改造された時期は、永禄十一・十二年（一五六八・六九）の武田信玄による駿河攻め以降で、久能寺を矢部妙音寺《みょうおんじ》へ移して久能山城を築いた。この城は駿府を防衛する上で要の一つと考えられており、元和二年（一六一六）に徳川家康が没して久能山東照宮が造営されるまで利用された。現在は、城跡の遺構を確認することは困難であるが、井戸・土塁・曲輪などが一部残る。

久能山東照宮

元和二年、徳川家康の遺言により久能山に遺骸を埋葬し、翌三年、将軍徳川秀忠により東照宮の社殿が造営された。その後、将軍徳川家光による寛永年間（一六二四〜四四）の日光東照宮造営事業に関連し、久能山も社殿以外の透塀《すきべい》、薬師堂、神楽殿《かぐらでん》、五重塔、鐘楼《しょうろう》、楼門などが増築された。造営以来の多くの建物が現存しており、平成二十二年（二〇一〇）十二月には本殿、石の間、拝殿が国宝に指定されている。江戸時代、東照宮社僧の玉泉院の敷地後ろに、開山・久能忠仁の墓が残っていたが、現在も久能神社として社務所裏側付近に祀られている（通常は非公開）。

（大高康正）

久能山東照宮

【参考文献】

大高康正「近世後期における東泉院慈舩の地方巡礼」（『六所家総合調査だより』一一号、二〇一二年）

『駿河記』上（臨川書店、一九七四年）

『修訂駿河国新風土記』上（国書刊行会、一九七五年）

『鉄舟寺展』（フェルケール博物館、二〇〇一年）

アクセス情報

久能山東照宮　静岡県静岡市駿河区根古屋三九〇

ＪＲ静岡駅からバス40分、日本平ロープウェイ5分

中部

秋葉山《あきはさん》

標高◆八八五メートル
静岡県浜松市天竜区

赤石《あかいし》山脈の南端付近、静岡県浜松市天竜区春野町領家《りょうけ》に位置する。山頂付近には曹洞宗の大登山秋葉寺《しゅうようじ》が存在した。その境内に火防《ひぶせ》の神として知られる秋葉大権現（三尺坊《さんしゃくぼう》）が祀られ、江戸時代以降に秋葉信仰は諸国に広がっていく。秋葉寺と秋葉大権現は一体のものであったが、明治政府の神仏分離政策によって大打撃を受け、秋葉寺は明治六年（一八七三）三月、浜松県令により一時廃寺とされた。その後、秋葉山における信仰は、秋葉神社、秋葉寺、可睡斎《かすいさい》とに三分裂することになる。現在は山頂付近に火之迦具土大神《ほのかぐつちのかみ》を祭神とする秋葉山本宮秋葉神社、中腹付近に明治十三年（一八八〇）に復寺再興が認められた秋葉山秋葉寺に分かれて存在し、双方で行われる火祭りが有名である。また、袋井市久能の可睡斎には神仏分離後に秋葉大権現が移座し、秋葉総本殿に祀られている。

秋葉寺

江戸時代に制作された縁起類によると、養老二年（七一八）行基《ぎょうき》菩薩の開山で、本尊は聖観音菩薩とあるが、秋葉山から龍頭山《りゅうとうざん》にかけての一帯は、山岳修行の地として修験者により開かれ

秋葉寺（松田香代子氏撮影）

ていた場所で、彼ら秋葉修験の拠点として秋葉寺が存在した。中世以前の秋葉寺は顕密系の真言宗の勢力が支配しており、観音菩薩が信仰の中心で、そのほかに勝軍地蔵《しょうぐんじぞう》の地蔵信仰が加わっていたものと思われる。江戸時代以降は烏相有翼《うそううよく》の霊相《れいそう》で宝剣を持ち、カルラ焔に包まれ、白狐に乗った姿で現される三尺坊に対する信仰が中心となる。

三尺坊

三尺坊は縁起によると、宝亀九年（七七八）に信濃国に生まれた修験者とされている。越後国の蔵王堂十二坊の三尺坊で修行をし、不動三昧《ふどうざんまい》の秘法によって烏相有翼の霊相に変化し、飛行して秋葉山にとどまり、さらに諸国を遊行《ゆぎょう》して、永仁二年（一二九四）八月に秋葉山に戻って入寂《にゅうじゃく》したとある。入寂時期は縁起以外に拠るものはないが、鎌倉時代後期という時期は、中世以前の秋葉寺の歴史を考えるうえでなんらかの画期を示唆している可能性がある。三尺坊は、秋葉寺において本堂観音堂の右に本社として祀られたが、本地を観音菩薩とし、本尊とは一体のものである。三尺坊が火防の神として秋葉信仰の中心となった背景は、貞享二年（一六八五）の秋葉祭以降に流行神《はやりがみ》として庶民の間に広まったことが画期となったとされる。これ以後、全国各地に秋葉講が組織され、秋葉参りが盛んとなり、常夜燈《じょうやとう》が多数築かれ、修験者の間道や地域の生活道が、遠江・三河・駿河・信濃国から秋葉山へと通じる秋葉道《あきはみち》として、信仰の道に整備されていくことになった。

秋葉信仰

江戸時代以降、秋葉信仰は三尺坊に対する信仰が中心となり、火防の神として諸国に波及《はきゅう》した。ただし、秋葉信仰は秋葉寺が位置する遠江国以外にも、駿河国（静岡市清水区）の峰本院《みねもといん》・栄松《えいしょう》院《いん》・福昌院《ふくしょういん》、相模国（小田原市）の量覚院《りょうがくいん》、尾張国（名古屋市）の円通寺《えんつうじ》、同（小牧市）福厳寺《ふくごんじ》、越後国（長岡市）の常安寺《じょうあんじ》など独立した拠点を持ち、秋葉寺がその本山に位置づけられていたわけではないので、江戸時代に寺社奉行のもとで本末や本家を争うことになった。この背景には、秋葉寺に拠っていた真言宗系の修験たちと秋葉山別当との内部対立の結果、秋葉寺が寛政二年（一七九〇）に曹洞宗の可睡斎の末寺に位置づけられたことなども影響していよう。そもそも秋葉信仰の中心となる三尺坊の霊験譚《れいげんたん》は、信濃国戸《と》隠山《がくしやま》の飯綱《いづな》信仰の影響により派生したものと捉えられており、三尺坊自体を戦国時代の武田氏と徳川氏・上杉氏の勢力争いに介在して、越後国から来訪した修験者をモデルにしたものであるとする説もある。

火祭り

火防の神、秋葉山を象徴するものの一つに火祭りがある。現在の秋葉神社の火祭りは十二月十五日の御阿礼祭《みあれまつり》に始まって、翌十六日大祭の夜に行われる火の舞いである。秋葉寺の火祭りは、十二月十日の住職と役寮の精進潔斎《しょうじんけっさい》に始まって、十五・十六日両日の午後九時から行われる四天の行や火渡りである。また十七日午前一時から三尺坊やその眷属《けんぞく》の天狗に対して、七十五膳献《けん》供式《くしき》を執行している。また可睡斎でも火祭りが実施されている。十二月十日未明から役僧が精進潔斎を行い、十五日夜に火渡りと七十五膳献供式を行っている。

（大高康正）

【参考文献】

『静岡県史』通史編二五　民俗三（静岡県、一九九一年）

『三尺坊』（秋葉山秋葉寺、一九九六年）

『秋葉信仰』（雄山閣、一九九八年）

アクセス情報

秋葉山秋葉寺　静岡県浜松市天竜区春野町領家八四八

遠州鉄道西鹿島駅からバス45分、秋葉山麓バス停から徒歩1時間30分

秋葉山本宮秋葉神社　静岡県浜松市天竜区春野町領家八四一

遠州鉄道西鹿島駅からバスで40分

可睡斎　静岡県袋井市久能二九一五‐一

ＪＲ袋井駅からバスで10分

金北山《きんぽくさん》

標高◆一、一七一・九メートル
新潟県佐渡市

佐渡島《さどがしま》を南西から北東に走る二つの山地、北の大佐渡山地と南の小佐渡山地のうち、大佐渡山地の主峰であり、佐渡島で最も標高が高い。もとは単に北山と称されていたが、近世初期に佐渡金山が発見されたことにより、金北山と呼ばれるようになったとされる。

山頂の奥宮に祀られているのは、本地《ほんじ》を勝軍地蔵《しょうぐんじぞう》とする金北山大権現（現在の金北山神社）であり、山頂南麓の佐渡市佐和田《さわた》町真光寺《しんこうじ》に金北山神社里宮がある。神仏分離前は、現在廃寺となっている真光寺が金北山大権現の別当であり、中世末には上杉景勝《かげかつ》の崇敬を受けて栄えたという。近世の真光寺は真言宗醍醐寺末に属し、佐渡一国総鎮守の別当として将軍家の武運長久を祈願したとされる。近世の真光寺は山林修行との結びつきが見られなくなっていたが、上杉景勝との関係以前には修験であったとする伝承もある。

また、金北山がかつて白山と呼ばれたこともあったことなどから、白山修験との関係が主張されることもある。

かつて山林修行の場であったことの根拠として、第二次世界大戦後に山頂が米軍にレーダー基地として接収されるまで、男児の初山参りの習俗が残っていたこと、近世まで女人禁制の山であったことを挙げる説もある。

（由谷裕哉）

【参考文献】
鈴木昭英「佐渡の山岳信仰――金北山・檀特山を中心に」（鈴木昭英編『山岳宗教史研究叢書　九　富士・御嶽と中部霊山』名著出版、一九七八年）
和歌森太郎「佐渡の修験道」（九学会連合佐渡調査委員会編『佐渡』平凡社、一九六四年）

アクセス情報

金北山神社　奥宮（金北山山頂）　佐渡市沢根五十里七五八
両津港からバス20分、下車後、徒歩1時間30分で新保登山口、山頂まで徒歩4時間

金北山神社　里宮　佐渡市真光寺

二王子岳《にのうじだけ》

標高◆一、四二〇・三メートル
新潟県新発田市

越後山脈の北部に位置し、飯豊《いいで》連峰の前山にあたる。現在は登山口の二王子に二王子神社があり、登山道沿いの三合目に一王子社、八合目付近に三王子社、九合目付近に奥の院がある。かつては、本殿二王子大権現は不動明王《ふどうみょうおう》、一王子は熊野権現、三王子は蔵王《ざおう》権現とされ、奥の院は毘沙門天と大黒天の二尊、もしくは虚空蔵《こくぞう》菩薩であるとされた。

山麓の田貝《たがい》（新発田市）が、この山に依拠した修験の本拠地であった。中世にはすでに田貝に定着していた修験がいたとも推察されるが、近世には別当定高寺を触頭《ふれがしら》とする田貝修験八家（ほかに、東光院・千住院・西方院・南学院・中王院・千竜院・光明院）が近江飯道寺《はんどうじ》に属し、袈裟下《けさした》に二十四院を数えていた。彼らの活動は二王子大権現の祭祀のほかは、日待ち檀家の祈禱や農業が主体であったと言われる。

神仏分離に際して定高寺ほか三院が神職となり、残り四院はのちに絶家となった。もっとも、神社となった二王子神社の特殊神事にも、お山掛けなどかつての田貝修験の活動を継承するものが多い。

（由谷裕哉）

【参考文献】

佐久間惇一「二王子信仰と田貝修験」（鈴木昭英編『山岳宗教史研究叢書　九　富士・御嶽と中部霊山』名著出版、一九七八年）

中部

アクセス情報

二王子岳
JR新発田駅よりバス25分で南俣登山口、山頂まで徒歩5時間

二王子神社　新潟県新発田市田貝
JR新発田駅からバス30分、中田屋バス停から徒歩1時間20分

苗場山《なえばさん》

標高◆二、一四五メートル
新潟県南魚沼郡湯沢町・中魚沼郡津南町、長野県下水内郡栄村

頂上に広大な湿原がある所が、山名の由来とされる。江戸後期の越後魚沼《うおぬま》郡の商人で、『北越雪譜《ほくえつせっぷ》』『秋山紀行《しゅうざんきこう》』の著者として知られる鈴木牧之《ぼくし》（一七七〇～一八四二）も、「絶頂に天然の苗田《なえだ》あり、依《よっ》て昔より山の名に呼ぶなり、峻岳の巓《みね》に苗田ある事甚《はなは》だ奇なり」、と記している。

鈴木牧之は文化八年（一八一一）に苗場山に登拝し、『苗場山紀行』を著している。彼は、東麓の三俣《みつまた》（南魚沼郡湯沢町《ゆざわまち》）から神楽《かぐら》ヶ峰《がみね》を越えて山頂に至るルートをとった。同書によれば、当時の苗場山は塩沢町大沢《しおざわまちおおさわ》（南魚沼市）の大沢寺《だいたくじ》によって管理されていたらしい。この寺は山号を苗場山と号し、大日如来を本尊とする修験寺院であった。山中の霊蹟としては、三俣祓川《はらいがわ》や神楽ヶ峰のほか、竜巌窟《りゅうがんくつ》なる霊地があったとされる。また、山頂については、「頂上相生《そうしょう》の松樹《しょうじゅ》の下」に垂迹する「石像の霊神」があると記している。現在、山頂に位置する伊米《いめ》神社の奥宮《おくのみや》を表すと考えられる。延喜式内社《えんぎしきないしゃ》である伊米神社の里宮は、南魚沼郡湯沢町にある。

山頂には明治期に、南魚沼郡六日町《むいかまち》の修験・快蔵院によって宿坊「遊仙閣《ゆうせんかく》」が作られた。

山頂付近にはほかに、自然交流センター、鈴木牧之の顕彰碑、保食神《うけもちがみ》の青銅像および多くの石碑がある。役行者《えんのぎょうじゃ》の石碑には裏に役行者一二〇〇

年大遠忌《だいおんき》記念、聖護院門跡《しょうごいんもんぜき》五一世徳泉謹書とある。ほかにも天照大神《あまてらすのおおみかみ》、大山咋命《おおやまくいのみこと》、天児屋根命《あめのこやねのみこと》、大穴貴命《おおなむちのみこと》、猿田彦命《さるたひこのみこと》などの石碑がある。

東側の山麓は、スキーリゾートとして有名。山麓のスキー場は、田代《たしろ》（新潟県十日町市《とおかまち》）、かぐら（南魚沼郡湯沢町）など十七ヶ所あり、ゲレンデに立つリフト群が山容を変えてしまった。（由谷裕哉）

【参考文献】
鈴木牧之「苗場山紀行」（新潟県教育委員会編『鈴木牧之資料集』鈴木牧之顕彰会、一九六一年）

アクセス情報

伊米神社　奥宮（苗場山山頂）
JR越後湯沢駅から車40分、登山口から山頂まで徒歩4時間

伊米神社　里宮　新潟県南魚沼郡湯沢町三俣一八二

大沢寺（本山修験宗）　新潟県南魚沼郡塩沢町大字大沢一〇一五

大菩薩嶺《だいぼさつれい》

標高◆二、〇五六・九メートル
山梨県甲州市・北都留郡丹波山村

丹波山《たばやま》村と甲州市塩山《えんざん》の上萩原《かみはぎはら》の境にそびえる山で、標高は二、〇五六・九メートル。北の鶏冠《とさか》山《やま》から当山を経て、南に小金沢山《こがねざわやま》・黒岳《くろだけ》・滝子山《たきごやま》へと続く連山は大菩薩連嶺《れんれい》あるいは大菩薩山塊《さんかい》などと呼ばれ、当山は連嶺の最高峰である。南の小金沢山との中間を乗り越す稜線鞍部を大菩薩峠という。近世後期の『甲斐国志《かいこくし》』は、峠を「嶺」（とうげ）と表記し、嶺を「とうげ」と訓じていたが、のちに「嶺」（れい）と呼び変えて、その北側にある主峰の山名に変化した。大菩薩の地名については、甲斐源氏の祖、新羅三郎義光《しんらさぶろうよしみつ》に関係するとか、塩山の神部《かんべ》神社の本地仏《ほんじぶつ》に由来するなどの説がある。近世には多摩川水系および笛吹川《ふえふきがわ》水系の水源部にあたるこれらの山々を萩原山と総称して

いた。萩原山を入会山とし、その入会十一ヶ村枝《えだ》郷《ごう》が一之瀬高橋である。

大菩薩峠の西麓、登山道の入口に雲峰寺《うんぽうじ》がある。臨済宗妙心寺派の寺院で、本尊は十一面観音で、裂石観音《さけいしかんのん》とも呼ばれた。もとは天台宗もしくは真言宗の寺院であったという。甲府の鬼門にあたることから武田氏の祈願所とされた。寺の北東側に延びる尾根の平坦地に鎮座する金毘羅神社境内に経塚遺跡（雲峰寺経塚）がある。神社修復工事の際、常滑三筋壺《とこなめさんきんこ》など十二世紀代の陶器のほか、経筒《きょうづつ》、山吹双鳥鏡《やまぶきそうちょうきょう》・菊花双鳥鏡《きっかそうちょうきょう》などが出土した。平成四年（一九九二）には再調査が行われている。

（堀内　眞）

【参考文献】

『甲斐国志』大日本地誌大系四四（雄山閣、一九六八年）

アクセス情報

大菩薩嶺

JR塩山駅から車40分、上日川峠から山頂まで徒歩2時間

鳳凰山《ほうおうざん》

標高◆二、八四一メートル（観音岳）

山梨県南アルプス市・韮崎市・北杜市

韮崎市と南アルプス市の境、駒ヶ岳《こまがたけ》（甲斐駒ヶ岳）の南東に連なる山塊《さんかい》で、北から地蔵ヶ岳《じぞうがたけ》（二、七八〇メートル）・観音岳《かんのんだけ》（二、八四一メートル）・薬《やく》師岳《しだけ》（二、七六二メートル）の三峰を包括する山域を指して鳳凰山という。今日では鳳凰三山という呼称が広く用いられている。韮崎市側からの登山拠点の御座石《ございし》には、戦国期に採掘されたと見られる金鉱跡が残る。

歴史的にみると、山名は時代によって一定しておらず、文献によっては当山の領域が錯綜している。近世後期の『甲斐国志《かいこくし》』は、地蔵仏と呼ばれ

る巨岩塔のある山を鳳凰山とし、観音、薬師を挙げている。地蔵仏（オベリスクとも）が信仰の中心とする。その基部の賽ノ河原には数多くの地蔵石仏が奉納される。修験者によって開山されたものと推測される。北麓の柳沢（北杜市武川町）に鳳凰山権現が祀られる。山麓から桜井（甲府市）へ移転した寺に鳳凰山東禅寺《とうぜんじ》がある。

近代登山の父と称されるウォルター・ウェストンは、明治三十七年（一九〇四）に鳳凰三山を縦走し、地蔵岳岩塔に初登攀《とうはん》した。春季、観音岳の東面に現れる雪形は農牛と呼ばれ、春の農作業を始める目安、自然暦の指標となっている。

青木鉱泉《あおきこうせん》や御座石鉱泉から登山するのが古い登山道であるが、今日では野呂川《のろがわ》林道の開通で、夜《や》叉神《しゃじん》峠から三山を縦走して白鳳《はくほう》峠から広河原へ下るコースが一般的になった。かつては釜無川《かまなしがわ》右岸小武川《こむかわ》の谷に入り、青木鉱泉からドンドコ沢沿いに登るもの、青木鉱泉より北に一・五キロメートル北の小武川の支流湯沢に御座石鉱泉を経て燕頭《つばくろ》山《やま》を登るものなど、東麓からのコースが主であった。山中に、南御室・薬師・鳳凰の山小屋がある。

（堀内　眞）

【参考文献】
武川村誌編纂委員会編『武川村誌』（一九八六年）

アクセス情報

鳳凰山（観音岳）
ＪＲ韮崎駅からバス55分、または中央自動車道韮崎ICから車60分で、青木鉱泉登山口

八ヶ岳《やつがだけ》

標高◆二、八九九メートル（赤岳）
霧ケ峰《きりがみね》
標高◆一、九二五メートル（車山）
八ヶ岳　長野県茅野市・諏訪市・諏訪郡下諏訪町・原村・富士見町・南佐久郡南牧村・小海町・佐久穂町・佐久市・北佐久郡立科町・小県郡長和町、

山梨県北杜市

霧ヶ峰　長野県茅野市・諏訪市・諏訪郡下諏訪町・
小県郡長和町

八ヶ岳は、山容が胎蔵界曼荼羅《たいぞうかいまんだら》の八葉《はちよう》の蓮華《れんげ》を連想させることから名づけられたというが、どの峰を八葉に該当すると見るかについては諸説があり、定まらない。編笠岳《あみがさだけ》で縄文時代の石鏃《せきぞく》が採集されており、最初の登拝者は縄文人であったと見られるが、登拝目的は不明である。霧ヶ峰周辺は、石器の石材として好まれた黒曜石《こくようせき》が多産し、長野県諏訪《すわ》郡下諏訪町《しもすわまち》星ケ塔《ほしがとう》・星ケ台《ほしがだい》・東俣《ひがしまた》、小県《ちいさがた》郡長和町《ながわまち》土屋橋《つちやばし》・星糞峠《ほしくそとうげ》などでは縄文人による採掘跡が確認されている。中世には、霧ヶ峰にある「下《しも》の御射山《みさやま》」に諏訪《すわ》神社の山宮《やまみや》が祀られ、祭に際してスキを葺《ふ》いた穂屋《ほや》の周囲に桟敷《さじき》が設けられ、武士によって笠懸《かさかけ》などの競技が奉納された。階段状の桟敷は、現在も旧御射山《もとみさやま》遺跡として残り、宋銭・青磁片《せいじへん》・土師器片《はじきへん》などが採集されている。江戸時代後期には、木曽御嶽講《きそおんたけこう》の行者が修行したため、山中の各所に石祠や石碑が建てられた。明治時代以後、近代登山の対象となり、登山道が整備された。

（時枝　務）

【参考文献】

金井典美『御射山——霧ヶ峯に眠る大遺跡の謎』（学生社、一九六八年）
金井典美「諏訪の御射山信仰」（鈴木昭英編『山岳宗教史研究叢書　九　富士・御嶽と中部霊山』名著出版、一九七八年）
金井典美『諏訪信仰史』（名著出版、一九八二年）

アクセス情報

霧ヶ峰高原　長野県諏訪市霧ヶ峰
JR上諏訪駅からバスで50分／中央自動車道諏訪ICから車で40分

皆神山《みなかみやま》

標高◆六五九メートル
長野県長野市松代町

松代城《まつしろじょう》下の東南にある円錐形の秀麗な山で、山頂に熊野出速男《くまのいづはやお》神社が鎮座し、山麓に豊富な湧水である松井がある。皆神山は三つの峰からなり、中の峰に皆神山大日寺弥勒院《みなかみやまだいにちじみろくいん》（江戸時代の和合院《わごういん》）、西の峰に仏国山曼荼羅院慈寿寺《ぶっこくざんまんだらいんじじゅじ》、東の峰に飯縄山《いづなさん》不動院《ふどういん》があった。弥勒院の本尊大日如来像には、弥勒二年（永正四年〈一五〇七〉）の私年号があり、弥勒信仰の存在がうかがえる。その像の施主である小河原供秀《おがわらともひで》は皆神山に修験道を導入した人物とされるが、小河原氏は元来、玉依比売命《たまよりひめのみこと》神社の社家であり、修験道に転じたのは江戸時代初頭のことである。弥勒院は江戸時代になると和合院を名乗るようになる。和合院は本山派《ほんざんは》に属し、慶長六年（一六〇一）には木曽谷、同十六年（一六一一）には川中島四郡の年行事《ねんぎょうじ》職に補任《ぶにん》され、元和六年（一六二〇）には東信を除く信濃国の先達《せんだつ》職を許された。和合院は、信濃国を代表する本山派修験として活躍したが、明治初年の神仏分離で復飾し、再び神道に属することになった。（時枝　務）

【参考文献】
米山一政「信濃皆神山の修験」（鈴木昭英編『山岳宗教史研究叢書　九　富士・御嶽と中部霊山』名著出版、一九七八年）

アクセス情報

皆神山
上信越自動車道長野ICから車10分で、登山口
熊野出速雄神社（皆神山山頂）　長野県長野市松代町豊栄五四五四

恵那山《えなさん》

標高◆二、一九一メートル
長野県下伊那郡阿智村、岐阜県中津川市

木曽山脈南端の山で、信濃と美濃の国境にあり、櫛形《くしがた》の特徴的な山容は濃尾平野から望むことができる。その山名は、『吉蘇志略《きそしりゃく》』によれば、天照《あまてらす》大神《おおみかみ》が誕生した時に、その胞衣《えな》（出産後に排出さ

れる胎盤のこと）を埋めたことに由来するという。そのため、「胞衣山」「胞山」とも記されるが、「えな」は伊那郡の「いな」にも通じ、あくまでも語源伝承に過ぎない。また、船が船底を上にした状態に似るので「覆伏山《おおぶせやま》」とも言い、伊那側では「野熊山《のぐまやま》」の呼称もあったが、いずれも山容に由来する。山頂には、伊弉諾尊《いざなぎのみこと》・伊弉冉尊《いざなみのみこと》を祀る恵那神社奥宮が鎮座し、本殿のほか、葛城《かつらぎ》社・富士社・熊野社・神明社・剣社・一宮社などが祀られている。恵那山の北側を通る神坂峠《みさかとうげ》は、日本武尊《やまとたけるのみこと》が東征の折に通過した科野坂《しなのざか》であると言われ、古墳時代の滑石製《かっせきせい》模造品などが大量に出土した。恵那山は、江戸時代には多くの道者《どうじゃ》が参詣したが、前夜に麓の恵那神社前宮近くの川で禊《みそぎ》をしてから登拝したという。明治二十六年（一八九三）には、イギリス人宣教師ウォルター・ウェストン（一八六一～一九四〇）が、外国人として初めて登頂した。明治時代から大正時代には、御嶽講《おんたけこう》の影響を受けて結成された恵那講の講員が、毎年夏に登拝した。

（時枝　務）

【参考文献】
大場磐雄編『神坂峠』（阿智村教育委員会、一九六九年）

アクセス情報

恵那山
ＪＲ中津川駅から車50分で黒井沢・神坂峠、山頂は中腹の黒井沢から4時間、神坂峠から4時間30分

恵那神社奥宮　本社（恵那山山頂）

恵那神社　本宮　岐阜県中津川市中津川三七八六－一
ＪＲ中津川駅からバスで40分

浅間山《あさまやま》

標高◆二、五六八メートル
長野県北佐久郡軽井沢町・御代田町、群馬県吾妻郡嬬恋村

浅間山は、黒斑山《くろふやま》・仏岩《ほとけいわ》・前掛山《まえかけやま》の複合火山で、国内有数の活火山として知られる。軽井沢町追分

の浅間《せんげん》神社は、浅間山の遥拝所であり、古くは中腹の湯の平に所在したという。同町借宿の遠近宮《おちこちぐう》は、もとは拝殿だけで本殿がなく、浅間山を正面から拝む施設であった。室町時代に成立した『神《しん》道集《とうしゅう》』には、甲賀三郎《こうがさぶろう》を追いかけてきた維摩《ゆいま》国の姫君が、浅間大明神として祀られたとする説話が見える。長野県御代田町塩野の真言宗真楽寺《しんらくじ》は、元禄十一年（一六九八）の『浅間山迎接会記《げいせつえき》』によれば、浅間山の別当寺で、本来は神楽寺といって山腹にあったという。群馬県嬬恋村鎌原の天台宗延命寺《えんめいじ》は、やはり浅間山別当を称していたが、享保八年（一七二三）の『上州浅間嶽虚空蔵菩薩《こくうぞうぼさつ》略縁起』によれば、長暦三年（一〇三九）卯月八日に鎌《かん》原石見頭源幸重《ばらいわみのかみみなもとのゆきしげ》が浅間山に登拝した際、中腹の洞窟にいた善鬼《ぜんき》を先頭に山頂に達したところ虚空蔵菩薩と地蔵菩薩が現れたので、それらを祀るために創建したのが延命寺であるという。なお、同縁起は、持統天皇九年（六九五）に役小角《えんのおづの》が登ったのが、浅間山登拝の嚆矢《こうし》であるとする。（時枝　務）

【参考文献】

堤隆『浅間――火山と共に生きる』（ほおずき書籍、二〇一二年）

萩原進「浅間山系三山の信仰と修験道」（鈴木昭英編『山岳宗教史研究叢書　九　富士・御嶽と中部霊山』、名著出版、一九七八年）

原田政信編『浅間山と祈り――追分宿と山の信仰』（軽井沢町追分宿郷土館、二〇〇一年）

アクセス情報

浅間山

JR佐久平駅からバス1時間、車坂峠登山口から山頂まで徒歩2時間（登山規制情報を確認すること）

鳳来寺山《ほうらいじさん》

標高◆六九五メートル

愛知県新城市

奥三河にあり、山頂付近は原生林、中腹に薬師如来を本尊とする鳳来寺《ほうらいじ》がある。山内は巨石が露出し信仰対象となり、鏡岩下《かがみいわ》には経塚・納骨信仰の遺跡も見つかっている。開山時期は諸説あるが、利修《りしゅう》仙人が大宝二年（七〇二）あるいは三年に開山したとするものが多い。仙人が鳳凰に乗って参内したことから、鳳来寺の寺号を勅許されたとする。

鳳来寺は中世以降、天台方と真言方に属する多数の僧坊がひしめく一山寺院となる。江戸時代には幕府の庇護を受けて、将軍徳川家光の慶安四年（一六五一）に境内へ東照宮が勧請され、千三百五十石の寺領を抱えた。

秋葉山とともにこの地方で多くの信仰を集めたが、明治の神仏分離で鳳来寺と東照宮が切り離されたことで鳳来寺は衰微する。明治三十九年（一九〇六）以降は真言宗に統一され、現在に至る。

（大高康正）

【参考文献】

『三州鳳来寺山文献集成』上・下（愛知県郷土資料刊行会、二〇〇二年）

『鳳来町誌』鳳来寺山編（鳳来町教育委員会、二〇〇五年）

アクセス情報

鳳来寺山　JR本長篠駅からバス15分、鳳来寺バス停から徒歩1時間／東名高速道路豊川ICから車1時間、山頂駐車場から徒歩10分

鳳来寺　愛知県新城市門谷字鳳来寺一

近畿

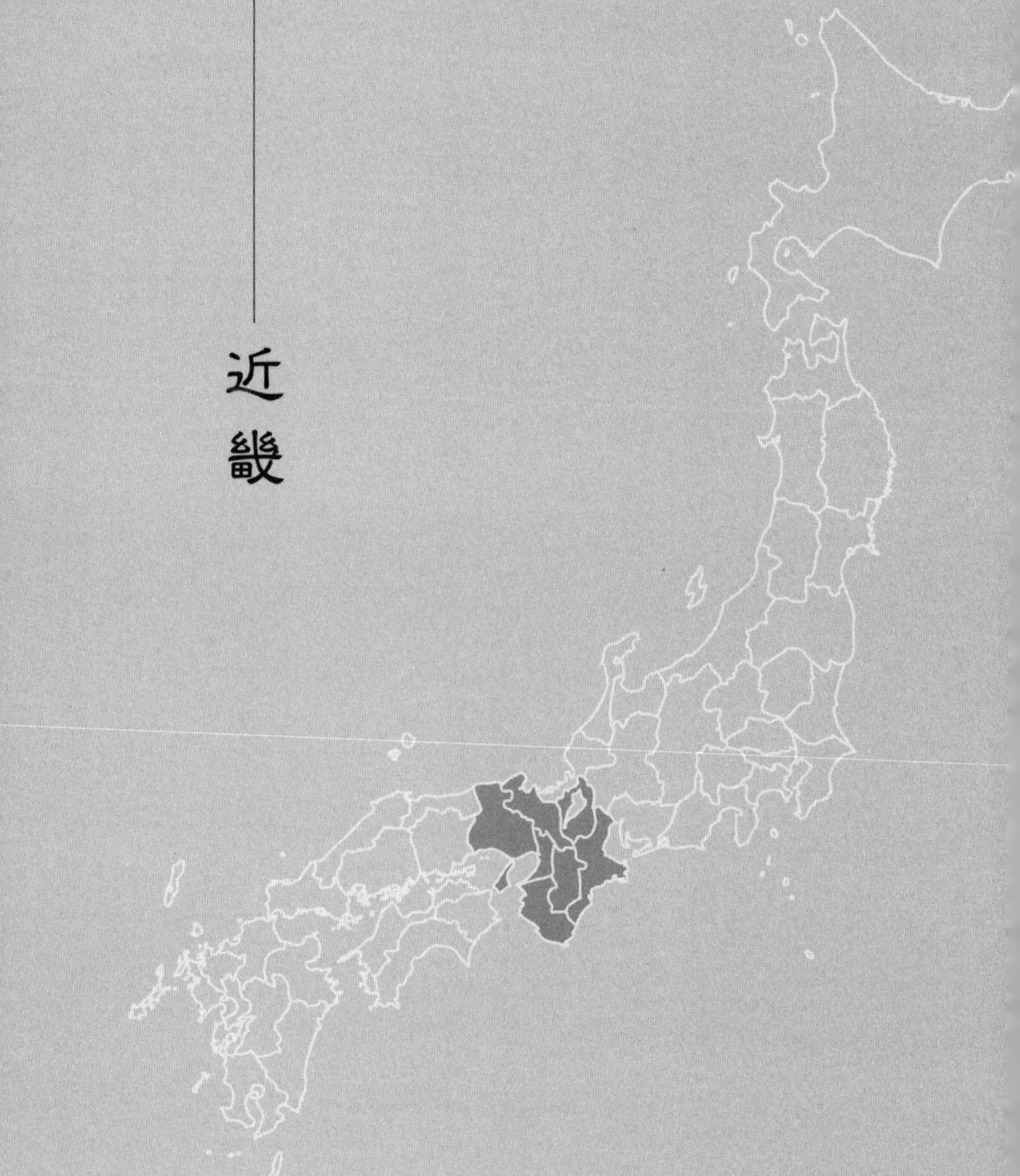

大峯山《おおみねさん》

標高◆一、七一九メートル（山上ヶ岳）
奈良県吉野郡天川村洞川

「大峯山」は今日、一般的には吉野郡吉野町吉野山の南部に屹立する山上ヶ岳《さんじょうがだけ》を言うが、この山を単独に大峰山と称したのはほぼ江戸時代以降のことで、それ以前は金嶺《かねのみたけ》・金峯山《きんぶせん》・御岳《みたけ》などと言われた。その当時「大峯」というと、吉野山から熊野本宮（和歌山県東牟婁《ひがしむろ》郡本宮町《ほんぐうちょう》）まで連なる大峰山脈の総称であった。大峯山系の諸連山のうちで、この山が修験道の霊山として早く開かれたので別格に扱われ、独自の呼称が付けられた。

初期修行者の入山

大和国葛城山《かつらぎさん》の呪術宗教者であった役小角《えんのおづの》は、『日本霊異記《にほんりょういき》』の説話では在俗仏教者の優婆塞《うばそく》とされ、仏教的呪法を行使したとするが、それは事実を語ったものか、また葛城山と金峯山の間に橋を渡せと諸神に命じたというが、それが彼自身の金峯山修行を物語るものかどうかは定かでない。しかし、奈良時代に吉野山や金峯山に入って修行する者はかなりいたようである。聖《しょう》武《む》天皇時代に金峯山の樹下を経行して仏道を求めた禅師広達《こうたつ》（『日本霊異記』）、金峯山二の鳥居に丈六堂《じょうろくどう》を建て、本尊阿弥陀如来像を造って安置し、また孝謙《こうけん》天皇や桓武《かんむ》天皇の病気を加持《かじ》して治したという報恩《ほうおん》法師（『元亨釈書《げんこうしゃくしょ》』『金峯山創草記《きんぶせんそうそうき》』）、天平勝宝六年（七五四）、五歳で吉野山に入り、多年籠居したが、のちに大僧都勝虞《しょうぐ》の弟子となって法相《ほっそう》宗を学び、元興寺《がんごうじ》に住して僧正《そうじょう》まで昇り、承和元年（八三四）八十五歳で没した護命《ごみょう》（『拾遺往生伝《しゅういおうじょうでん》』）などは、みな奈良時代の修行者である。また時代は幾分後れるが、真言宗の開祖空海（弘法大師《こうぼうだいし》）も、まだ青年時代の延暦年間（七八二～八〇六）中頃、金巌《きんがん》に登っている（空海自著『三教指帰《さんごうしいき》』）。金巌は金嶺《かねのみたけ》（金峯山）のことのようである。天台宗の開祖最澄《さいちょう》（伝教大師《でんぎょうだいし》）の弟子光定《こうじょう》も金峯山に登り、明神のために法華経を講じている（『伝述一心戒文《でんじゅついっしんかいもん》』）。以上により、奈良時代から平安時代初頭にかけての入山修行者には、禅師・優婆塞のような私度僧《しどそう》が多く、そのほか特定の仏・菩薩の信奉者、密教僧などのいたことが知られる。『令義解《りょうのぎげ》』は、僧尼令禅行条《そうにりょうぜんぎょうのじょう》の「山居《せんきょ》」の実例に大和国の「金嶺」を挙げている。この書は養老令《ようろうりょう》の注釈書であり、奈良時代の実態を踏まえていると見られ、当時の金峯山が修行者の多く集まる代表的霊山であったことを示す。

奈良時代、金峯山山頂に仏像を崇拝・信仰する修行者がいたことは、考古学の発掘調査による出土品で明らかになった。昭和五十八年（一九八三）から六十一年にかけて行われた大峯山寺本堂（蔵王堂）の解体修理工事に伴って実施された橿原《かしはら》考古学研究所による発掘調査で、平安時代の純金製小仏像二体が出土して世人の注目を集めたが、その際伴出した遺物に和同開珎《わどうかいちん》や三彩《さんさい》陶器の埦片《わんへん》、須恵器《すえき》、壜《びん》を奉持《ほうじ》する菩薩像の手、金銅製薬師《やくし》如来像片などがあった。奈良時代における修行者の登嶺が実証されたのである。

山上蔵王堂

金峯山の主神　蔵王権現

金峯山で修行者、参詣者が等しく崇拝・信仰した神は、山上に祀られた金剛《こんごう》蔵王《ざおう》菩薩、のちに言う蔵王権現である。『本朝《ほんちょう》法華験記《ほっけげんき》』に、金峯山の住僧転乗《てんじょう》が法華経を暗誦《あんしょう》できるよう蔵王大菩薩宝前《ほうぜん》に籠って祈願したという。彼は嘉祥二年（八四九）に示寂《じじゃく》したというから、蔵王はそれ以前に祀られていたことになる。承和三年（八三六）三月、官が近畿地方に七高山を選び、阿闍梨《あじゃり》を置いて春秋二季に薬師悔過《けか》を修し、五穀の実りを祈らしめた。その七高山の中に金峯山も入っている。蔵王菩薩の霊験《れいげん》が知られていたことによるであろう。

『今昔物語集《こんじゃくものがたり》』の説話では、蔵王菩薩は役優婆塞《えんのうばそく》が行い出したとしている。中世の文献では、役行者が金峯山山上の大石の前で衆生《しゅじょう》を救済するに足る尊像の出現を祈請したところ、忿怒形《ふんぬぎょう》の蔵王が涌出《ゆうしゅつ》したので、行《ぎょう》者《じゃ》は御堂《みどう》を建てて安置し、崇め奉ったとする。鎌倉時代の末頃に編まれた『金峯山秘密伝《きんぷせんひみつでん》』には、蔵王涌出の磐石は蔵王堂の南面、劔ヶ峰《けんがみね》の傍らにある丈余の石だとある。それは今日でも「涌出岩」と呼ばれているが、平安時代には蔵王堂とこの岩との間に経塚《きょうづか》が営まれ、その関係の遺品や蔵王権現・吉野諸神の銅像・鏡像・懸仏《かけぼとけ》などの奉斎品《ほうさいひん》が多数出土している。涌出岩を山神が宿る磐座《いわくら》とし、その前を磐境《いわさか》として祭儀が行われた伝統を受け、そこに経塚が営まれたとみられる。寛治四年（一〇九〇）八月十日、内大臣《ないだいじん》藤原師通《もろみち》が山上蔵王堂《さんじょうざおうどう》に参詣し、納経したのち、そこを発って蔵王大石を三度拝している（『後二条師通記《ごにじょうもろみちき》』）。蔵王大石は涌出岩のことと思われ、当時すでに役行者祈請による蔵王涌出の神話はできており、拝む対象になっていたようである。

金剛蔵王の像容は初めから決まった規格があるわけでなく、作品も細部において相違が見られる。ここで典型的な彫像を挙げるなら、吉野山如意輪寺《にょいりんじ》奉安の像で、嘉禄二年（一二二六）運慶《うんけい》派の仏師《ぶっし》源慶《げんけい》の作である。画像では奈良西大寺《さいだいじ》所蔵の「絹本著色吉野曼荼羅図《けんぽんちゃくしょくよしのまんだらず》」（南北朝時代）中の蔵王であろう。顔面は三目で牙をむき出し、髪を逆立て、頭上に三鈷冠を戴き、左手を腰につけて剣印を結び、右手に三鈷杵《こしょ》あるいは五鈷杵を執って頭上に掲げ、左脚は岩座を踏み、右脚は虚空に躍らせる。体の色は青黒である。このような姿の蔵王菩薩は経軌《きょうき》には見えないが、密教明王部《みょうおうぶ》の金剛童子像に近似している。役行者が金峯山で蔵王菩薩を感得したのち、その眷属《けんぞく》神《しん》を顕したとされるが、それを金剛童子と言っていることは、蔵王像容の出所を考えるうえで参考になる。そのなかで主要な金剛童子は八体で、大峯の八ヶ所の宿で祀られ、大峯八大金剛童子と称された。

聖宝の金峯山復興と宇多法皇の参詣

平安時代前期の僧聖宝《しょうぼう》（八三二〜九〇九）は、南都で三論《さんろん》・法相《ほっそう》・華厳《けごん》を学び、空海の弟真雅《しんが》、甥の真然《しんぜん》に師事して密教を修め、東大寺に東南院《とうなんいん》を、山城国に醍醐寺《だいごじ》を創るなど幅広い活動をしたが、金峯山の興隆にも努め、修験道の発展に寄与、貢献した点を忘れてはならない。宣旨を受けて紀淑人《きのよしと》が承平七年（九三七）に注進した「注進僧正法師大和尚聖宝伝」（『聖宝僧正伝』所収）に、聖宝が金峯山に堂を建て、居高（座高）六尺の金色《こんじき》如意輪観音を造り、一丈多聞天王《たもんてんのう》・金剛蔵王菩薩像を彩色し、金峯山要路の吉野川辺に船を設けて徭丁《ようちょう》六人を申し置いたとある。これらは、実施した時期を明らかにしていないが、九世紀後半のことであろう。吉野川に船便を設けたというのは、六田《むだ》の渡しのことと思われる。それまでの吉野山・金峯山への登山は、宮滝《みやたき》から象川《きさがわ》の渓流沿いに上がる急峻な坂道を利用していた。聖宝が六田の辺りに船の渡しを設け、吉野山の麓より峰道を切り開いたことは画期的なことであった。

『元亨釈書』でも、聖宝が吉野川に設けた渡し船を行人が頼るようになったと述べており、また金峯の険径が役行者のあとは塞がっていたのを、彼が葛藟《かづら》を引き寄せて踏み分けたので苦行者が絶えることがない、と述べている。聖宝没後かなり経ったあとの書であり、全幅の信頼は置けないが、吉野山の尾根筋を通って金峯山に登る行路を整備したことは疑いなく信じてよい。『金峯山創草記』や『金峯山雑記《きんぶせんざつき》』は、聖宝が山上日参・大峯修行（金峯山より奥の大峯山脈の修行）・金峯山安居修行・昌泰元年晦日山伏を勤めたとするが、それらの多くは後世の創作説と思われる。

昌泰元年（八九八）十月、宇多《うだ》法皇が吉野宮滝に幸して景勝を探り（『日本紀略《にほんきりゃく》』『大鏡裏書《おおかがみうらがき》』『扶桑略記《ふそうりゃっき》』）、次いで同三年七月に金峯山に参詣した。その際、助憲《じょけん》大法師を金峯山検校《けんぎょう》職に補《ふ》し、鎮護国家の祈禱を致さしめ、五百町の水田を寄進されたという（『扶桑略記』『金峯山創草記』『金峯山雑記』）。法皇は、延喜五年（九〇五）九月にも金峯山寺に参詣している（『日本紀略』）。金峯山初度参詣の三ヶ月後の同年十月には高野参詣を遂げ、延喜七年（九〇七）十月には熊野詣でを行った。皇室の遠隔地霊山参詣に先便をつけた法皇として知られるが、金峯山参詣が最初である点に注目したい。そこには聖宝の勧めがあったのではないかと推察する。『扶桑略記』には、寛平九年（八九七）九月に律師聖宝が御修法《みしゅほう》を終えて山に帰ったとあり、『元亨釈書』には、聖宝が延喜九年四月普明寺《ふみょうじ》において病に伏した時、宇多法皇が幸問《こうもん》し、七月に逝去したとある。生前、法皇の信託を得て宮中で真言の祈禱を行っており、法皇との間にかなりの親交があったようである。

修行僧入山の盛況

聖宝が吉野金峯山の登山路を整備し、堂舎を建て、仏像の修復・新造を心がけ、法皇の御幸《みゆき》まであったとなれば、修験道霊山としての名声がいっそう高まり、真言・天台の修行僧が相次いで入山した。まず注目されるのは、聖宝の弟子貞崇《じょうすう》の動きである。彼は本願《ほんがん》あって、京都東寺《とうじ》を出て金峯山の辺りに籠り、一宇の新草堂《しんそうどう》を結構《けっこう》し、三十余年出山の思いを断ち、一生の間臥雲の志を遂げんとしたという（『扶桑略記』）。醍醐天皇の皇子重明《しげあきら》親王の『吏部王記《りほうおうき》』も、彼を「金峯山修行僧貞崇禅師」と記している。金峯山の辺りで草堂を構えたというのは、吉野山鳥住の鳳閣寺百螺山真言院のことであろう。『金峯山創草記』にも、「貞崇僧正　住二鳥住寺鳳角（ママ）寺一云《うん》云《ぬん》」とある。延長五年（九二七）醍醐《だいご》天皇の召請により禁中に伺候し、数々の厚恩に浴したが、天慶六年（九四三）八十歳を真近にして金峯山に帰ることを乞うたという（『扶桑略記』）。

天台比叡山《ひえいざん》僧の入山も相次いだ。その早い例に、比叡山の回峰行を始めた人として知られる相応（八三二〜九一八）がいる。彼は承和二年（八三五）十五歳で叡山に登ったが、貞観元年（八五九）金峯山に入り、ここで三年間安居の修行をしている（『拾遺往生伝』『金峯山創草記』）。安居は夏《げ》安《あん》居《ご》のことで、四月中頃から七月半ばまでの九旬《くじゅん》の期間にわたる修験道の行事であった。同じく比叡山出身の僧で陽勝《ようしょう》という人がいた。法華経を暗誦する持経者《じきょうしゃ》であったが、金峯山に登って古仙の草庵を尋ね、吉野山麓の牟田寺《むでんじ》に止住して三年苦行し、初めは穀類を断って菜食し、のちには毎日粟一粒を食したという。夏は金峯山に登り、冬には牟田寺に下って勤行を重ね、神仙の方術を学び、仙人になって延喜元年（九〇一）に飛び去った。だが延喜二十三年（九二三）、陽勝が金峯山において東大寺僧に「自分はこの山に住すること五十余歳、生年八十有余、われ仙道を得て飛行自在、天に昇り入るなり」と語ったという（『本朝法華験記《ほんちょうほっけげんき》』『扶桑略記』）。陽勝は吉野山・金峯山で長く苦行を続け、仙術を学んで仙人になり、奇異の行動を示して世間の評判を買った。

浄蔵《じょうぞう》（八九一〜九六四）という僧は、父を三善清行《みよしきよゆき》、母を嵯峨《さが》天皇の孫とする高貴の出であるが、七歳で出家し、諸勝地を詣で、神異を顕した。十二歳で松尾《まつお》社より出洛の日、たまたま宇多法皇の御幸あり、召されて弟子となり、勅命があって比叡山で登壇受戒。密教や悉曇《しったん》を学び、修法の霊異は甚だ多かったが、熊野那智《なち》の滝本《たきもと》（和歌山県東牟婁郡那智勝浦町）に三年籠居し、また金峯山でも安居の業行を果たしたという（『拾遺往生伝』『金峯山創草記』）。沙門《しゃもん》日円もと天台の学徒であったが、のちに菩提心を発して身を巌の谷に隠した。金峯山の三石窟に住し、長く米穀を断ち、ほとんど神仙のようであったという（『続本朝往生伝』）。その三石窟とはどこにあるものをいうのか明らかでない。

道賢《どうけん》（のちの名、日蔵《にちぞう》）も京都の人であったが、延喜十六年（九一六）十二歳で金峯山に入り、発心門椿山寺《ほっしんもんちんざんじ》で剃髪。塩穀を断って修行したが、入山六年経ってのちに母の長患いを聞き、初めて山を出て、帰洛した。その後、東寺で密教を学びながら金峯山との間を行き来した。金峯山での修行は二十六年に及んだが、さらにこの山によじ登り、三十七日無言の断食を行って一心に念仏した。時に天慶四年（九四一）八月二日、壇に居って作法している時、突然気を失い、金剛蔵王の案内で金峯山浄土や冥土の世界を見て回る。その様子は『扶桑略記』所載の「道賢上人冥途記」に詳細に語られている。それについては、あとで紹介する。『本朝神仙伝《ほんちょうしんせんでん》』の沙門日蔵伝にも「昔於二金峯山一入二深禅定一、見二金剛蔵王幷菅丞相霊一事、見二於別記一」とある。日蔵には弟子もいた。河内《かわち》国の人で理満《りまん》といい、吉野山日蔵聖人の弟子になり、随逐給仕したという（『本朝神仙伝』『三外往生伝《さんげおうじょうでん》』）。沙門永算《えいさん》は仁和寺《にんなじ》（京都市）に住したが、隠居後に蓮待《れんたい》と改名した。金峯山に籠り、穀塩を断ち、身体すでに枯れ、筋骨みな露《あらわ》になった。諸僧は上人が死ぬと院内が穢《けが》れると言って、衆議により霊居を出させたが、蔵王の告げがあってまた帰住したという（『拾遺往生伝』『高野山往生伝』）。

金峯山の山岳世界観

吉野金峯山は、山麓の住民にとっては、死者の霊や祖先の霊が赴く世界、山をうしはく（支配する）山神の住む世界と観ぜられたであろう。そこに仏教が浸透すると、山は仏・菩薩が常住する世界となり、神仙思想が広まると山は仙境と見なされた。時代が移り、新しい文化が流入すると、山は人間の現世世界とは異なる種々様々の異界が想定された。金峯山の呼称も、この山に金があると見て黄金の浄土観が想定されたことによるであろうが、魂が光り物であると見たことに淵源するのかも知れない。

先の「道賢上人冥途記」では、道賢が気息を失って別世界に入る。まず、金峯山浄土の七宝高座に座している蔵王菩薩（金峯山菩薩）に会うが、そこへ太政威徳天《だいじょういとくてん》が来り、蔵王に自分が住む大威徳城を道賢に見せてやりたいと申し出る。許されて案内するが、その途中、道賢に自分は菅《かん》相府《しょうふ》だということを明かす。次に、蔵王が道賢に地獄を見させる。そこで延喜帝《えんぎ》（醍醐天皇）と鉄窟《てっくつ》で苦を受けている三人の臣下のありさまを見る。帝は道賢に「主上に申して我が身の辛苦を救済し、摂政大臣藤原忠平《ふじわらのただひら》に我が苦を抜くため一万卒塔婆《そとば》を立ててくれるよう伝えてほしい」と懇願する。「冥途記」の概要は以上であるが、ここでは蔵王居所の金峯山浄土と罪人が堕ちて苦を受けているとする地獄の世界のほかに、菅原道真《すがわらのみちざね》が神に昇華した天神の住所である大威徳城を用意しているのに注目される。成り行きによっては、そうした特別の世界が設けられることをこの物語は示している。ちなみに、吉野蔵王堂の境内に天満天神《てんまてんじん》社が祀られている。吉野八社明神の一つに数えられる重要な神であるが、道賢の地獄巡りの話に関連し、彼の慰霊のために祀られたのである。

仏教が日本の国土に広まると、仏教と在来の神祇《じんぎ》信仰との間に習合現象が起きる。日本の神は仏・菩薩が衆生を救済するために姿を変えて現れたものとされ、吉野金峯山に祀られる諸神もみな本地仏《ほんじぶつ》を定めた。主神の蔵王菩薩は平安時代中期には蔵王権現を称し、本地を過去仏の釈迦如来と未来仏の弥勒菩薩の二尊とした。釈迦の化身《けしん》説はまず「道賢上人冥途記」に「我是牟尼化身蔵王菩薩也」とあり、弥勒の化身説は中国後周《ごしゅう》時代（九五一〜九六〇）に僧義楚《ぎそ》が著した『義楚《ぎそ》六帖《ろくじょう》』に「菩薩是弥勒化身」とある。

　十世紀に、蔵王に対する釈迦や弥勒の化身観が成立すると、それに伴い、そう時を置かずして、蔵王も、それが鎮まる金峯山も、唐土《もろこし》より飛来したものだという説が生まれる。仏法先進国の尊体であり霊山であるとすることで、いよいよ尊厳性を高めた。唐土飛来説の初見は『吏部王記《りほうおうき》』に見られる。貞崇《じょうすう》禅師が金峯山の神変を述べたもので、古老相伝えて「昔漢土に金峯山があり、金剛蔵王菩薩が住していた。その山が飛び移り、海面に浮かんで日本国にやってきた。だから金峯山は彼の国の山だ」（意訳）と言ったという。

　金剛蔵王が弥勒の化身とされたことは、金峯山が弥勒の浄土だという観念を植えつける。平安時代末期に末法思想が広がると、将来に仏となるべき弥勒への期待がいっそう大きくなり、金峯山は弥勒の兜率《とそつ》の内院に擬せられた。内院には四十九院あるという。『梁塵秘抄《りょうじんひしょう》』の歌に「金の御岳は四十九院の地なり　嫗《おうな》は百日千日は見しかどえ知り給《たま》はず」と詠んだ歌がある。吉野山の麓に住んでいた都藍尼《とらんに》が、金峯山によじ登ろうとすると、雷電霹靂《らいでんへきれき》して至ることができなかった。これについて、『本朝神仙伝』は、この山は黄金をもって地に敷いているが、それは慈尊の出世を待つためで、それを金剛蔵王菩薩が守っているのであり、兼ねて戒地のために女人を通さないのだ、と説明している。『義楚六帖』にも、この山は女人が登ることはできず、男が登りたいと思えば三月酒食欲色を断つ、とある。金峯山は尊厳性の高い魔障降伏《ましょうこうふく》の忿怒尊《ふんぬそん》が鎮座する山であり、罪穢れを極度に嫌う霊山であったから、ほぼ百ヶ日という長期の精進潔斎を、特別に設えられた精進屋で果たした。これを「御岳精進《みたけそうじ》」と称した。その精進中も弥勒菩薩を呼んで拝んだことは、紫式部の『源氏物語』夕顔の巻に「御岳精進にやあらん（中略）南無当来導師とぞ拝むなる」とあることで知られる。

皇室・公卿の金峯山参詣と埋経

平安時代の中頃から後期にかけて、上皇や公卿《くぎょう》が金峯山に登り、蔵王宝前に参詣し、自ら書写せる経典を埋納《まいのう》することが習俗化して行われた。『金峯山創草記』や『金峯山雑記』に参詣者の名を挙げているが、安和二年（九六九）参詣の冷泉院《れいぜいいん》から嘉承元年（一一〇六）七月参詣の源雅定《みなもとのまささだ》・源師重《みなもとのもろしげ》の参詣まで十三人である。そのなかには、粟田口《あわたぐち》関白藤原道兼《ふじわらのみちかね》、御堂《みどう》関白藤原道長《みちなが》、法興院《ほうこういん》関白藤原斉信《なりのぶ》、後二条殿下《ごにじょうでんか》藤原師通《もろみち》、白河院《しらかわいん》などの参詣が含まれている。幾度となく参詣する人もいた。宇治殿《うじどの》藤原頼通《よりみち》は三回、藤原師通は二回、太政大臣源雅実は三回の参詣を遂げている。『拾遺往生伝』には、京都の人中原義実《なかはらよしざね》は毎晩西に向かって一百遍念仏礼拝したが、金峯山に参ること七ヶ度に及び、念仏を多数修したという。幾度となく参詣する金峯山の信奉者もかなりいたようである。

当時、参詣者のなかでどれほどの人が埋経したかは明らかでないが、それがどのような意図でなされたかを知ることが重要である。その意向がよく知れるのは、藤原道長が寛弘四年（一〇〇七）八月十一日に訪れて納経した際の経筒に刻まれた銘文（願文）と、道長の曾孫藤原師通が寛治二年（一〇八八）七月に参詣した時の納経した経筒に入れたと推察される願文である。ここでは道長のそれの概要を紹介する。彼は自ら書写せる法華経・阿弥陀経・弥勒経など十五巻を埋納した。「先年書写した法華経は釈尊の恩に報い、弥勒に値遇し、蔵王に親近し、自分の無上菩提のためである。このたび書写した阿弥陀経は臨終の時に身心が散乱せず、弥陀尊を念じて極楽世界に往生せんがためであり、弥勒経は九十億劫《こう》生死の罪を除き、無生忍《むしょうにん》を証し、慈尊《じそん》の出世に遇わんがためである。仰ぎ願わくは、慈尊成仏の時にあたり、極楽界より仏所に往詣《おうけい》し、法華会《ほっけえ》を聴聞《ちょうもん》したい。その際、ここに埋めた経巻が自然に湧出《ゆうしゅつ》し、会衆をして随喜させてほしい。南無教主釈迦蔵王権現！」（意訳）。経典の種別ごとにその目的の願望を記しており、彼の気持ちがよく酌み取れる。しかし、それも蔵王あってのことで、参詣者は山上の蔵王権現に絶大な信頼を寄せ、確かな効験に期待を寄せていた。寛治五年（一〇九一）八月に大地震があって蔵王宝殿が破損した。住僧高算《こうさん》阿闍梨《あじゃり》が官に奏上した文章のなかで「宝山は天下第一之霊験、蔵王者日域無二之化主矣」（『後二条師通記《ごにじょうもろみちき》』）と言っているが、それは決して誇張でなく、実態に即したものと言ってよいであろう。

安禅寺蔵王堂と吉野蔵王堂

金峯山寺は山上《さんじょう》・山下《さんげ》にある堂塔・寺院・神社・僧坊・宿坊などで一山を構成した。これらを統轄する役職として別当（検校）・執行がおり、もとは山内の住僧がその任にあたったが、平安時代後期になると金峯山寺は南都興福寺《こうふくじ》の末寺となり、金峯山寺別当も興福寺大乗院《だいじょういん》や一乗《いちじょう》院《いん》の門主《もんしゅ》が兼務した。ここでは、金峯山下山における金峯山寺本拠地とその移り変わりについて解説する。

吉野山字二の鳥居に式内社の金峯神社が鎮座する。その金峯神社から青根ヶ峯《あおねがみね》（八五八メートル）の山麓一帯を愛染《あいぜん》と称するが、『金峯山創草記』はその辺りに行基が建てたという丈六堂《じょうろくどう》や報恩が建立したという宝塔、相応《そうおう》が建てたと伝える安禅寺《あんぜんじ》があった。宝塔はのちに安禅寺に吸収され、そのため安禅寺を一に宝塔院とも称した。近世の『和州旧跡幽考《わしゅうきゅうせきゆうこう》』には、飯高山《いいだかさん》安禅寺宝塔院は本尊が一丈の蔵王権現で、役行者の遺像も安置するとある。『和州吉野山景勝図』には、安禅寺は蔵王堂・鐘楼《しょうろう》堂・多宝塔・役行者母公廟所・奥ノ院本堂・四方四面堂、そのほか多くの神祠《しんし》があったとする。吉野山喜蔵院所蔵の文書に、安禅寺蔵王堂は「三丈八尺三寸四方」とあり、その御堂に一丈の大きな蔵王像が奉安されていた。この像は明治の神仏分離の際、吉野蔵王堂に移され、今もそこにある。『金峯山創草記』は、安禅寺について「女人参詣之堺也」とする。そこから上は女人結界地であるが、その手前にある安禅寺の蔵王にはだれでもがいつでも参詣できる下山蔵王堂として建立された。そこがまた下山における入峰の中心根拠地となって発展したのである。

吉野山の高城山《たかぎやま》西麓岩倉の地に、平安時代中頃以前より金峯山別当の住む石蔵寺が建てられていた。藤原道長が寛弘四年（一〇〇七）八月金峯山に参詣した時、山上では別当金照房《こんしょうぼう》の宿坊に泊まり、下山した時彼の勧めにより石蔵の金照房へ立ち寄り、「其寺甚美也」（『御堂関白記《みどうかんぱくき》』）と感心している。別当の住房があるから、金峯山管理の中枢部の役目を果たしていたと思われ、堂塔も揃っていたのであろう。『金峯山創草記』には、鎌倉末の当時、石蔵寺に当山根本堂《こんぽん》といわれる観音堂（本尊千手観音）と二月堂・常行堂《じょうぎょう》・宝塔院（白河院御願、承保三年創建）があったと記している。

吉野蔵王堂が創建されたのは、安禅寺蔵王堂よりかなり遅れ、平安時代末期の頃と思われる。『金峯山創草記』には、この御堂で行われるいくつかの仏事が平安時代末期に始行されたとあるから、その頃であろう。これが建立されるについては、蔵王に関する本地垂迹説の進展が関連していると考えられる。前に述べたように、かつて蔵王は釈迦と弥勒の化身と言われた。それがこの時期になると、現在仏の千手観音の化身であるという説を加え、三世三体蔵王の垂迹説が唱えられた。吉野蔵王堂は、まさしく三世三体の蔵王を安置する御堂として建立された。中尊蔵王は釈迦、東蔵王は千手、西蔵王は弥勒を本地とする。新しい思想の息吹のなかで、安禅寺蔵王よりさらに下山の現在地に建立され、より容易に人々が参詣できるようになった。それ以後、吉野蔵王堂が金峯山寺の本堂となり、下山伽藍の中心的役割を果たすことになる。現在の建物（国宝）は天正九年（一五八二）に再建された。

金峯山の修験行事

金峯山は修験道の山岳道場であり、古来それに関連する修行や行事・法会が行われてきた。ここでは『金峯山創草記』によって、鎌倉時代末頃の模様をうかがうことにする。まず下山である。吉野蔵王堂では、役行者報恩のため曼荼羅供《まんだらく》が修された。康和五年（一一〇五）三月七日の始行

近畿

だという。六月十日には蓮華会《れんげえ》が催され、堂衆が勤めた。これは現在も、毎年七月七日に蛙飛び神事と翌日山上まで登って神仏に蓮華の花を供える行事に受け継がれている。そのほか、蔵王堂で長日《ちょうにち》蔵王供養が仁安二年（一一六七）以来行われ、また蔵王講が毎月十九日に学侶と満堂衆によって勤められる。蔵王堂境内と思われる所に役行者御影堂があり、嘉応元年（一一六九）以来、役行者の供養法会が行われてきた。二月堂では、満堂行人の役で丑剋閼伽当行《うしのときあかとうぎょう》がなされた。鳥羽院御願寺《とばいんごがんじ》の一乗寺でも六月七日に役行者報恩のため御影供が催された。下宮《しものみや》（勝手社）・佐抛社《さなげ》・上宮《かみのみや》（子守社）でも堂衆役で丑剋閼伽行が行われた。

山上ヶ岳はどうか。山上蔵王堂は三月三日に戸を開く。開けば男子はだれでも参詣できるが、定例の行事としては、十二月晦日に入峰した「晦山伏《つごもりやまぶし》」が四月八日に出峰し、将軍のために祈禱をする。この晦山伏というのは天台園城寺《おんじょうじ》（滋賀県大津市）系の修験で、先年の大晦日に熊野本宮から大峯に入り、この日、金峯山に出峰した山伏のようである。この四月八日から七月十四日まで山上ヶ岳で「当行」が行われた。山上衆徒のうち当行衆が勤める。その勤め事は、法華仁王両講・観音経転読五巻・初後夜長講《しょごやちょうこう》・日中華取《にっちゅうはなとり》・人別三時《にんべつさんじ》供養法・供華十二通り・千手悔過および例時懺法《せんぼう》・大般若転読だという。当行は丑の時閼伽水を酌み、寅の剋一時に礼拝すると説明しているが、日中華取りと供華十二通りもあるから、神仏前に華（樒《しきみ》または石楠花《しゃくなげ》の葉）を供える一夏安居の修験行事であった。

五月九日には「花供山伏《はなく》」が山上ヶ岳へ出峰する。大般若経を転読し、その夜に出峰山伏と夏衆との間で験競べが一〇番行われ、そのあと出峰山伏と常住方が終夜延年《えんねん》を舞う。六月六日には

「役行者御影供山伏」が出峰し、同日験競べが行われ、出峰山伏役として延年が舞われる。これら花供山伏と御影供山伏は、真言系当山派修験が大峯の小篠宿《おざさ》で修法や祈禱を成就したのち山上ヶ岳に出峰し、これを迎える山上修徒との間で行われた儀式であった。

このほか同記は「笙巌冬籠《しょうのいわやのふゆごもり》」（九月九日より翌年三月三日に至るまで）と「諸国山伏入峰」（六月七日より九月九日に至るまで）を挙げているが、これらは金峯山の修験というより、天台本山派修験や真言当山修験に関わる大峯の岩屋籠りや大峯入峰が主体をなしたものと思われる。

大峯奥駈けの入峰と修験教団

大峯山脈は、八経ヶ岳《はっきょうがたけ》（一、九一五メートル）を最高峰とし、弥山《みせん》・頂仙岳《ちょうせんだけ》・明星ヶ岳《みょうじょうがたけ》・仏生岳《ぶっしょうたけ》・釈迦岳など一、七〇〇から一、八〇〇メートル級の山々が連続して連なる。考古学的知見は、山上ヶ岳のほか弥山（一、八九五メートル）にも奈良時代に山頂祭祀の痕跡を認めているが、文献で修行者の入山が確認されるのは平安時代中葉で、それもまだまばらであった。その後期に入って、近江園城寺（三井寺《みいでら》）の僧の間でがぜん修験熱が高まり、増誉《ぞうよ》・行尊《ぎょうそん》・覚宗《かくそう》以下が相次いで大峯・葛城・熊野三山を修行し、天台修験教団成立の礎を築いた。彼らは、院政期に入って上皇・院宮の熊野詣での先達《せんだつ》を務めた功績により、代々熊野三山検校に補任されたので、園城寺修験は熊野本宮を本拠とし、そこを表口として大峯へ集団入峰する体勢が築かれた。春の峰は熊野本宮から大峯に入り金峯・吉野に出峰するので順峰と言い、秋の峰は吉野・金峯から大峯に入り熊野に抜けるので逆峰と称した。大峯を胎金両部の曼荼羅世界に見立て、曼荼羅会中の諸尊が各峰々

洞川龍泉寺

に安置されていると説いた。両部の境は中台《ちゅうだい》の深山《じんぜん》（神山）で、それより南の熊野側を胎蔵界の峰、北の金峯側を金剛界の峰と称した。深山は園城寺修験教団最極の秘所で、ここで修験の威《い》儀作法《ぎさほう》が行われ、正灌頂《しょうかんじょう》を受けて即身成仏《そくしんじょうぶつ》すると説かれた。園城寺の修験は、山内のいくつかの塔頭《たっちゅう》の僧が関わっていたが、鎌倉時代の末頃から聖護院《しょうごいん》が一手に引き受けて取り持つようになり、熊野三山奉行《ぶぎょう》職を設けて諸国散在の熊野先達修験を傘下に収め、天台修験教団の本山派を形成した。

　真言系修験教団の当山派は、鎌倉時代に近畿地方の複数の山岳寺院の堂衆修験（当行衆・夏衆《げしゅう》）が相寄って大峯正大《おおみねしょうだい》先達の仲間集団を結成した。その教団形成には、南都興福寺の東西両金堂衆の力が大きくあずかっており、両堂が棟梁になった時代もあるが、戦国期に入ってその地位を失う。先達衆は座を組んで一派を維持・運営した。室町時代末期には三十数ヶ寺の先達を数えたが、その後退職する者が続出し、江戸時代の延宝年間（一六七三〜八一）には十二先達に減少した。各自が諸国にそれぞれ配下の袈裟下修験を持ち、彼らを引率して大峯の春五月の花供峯や秋七月の逆峰に集団入峰した。金峯山山上ヶ丘に近い大峯の小篠宿を修験の儀式作法や柴灯護摩の祈禱を行う行所とし、逆峰には大峯を奥駈けして熊野三山や葛城山をも修行した。

本山派・当山派とも入峰の際は山上ヶ丘西麓の天川郷《てんかわ》（吉野郡天川村）に立ち寄り、坪内《つぼうち》弁財天社に参詣・奉幣し、洞川龍泉寺《どろがわりゅうせんじ》に参詣して柴灯護摩《さいとうごま》を執行した。両派ともここを大峯修験道の内道場に位置づけ、入峰《にゅうぶ》中の参詣を奨励した。江戸時代初期、本山派と当山派の間で修験の引き込みや縄張り争いが頻発し、徳川家康・秀忠の裁断を仰いだが、それを契機に当山派は醍醐寺三宝院を棟梁に仰ぐことになった。

平安時代以来、大峯には入峰修行者のため随所に宿所が設けられた。当初は百二十宿あったというが、簡素なものもあって次第にその数を減じ、室町時代初期の書『寺門伝記補録《じもんでんきほろく》』には、峰中宿に七十二処の宿名を掲げ、もと七十七処の宿を作ったが今は五処を欠いたと記されている。後世、熊野那智山や熊野新宮をも加えて、金峯山・吉野山までの間に「大峯七十五靡《なびき》」があるとされる。「靡」は峰中の行所・秘所であり、岩屋なども含まれるが、宿所もかなり入っている。峰中宿を基本に置きながら、修験教団の発展に伴って新しい範疇の思考が入り、靡を称するようになったのであろう。

江戸時代以降の金峯山と大峯

江戸時代初頭、金峯山寺は江戸上野の東叡山寛永寺《とうえいざんかんえいじ》末となったが、衆徒は東南院・吉水院《よしみずいん》・喜《き》蔵院《ぞういん》・新熊野院など天台寺僧方二十院、竹林院《ちくりんいん》・桜本坊《さくらもとぼう》・延命院《えんめいいん》など真言満堂方二十一院、社僧十五院、神主十三人、穀屋一寺で一山を構成した。明治の神仏分離策で蔵王権現の称が廃され、金峯山修験も本山派・当山派修験も修験道廃止令により、解散を余儀なくされた。明治七年（一八七四）吉野蔵王堂は金峯神社の口の宮とされ、一山僧侶は復飾神勤《ふくしょくしんきん》した。明治九年（一八七六）、小篠の行者堂を山上ヶ岳に移し、同十九年（一八八六）に金峯山寺と山上蔵王堂の仏寺復帰が認められた。昭和十七年（一九四二）に山上本堂（蔵王堂）は大峯山寺と改称し、吉野山と天川村洞川の共同管理となり、それ以後住職は護持院の吉野山喜蔵院・桜本坊・竹林院・東南院・洞川龍泉寺の五ヶ寺が交替で務めている。昭和二十三年（一九四八）、金峯山寺は天台宗を離れ、金峯山修験本宗を設立した。

明治の修験道廃止令により大峯奥駈け修行は一時途絶えたが、その後復活され、今日では六組の修験集団が入峰を実施している。金峯山修験本宗が六月、東南院が七月、本山修験宗聖護院が九月、真言宗醍醐派本山醍醐寺が七月、天台宗三井寺（園城寺）が五月に行い、近年、熊野那智《なち》山青岸渡寺《さんせいがんとじ》が順の峰を修行するようになった。

（鈴木昭英）

【参考文献】

天川村史編集委員会『天川村史』（天川村役場、一九八一年）
石田茂作・矢島恭介『金峯山経塚遺物の研究』（帝室博物館、一九三七年）
五来重『山の宗教――修験道』（淡交社、一九七〇年）
首藤善樹『金峯山寺』（金峯山寺、一九八五年）
鈴木昭英『修験教団の形成と展開』（法藏館、二〇〇三年）
奈良県教育委員会『重要文化財大峰山寺本堂修理工事報告書』（一九八六年）
日本山岳修験学会『山岳修験』五二号　大峯山特集（二〇一三年）
宮家準『大峰修験道の研究』（佼成出版社、一九八八年）

森沢義信『大峯奥駈道七十五靡』（ナカニシヤ出版、二〇〇六年）

アクセス情報

大峰山
近鉄下市口駅からバス1時間15分、洞川温泉バス停から山頂まで徒歩4時間

大峯山寺（山上ヶ岳山頂） 奈良県吉野郡天川村大峯山

龍泉寺 奈良県吉野郡天川村洞川
近鉄下市口駅からバス1時間15分、洞川温泉バス停から徒歩10分

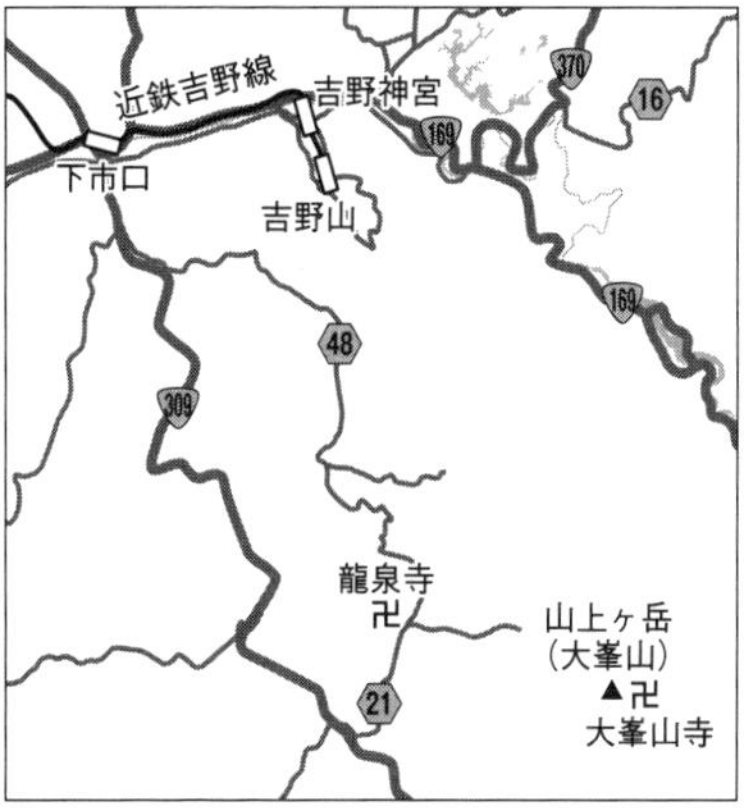

比叡山《ひえいざん》

標高◆八四八・三メートル（大比叡岳）
京都府京都市、滋賀県大津市

比叡山は、山城《やましろ》（京都府）と近江《おうみ》（滋賀県）の境界にあり、主峰は大比叡岳《おおひえだけ》である。東の大比叡岳（八四八・三メートル）と西の四明岳《しめいがたけ》（八三九メートル）の二つの峰に分かれ、その間、大比叡岳の中腹に天台宗の総本山である延暦寺の中心伽藍《がらん》が展開している。

比叡山は、『古事記』に大山咋神《おおやまくいのかみ》が見え、早くから神の坐《いま》す山として信仰されたことが知られる。天智天皇の大津遷都の際、大和国の三輪山《みわやま》の大物主神《おおものぬしのかみ》を迎えて大比叡神《おおひえのかみ》とし、地主神である大山咋神を小比叡神《こひえのかみ》として祀った。『懐風藻《かいふうそう》』には、藤原武智麻呂《ふじわらのむちまろ》（六八〇～七三七）が山林修行のための「禅院」を建てたことが見え、奈良時代に山中で修行する僧侶がいたことが知られる。彼らは、いわゆる山林仏教の徒で、おそらく興福寺《こうふくじ》など平城京の名だたる寺院に属する僧侶で、修行にふさわしい静寂な地を求めて、比叡山に入山したものと考えられる。

延暦寺の創建

最澄《さいちょう》（七六七～八二二）は、近江国分寺で得度《とくど》し、延暦四年（七八五）に東大寺で受戒したが、同年七月に比叡山を修行に最適の場所と考えて登山し、同七年に比叡山寺《ひえいざんじ》を創建した。本尊は薬師如来で、仏堂は小さなものであったが、最澄の仏教観に基づいて一乗止観院《いちじょうしかんいん》とも言った。延暦二十三年七月、還学生《かんがくしょう》として入唐し、天台山で学び、翌年六月に帰朝した。延暦二十五年に、年分度者《ねんぶんどしゃ》（国家から出家を許可された者）二人を許され、天台法華宗を開創して教団の確立に努力した。

最澄は、比叡山寺を創立した際に、大比叡神と小比叡神を寺の鎮守神として祀った。そして、小比叡神を二宮《にのみや》、大比叡神を大宮《おおみや》と呼び、日吉神社《ひえじんじゃ》の主祭神とした。その後、中世には山王権現《さんのうごんげん》と称されて山王一実神道《さんのういちじつしんとう》の本尊と崇められ、山王七社《しちしゃ》・山王二十一社《にじゅういっしゃ》として整備され、日吉信仰が隆盛することになった。最澄が比叡山寺の建立場所に比叡山を選んだのは、そこが以前から山林修行の場として利用され、多くの行者に親しまれていた場所であると同時に、伝統的な神によって守護される聖地であったからにほかならない。

最澄は、弘仁元年（八一〇）に三部長講《さんぶちょうこう》を創始し、同三年に法華三昧堂《ほっけさんまいどう》を建立して法華三昧を始めた。弘仁九年には、比叡山に大乗戒壇《だいじょうかいだん》を建設することを朝廷に申請したが、許可が下りたのは、最澄没後の同十三年のことであった。大乗戒壇の認可は、天台宗が独立した教団として承認されたことを意味し、以後の発展の基礎となった。弘仁十四年二月に、勅《ちょく》によって延暦寺《えんりゃくじ》と号することになり、三月に俗別当《ぞくべっとう》二人を置き、朝廷から東西両塔の建立費として四百石が施入された。

天台教団の発展

天長元年（八二四）、天台座主《ざす》が設置されて義真《ぎしん》（七八一～八三三）が補任《ぶにん》され、三綱《さんごう》（寺院と僧尼を統括する役僧）が置かれた。承和十三年（八四六）に十禅師《じゅうぜんじ》、嘉祥三年（八五〇）に十四禅師《じゅうしぜんじ》が置かれ、同年には新たに年分度者《ねんぶんどしゃ》二人が追加された。斉衡元年（八五四）に円仁《えんにん》（七九四～八六四）が座主となり、翌々年、文徳《もんとく》天皇に金剛界《こんごうかい》・胎蔵界《たいぞうかい》の両部灌頂《りょうぶかんじょう》を授けたのを皮切りに、清《せい》和《わ》天皇や淳和太后《じゅんなたいこう》に菩薩戒《ぼさつかい》を授け、天皇家との深い関係を築いた。貞観十年（八六八）には円珍《えんちん》（八一四～八九一）が座主《ざす》となり、翌年に年分度者二人を追加するなど、円仁・円珍の時代に延暦寺の組織化が急速に進められ、寺社勢力としての基礎が築かれた。

最澄は、円・密・禅・戒が融合した日本天台を説き、止観業《しかんごう》・遮那業《しゃなごう》を延暦寺における山上修学の制度とした。このうち、遮那業は密教を修するもので、顕教《けんぎょう》と密教《みっきょう》を合せ修するところに日本天台の特色があった。その後、円仁は承和十四年（八四七）、円珍は天安二年（八五八）に入《にっ》唐求法《とうぐほう》から帰国し、大量の経典とともに新たな密教を伝えた。円仁は、胎蔵界・金剛界・蘇悉地《そしつじ》三部《さんぶ》の大法《たいほう》を説き、『金剛頂経疏《こんごうちょうぎょうしょ》』『蘇悉地羯羅経略疏《そしつじからきょうりゃくしょ》』などの著作で台密《たいみつ》教学を論じ、三部《さんぶ》都法《づほう》の始祖となった。円珍は、法全《ほうぜん》・智慧輪《ちえりん》らから三部大法を伝え、台密の教学を充実させた。さらに、安然《あんねん》（八四一～没年不詳）は、台密の教相《きょうそう》・事相《じそう》を整備し、大日釈迦二仏一体説を基本とし、円密一致を説く教学を確立した。本来、延暦寺は、法華経を主体とする顕教の道場であったが、円仁以後、師資相承《ししそうじょう》の密教の伽藍《がらん》として、大きく発展したのである。

根本中堂（東塔）

三塔十六谷

一方、堂塔の整備も進められ、主要なものに限っても、天長元年（八二四）に講堂、同四年に一乗戒壇院《いちじょうかいだんいん》、同六年に横川首楞厳院《よかわしゅりょうごんいん》、承和元年（八三四）に西塔院《さいとういん》、同十三年（八四六）に定心院《じょうしんいん》、嘉祥三年（八五〇）に総持院《そうじいん》、仁寿元年（八五二）に四王院《しおういん》、貞観十八年（八七六）に文殊楼《もんじゅろう》が建設された。堂塔の創建は、天皇家や貴族の協力があってできたことで、比叡山は彼らから大きな支援を受けていたのである。こうして、小さな仏堂から出発した比叡山寺は、いつの間にか延暦寺という大規模な伽藍に発展したのである。

比叡山は三塔十六谷《さんとうじゅうろくだに》といって、東塔《とうとう》・西塔《さいとう》・横川《よかわ》の三塔に分かれ、広範囲に多数の堂塔が散在しており、延暦寺はそれらを統合する存在である。東塔は、延暦寺の中心をなす地域で、根本中堂《こんぽんちゅうどう》・大講堂・阿弥陀堂・大乗戒壇院・

文殊楼などの主要堂塔が集中している。西塔は、釈迦堂・常行堂《じょうぎょうどう》・法華堂・瑠璃堂《るりどう》・居士林《こじりん》・相《そう》輪橖《りんとう》を擁し、山林修行の場としての静寂さを現在も保っている。横川は、横川中堂《よかわちゅうどう》・四季講堂《しきこうどう》・恵心堂《えしんどう》などが存在し、現在も不滅の法灯が燃え続けていることで知られる。

相輪橖（西塔）

　三塔のそれぞれには、主要堂塔を取り巻くように多数の院坊が営まれていたが、現在では大部分が遺跡となっている。西塔で発掘調査された院坊跡のなかには、平安時代にまでさかのぼる建物遺構が確認されており、仏堂と庫裏からなる院坊の姿を知ることができる。それらの院坊跡は、瓦が出土しないことから、檜皮葺《ひわだぶ》きや板葺きなど、植物質の屋根材を使用していたことが知られ、山寺らしいたたずまいであったようである。

　三塔は山道によって結ばれていたが、それらの道は比叡山の外側とも通じるものがほとんどで、かつては近江側で本坂《ほんざか》・無動寺路《むどうじみち》・飯室路《いいむろみち》・大宮谷路《おおみやだにみち》、京都側で雲母坂《きららざか》・松尾坂《まつおざか》・走出坂《はせだしざか》・青山《あおやま》越《ごえ》・山中越《やまなかごえ》など著名な道をはじめ、約三十のルートがあったという。比叡山は、奥深い山であると同時に、都に近い山でもあった。見方を変えれば、近江と京都の交通路沿いに位置する宗教的権門《けんもん》ということも可能であり、必ずしも人里離れた未開の地ではなかったのである。

山門と寺門の分裂

康保三年（九六六）十月二十八日、延暦寺は大規模な火災に見舞われ、多くの仏堂が焼失した。しかし、天禄二年（九七一）に総持院、天延三年（九七五）に横川首楞厳院、天元二年（九七九）に西塔の釈迦堂・常行堂、同三年に根本中堂・文殊楼が復興され、十数年で旧観を取り戻した。当時の座主は良源《りょうげん》（九一二〜九八五）で、延暦寺の全盛期を築いたと言えるが、僧兵が登場し、山門《さんもん》と寺門《じもん》の分裂が始まった点から、分水嶺の時期であったとも評価できよう。天元四年、円珍（智証《ちしょう》）派の余慶《よけい》が法性寺《ほっしょうじ》座主に就任したが、円仁（慈覚《じかく》）派による排斥が始まり、円珍派が下山した。永祚元年（九八九）に余慶が座主に就任すると、円珍派排除の方向性が強まり、正暦四年（九九三）に山上の円珍派院坊を破壊したため、円珍派は園城寺《おんじょうじ》に移った。こうして、延暦寺（山門）と園城寺（寺門）の対立が表面化したのである。

　藤原師輔《ふじわらのもろすけ》の子尋禅《じんぜん》（九四三〜九九〇）の座主就任以後、貴族の入室者が増加し、梨本円融房《なしもとえんゆうぼう》（梶井門跡《かじいもんぜき》）・青蓮院《しょうれんいん》・妙法《みょうほう》院《いん》・曼殊院《まんしゅいん》などの門跡《もんぜき》寺院（皇族や貴族が住職を務める寺院）が成立した。門跡寺院は、権威の源泉が天皇にあり、延暦寺を超越した存在であったため、平等な関係を基軸とする寺院大衆の組織を脅かした。

横川中堂

近畿

回峰行

ところで、比叡山を代表する山岳修行である回峰行《かいほうぎょう》は、貞観年間（八五九〜八七七）に相応和尚《そうおうかしょう》（八三一〜九一八）によって始められたと伝える。回峰行は、三塔・九院《くいん》・山王七社など山内の霊地を巡り、一千日を満願とする修行である。行者の本尊は不動明王で、行中不動真言を唱え続け、最初の百日の修行を終えると不動明王が祀られる葛川明王院《かつらがわみょうおういん》に参詣することになっている。修行を終えた者を大行満《だいぎょうまん》と呼び、草鞋《わらじ》のまま宮中へ参内《さんだい》することを許されることは、比叡山と朝廷の深い関係を反映したものであろう。

その後の延暦寺

元亀二年（一五七一）九月十二日、織田信長は、浅井・朝倉に与同した延暦寺を掣肘《せいちゅう》する目的で、比叡山の根本中堂をはじめとする堂社をことごとく焼き討ちしたとされる。現代の発掘調査の結果、実際には主要な建物に限定されていたことが判明したが、『信長公記《しんちょうこうき》』などには、女性や子供まで容赦なく殺害したと記されている。その後、比叡山は、豊臣政権によって寺領五千石を安堵《あんど》され、諸堂が復興されたが、中世の勢威は取り戻せなかったとされている。明治初年の神仏分離では、日吉大社で激しい廃仏毀釈《はいぶつきしゃく》が行われ、多くの文化財が失われた。

（時枝　務）

【参考文献】

景山春樹『比叡山』（角川新書、一九六六年）

景山春樹『比叡山』（日本放送出版協会、一九七〇年）
景山春樹『比叡山』（角川選書、角川書店、一九七五年）
景山春樹『比叡山寺――その構成と諸問題』（同朋舎、一九七八年）
景山春樹『比叡山と高野山』（教育社、一九八〇年）
武覚超『比叡山諸堂史の研究』（法藏館、二〇〇八年）
村山修一編『比叡山と天台仏教の研究』（山岳宗教史研究叢書二、名著出版、一九七六年）

アクセス情報

比叡山延暦寺（天台宗）　滋賀県大津市坂本本町四二二〇

ＪＲ京都駅からバス１時間10分で延暦寺バスセンター。東塔から西塔、横川など山内の移動にはシャトルバスが運行。または JR比叡山坂本駅からバス５分でケーブル坂本駅、ケーブルカー11分でケーブル延暦寺駅

高野山《こうやさん》

標高◆一、〇〇八・五メートル（楊柳山）
和歌山県伊都郡高野町・九度山町

高野山は、いわゆる外の八葉《はちよう》、内の八葉（胎蔵界曼荼羅《だいぞうかいまんだら》の中台八葉院《ちゅうだいはちよういん》になぞらえたもの）に囲まれた山上の平坦地で、西側に大門《だいもん》、東側に奥の院御廟《ごびょう》を配する。御廟の背後には摩尼山《まにさん》（一、〇〇四メートル）・楊柳山《ようりゅうさん》（一、〇〇八・五メートル）・雪池山《ゆきいけやま》（九八八メートル）の高野三山、大門の北側には弁天岳《べんてんだけ》（九八四・五メートル）がある。それらに囲まれた高野山一帯は標高九〇〇メートル前後の高地に立地し、冬には雪に覆われる。

高野山の開創

弘仁七年（八一六）六月十九日、空海《くうかい》（七七四〜八三五）は、高野山の下賜を朝廷に申請した。七月八日、嵯峨《さが》天皇から修禅道場の建設を許可され、弟子の実恵《じちえ》（七八六〜八四七）・泰範《たいはん》（七七八〜?）を派遣して金剛峯寺《こんごうぶじ》をはじめとする伽藍《がらん》の創建に着手した。弘仁九年（八一八）には空海自身が登山し、建設を指示した。初期の伽藍は、講堂と中門を南北軸、大塔《だいとう》と多宝塔《たほうとう》を東西軸に配し、大塔に象徴される両界曼荼羅《りょうかいまんだら》を中心とした密教的な世界観を表現したものであったと推測されている。高野山を管理する政所《まんどころ》は山麓に設置されていたが、天長三年（八二六）には山上の伽藍が未完成であったため、政所で仁王会《にんのうえ》が行われた。同九年、空海は、東寺《とうじ》・高雄山寺《たかおさんじ》の経営を実恵・真済《しんぜい》（八〇〇～八六〇）に委ね、高野山に住むようになった。承和二年（八三五）正月に年分度者《ねんぶんどしゃ》（国家から出家を許可された者）三人の設置が勅許《ちょっきょ》され、二月に金剛峯寺が定額寺《じょうがくじ》（国家から認められた格を有する寺）に列することになったが、三月二十一日に空海は入滅《にゅうめつ》し、その生存中には高野山は完成しなかった。

それ以後、東寺長者（東寺の最高位）実恵の指導の下、真然《しんぜん》（?～八九一）が高野山の経営にあたることになった。承和三年（八三六）五月に紀伊国司《こくし》が金剛峯寺俗別当《ぞくべっとう》に就任し、同八年に灯分・仏餉《ぶっしょう》料二八〇〇束・金剛峯寺料五六一六束が支給され、貞観十八年（八七六）に紀伊国伊都《いと》・那《な》賀《か》・牟婁《むろ》・名草《なぐさ》四郡に散在する三十八町歩が不輸租田《ふゆそでん》（租税を免除された土地）と認められ、高野山領荘園成立の端緒が作られた。大塔は宇多《うだ》天皇の支援、多宝塔は真然の努力によって完成し、伽藍の整備が進んだ。また、真然は、金剛峯寺の組織の整備を推進し、座主職を設けて弟子の寿長《じゅちょう》を補任《ぶにん》した。春と秋には、修学《しゅうがく》・練学《れんがく》の二会を開いたが、その受者は真然直系の弟子に限定された。そうした真然の狭量さは、その没後に東寺・神護《じんご》寺《じ》との対立を生む要因となり、のちに金剛峯寺は東寺の末寺として位置づけられることになった。

多宝塔

奥の院の流れ灌頂

奥の院と弘法大師信仰

金剛峯寺は、壇上伽藍《だんじょうがらん》と奥の院の二つの中心を持ち、壇上伽藍に講堂・大塔などがあり、奥の院に空海が眠る御廟がある。延喜十年（九一〇）に東寺で御影供《みえく》が開始され、同二十一年には空海に弘法大師の諡号《しごう》が贈られ、空海の入定《にゅうじょう》信仰が強まった。入定信仰は、奥の院において空海が生前の姿のまま、五十六億七千万年後に弥勒如来が説法する時まで待ち続けているので、彼の導きによって浄土への往生を確実なものにしようというものである。

金剛峯寺は、たび重なる火災などによって一時衰退したが、治安三年（一〇二三）に藤原道長が参詣した頃から持ち直し、貴族の参詣が盛んに行われるようになった。高野山領荘園の集積が進み、金剛峯寺が寺社勢力として成長しつつあるなか、弘法大師信仰は一層強まり、奥の院は霊場として独自の発達を遂げた。

天永四年（一一一三）、比丘尼《びくに》法薬《ほうやく》が御廟周辺に経塚《きょうづか》を造営した頃から、弘法大師信仰に立脚した経塚造営が流行した。経塚は十二世紀前半に集中的に造営されたが、後半に入ると下火になり、代わって納骨遺構が営まれた。弘法大師の近くに納骨されることで、来世の幸福を確実なものにしたいという信仰に支えられ、多くの人々が納骨したのである。納骨遺構には、容器を伴うものと伴わないものがあり、伴わないものは有機質の袋などを利用したとみられる。十二世紀後半から鎌倉時代には、主に白磁など堅牢な納骨容器を使用したのに対し、室町時代には有機質のものが主体となった。納骨の風習が、貴族や武士のみでなく、名主《みょうしゅ》などの民衆にまで広がったのである。中世後期になると、無数の一石五輪塔《いっせきごりんとう》が奉納され、奥の院全域に残された。さらに、十七世紀には、大名家を中心に巨大な石塔が造立され、奥の院独自の景観が形成されることになった。

町石と町石道

町石道《ちょういしみち》は、山麓の慈尊院《じそんいん》から奥の院御廟まで続く参詣道で、沿道に文永三年（一二六六）から弘安八年（一二八五）にかけて造立された石製長足五輪塔《ちょうそくごりんとう》の町石が建てられていることからその

奥の院の石塔

町石

名がある。町石は壇上伽藍を起点とし、奥の院御廟までの三十六町を金剛界三十七尊、慈尊院までの百八十町を胎蔵界百八十尊にあてている。参詣者は、山麓の百八十町から徐々に登り、壇上伽藍に到着したのち、今度はふたたび一町から順に三十六町までたどることになる。

　町石は、壇上伽藍が参詣道の中心であること、到着点が奥の院であることを示すと同時に、山麓から壇上伽藍までが胎蔵界、そこから奥の院までが金剛界にあたることを象徴的に示している。つまり、町石道は、胎蔵界と金剛界からなる高野山の宇宙的なイメージを、町石という記念物によって視覚的に示した参詣道であると言える。参詣者は、町石に刻まれた町数を確認しながら登山することで、自らのいる地点を知ることができるわけである。それは、単に壇上伽藍までの距離を知ることにとどまらず、高野山という宇宙山のなかでの自己の位置を知ることに通じる。

学侶・行人・聖

　壇上伽藍と奥の院の間には、西院谷《さいいんだに》・南谷《みなみだに》・谷上院谷《たにじょういんだに》・本中院谷《ほんちゅういんだに》・一心院谷《いっしんいんだに》・五之室谷《ごのむろだに》・千《せん》手院谷《じゅいんだに》・小田原谷《おだわらだに》・往生院谷《おうじょういんだに》・蓮華谷《れんげだに》の十谷があり、多数の子院《しいん》や庵室《あんしつ》が営まれた。子院は、仏堂の脇に庫裏を設ける形態のものが主流で、江戸時代には宿坊《しゅくぼう》を兼ねるものが多く見られようになった。現在、多数の子院について発掘調査が行われているが、大部分は江戸時代の遺構で、それ以前の実態を示す事例は少ない。十谷はさらに小さな谷に細分され、谷ごとに多数の子院がまとまりをなし、全体として宗教都市の景観を呈していたが、それは宗教的権門《けんもん》としての高野山のあり方を視覚的に示すものであった。

中世には、学侶《がくりょ》・行人《ぎょうにん》・聖《ひじり》の階層が厳然と存在し、子院は寺院社会のあり方を反映したものであった。学侶・行人・聖を高野三方《こうやさんかた》と呼ぶ。学侶は、学問を修めることに専念し、法会でも中心的な役割を勤めた。行人は、当初、堂衆《どうしゅう》と呼ばれたが、修行に専念するとともに、花や水を供えるなど、法会の準備を担当した。聖は、諸国を回って勧進《かんじん》活動に従事し、集めた資金で寺院経営に携わった。学侶・行人・聖は、それぞれ役割を異にし、別個の集団を形成した。

十二世紀前半、小田原別所《べっしょ》・東別所・往生院別所などの別所が形成され、多くの聖が集った。彼らは高野聖《こうやひじり》と呼ばれ、信者に納骨を勧め、火葬骨を高野山に持ち帰って供養する活動を積極的に行った。信者に納骨の功徳を説く際には、絵解《えと》きをはじめとする唱導《しょうどう》（仏説を説いて人々を導くこと）を行ったことから、日本の文学や芸能に大きな影響を与えた。高野聖は、時宗の影響を強く受けていたが、慶長十一年（一六〇六）に真言帰入令が出されて、ようやく真言宗教団に取り込まれた。

中世後期には、三方のいずれかを問わず、子院が檀那と直接結びつくことで、経営を自立化する方向が採用された。檀那の祖先祭祀に関与することで、定期的な供養料の徴収が可能となり、寺院経営の安定化につながった。戦国大名をはじめ、武士・村人など多様な階層が檀那に取り込まれ、死者供養と祖先祭祀を軸に宗教活動が活発化した。

行学紛争

学侶と行人（堂衆）の区分は、十二世紀前半に覚鑁《かくばん》（一〇九五～一一四三）が高野山上に開設さ

近
畿

れた大伝法院《だいでんぽういん》（のちに下山し、根来に移った）で実施したのが端緒であるが、のちに両者は対立を深め、高野山に大きな混乱をもたらした。対立は中世後期に深刻さを増し、両者とも武力を保持していたため、その衝突によって、高野山は荒廃した。

天正十三年（一五八五）、豊臣秀吉は高野山攻撃を明言するが、木食応其《もくじきおうご》の交渉の結果、降伏して戦禍を免れることになった。秀吉は高野山領として三千石を寄進したが、そのほかに五万石の所領があることが判明し、激怒した秀吉は全寺領を没収した。しかし、応其の努力の結果、二万一千石の寺領が認められ、うち六千五百石が行人方に与えられた。

応其は、これによって学侶と行人の対立を解消できると期待したのであるが、応其が亡くなった慶長十三年（一六〇八）頃には両者の対立が激化した。その背景には、行人が勢力を拡大し、学侶を圧迫しつつあったという情勢の変化があった。江戸幕府は、両者の和解に向けて様々な工作を行ったが、ことごとく成功せず、ついに元禄五年（一六九二）、幕府は行人六百二十七人を薩《さつ》摩《ま》・大隅《おおすみ》（鹿児島県）などへ配流に処し、行人寺九百二寺を廃した。

なお、現在の金剛峯寺は、明治元年（一八六八）に学侶・行人・聖の三派を廃し、翌年に学侶方の青厳寺《せいがんじ》と行人方の興山寺《こうざんじ》を統合して成立したもので、聖方の大徳院《だいとくいん》は講学所《こうがくしょ》となった。

（時枝　務）

【参考文献】

五来重編『山岳宗教史研究叢書　三　高野山と真言密教の研究』（名著出版、一九七六年）

白井優子『空海伝説の形成と高野山——入定伝説の形成と高野山納骨の発生』（同成社、一九八六年）
白井優子『院政期高野山と空海入定伝説』（同成社、二〇〇二年）
俵谷和子『高野山信仰と権門貴紳——弘法大師入定伝説を中心に』（岩田書院、二〇一〇年）
村上弘子『高野山信仰の成立と展開』（雄山閣、二〇〇九年）

アクセス情報

金剛峯寺　和歌山県伊都郡高野町高野山一三二
南海電鉄極楽橋駅から南海高野山ケーブル5分、高野山駅からバス10分、千手院橋バス停から徒歩2分

那智山《なちさん》（熊野三山）

標高◆六八五メートル（光ヶ峯）／六三二メートル（最勝ヶ峯）／七四九メートル（妙法山）
和歌山県東牟婁郡那智勝浦町

紀伊半島南部に鎮座する熊野本宮《ほんぐう》大社（田辺市本宮町）・熊野速玉《はやたま》大社（新宮市）・熊野那智《なち》大社（那智勝浦町）の三社を熊野三山と総称する。しかし、本宮・新宮同様、那智山という特定の山はない。有名な那智大滝を中心に、那智三峯と呼ばれる光ヶ峯《ひかりがみね》・最勝ヶ峯《さいしょうがみね》・妙法山《みょうほうざん》に囲まれた地域が那智山である。那智の語源は、難地、あるいは大滝の化現・難陀龍王によるともいう（『熊野山略記』）。

この那智山の中腹、大滝の南方約一キロメートルの高台に、熊野那智大社と那智山青岸渡寺《せいがんとじ》が南向きに隣接、並列して建つ。山内には、参詣道（大門坂《だいもんざか》・滝道）や御師《おし》の宿坊跡などが多く残る。近世の境内は、東西十五町、南北五十町で（『紀伊続風土記』）、表玄関ともいえる浜《はま》の宮王子社《みやおうじしゃ》（補陀洛寺《ふだらくじ》）、妙法山を含めて一山を構成した。平成十六年（二〇〇四）、熊野那智大社・青岸渡寺・那智大滝・那智原始林・補陀洛山寺が世界文化遺産に登録されている。

那智三峯

光ヶ峯は那智山の東方にある。地図上は六八五メートルの山を光ヶ峯とする。那智三峯の第一。仁徳天皇の時に、十二所権現が光を指して現われたとか、先徳の埋納による様々な発光伝承があり、頂上には池があるとも伝える（『熊野山略記』）。

最勝ヶ峯は、那智大滝北西の山で、標高六三二メートル。最勝王経《さいしょうおうきょう》を、智証大師《ちしょうだいし》が講読した山（『熊野詣日記』）とか、裸形《らぎょう》上人が奉納した峯（『熊野山略記』）という。

那智湾から望む那智山

那智山の南西にある標高七四九メートルの山が妙法山。山頂は樒山《しきびやま》と呼ばれ、釈迦堂（奥院）が建つ。八合目には阿弥陀寺・弘法大師堂・納骨堂などがある。空勝上人が法華経を奉納し、蓮寂上人が供鉢《くはち》を飛ばした所ともいう（『熊野山略記』）。また、「奈智山応昭《おうしょう》法師」が焼身を行った山（『本朝法華験記』）にも比定され、その火定《かじょう》跡とされる方形石組みも残る。鎌倉時代には法燈国師《ほっとうこくし》が同寺に居住、再興し、念仏と納骨の霊山になったという。今も熊野の人々の納骨信仰の山だ。

日本一の那智大滝

那智山信仰の根源が那智大滝。高さ一三三メートルの大岩壁から南向きに垂直に流下する聖水は、まさに自然への祈りの象

那智大滝

徴である。平安時代から多くの滝行者が集まり、三年千日の滝本参籠を究極とした。延喜十八年（九一八）の修験者・浄蔵《じょうぞう》（『大法師浄蔵伝』）、南都興福寺僧の真喜《しんき》・仲算《ちゅうさん》・林懐《りんかい》らの奇瑞が知られる（『元亨釈書』ほか）。寛和二年（九八六）の花山法皇の三年参籠や、文覚《もんがく》の荒行も有名だ（『平家物語』）。

滝本正面には飛瀧《ひろう》権現拝殿があり、「生貫杉《オイヌキスギ》」（『那智山古絵図』）の巨木が屋根を貫通して生えていた。中世以来の景観である。その左手には、本地仏を祀る滝本千手堂など、多くの社堂があった（『那智参詣曼荼羅』）。大滝の岩壁には千手観音の磨崖仏が彫られ（『百錬抄』）、観音浄土の補陀落山とも観想された（『平家物語』）。滝本参道入口左手は、枯池《からいけ》と呼ばれた金経門経塚《きんけいもんきょうづか》跡であり、金銅仏など多彩な遺物が出土している（『那智経塚遺宝』）。

那智大滝は、那智川流域に点在する那智四十八滝の一の滝であり、三筋の滝、三国一の滝（『熊野詣日記』）として、多くの絵画作品（「那智滝図」など）や文学作品にも描かれた。大滝の上流には、二の滝（本地・如意輪観音）、三の滝（馬頭観音）も流下する。二の滝手前の絶壁上には、花山法皇参籠の庵室跡も残る。

熊野那智大社

那智大滝の南の高台（三三九メートル）に鎮座する熊野三山の一社。古くは滝本に鎮座していたのを現在地に遷したとされる。十世紀と推定される女神像が伝わる。永保二年（一〇八二）、熊野山大衆が新宮・那智の神輿を担いで上洛した（『扶桑略記』）。この頃までに三社相互に祭神（十二所権現）を祀り合い、神仏習合により、熊野三山と呼ばれる霊場になったようである。十二世紀前半には本地仏も確定している。

熊野那智大社と那智山青岸渡寺

社殿構成は、拝殿奥に社殿五棟が南面して、東から滝宮・証誠殿《しょうじょうでん》（本宮）・中御前《なかのごぜん》（新宮）・西御前《にしのごぜん》（主神・熊野夫須美《ふすみ》大神、千手観音）・若宮が単殿で並列する。滝宮は若干後退し、地主神・元神としての神格を示す。中・下八社の神々は屈曲東面して相殿で建つ。中世から朱塗りでこのような配置になっていた（『一遍聖絵』）。現在の社殿は幕末の建物であるが、中世以来の古態を保つ。近世には、周辺に護摩堂や行者堂、本願寺院などの建物が多く建っていた。

那智山の一山組織は、独自性が強く、熊野別当の支配も受けたが、山内の支持で、社僧である那智執行《しぎょう》と滝本執行（滝修行を支配）が中心となり運営した。実方院《じっぽういん》と尊勝院《そんしょういん》の系統がその代表で、全国の信者を案内する先達と結び、宿坊を営む御師として那智山の経済を支えた。社僧のほかに、中世末から熊野比丘尼《びくに》らを擁して社堂の修復のための勧進を行う本願寺院が七ヶ寺もあった。近世の那智社領は三百石で、経営に苦労している。組織も、東座（尊勝院系）と西座（実方院系）に大きく分かれ、滝衆や衆徒らを支配した。

文化財は、那智経塚遺物や大社文書（御師文書）が圧巻。七月十四日の扇祭りは、霊山を舞台に、日・火・水のまぐわいの祭礼として華やかに展開される。

那智山青岸渡寺

那智大社の東に南面して並列する。本尊は如意輪観音で、近世までは如意輪堂と称した。西国三十三観音霊場の第一番札所である。当寺の開基はインド僧の裸形上人。仁徳天皇の時代、熊野浦に漂着した上人は、那智の滝で修行の末、観世音を感得してこの地に庵を建てたという。その後、推古天皇の時に、大和から生仏《しょうぶつ》という聖が来山、如意輪観音を彫刻して上人の観音を胸に納め、勅願により堂宇を建立したと伝える。

天仁二年（一一〇九）、藤原宗忠《ふじわらのむねただ》は、この堂を「如意輪験所」「大験仏《だいげんぶつ》」と記す（『中右記』）。応保元年（一一六一）三井寺覚忠《かくちゅう》の「三十三所巡礼則」では、すでに第一番札所になっている（『寺門高僧記』）。中世までの本堂は懸造《かけづく》りであった（『一遍聖絵』）。現在の本堂は、天正十八年（一五九〇）豊臣秀吉が大檀那となり再建したもの。入母屋造りの平面七間四面堂、こけら葺で垂木《たるき》などに朱彩が残る。熊野三山で最古・最大の建物だ。

那智参詣曼荼羅（補陀洛山寺本、那智山青岸渡寺所蔵）

那智参詣曼荼羅の世界

中世末から、熊野比丘尼らによって勧進のために絵解きされたのが「那智参詣曼荼羅」。那智山の美しい景観と社堂や参詣者、説話などを満載し、霊場の賑わいを描出した聖地案内図である。

那智湾に望んで「日本第一」の大きな鳥居が立ち、補陀落渡海の舟が浮かぶ。その背後には補陀落寺、右手が浜の宮王子だ。那智の海は、補陀落浄土への入口であった。関所を通って、那智川に架かる橋が二《に》の瀬《せ》橋《ばし》。橋の上には先達に導かれる白装束の夫婦がいる。橋下には巡礼の禊も描く。次の橋が振《ふり》ヶ《が》瀬《せ》橋《ばし》。俗界と聖域を振り分ける橋という。川中には大滝の化身の龍が出現し、橋上の高僧と対面している。花山法皇と龍神の奇瑞は、滝水を延命水と伝える（『源平盛衰記』）。大門坂を登り、右手に巡礼道を行くと奥院。法燈国師が「真ノ補陀落」と滝禅定した寺だ。大滝手前で金の宝塔に納経しているのが六十六部聖。金経門経塚の場所である。

滝本にも多くの社堂が建つ。左手瓦葺の大きな建物が千手堂。拝殿を突き抜けた生貫杉も描く。大滝の水の生命力の発現とされる。三筋の滝の下では文覚上人が荒行中だ。不動明王の使いの二童子に救出されている。滝本の橋は霊光橋《れいこうばし》。八咫烏帽《やたがらすぼう》を被る滝千日行者がいる。滝水で熊野牛《くまのご》玉宝印《おうほういん》を摺って配っている場面という。滝の右上が花山法皇の庵室・円城寺だ。

滝本から本社に登って行くと三重塔があり、その前でお木曳神事《きひきしんじ》が行われている。そして本社の壮観な社殿。中世以来の社殿配置がよくわかる。貴賤の参拝の様子も活写する。神武東征を先導した八咫烏が、ここで消えたという烏石も点描する。前方の拝殿と如意輪堂は懸造りだ。そして死霊の登る山・妙法山。墓があり、白装束の夫婦は忽然《こつぜん》と消える。亡者の熊野詣かも知れない。

この絵は、そんな死の世界と、大滝の水の生命力が息づく生なる世界が融《と》け合った、熊野らしい、まさに「日本第一大霊験所」（『平家物語』）を象徴する「曼荼羅」なのだ。（山本殖生）

【参考文献】
林雅彦編『熊野――その信仰と文学・美術・自然』（国文学解釈と鑑賞別冊、至文堂、二〇〇七年）
和歌山県立博物館編『図録　熊野・那智山の歴史と文化――那智大滝と信仰のかたち』（二〇〇六年）

アクセス情報

那智の滝　和歌山県東牟婁郡那智勝浦町那智山
ＪＲ紀伊勝浦駅からバス30分、那智の滝前バス停から徒歩５分

熊野那智大社・青岸渡寺　和歌山県東牟婁郡那智勝浦町那智山
ＪＲ紀伊勝浦駅からバス30分、神社お寺前駐車場バス停から徒歩15分

熊野速玉大社　和歌山県新宮市新宮一
ＪＲ新宮駅からバスで５分、または徒歩で20分

熊野本宮大社　和歌山県田辺市本宮町本宮一一〇〇
ＪＲ新宮駅からバスで１時間30分

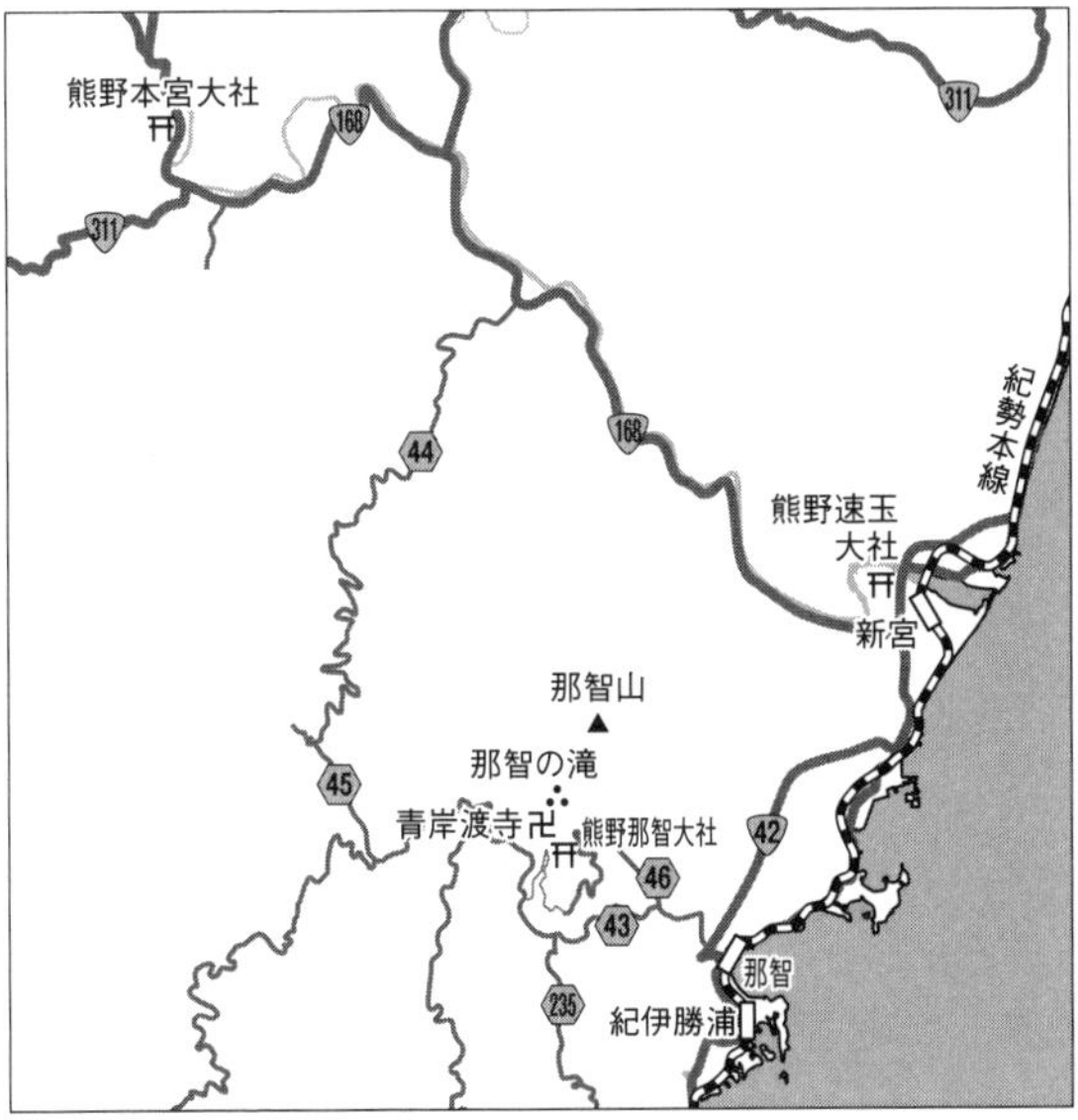

朝熊山《あさまやま》（朝熊ヶ岳《あさまがたけ》）

標高◆五五五メートル
三重県伊勢市・鳥羽市

朝熊山は伊勢《いせ》市と鳥羽《とば》市の境界に位置する山で、決して高くはないが、伊勢湾から望むと一際目立つこともあって、早くから信仰の対象となった。山頂からやや下ったところにある金剛証《こんごうしょう》寺《じ》は、臨済宗の寺院であるが、虚空蔵《こくうぞう》菩薩を本尊として祀っている。伊勢地方では、正月十三日に十三歳の男女が虚空蔵菩薩に参詣する十三参り《じゅうさんまい》の風習があったが、現在では廃れている。

寺伝によれば、欽明《きんめい》天皇の時代に暁台《ぎょうだい》によって開山され、天長二年（八二五）に空海が虚空蔵求聞持法《ぐもんじほう》を修し、寺院を建立したのに始まると伝える。その後、明徳三年（一三九二）に、臨済宗建長寺《けんちょうじ》（神奈川県鎌倉市）住持を務めた東岳《とうがく》が中興し、真言宗から臨済宗に改めたという。山頂付近は雨乞いの修法を行う場所として著名で、八大龍王が棲むという池があり、近隣の信仰を集めている。金剛証寺に祀られる平安時代の雨宝童子《うほうどうじ》像も、雨乞《あまご》いと深い関係にある仏像である。

朝熊山経塚

金剛証寺境内の経《きょう》ヶ峰《がみね》に所在する朝熊山経塚《きょうづか》は、昭和三十四年（一九五九）の伊勢湾台風による倒木整理に際して発見され、その後実施された発掘調査の結果、約四十三基の経塚が確認された。経塚には、地下の石室内に経典を埋納し、地上にマウンドを築くものと、集石や樹木の根の間にあたかも挿入したかのように経筒を納めたものの二者が見られた。

発見された遺物には、紙本経《しほんきょう》・瓦経《がきょう》・経筒《きょうづつ》・陶製外筒《とうせいそとづつ》など経典とその容器のほか、副納品として銅鏡・鏡像・飾金具《かざりかなぐ》・銭貨・刀子《とうす》・火打鎌・鋏《はさみ》・錐《きり》・針・提子《ひさげ》・檜扇《ひおうぎ》・陶磁器類などが知られている。なかでも、国宝阿弥陀如来来迎図鏡像《らいこうずきょうぞう》は、浄土教と経塚造営の関係を示す遺物として広く知られている。これらの遺物は、経筒に平治元年（一一五九）や承安三年（一一七三）の在銘遺品が含まれることから、大部分が十二世紀後半のものと推測される。なお、朝熊山経塚の主な造営者は、伊勢神宮《じんぐう》の祠《し》官《かん》であった。

朝熊山経塚

金剛証寺奥の院とタケ参り

朝熊山は、江戸時代には「伊勢へ参らば朝熊をかけよ、朝熊かけねば片参り」と唄った俗謡《ぞくよう》に示されるように、伊勢両宮に参宮したあとに参詣し、霊薬万金丹《まんきんたん》を土産に下山する者が多かった。江戸時代の朝熊山は、参宮ルートに組み込まれ、伊勢信仰の一端を担っていた。

しかし一方、朝熊山は、地元民の間ではタケと呼ばれ、死者が集まる山と伝えられていた。朝熊山に参れば、死者に会えるなどといい、朝熊山に参詣することをタケ参りと呼んだ。朝熊山は、遠隔地から訪れる者にとっては伊勢信仰の聖地であったが、地元民にとっては両宮とは全く異なる性格の聖地であった。

タケ参りは、正月十三日の金剛証寺法会、六月二十七・二十八日の開山忌《かいさんき》のほか、死者供養の際に行われる。

志摩《しま》地方では、身内から死者が出ると、一周忌までの間に、親戚の男性が死者供養のためのタケ参りを行った。金剛証寺の宿坊に一泊し、翌日、奥の院で木製卒塔婆《そとば》に戒名《かいみょう》などを書いてもらい、それを参道脇に建て、故人の髪・衣類・遺愛品などをかける風習が見られる。奥の院の参道の両側には、膨大な基数の木製卒塔婆が林立しており、異様な景観を形成している。塔婆には、ミズタムケといってシキミと線香を供えて供養するが、帰りに必ず手向けたシキミの一部を持ち帰り、タケノミヤゲといって、新仏の墓地に供えることになっている。

金剛証寺奥の院の参道

このような朝熊山の死者供養は、高野山《こうやさん》（和歌山県高野町）奥の院の影響のもとに、真言宗の聖《ひじり》たちが活動した結果、成立した習俗であると推測できる。

（時枝　務）

【参考文献】

木村澄次「伊勢志摩地方の死者儀礼——朝熊山のタケマイリ——」(『宗教研究』第二九三号、日本宗教学会、一九九二年)

児玉允「朝熊山とタケ詣り」(五来重編『山岳宗教史研究叢書 一一 近畿霊山と修験道』名著出版、一九七八年)

櫻井德太郎「山中他界観の成立と展開——伊勢朝熊山のタケマイリ——」(『日本歴史』第二四九号、日本歴史学会、一九六九年)

アクセス情報

朝熊山(朝熊ヶ岳)

近鉄五十鈴川駅または鳥羽駅からタクシーで20分/近鉄朝熊駅から徒歩15分、朝熊岳登山口から山頂まで徒歩約1時間30分

金剛証寺 三重県伊勢市朝熊町岳五四八

近鉄五十鈴川駅からタクシーで20分/近鉄朝熊駅から登山道経由、2時間30分

比良山《ひらさん》

標高◆一、〇六〇メートル
滋賀県大津市

比良山は、琵琶湖の西岸の断層崖沿いにある山で、堂満岳《どうまんだけ》（一、〇五六メートル）・鳥谷山《とりややま》（一、〇七六メートル）・打見山《うちみやま》（一、一〇三メートル）・蓬萊山《ほうらいさん》（一、一七四メートル）・権現山《ごんげんやま》（九九五メートル）・霊仙山《りょうぜんさん》（七五〇メートル）・武奈ヶ岳《ぶながたけ》（一、二一四メートル）・白滝山《しらたきやま》（一、〇三〇メートル）などとともに、比良山系と呼ばれる山地を形成している。

比良山の山林仏教

奈良時代、東大寺大仏に使う資金が不足したため、良弁《ろうべん》が蔵王権現《ざおうごんげん》を祈念すると、観音の聖地である比良山で祈れば、必ず黄金が得られるとの託宣《たくせん》があった。良弁は勢多《せた》（大津市）へ行き、大石に座って釣りをする老人に名を聞くと、比良明神《ひらみょうじん》であると名乗って消えた。そこで、良弁が大石に如意輪《にょいりん》観音を祀って祈禱を続けたところ、陸奥国《むつのくに》から黄金が産したとの知らせがあったという。

承和八年（八四一）、天台座主義真《ざすぎしん》の弟子法勢《ほっせい》が、琵琶湖畔の和迩《わに》（大津市）に宿泊した際、宿の女性が病気になって『観音経』を読むよう迫った。女性の妄言として無視したが、『観音経』

が懐《ふところ》に入っていることを見破られたので、しかたなく読経《どきょう》すると、女性は比良明神と名乗って合掌したという。南都興福寺《こうふくじ》の法相宗《ほっそうしゅう》の僧蓮寂《れんじゃく》は、比良山中の洞窟に籠り、日夜法華経を読誦し続けたが、猿などの獣が供物《くもつ》を運んでいたという。薬師寺の法相宗《ほっそうしゅう》の僧恵達《えたつ》は、長年比良山で修行し、強い験力を持つことで知られるようになり、貞観十六年（八七四）に清和天皇の御願《ごがん》寺《じ》（天皇の祈願所・菩提所となる寺）である貞観寺《じょうがんじ》創建にあたり呪願《じゅがん》（願意を述べる役）を務めた。西大寺の静安《じょうあん》は、やはり比良山で修行を重ねた僧侶であるが、承和五年（八三八）に清涼殿《せいりょうでん》で仏《ぶつ》名会《みょうえ》の導師《どうし》を務めた。仏名会は、十二月中旬の三日間、仏名経に基づき三世諸仏の仏名を唱え、その年に犯した罪障を懺悔し、滅罪を行う行事である。このように、比良山では、多くの南都の僧侶が修行し、古密教色の強い儀礼を行ったことが知られる。

静安は、修行の拠点として、比良山の東麓に妙法寺《みょうほうじ》と最勝寺《さいしょうじ》を建立し、承和九年（八四二）には毎年二人の度者《どしゃ》（国家に認められた出家者）を許されたという。最勝寺では、毎年二月二十四日に法華八講《ほっけはっこう》が修せられたが、それを比良八講《ひらはっこう》と呼んだ。この日は、必ず風が強く、寒気が厳しいが、それは比良明神の誓いのためであると伝承されている。

葛川明王院

円仁の弟子相応《そうおう》（八三一〜九一八）は、貞観元年（八五八）に葛川《かつらがわ》（大津市）で滝籠りを行った際、不動明王を感得し、桂の流木で三体の不動明王像を刻み、大津市の無動寺・葛川明王院・伊崎寺《いさきじ》の本尊として祀った。こうして、相応によって開かれた葛川明王院は、比良山の西麓に所在し、

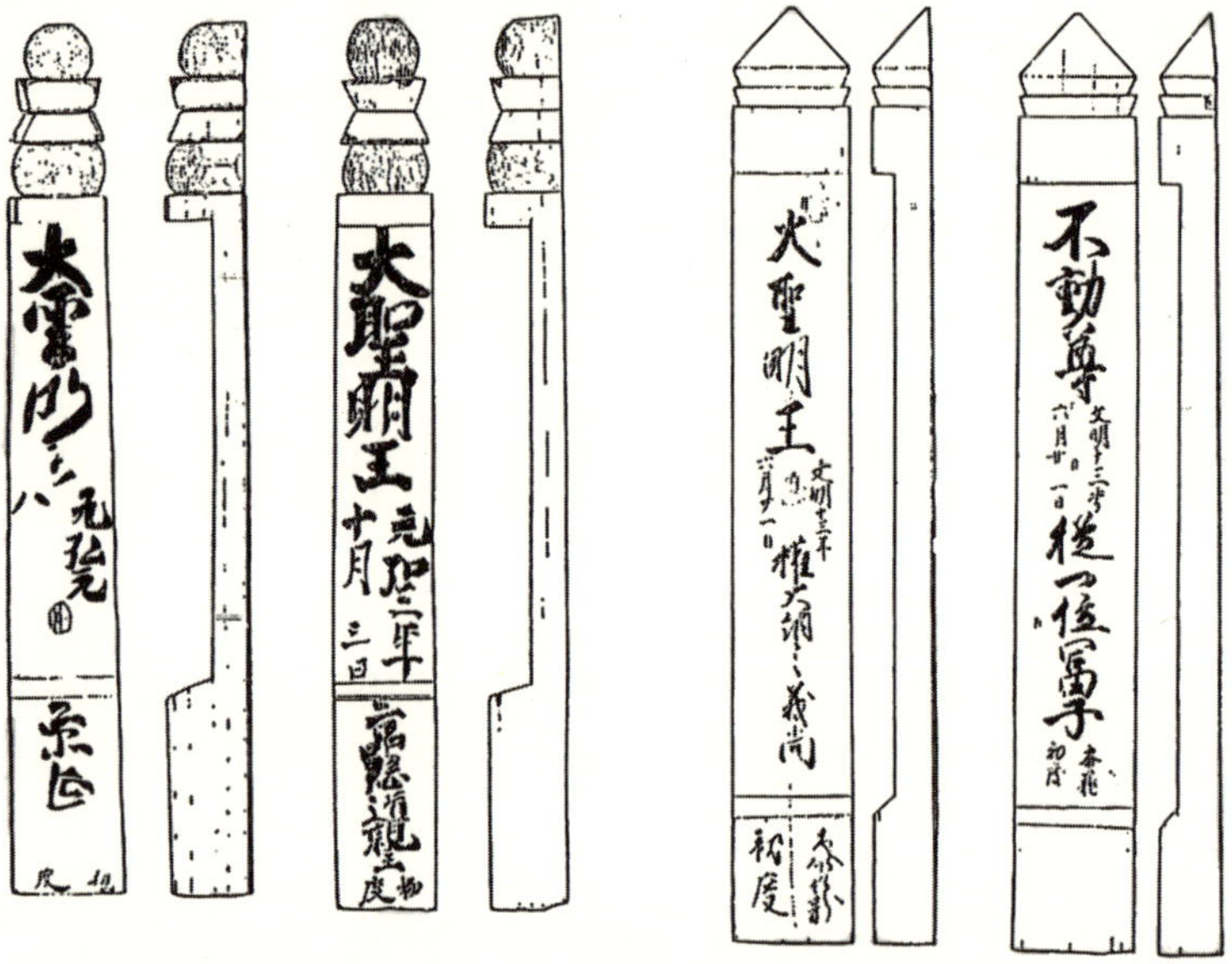

葛川明王院の碑伝（元興寺仏教民俗資料研究所編『明王院の碑伝』1976年より引用）

比良山の修行拠点となり、回峰行において重要な役割を果たすことになった。

葛川明王院の主な年中行事には、六月の蓮華大会《れんげだいえ》と十月の法華大会があったが、現在は七月に蓮華大会が行われるのみである。蓮華大会は、参籠行《さんろうぎょう》で、現在は回峰行の行者の修行が主体となっているが、かつては行者以外の息障《そくしょう》講中などの参籠《さんろう》も行われていた。参籠行を達成した証拠に、一種の記念碑である碑伝《ひで》（木製の修行記念碑）を造立する風習があるが、現存する最古の碑伝は元久元年（一二〇四）のもので、そのほか足利義満《あしかがよしみつ》や日野《ひの》富子《とみこ》のものなどが多数あり、国指定重要文化財になっている。法華大会は、地主神である志古淵《しこぶち》大明神に法楽として奉納されたもので、延喜年間（九〇一～九二二）に始められたと伝える。

葛川明王院を中心とした天台宗の山岳修行は、比良山系全体を行場とするようなものではなく、あくまでも葛川明王院がある安曇川《あどがわ》沿いに展開し、しかも比叡山と連動したものとなっている。初期には比良山中心の山岳修行が見られたが、相応以後は、比良山は比叡山の一部に組み入れられてしまったと言えよう。

（時枝　務）

【参考文献】

元興寺文化財研究所『比良山系における山岳宗教の調査概要』（元興寺文化財研究所、一九七九年）

村山修一「比良山の修験道――その諸相と歴史」（五来重編『山岳宗教史研究叢書　一一　近畿霊山と修験道』名著出版、一九七八年）

アクセス情報

比良山（武奈ヶ岳）

ＪＲ湖西線比良駅から山頂までは、徒歩で約４時間

葛川息障明王院　滋賀県大津市葛川坊村町一五五

ＪＲ堅田駅からバス50分、坊村バス停から徒歩３分／湖西道路真野ICから車で30分

飯道山《はんどうさん》

標高◆六六四メートル
滋賀県甲賀市・湖南市

飯道山は、餉令山《かれいやま》・金寄山《かねよせやま》・飯道寺山《はんどうじやま》などとも呼ばれ、紫香楽宮《しがらきみや》跡の北東に秀麗な山容を見せている。山頂には、飯道《いいみち》神社が鎮座するが、同社は和銅年間（七〇八～七一五）に熊野本宮大社《くまのほんぐうたいしゃ》から勧請《かんじょう》されたと伝える。飯道神は、元慶八年（八八四）に従四位下を授与され、『延喜式神名帳《えんぎしきじんみょうちょう》』に登載されたが、『飯道寺縁起《はんどうじえんぎ》』に説かれるように、稲作の神として崇められてきた。飯道神は、東大寺二月堂の守護神として祀られ、材木を伐り出した信楽杣《しがらきそま》との関係が推測されている。現在は、山頂に式内社《しきないしゃ》飯道神社が鎮座するが、そこは神仏分離以前に飯道寺があった場所である。古代の飯道神社が山頂にあったかどうかは、再検討の余地がある。

飯道寺と修験道

飯道寺は、『飯道寺縁起』によれば役小角《えんのおづの》が開基したというが、寺伝では滋賀県栗東市金勝寺《こんしょうじ》の開山願安《がんあん》の弟子安交（安敬）が開いたと伝える。本来、在地性の強い人物が開いたとされていたものを、当山派修験の教団が形成されるなかで、より著名な人物である役小角に仮託《かたく》したと考えられる。飯道寺は、明治初年の神仏分離で廃寺となり、伽藍《がらん》は取り壊された。飯道寺は、最盛期には五十八坊の僧坊を擁したと伝え、中世に隆盛した山岳寺院であった。飯道神社本殿床下から発見された五六〇面の懸仏《かけぼとけ》は、釈迦・弥陀・薬師などを表現し、建長四年（一二五二）を初見に鎌倉時代から室町時代にかけて飯道寺に奉納されたものである。

『飯道寺縁起』によれば、嘉元年間（一三〇三〜〇六）に熊野山の行範《ぎょうはん》が修験を伝えたといい、飯道寺の修験道は熊野信仰と密接な関係にあった。飯道寺が、熊野先達《せんだつ》の拠点であったことは、応永三十一年（一四二四）の「本宮《ほんぐう》二かいたう慶五郎殿御旦那事《けいごろうどのおんだんなのこと》」（二階堂文書）などから知ることができる。飯道寺の熊野先達は、甲賀地方の信者を率いて、熊野へ参詣していたのである。こうした熊野との関係を反映して、『飯道寺縁起』には、熊野権現と飯道権現は同体で、ともに阿弥陀如来を本地とすると説いている。衆生を浄土へ誘うために現れた垂迹としては別の姿をとるが、本地仏は同じであり、両者は一体なのだと主張するのである。

当山派教団と飯道寺

飯道寺の僧坊のうち、梅本院《うめもといん》と岩本院《いわもといん》は、当山派正大先達《とうざんはしょうだいせんだつ》として大きな力を持っていた。『踏《とう》雲録事《うんろくじ》』によれば、両院は、正大先達のうちでも「重大職」の地位にあり、代々世襲であった。両院は、熊野比丘尼《びくに》の統制に関わるなど、当山派内で重要な役割を果たしていた。岩本院は、当山派の修験者の官位などの補任状《ぶにんじょう》発給に関与し、裏判《うらはん》を押したものが多く残存している。両院の袈裟下《けさした》（配下）の寺院は、梅本院の場合は伊勢や武蔵など、岩本院の場合は近江や出羽などに分布していた。両院は、飯道山の僧坊というよりは、当山派の全国的な支配の要にある修験道寺院であった。

飯道山の修験道

このように、飯道山が修験道の霊山であることは、山内に不動登り岩・鐘懸岩《かねかけいわ》・平等岩・蟻《あり》の塔渡《とわた》り・不動の押し分け岩など多数の行場があることによっても証される。鐘懸岩や平等岩などは、大峰山にも同様な行場が見られ、大峰山の入峰修行の影響のもとに成立したことが推測できる。しかし、それらの行場を使用したのは中世後期のことで、近世には早くも衰えていたようである。『近江輿地志略《おうみよちしりゃく》』によれば、享保年間（一七一六〜三六）には、かつてあった五十八坊中、住僧がいるのは梅本院と岩本院のみであった。その後、慶応四年（一八六八）の神仏分離令、明治五年（一八七二）の修験道廃止令によって、飯道寺は廃寺となり、両院も退転し、飯道山の修験道の伝統は断絶した。その後、修験道復興の気運が高まり、昭和二十五年（一九五〇）に飯道山行者講《ぎょうじゃこう》として再興され、現在も飯道山の行場を使って修行を積んでいる。

（時枝　務）

【参考文献】

満田良順「飯道山の修験道」（五来重編『山岳宗教史研究叢書　一一　近畿霊山と修験道』名著出版、一九七八年）

アクセス情報

飯道山

ＪＲ貴生川駅から徒歩で2時間30分、またはＪＲ雲井駅から徒歩1時間40分

飯道寺　滋賀県甲賀市水口町三大寺一〇一九
ＪＲ貴生川駅から徒歩で20分／ＪＲ貴生川駅からバス15分で、日吉神社バス停
飯道神社　滋賀県甲賀市信楽町宮町
信楽高原鉄道紫香楽宮跡駅から徒歩で50分

鞍馬山《くらまやま》

標高◆五八四メートル
京都府京都市左京区

鞍馬山は、京都の北方にある山で、南側中腹にある鞍馬寺《くらまでら》によって広く知られている。

鞍馬寺の創建

鞍馬寺は、宝亀元年（七七〇）に鑑真《がんじん》の弟子鑑禎《がんてい》が創建したとされ、延暦十五年（七九六）に藤原伊勢人《ふじわらのいせんど》が毘沙門天像《びしゃもんてん》を安置した。大治元年（一一二六）に一山焼失したが、翌年に現存する毘沙門天像・吉祥天像《きちじょうてん》が造立され、長承二年（一一三三）に鳥羽上皇の支援によって落慶法要《らっけいほうよう》が営まれた。しかし、嘉禎二年（一二三六）に再び火災に見舞われ、宝治二年（一二四八）に再興供養が営まれた。正嘉二年（一二五八）、沙弥西蓮《しゃみさいれん》の勧進《かんじん》によって、銅灯籠が鋳造されて奉納された。

鞍馬寺は、平安京の北方を鎮護する寺院とされ、毘沙門天の霊場として信仰を集めた。鞍馬寺には、大治二年（一一二八）銘の経典を胎内に納入する毘沙門天像をはじめ、兜跋《とばつ》毘沙門天像、奥の院所在の三体の毘沙門天像、経塚埋納の毘沙門天像など、数多くの毘沙門天が伝来している。毘沙門天は、北方を守護する四天王の一尊で、福徳の名が聞こえるというので多聞天《たもんてん》、財を授けるので施財天《せざいてん》とも呼ばれ、鎌倉時代後期には七福神に数えられることになった仏である。鞍馬寺の毘沙門天信仰は、最初は王城鎮護の仏として信仰が始まったかもしれないが、中世には京都の都市民の豊かさを求める信仰が主流となったと考えられる。なお、境内西側の僧正ヶ谷《そうじょうがたに》は行場とされ、魔王尊《まおうそん》が祀られており、天狗の棲み処であると伝えられている。

鞍馬寺経塚

十二世紀には、鞍馬寺境内の数ヶ所に経塚が営まれ、とりわけ本堂背後の山腹に営まれたものを鞍馬寺経塚《くらまでらきょうづか》と呼んでいる。出土品には、多数の銅製経筒・陶製経筒のほか、石造宝塔《ほうとう》・銅製宝塔・金銅仏・水瓶《すいびょう》・刀《とう》子《す》・鐔《つば》・青白磁合子《せいはくじごうす》・硯・水晶玉などがあり、一括して国宝に指定されている。そのうち、保安元年（一一二〇）銘経筒は、平安時代の儒者清原信俊《きよはらののぶとし》が、父母の追善供養のために、『法華経』『無量義経《むりょうぎきょう》』『観普賢経《かんふげんきょう》』『弥勒上生経《みろくじょうしょうきょう》』『弥勒下生経《みろくげしょうきょう》』『弥勒成仏経《みろくじょうぶつきょう》』を十日間で如法《にょほう》に書写させて埋経した際に用いたものであることが、銘文から知られる。経塚が追善供養のために築かれたことが明確で、鞍馬寺の信仰が、現世利益から追善供養まで多岐にわたるものであったことが判明する。

鞍馬寺

鞍馬寺経塚

鞍馬山の信仰・文学・芸能

中世以後、鞍馬御師《おし》（願人坊主《がんにんぼうず》）が毘沙門天を刷った護符《ごふ》を配り、鞍馬信仰は民間に普及したが、その過程で文学作品にも語られるようになった。『義経記《ぎけいき》』に見える牛若丸伝説は、芸能民による語《かた》り物《もの》文芸として広まり、源義経が幼少時に過ごした場所として鞍馬寺の名を普及させた。さらに、謡曲《ようきょく》「鞍馬天狗」をはじめ、浄瑠璃《じょうるり》・歌舞伎・説教節《せっきょうぶし》などの近世芸能に影響を与え、浮世草紙《うきよぞうし》などにも鞍馬寺を題材とするものが登場した。鞍馬寺は、文学や演劇に取り上げられることで、ますます有名になった。江戸時代には、京都の都市民の参詣地として定着し、秋に紅葉をめでるなど、大勢の人が訪れる観光地としても発展した。鞍馬寺は、もともと天台宗であったが、昭和二十二年（一九四七）に鞍馬弘教《くらまこうきょう》として独立した。

鞍馬寺の行事

鞍馬寺の行事としては、六月二十日の竹伐り会式《えしき》、十月二十二日の鞍馬火祭《くらまひまつり》が名高い。竹伐り会式は、文字通り竹を伐る速さを競う行事で、寺伝では、竹は蛇を表し、鑑真が入山した際に蛇に出会った故事に由来するというが、修験道の験競《げんくら》べに発するものであるとする説が有力である。この日、里の俗人一人を本堂に座らせ、衆徒が法力で祈り殺し、再び祈念して蘇生させるという。これが、験者の験力を試す行事であるとすれば、竹伐り会式と一体のものであった可能性が高い。鞍馬火祭は、鎮守社由岐《ゆき》神社の例祭で、広隆寺《こうりゅうじ》の牛祭《うしまつり》、今宮《いまみや》神社のやすらい祭とともに、京都三大奇祭の一つに数えられている。天慶年間（九三八～九四七）に疫神《やくじん》を勧請した夜に葦の篝火《かがりび》を焚いた故事に由来するというが、竹伐り会式同様、修験道との関連を説く説がある。

（時枝　務）

【参考文献】

難波田徹『鞍馬寺経塚遺宝覚書』くらま山叢書六（鞍馬寺出版部、一九七七年）

難波田徹『鞍馬寺と埋経』くらま山叢書九（鞍馬寺出版部、一九八六年）

アクセス情報

鞍馬寺　京都府京都市左京区鞍馬本町一〇七四

叡山鉄道鞍馬駅から徒歩で30分

愛宕山《あたごやま》

標高◆九二四メートル
京都府京都市右京区

京都盆地の西北、山城《やましろ》と丹波《たんば》（京都府と兵庫県の一部）の境界にある山で、山頂に愛宕神社が鎮座する。元慶四年（八八〇）に阿当護山《あたごやま》の雷神が従五位下を授与されていることから、愛宕神は雷神であったことが知られるが、その祀り手は丹波国の人々であった。それがのちに、火伏《ひぶ》せの神として信仰されるようになるが、その信仰の担い手は山城国の都市民であった。

『白雲寺縁起《はくうんじえんぎ》』によれば、天応元年（七八一）、和気清麻呂《わけのきよまろ》と慶俊《きょうしゅん》僧都が、阿多古社《あたごしゃ》を山城国愛宕郡鷹ヶ峰（京都市北区）から愛宕山に移したことに始まるというが、神護寺《じんごじ》や愛宕寺との関係から生まれた説であろう。

愛宕山と勝軍地蔵

中世になると神仏習合《しんぶつしゅうごう》色が強まり、愛宕山を行場とする修験者や聖《ひじり》が現れたが、その一人に蔵算《ぞうさん》がいた。蔵算は、愛宕山から伯耆大山《ほうきだいせん》に行き、六年間にわたって修行を積み、伯耆大山で盛んであった地蔵信仰を愛宕山に持ち帰った。その結果、愛宕権現《ごんげん》の本地仏《ほんじぶつ》を勝軍地蔵《しょうぐんじぞう》とする説が生まれ、愛宕山の本地垂迹説《ほんじすいじゃくせつ》が完成した。そして、勝軍地蔵など五尊を祀る白雲寺が成立し、愛宕神社の別当寺《べっとう》となった。白雲寺は、愛宕神社の祭祀に深く関与するとともに、天台宗の勝地院長床坊・教学院尾崎坊・大善院上坊・威徳院西坊、真言宗の福寿院下坊の五つの院坊を擁した。また、奥の院に著名な天狗である太郎坊《たろうぼう》など三座が祀られたのも中世のことで、浄瑠璃《じょうるり》「あたごの本地《ほんじ》」や祭文《さいもん》「愛宕地蔵之物語」などで天狗が活躍する物語が広く語られたのは、中世から近世にかけてのことであった。

白雲寺の勝軍地蔵は、外部から侵入してくる敵を追い払う機能を持つとされたことから、境界にあって京都を鎮護する仏として重視された。勝軍地蔵が、左手に剣をとり、甲冑に身を固めて、白馬にまたがる姿に表されていることから、近世には武運長久の神仏とされるに至り、大名の尊崇を集めた。勝軍地蔵像は、神仏分離後、京都市西京区の天台宗金蔵寺《こんぞうじ》に移された。

愛宕講

江戸時代には、近畿地方を中心に愛宕講《あたごこう》が結成され、愛宕権現に代参したが、鎮火の神としての効験を強く打ち出したところに、愛宕の特色がある。代参者は、白雲寺で火伏せの祈禱を受け、祈禱札を授与された。実際には、白雲寺の子院であった大善院《だいぜんいん》が発行したもので、勝軍地蔵の摺《すり》仏《ほとけ》（木版で刷られた仏などの図像）が内部に収められたものであった。祈禱札は、講員の分だけ用意されるのが一般的なあり方で、帰ってから講員の家々に配布された。祈禱札は、神棚や台所などに祀り、あるいは門口に置いたが、そうすると火事に遭わないといった。明治の神仏分離後、愛宕講は、愛宕神社に受け継がれ、鎮火講《ちんかこう》・神楽講《かぐらこう》として再編成された。

村や町では、愛宕地蔵《あたごじぞう》・火防《ひぶ》せ地蔵・火除《ひよ》け地蔵などと呼ばれる石仏を地域内で祀り、独自に祭礼を行うところが少なくない。石仏は、勝軍地蔵の姿を忠実に表している場合もあるが、多くは普通の地蔵の姿である。近畿地方では、愛宕の神に火を献じる松上げ行事を行って、火伏せを祈願する所も多い。

愛宕千日詣

愛宕千日詣《あたごせんにちもうで》といって、毎年七月三十一日の夜から翌朝にかけて、愛宕山山頂の愛宕神社へ参詣すると、千日間詣でたのと同じだけの功徳があるといい、多くの参詣者が登山する。ちなみに、明治五年（一八七二）の改暦前には、旧暦六月二十四日であったので、ほかの地域の愛宕祭では、月遅れの八月二十四日などに祭が行われる例が見られる。明かりを照らしながら約三時間登拝すると山頂に着くが、暑い時期なので疲労感が大きい。七月三十一日午後九時に夕御饌祭《ゆうみけさい》、八月一日午前二時に朝御饌祭《あさみけさい》が、神職によって執り行われる。参詣者は、神社で火伏せの札とシキミの枝を受けて帰り、台所など火を使う場所に祀った。

（時枝　務）

【参考文献】

アンヌ・マリ・ブッシイ「愛宕山の山岳信仰」（五来重編『山岳宗教史研究叢書　一一　近畿霊山と修験道』名著出版、一九七八年）

八木透編『京都愛宕山と火伏せの祈り』（昭和堂、二〇〇六年）

アクセス情報

愛宕神社（愛宕山山頂） 京都府京都市右京区嵯峨愛宕町一
ＪＲ京都駅からバス50分、清滝バス停から徒歩２時間30分

箕面山《みのおさん》

標高◆三五五メートル
大阪府箕面市

箕面山は、大阪府の北部を流れる箕面川の上流にある山地で、「明治の森箕面国定公園」に指定されている。箕面川の渓谷は深く、幽邃《ゆうすい》な景観を呈しているが、とりわけ箕面山の東側にある箕面滝は現在では大阪府を代表する観光地となっている。箕面滝は、元亨二年（一三二二）成立の『元亨釈書《げんこうしゃくしょ》』によれば、応和二年（九六二）、勅《ちょく》によって箕面山大滝において祈雨の儀礼を行ったとされ、古くから雨乞《あまご》いの聖地であったことが知られる。箕面山では、滝との関連が深く、山岳宗教の背後に水に対する信仰が存在することが明らかで、山岳宗教の原初形態をうかがうことができる。

箕面山と役行者

鎌倉時代初期に編纂されたと推測される『諸山縁起《しょざんえんぎ》』によれば、役小角《えんのおづの》は、十九歳の時に箕面滝に千日参籠《さんろう》し、その後、朱鳥元年（六八六）に熊野へ向かい、のちに修験者として大成したという。正中二年（一三二五）に成立した『真言伝』によれば、斉明《さいめい》天皇四年（六五八）に、役小角は、箕面滝付近の窟で龍樹《りゅうじゅ》菩薩から灌頂《かんじょう》を受け、大宝元年（七〇一）に箕面山天上《てんじょう》ヶ岳《がたけ》から母を鉢に乗せて唐へ旅立ったとも、昇天したともいう。『元亨釈書』によれば、役小角が、夢で滝の口に入って龍樹菩薩に会い、目覚めたあと、箕面山に瀧安寺《りゅうあんじ》を建立したという。このように、役小角と箕面山の密接な関係が諸書に説かれているが、いずれも中世に成立した文献に見える伝説である。このような伝説が形成された背後には、箕面山が、葛城山の北方、それほど隔たらない地点にあるという地理的条件があるが、それ以上に、役小角伝説を基軸に修験者を結束させ、教団を形成しようとした際、箕面山の由緒が大きな役割を果したという事情があるに違いない。

瀧安寺の信仰

修験道では、箕面滝は役小角の受法の地、箕面山天上ヶ岳は小角入寂《にゅうじゃく》の地とされ、箕面滝からやや離れて存在する箕面山吉祥院《みのおさんきちじょういん》瀧安寺（箕面寺）は役小角の廟所とされた。また、天上ヶ岳の頂上には、役小角を祀る小祠があり、修験者によって定期的な供養が行われている。幕末には、欧米列強の外圧を退けるために、箕面山で採灯護《さいとうご》摩《ま》が焚かれ、そこに諸国から本山派の修験者が参集した。箕面山は、役行者の由緒の地であり、修験道で極めて重視された聖地であった。

天上ヶ岳山頂の石碑

　瀧安寺は、白雉元年（六五四）に役小角によって開山されたと伝え、役小角作と伝える弁財天像

瀧安寺

を本尊として祀っている。古くから天台宗寺門派の寺院であるが、江戸時代に本山派《ほんざんは》の聖護院《しょうごいん》末寺となり、現在は本山修験《ほんざんしゅげん》宗《しゅう》に所属する修験道寺院である。伽藍は、狭小な谷底平野に営まれ、境内には採燈護摩のための壇が設けられている。

山内の岩本坊《いわもとぼう》は、本山派先達《せんだつ》職の地位にあり、聖護院門跡《もんぜき》の入峰《にゅうぶ》修行に際して重要な役を勤めたことで知られている。「本《ほん》山近代先達之《ざんきんだいせんだつの》次第《しだい》」には、先達として「箕面山瀧安寺別当岩本坊」が、「真言兼帯《けんたい》」として挙げられており、しかも「東山円《えん》成寺《じょうじ》」の後ろ、「吉野三院」（竹林院・東南院・喜蔵院）の前という、極めて高い順位にあることが注目される。

箕面山の近代

明治三十二年（一八九九）五月十二日から六月一日にかけて、神変大菩薩《じんぺんだいぼさつ》一千二百年忌を記念する入峰修行が、五千人の参加者を得て執行されたが、園城寺《おんじょうじ》から聖護院を経て、役小角の廟《びょう》所《しょ》である箕面山で採灯護摩を行ったのち、吉野から熊野に至る奥駈《おくがけ》を実践して、聖護院に帰った。箕面山瀧安寺では、役小角の御遠忌法要を盛大に執行し、秘仏の弁財天を開帳した。このイベントを契機に、神仏分離以後振るわなかった箕面山の復興が企てられ、近代における本山派修験の活性化が果たされた。

昭和二十二年（一九四七）、瀧安寺が天台宗寺門派から分離・独立し、天台修験宗を樹立したが、昭和二十五年（一九五〇）になって聖護院を総本山とする修験宗《しゅげんしゅう》（現在の本山修験宗《ほんざんしゅげんしゅう》）に所属した。

年中行事としては、一月七日の御富法会《おとみほうえ》などがある。

（時枝　務）

【参考文献】

宮家準『修験道の地域的展開』（春秋社、二〇一二年）

アクセス情報

箕面山

阪急電鉄箕面駅から徒歩で45分

瀧安寺　大阪府箕面市箕面公園二－二三

阪急電鉄箕面駅から徒歩で15分

近畿

甲山《かぶとやま》

標高◆三〇九メートル
兵庫県西宮市

六甲山地の東端にある独立した山で、兜《かぶと》を伏せたような特色ある山容から、甲山の名がついたと推測されている。六甲山地と同様、断層によって形成された山で、南側は急斜面であるのに対して、北側は緩やかな斜面をなしている。寺院などの宗教施設は、南麓に分布しており、北側には見られない。

伝説では、神功《じんぐう》皇后が三韓征討の帰途、甲山の神を国家安泰の守護神として祀り、黄金の兜六領をはじめとする武具を埋蔵したところから、付近一帯を武庫《むこう》と呼び、山を甲山と名づけたという。神功皇后伝説は、神戸周辺に濃厚に見られるが、古代の津の存在と深く関わっているようである。

如意尼の伝説

元亨二年（一三二二）成立の『元亨釈書《げんこうしゃくしょ》』によれば、淳和《じゅんな》天皇の后であった如意尼《にょいに》は、丹波国与佐郷（京都府）の出身で、十歳にして京都に出て、六角堂頂法寺《ちょうほうじ》に参詣する途中で、まだ皇太子であった淳和天皇に口説かれて妃となった。如意尼は、如意輪《にょいりん》観音を篤く信仰し、十七日間の如意輪法を修した際、弁財天から夢でお告げがあり、神功皇后ゆかりの如意輪摩尼《にょいりんまに》峠の存在を知った。天長五年（八二八）二月十八日夜、官女二人・橘親守《たちばなちかもり》を連れて都を出て、如意輪摩尼峠を訪ねた。翌日、摂津国南宮浦に着き、南宮《なんぐう》神と広田《ひろた》神に参詣した。二十日、摩尼山に登頂したところ、広田神が美女となって出現し、ここは「摩尼霊場である」と告げたので、感極まって、のちに山頂へ寺院を創建したと伝える。この間、天皇は、妃がいなくなったことに驚き、家臣に捜索させた結果、妃を発見したが、ついに宮中に呼び戻すことができなかった。

神呪寺の創建

天長五年（八二八）十一月、妃の招請により空海が入山し、摩尼山において如意輪法を修した。同七年三月十八日、桜の大木が光を放っていたので、空海はその木で如意輪観音像を彫って、神《しん》呪寺《じゅじ》（のちに古義真言宗仁和寺《にんなじ》末）に安置し、本尊として祀った。もっとも、現在の本尊は、平安時代後期に製作された如意輪観音で国重要文化財に指定されているが、桜材ではなく、檜の一木造である。そのほか神呪寺に安置されている仏像には、平安時代の伝聖徳太子作聖観音立像、鎌倉時代の伝智証大師作の国重要文化財不動明王像などがある。

この時に妃は、空海から麁乱神《そらんじん》を祀ることを勧められ、鎮守神が弁財天《べざいてん》であることを教えられた。その結果、寺院は、如意輪観音を本尊とし、弁財天を鎮守神として祀り、摩尼山神呪寺《まにさんしんじゅじ》（現在は「かんのうじ」）と称することになった。

天長八年（八三一）、妃は出家して如意を名乗り、二人の官女もそれぞれ如一・如円と号した。

承和二年（八三五）正月、淳和天皇が神呪寺に行幸した折、如意尼は天皇に法を説いた。同年三月二十日、如意尼は、南面して如意輪呪《にょいりんじゅ》を唱えて他界した。妃は、天長二年（八二五）に帰郷した折に入手した浦島の紫雲の箱と称するものを持っていたが、生前は他人に見せることはなかった。

その後の神呪寺

如意尼の没後、神呪寺は荒廃したが、のちに源頼朝の後援を得て再興した。その後、戦国時代には、山城として利用されたため、再度伽藍《がらん》は荒廃した。現在、弘法大師を祀る大師堂が残るが、鎌倉時代後期の建築で、国の重要文化財になっている。通称甲山大師《かぶとやまだいし》と呼ばれ、毎月二十一日が縁日で、多くの信者が参詣する。また、厄を落とす効験があるというので、厄除大師《やくよけだいし》ともいう。正月の初大師と二月の節分には、真言密教の秘法によって、国家安泰・万民豊楽を祈願する。

（時枝　務）

【参考文献】

田中久夫「甲山」（櫻井徳太郎編『歴史の山一〇〇選』秋田書店、一九六四年）

アクセス情報

神呪寺（甲山大師）　兵庫県西宮市甲山町二五-一

ＪＲ西宮駅からバス30分で、甲山大師前バス停

書写山《しょしゃざん》

標高◆三七一メートル
兵庫県姫路市

書写山は、夢前川《ゆめさきがわ》と菅生川《すごうがわ》に挟まれた位置にあり、雪彦山《せっぴこさん》から南に延びる山地の南端にあたっている。山頂部は平坦な隆起準平原で、天台宗書写山圓教寺《しょしゃざんえんきょうじ》があり、鯰尾坂《ねんびざか》・刀出坂《かたなでさか》・六角坂《ろっかくざか》・西坂《にしざか》・東坂《ひがしざか》・置塩坂《おしおざか》を登って参詣する。

山名は、素戔嗚尊《すさのおのみこと》が狩猟をした伝説にちなんで「スサ」と呼ばれたのが、なまって「曽左山」となり、最終的に「書写山」になったというが、確証はない。

圓教寺と性空

永久四年（一一一六）に成立した『朝野群載《ちょうやぐんさい》』所収の『書写山上人伝《しょしゃざんしょうにんでん》』によれば、圓教寺は、性空《しょうくう》によって、康保三年（九六六）に創建された。性空は、日向国霧島山《きりしまやま》（宮崎県）や筑前国脊振山《せぶりやま》（福岡県）などで修行を積んだのち、播磨国（兵庫県）に来て書写山に草庵を営んだ。天禄元年（九七〇）には、仏堂に如意輪《にょいりん》観音を祀ったが、これが今日の如意輪堂の原型であるという。圓教寺に伝わる『悉地伝《しつじでん》』によれば、寛和元年（九八五）、性空の寺院建設事業に対して、播磨国司藤原季孝《ふじわらのすえたか》が援助を申し出、法華三昧堂《ほっけざんまいどう》を造立した。こうして、国司の援助を得て、圓教寺の伽藍《がらん》は整備されることになった。この時、圓教寺では霜月会《しもつきえ》が開始されたが、徐々に様々な法会が整備されたことが推測される。

花山法皇の来山

京都三千院所蔵の『性空上人伝記遺続集《いぞくしゅう》』によれば、寛和二年（九八六）七月二十八日に花山法皇が書写山に登り、性空の講演を聴聞《ちょうもん》したことから、性空は八人の僧を置くことを朝廷に上奏した。永延元年（九八七）に静安阿闍梨《じょうあんあじゃり》が、院宣の下付を願ったところ許可され、圓教寺は花山法皇の御願寺《ごがんじ》（天皇の祈願所・菩提所となる寺）となった。同年十月七日、新築なった三間四面の講堂に、釈迦如来・普賢《ふげん》菩薩・文殊菩薩の三体の金色に輝く仏像が安置され、盛大な法要が執行された。こうして、圓教寺の伽藍《がらん》の整備が進み、性空在世中に、常行堂《じょうぎょうどう》・多宝塔《たほうとう》・真言堂・一切経蔵《いっさいきょうぞう》・不断経所《ふだんきょうじょ》・鐘楼・山王院宝殿などが造立されたことが知られている。

長保四年（一〇〇二）三月、花山法皇は再び書写山に行幸し、性空に会ったが、以後、性空に対する破格の待遇がなされた。性空の肖像画の制作、千部仁王経供養、往生院の阿弥陀如来像の造立など、院や摂関家からの積極的な保護がなされた。また、寺院組織や儀礼の整備も行われ、霜月会・六月会・不断経会・五時講・引声《いんじょう》念仏などの法会が行われるようになった。こうして、寺院としての充実が進むなかで、圓教寺は性空のカリスマ性を基礎として、霊場として発展していくことになった。

圓教寺の発展

平忠盛《たいらのただもり》は、圓教寺の理覚《りかく》の一切経勧進《かんじん》を支援したが、その事業は平清盛《きよもり》に継承され、仁安三年（一一六八）に圓教寺で一切経供養を行った。承安四年（一一七四）には、後白河法皇が行幸したが、厳島《いつくしま》からの帰路に立ち寄ったものである。

鎌倉時代には、真覚坊俊源《しんがくぼうしゅんげん》の勧進活動が活発に行われ、九品寺《くぼんじ》・五重塔・食堂《じきどう》などの建設、講堂・如意輪堂などの修理がなされている。こうして、伽藍は一層充実したものとなり、山上は東谷・中谷・西谷に組織化され、やがて多くの子院を擁するようになった。子院には、坊主のほか、同宿・門徒・童子などがおり、圓教寺の寺社勢力の母胎をなした。子院には、国人《こくじん》の子弟などが送り込まれることが多く、武士と深い関係を持つことになった。山麓の寺院には圓教寺と密接な関係を持つ者が多く、圓教寺の寺社勢力は、山麓を巻き込んで形成されていたと言える。

西国巡礼と圓教寺

圓教寺は、西国三十三ヶ所の第二十七番札所であり、江戸時代には多くの巡礼で賑わった。巡礼が残した札には、東国など遠方からのものも見られ、信仰の広がりを知ることができる。西国三十三ヶ所巡礼の信仰は、時代とともに変遷したが、現在も生き続けている。

（時枝　務）

【参考文献】
大手前大学史学研究所『播磨六箇寺の研究Ⅰ――書写山円教寺の歴史文化遺産　一』（二〇一三年）

中井淳史「書写山円教寺」（『季刊考古学』一二一、雄山閣、二〇一二年）
兵庫県立博物館『書写山円教寺』（一九八八年）

アクセス情報

書写山圓教寺　兵庫県姫路市書写二九六八
ＪＲ姫路駅からバス30分、書写山ロープウェイ4分、ロープウェイ山上駅から摩尼殿までは徒歩15分

諭鶴羽山《ゆづるはやま》

標高◆六〇三メートル
兵庫県南あわじ市

諭鶴羽山と熊野信仰

諭鶴羽山は、『長寛勘文《ちょうかんかんもん》』に記された「熊野権現御垂迹縁起《くまのごんげんごすいじゃくえんぎ》」によれば、唐の天台山の王子信《おうししん》が、英彦山《ひこさん》・石鎚山《いしづちさん》・諭鶴羽山を経て熊野《くまの》に下ったとされる。これらの著名な霊山と並ぶ由緒ある山である。また一説に、諭鶴羽大権現《ゆずるはだいごんげん》は、熊野十二所明神《じゅうにしょみょうじん》を勧請《かんじょう》して弓弦葉権現《ゆづるはごんげん》として祀ったという。歴史的な経緯は不明であるが、諭鶴羽山は、このように熊野信仰と深い関係にあった。

諭鶴羽山頂近くには、諭鶴羽神社と神仙寺観音堂があった。

諭鶴羽神社の板碑

諭鶴羽神社境内周辺に約三十基の砂岩製の板碑《いたび》があり、うち一基のみ天文二十年（一五五一）の紀年銘を持つが、ほかは天文二十一年五月二十日に造立されたものである。

多宝塔《たほうとう》板碑は、最も大きなもので、中央に多宝塔を陽刻している。この板碑は、美作国《みまさか》（岡山県）の乗蔵ら三人が中心になって檀那の協力を得て造立したもので、「胎蔵界《たいぞうかい》七百余尊」「金剛界《こんごうかい》五百余尊」や不動明王・矜羯羅《こんがら》童子・文殊《もんじゅ》菩薩・釈迦如来・多宝如来などを祀る曼荼羅《まんだら》である。造

論鶴羽神社の板碑（『板碑の総合研究　地域編』柏書房、1983年より）

立に際しては、百万遍《ひゃくまんべん》念仏が唱えられており、「念仏十万遍正賢為妙法」とあるように追善供養の意趣が認められる。

四方門《しほうもん》板碑は四基あり、「諸行無常」「是生滅法」「生滅滅已」「寂滅為楽」の四句文を、それぞれ「東門」「南門」「西門」「北門」に配した、頂部が方形の板碑である。

そのほか、熊野権現板碑四基、方位神《ほういしん》板碑三基、善光寺如来《ぜんこうじにょらい》板碑二基、熊野権現《くまのごんげん》・王子《おうじ》板碑、地蔵板碑、勢至《せいし》菩薩板碑、二王堂《におうどう》板碑・二王神体《におうしんたい》板碑、天六地神《てんろくちじん》板碑、宝剣板碑、熱田大明神《あつただいみょうじん》板碑、熱田・龍田板碑、太神宮《だいじんぐう》板碑、石神《いしがみ》板碑、千人帝《せんにんてい》板碑、源氏板碑が各一基あり、ほかに類例を見ない変わった板碑ばかりである点に特色がある。

板碑が語る論鶴羽山信仰

論鶴羽神社板碑群は、熊野信仰・念仏・宿曜道《しゅくようどう》・陰陽道《おんみょうどう》・密教・修験道・神祇信仰など様々な宗教が渾然一体となっている状況を示す、極めて個性的な板碑群である。萩原龍夫によれば、板碑群に見える「五郎王子」は、中国山地に伝わる大元神楽《おおもとかぐら》で演じられる「五郎の王子」と関連する。大元神楽と比較すると、熊野権現・王子板碑に見える「二郎王子馬言」が盤古大王《ばんごだいおう》、「五郎王子門前」が文選博士《もんぜんはかせ》であることがわかり、王子信仰の背後に中世の神話が存在することが明らかになった。王子信仰は、熊野信仰でも見られるが、板碑群に見える王子は熊野九十九王子に対応せず、独自の信仰内容を持っていたことが推測できる。

板碑群の造立に関わった美作の三人の住人は、僧侶であるとともに博士（陰陽師）であり、熊野信仰の担い手でもあった。板碑を製作した石工は、播州泉の住人であるが、使用した石材は淡路島のものであり、出張して製作したと考えられる。造立を支えた檀那《だんな》は、淡路島の人々が主体で、阿波《あわ》（徳島県）や播磨《はりま》（兵庫県）の人も参加した。美作の檀那が見えないのは、美作から来た三人の宗教家が、諭鶴羽山に拠点を置き、山麓の村々などを勧進して、二王堂や食堂をはじめとする堂塔の整備に着手し、その一環として板碑群の造立を行ったからであろう。つまり、外来の宗教家が、地元民の協力を得ることによって、諭鶴羽山に新たな宗教センターを造る事業を行った記憶が、板碑群には込められているのである。

民俗に見る諭鶴羽山信仰

近隣の住民は、毎年正月三が日のうちに登拝し、山上で餅を焼き、それを持ち帰って食べると一年間健康であるという。なかには、「高山《たかやま》参り」といって先山《せんざん》（兵庫県洲本市）・南辺寺山《なんべんじやま》（南あわじ市）・諭鶴羽山の三山に参詣する人もいる。また、田植え後や盆に登拝する習俗もある。参詣した村人がいたずらで諭鶴羽神社の扉を開けたところ、大きな白蛇が現れたという話も伝わっている。そのほか、参詣した際に境内に生えているシキミの枝を持ち帰り、屋敷の一画に土を盛って挿し、地祭《じまつり》を催す所もあるという。

（時枝　務）

【参考文献】
新見貫次「淡路の山岳信仰と修験道」（五来重編『山岳宗教史研究叢書　一一　近畿霊山と修験道』名著出版　一九七八年）
福沢邦夫「兵庫県」（『板碑の総合研究　地域編』柏書房、一九八三年）

アクセス情報

諭鶴羽山
洲本高速バスセンターからバス30分、市バス停からタクシー10分
諭鶴羽神社　兵庫県南あわじ市灘黒岩472
神戸淡路鳴門自動車道西淡三原ICから車で50分

三輪山《みわやま》

標高◆四六七メートル
奈良県桜井市

奈良盆地南部の東方、笠置《かさぎ》山脈の南端にある円錐形の端正な山である。全山に古松老杉が茂り、これを神奈備山《かんなびやま》として西麓に大神神社《おおみわじんじゃ》を祀る。

三輪山の祭神

『古事記《こじき》』神代巻には、大国主神《おおくにぬしのみこと》が自分と一緒に国造りをする神を求めた時、海原《うなばら》を照らして寄り来る神があり、「私の御前をよく奉斎《ほうさい》するならば一緒に国造りをしよう。我を大和の青垣《あおがき》東の山の上に斎《いつ》き祭れ」という。これが御諸山《みもろやま》の頂上に坐《いま》す神だという。『日本書紀《にほんしょき》』神代巻は、大己貴神《おおなむちのかみ》の幸魂《さきみたま》・奇魂《くしみたま》が御諸山に祀られた大三輪の神だとする。『延喜式《えんぎしき》』の「出雲国造神賀詞《いずものくにのみやつこのかんよごと》」も、大穴持命（大己貴命）が已《おの》れ命の和魂《にぎみたま》を八咫《やた》の鏡に取り付けて、大和の大物主櫛𤭖玉命《くしみかたまのみこと》と名を称えて、大御和《おおみわ》の神奈備に坐《すわ》らせ、皇孫命《すめみまのみこと》の近き守り神としたとある。

記紀は、崇神《すじん》天皇の御代に疫病《えきびょう》が流行ったが、それは大物主大神の祟りによるとする。『古事記』には、その神の住処を尋ねる話が記されている。活玉依姫《いくたまよりひめ》のもとを夜ごと通う男の正体を見届けるため、男の衣の裾に針で麻糸をつけてあとを追うが、大和美和山に至り、神の社にとどまった。

近畿

三輪山

美和の神の子であることを知るが、その麻が手元に三輪残ったので、そこを美和と称したという。

大物主大神が自分の御前を祀らせたという意富多多泥古命《おおたたねこのみこと》（大田田根子）は、神《みわ》の君、鴨の君の祖先だとされる。

本殿を持たない大神神社

三輪山の西麓、三輪の地に大神神社が鎮まる。山麓に拝殿、その奥に「三つ鳥居」と称する神門があるのみで、本殿のない珍しい神社である。山を神奈備として拝するためである。ただ、三つ鳥居から山頂にかけて磐座《いわくら》と呼ばれる巨石祭祀遺跡群があり、三輪山独自の祭祀形態を伝えている。巨石は、山頂に三群、中腹に二群、山麓に三群あり、上の奥津《おきつ》磐座は大物主命を、中の中津《なかつ》磐座は大己貴命、下の辺津《へつ》磐座は少彦名命《すくなびこなのみこと》を祀る。三輪山は山麓一帯に広く祭祀遺跡が分布し、出土品も多く発見されているが、大神神社の禁足地の辺津磐座などの周辺から土製祭器の坏《つき》や高坏《たかつき》坩《つぼ》・甕《かめ》・柄付埦《えつきわん》・須恵器《すえき》・石製臼玉《うすだま》・管玉《くだたま》などが出土しており、古い時代には磐座で祭祀がなされたと推測されている。

だが、文保二年（一三一八）の『三輪大明神縁起』によれば、祭祀のたびごとに簡素な施設が作られていたようであり、近世の絵図などにも、山頂の日向社や山中の社殿が描かれている。現在は入山が禁じられているが、三輪山全体が禁足地にされたのは十九世紀初頭以後と言われる。

天平神護元年（七六五）、百六十戸の神戸《かんべ》を授けられ、貞観元年（八五九）正一位に昇叙し、長暦三年（一〇三九）に二十二社奉幣の制に加えられた。中・近世には、興福寺の支配を受けた。明治以後、現在の名称に改め、祭神を倭大物主櫛𤭖玉命・大己貴神・少彦名神とする。

祭礼

奈良・平安時代は国の祭祀として、春三月の鎮花祭、四月と十二月の上卯日の大神祭が行われた。今日では、元日の御神火祭りを繞道祭《にょうどうさい》と称し、神火を移した大松明《おおたいまつ》を担いで、摂社・末社を巡行する。二月六日は御田植祭、四月九日は大神祭り・若宮神幸祭、同十八日は鎮花祭が行われ、十一月九日は酒造業者の信仰を集める大祭が行われる。

大神神社

大御輪寺と平等寺

奈良・平安時代と神仏習合が進み、大神神社の脇に神宮寺として大御輪寺《だいごりんじ》（大神寺・三輪寺）が創建された。鎌倉初期、三輪上人慶円《けいえん》が三輪明神の霊感を得て真言密教の教化を開始し、秘儀・秘法を行った。鎌倉時代中・後期に、大御輪寺を再興した律宗僧叡尊《えいそん》が、本地垂迹《ほんじすいじゃく》説により三輪明神と伊勢の天照大神《あまてらすおおみかみ》を同体とし、三輪を本、伊勢を迹として、三輪を上位とする三輪流神道説を理論化した。

慶円の三輪別所が、のちに三輪山平等寺《びょうどうじ》大智院《だいちいん》を称し、鎌倉時代に大御輪寺に代わって大神神社の別当寺となった。中世には多武峰《とうのみね》、次いで興福寺《こうふくじ》の末寺となったが、山内の禅衆が修験道を奉じ、真言系当山方に属し、諸国修験を支配する正大《しょうだい》先達《せんだつ》職を継承した。

大御輪寺・平等寺とも明治の神仏分離で堂塔が破却された。その後、平等寺は再興されたが、曹洞宗に転じた。

摂社の大直禰子神社本殿（重文）は、大御輪寺の旧本堂であり、桜井市下《しも》にある真言宗聖林寺《しょうりんじ》の木心乾漆十一面観音立像（国宝）は大御輪寺の旧本尊で、平安時代中期の作である。（鈴木昭英）

【参考文献】
阿部武彦「大神氏と三輪神」（阿部武彦『日本古代の氏族と祭祀』吉川弘文館、一九八四年）
大神神社史料編集委員会『大神神社史』（一九七五年）
大神神社史料編集委員会『大神神社史料　七』（一九八〇年）
大神神社史料編集委員会『大神神社史料　八』（一九八一年）
五来重「大和三輪山の山岳信仰」（五来重編『山岳宗教史研究叢書　一一　近畿霊山と修験道』（名著出版、一九七八年）
寺沢薫「三輪山の祭祀遺跡とそのマツリ」（和田萃編『大神と石上』筑摩書房、一九八八年）
中山和敬『大神神社』（学生社、一九七一年）
松前健『大和国家と神話伝承』（雄山閣出版、一九八六年）

アクセス情報

三輪山
ＪＲ三輪駅から徒歩15分、入山登拝口・狭井神社から山頂まで徒歩1時間30分
大神神社　奈良県桜井市三輪一四二二
ＪＲ三輪駅から徒歩で10分

近畿

吉野山《よしのやま》

標高◆八五七・九メートル（青根ヶ峯）
奈良県吉野郡吉野町吉野山

吉野郡を蛇行流下する吉野川の流域一帯を古来「吉野」（芳野）と称してきた。「吉野山」はその圏内で大峯山脈北端部を形成する山の総称。主峰は南部の青根ヶ峯《あおねがみね》である。『万葉集《まんようしゅう》』に「み吉野の耳我《みみが》の嶺」「み吉野の御金《みかね》の嶺」「み吉野の水分山《みくまりのやま》」「み芳野の青根ヶ峯」などと詠まれた。古代以来、山岳修行者が入山する修験道の霊山として発展し、南北朝の内乱には南朝の行宮《あんぐう》が置かれ、激戦地となった。また、吉野山は花の名所として知られ、桜花を愛で、観賞遊楽する人を誘った。

修験道根拠地としての吉野山

白鳳時代に吉野に離宮が営まれ、古人大兄皇子《ふるひとのおおえのおうじ》や大海人皇子《おおあまのおうじ》（天武《てんむ》天皇）が隠棲し、持統天皇以後もたびたび行幸《ぎょうこう》を見たが、その離宮《りきゅう》は宮滝《みやたき》にあったとされ、考古学の発掘調査でそれとおぼしき建物の跡が発見されている。古くは、この宮滝から象川《きさがわ》沿いに青根ヶ峯に登る道が開かれ、大峯山上ヶ岳《さんじょうがだけ》（金峯山《きんぶせん》山上）に通じていた。式内社の吉野水分神社がこの山の象谷を少し下った所に鎮座していたが、のちに吉野山の集落が西北の尾根に開かれると、参詣者に都合のよい現在

金峯神社

地に移された。九世紀後半に真言僧聖宝《しょうぼう》が吉野山北麓の六田《むだ》（吉野郡大淀町《おおよどちょう》）の辺りの吉野川に渡し船を設け、登山道を整備したので修行の入山者が多くなる。青根ヶ峯の西下に式内社《しきないしゃ》の金峯神社が鎮座する。地主神《じぬしのかみ》の金山毘古神《かなやまひこのかみ》（金精《こんせい》明神）を祀る。この神社と水分神社のある愛染《あいぜん》の地に、やがて山上ヶ岳に祀られる金峯山の主神金剛蔵王《こんごうざおう》菩薩（蔵王権現）が勧請《かんじょう》され、安禅寺《あんぜんじ》が建てられてこの下山蔵王堂を管理した。そこより山上ヶ岳への道は女人禁制であり、老若男女だれでも参詣できたのはこの蔵王堂であって、多くの参詣者が訪れた。尾根西側の岩倉《いわくら》の地には石蔵《いわくら》寺《じ》が建てられ、金峯山寺一山を統べる別当が常住した。

　平安時代には皇室や公卿、貴族の金峯山参詣が相次いだ。昌泰三年（九〇〇）七月の宇《う》多《だ》法皇の参詣を初例とするが、中期から後期

蔵王堂

にかけて習俗化し、一世を風靡《ふうび》した。藤原道長《みちなが》、藤原斉信《なりのぶ》、藤原師通《もろみち》、白河《しらかわ》上皇なども山上蔵王《さんじょう》にこうべをたれ、書写せる経典を埋納した。そうした人たちが堂塔の建設や法会の執行に力を注ぎ、庄園を寄進したので一山は潤い、寺運の隆盛をもたらした。

蔵王権現は、平安時代には過去仏《かこぶつ》の釈迦と未来仏《みらいぶつ》の弥勒《みろく》が化身《けしん》したものと説かれたが、平安時代末期にはそこへ現在仏の千手《せんじゅ》観音の化身観が加わり、それらに相当する三世三体《さんぜさんたい》の蔵王権現が造立、祭祀されるようになる。吉野蔵王堂はそうした新しい思考に基づいて建設された御堂である。里山に設けられ、参詣者が訪れるのに容易となった。金峯山寺はその後、これを本堂とし、一山の支配組織もこの地に移った。

南北朝の争乱と吉野行宮

平安時代末期より南都興福寺《なんとこうふくじ》の勢力が強大となり、大和《やまと》を中心に諸山を末寺化するが、吉野金峯山もその例外ではなかった。金峯山寺の堂衆や行人はそれを阻止するため武力をもって交戦した。金峯山寺衆徒は境相論《さかいそうろん》などで多武峯や高野山とも争った。だが、その吉野大衆の力を頼りとする動きもあった。背後には奥深い谷筋の集落が点在する。文治元年（一一八五）源頼朝《みなもとのよりとも》と袂を分かった義経がここに身を隠し、元弘二年（一三三二）には討幕を図った大塔宮《だいとうのみや》（護良《もりよし》親王）が吉野山に城郭を築いたが、翌年正月に幕府の大軍が押し寄せ、ついに落城した。延元元年（一三三六）十二月には建武《けんむ》新政に失敗した後醍醐《ごだいご》天皇が吉野に入り、一時吉水院《よしみずいん》に滞留ののち、実城寺《じつじょうじ》を御所と定め、名を金輪王寺《きんりんおうじ》と改めて南朝を開いた。京都奪回を果たすことなく、延元四年（一三三九）八月に崩じ、吉野朝の勅願寺《ちょくがんじ》であった塔尾《とうのお》の如意輪寺《にょいりんじ》の傍らに葬られた。正平三年（一三四八）正月、北朝方の高師直《こうのもろなお》の軍勢が攻め寄せ、後村上天皇は吉野山を退去して西吉野村の賀名生《あのう》（奈良県五條市）に遷ったが、師直はその直後、吉野山を焼き払った。吉野山には南朝の史跡が多い。

花の吉野山

吉野山の桜は、山桜で自生《じせい》のものであるが、古い歴史を持つ。天徳四年（九六〇）九月に内裏《だいり》が焼亡したが、その再建にあたり左近の桜は吏部王《りほうおう》（重明《しげあきら》親王）家の桜が移植された。この樹は吉野山の桜だったという（『帝王編年記』）。有名なのは、文禄三年（一五九四）二月末に豊臣秀吉《とよとみひでよし》が大勢の家臣を連れて花見をしたことである。

（鈴木昭英）

【参考文献】

秋里籬島『大和名所図会　六』（日本資料刊行会、一九七六年）
池田末則・横田健一監修『奈良県の地名』日本歴史地名大系三〇（平凡社、一九八一年）

上田正昭編著『吉野――悠久の風景』（講談社、一九九〇年）
近畿日本鉄道近畿文化会『吉野』（綜芸舎、一九五五年）
首藤善樹『金峯山』（金峯山寺、一九八五年）
増補吉野町史編集委員会『吉野町史』（吉野町役場、二〇〇四年）
中岡清一『大塔宮之吉野城』（吉野叢書刊行会、一九三七年）
奈良県教育会編『大和志料　下』復刻版（臨川書店、一九八七年）
前園実知雄・松田真一編著『吉野――仙境の歴史』（文英堂、二〇〇四年）
宮坂敏和『新吉野山案内記』（村田花月堂、一九六八年）
宮坂敏和『吉野――その歴史と伝承』（名著出版、一九九〇年）

アクセス情報

金峯山寺（蔵王堂）　奈良県吉野郡吉野町吉野山
近鉄吉野駅から吉野ロープウェイ3分、吉野山駅から徒歩10分

金剛山《こんごうさん》

標高◆一、一二五メートル
奈良県御所市、大阪府南河内郡千早赤阪村

奈良県と大阪府の境を南北に走る金剛山地の主峰。古くは単独で、あるいは北隣の現称葛城《かつらぎ》山《ざん》（旧名戒那山《かいなさん》）とともに、またそれより北行して河内亀の尾（奈良県北葛城郡王子町）までと、西行して和泉《いずみ》山脈を加太《かだ》（和歌山県和歌山市）まで、金剛山で鉤形《かぎがた》に折れる長大な山脈全体を総称して葛城山と称した。

葛城の一言主神

『日本書紀《にほんしょき》』雄略《ゆうりゃく》天皇四年条に、天皇が当山で狩猟した時、葛城の一言主神《ひとことぬしのかみ》に遇ったが、神は「悪事《まがごと》も一言、善事《よごと》も一言、言離《ことさか》の神、葛城の一言主の大神なり」と答えたという。『釈日本紀《しゃくにほんぎ》』には、一言主神は素戔嗚尊《すさのおのみこと》の子で、吉事一言、凶事一言、言放《ことさか》の葛木一言主神とある。吉凶をわずか一言で即座に託宣する性格を有する山神であった。『延喜式《えんぎしき》』には葛木坐一言主神社とあり、名神大社。もとは葛城山（金剛山）の頂上に祀られていたが、江戸時代に東南麓の森脇《もりわき》（奈良県御所市）に遷された。社名は一言主神社、祭神を幼武尊《わかたけのみこと》（雄略天皇）とする。

役小角修行の山

のちに役行者《えんのぎょうじゃ》と称されて修験道の開祖に仮託《かたく》された役小角《えんのおづの》は、『続日本紀《しょくにほんぎ》』文武《もんむ》天皇三年（六九九）五月条に、初め葛城山に住んで呪術をもって称せられたが、のちにその能を害し、妖惑をもって讒言《ざんげん》したので、捕らえて伊豆島《いづのしま》に流したとある。鬼神《きしん》を役使《えきし》するほどの呪術者であるから、葛城山で久修練行した苦行者であったのであろう。

平安時代初期編集の『日本霊異記《にほんりょういき》』では、彼を優婆塞《うばそく》といい、私度僧《しどそう》の扱いをしている。孔《く》雀《じゃく》の呪法を修習し、奇異の験術《げんじゅつ》を証し得たとする。諸々の鬼神に対し、金峯山と葛城山との間に橋を渡せと命令した。そこで一言主神が人に託して讒言し、天皇を傾けようとしたと訴えたので、天皇が島流しにしたのだという。小角が信奉《しんぽう》したはずの一言主神が讒訴したとするところに、錯綜《さくそう》があるように思われるが、架橋の話は、奈良時代に金峯山が修験者修行の山として脚光を浴びるようになった実情を背景として生まれたものであろう。

金剛山信仰の高まり

葛城山脈の最高峰には主神として葛木坐一言主神が祀られていたが、修験者の入山によって神仏習合が進められ、やがて山頂より西へ二町あまり下った所に法起菩薩《ほうきぼさつ》を本尊とする金剛山寺（金剛山転法輪寺《てんぽうりんじ》）が創建された。『華厳経《けごんきょう》』に「東北の海中に金剛山あり、法起菩薩が止住《しじゅう》して法を演説しておられる」とある。葛城山系の最高峰をこの金剛山に見立て、法起菩薩の住所とした。平安時代後期編成の『大菩提山等縁起』や鎌倉初期成立の『諸山《しょざん》縁起』に金剛山の名が出ている。

金剛山の法起菩薩は役行者が感得して祀ったと伝えるが、それは後世の付会《ふかい》としても、かなり早い時代に創立をみたのであろう。承和三年（八三六）の官符では七高山の一つに選ばれて薬師悔過法要を修しており、その時代すでに山岳寺院としてかなり整っていたと思われる。

平安時代後期になると、近江の天台宗園城寺《おんじょうじ》（滋賀県大津市）の僧侶の間で修験熱が高まり、葛城山や大和の金峯山・大峯山《おおみねさん》、紀伊の熊野三山への入峰《にゅうぶ》が盛んに行われ、やがて天台系修験教団の本山《ほんざん》派が生まれる。やや後れて、畿内の真言系寺院の修験者が集団をなしてこれらの山々に入峰し、当山《とうざん》派教団を形成する。葛城山は、この両派修験道の根本道場に据えられ、全国から大勢の修験者が訪れた。

葛城山は金峯山・大峯山と同様、山中の秘所、霊所に宿所を設けて入山者の便を図った。『諸山縁起』では九十五の宿があったとする。そのうちの二十八ヶ所に役行者が法華経二十八品を分配して埋めたと伝える経塚《きょうづか》が築かれた。また、葛城山中の八ヶ所に八大金剛童子を祀ったが、それも役行者が配祀したものと伝えている。

金剛山東側半腹の高天山《たかまやま》に、高天彦《たかまひこ》神社と宝有山高天寺《たかまでら》が創建された。高天彦神は葛木一言主神とともに貞観元年（八五九）従二位《じゅにい》に叙《じょ》されている（『三代実録《さんだいじつろく》』）。高天寺は、明治以降廃寺となった。金剛山と関係する修験寺院で現在もあるのは、伏見寺《ふしみでら》（伏見山菩提寺《ふしみさんぼだいじ》）と、少し離れた平地の茅原《ちはら》にある茅原寺《ちはらでら》（吉祥草寺《きっしょうそうじ》）。転法輪寺とともに、みな当山派に属し、室町時代から江戸時代初期にかけ、高天寺は明治の修験道廃止まで、正大先達《しょうだいせんだつ》の重職を継承した。

元弘三年（一三三三）、河内側の金剛山中腹に楠木正成《くすのきまさしげ》が千早《ちはや》城を築いて立て籠り、北条軍を

防いだ。明徳三年（一三九二）、楠木正勝《まさかつ》の時に北朝方の畠山氏に攻められて落城した。（鈴木昭英）

【参考文献】
秋里籬島『大和名所図会　五』（日本資料刊行会、一九七六年）
池田末則・横田健一監修『奈良県の地名』日本歴史地名大系三〇（平凡社、一九八一年）
御所市史編纂委員会『御所市史』（御所市役所、一九六五年）
金剛山綜合文化学術調査委員会編『金剛山記』（葛木神社社務所史跡金剛山奉賛会、一九八八年）
中野榮治『葛城の峰と修験の道』（ナカニシヤ出版、二〇〇二年）
奈良県教育会編『大和志料　下』復刻版（臨川書店、一九八七年）

アクセス情報

金剛山
近鉄御所駅からバスで終点下車、徒歩40分で祈りの滝、さらに徒歩1時間30分で山頂

転法輪寺（金剛山寺）　奈良県御所市金剛山
近鉄御所駅からバス20分、徒歩2時間

春日山《かすがやま》

標高◆四九八メートル（花山）
奈良県奈良市

奈良市街の東方にある山。借香山《かすがやま》・滓鹿山《かすかやま》とも表記された（『万葉集《まんようしゅう》』）。

春日山は三つ峰の総称

標高四九八メートルの花山《はなやま》を主峰とし、その西に標高二八三メートルの御蓋山《みかさ》（三笠山）、南側に香山《こうぜん》（高山）があり、これら三峰を総称して春日山と称した。『大和志《やまとし》』に、春日山は南都の東にあり、一名蓋山《みかさ》といい、これに三峯あり、本宮の峯（またの名浮雲）・水屋《みずや》の峯（羽買）・高山《こうぜん》（香山）で、これらが層畳するとある。本宮の峯は現称の御蓋山（三笠山）、水屋の峯は花山である。

御蓋山

山頂に本宮神社（浮雲宮《うきぐものみや》）を祀る。祭神は武甕槌命《たけみかずちのみこと》・経津之命《いわいぬしのみこと》・天児屋根命《あまつこやねのみこと》。西麓に藤原氏が氏社《うじしゃ》として創祀した春日大社が鎮まる。本宮神社は春日大社の摂社で、その社地は常陸鹿島（茨城県鹿嶋市）から遷幸した春日明神が最初に降臨した地と伝える。社殿東方に敷石の痕跡があり、

春日大社

古代祭祀遺跡と考えられ、社殿脇からは経《きょう》筒《づつ》・和鏡などが出土し、経塚《きょうづか》の形跡がうかがわれる。

花山

『後撰和歌集《ごせんわかしゅう》』に「花山にて道俗酒食うべける折に　山寺は云《い》はなん高砂の尾上《おのえ》の桜折りて挿頭《かざ》さん」の歌がある。承和八年（八四一）三月、仁明《にんめい》天皇が勅して大和国添上《そえかみ》郡春日大神の神山の内で狩獵・伐木を禁じたが、中世においても興福寺《こうふくじ》の許可なくして伐採することはできなかった（『多聞院日記』）。花山は春日大神の神山であるが、興福寺や東大寺の堂衆修験が花供当《はなくとう》行《ぎょう》の花（樒《しきみ》）を伐り出す山でもあった。

高山

佐保川《さほがわ》と能登川《のとがわ》の水源地となる山で、山中に鳴雷《なるいかずち》神社を祀る。『延喜式神名帳《えんぎしきじんみょうちょう》』の「鳴雷神社」に想定され、天水分神《あめのみくまりのかみ》を祭神とする。高山社・高山竜王社とも言い、古代より農民に雨をもたらす神として信仰された。今は春日大社の末社とされ、小祠《しょうし》を残すのみで、式内社の面影はうかがえない。近くに雨乞《あまご》い祈願の対象になった竜池（阿伽井《あかい》）がある。神社の上方には天平十七年（七四五）光明《こうみょう》皇后が創建した高山堂があり、東大寺の僧が悔過《けか》法要や講会《こうえ》の道場とした。

竜池からは鎌倉時代末期の石塔婆《せきとうば》が出土している。それによれば、正安三年（一三〇一）九月に勧進沙門西念《かんじんしゃもんさいねん》が国土豊饒のため高山社に七ヶ日籠り、断食して降雨を祈り、結願《けちがん》の日に法雨があったという。さらに宿願を果たさんがため、春日社壇で法華経妙典一千部を転読し、現当二世の悉地《しっち》を得たので塔婆に結縁交衆録《けちえんきょうしゅうろく》を注したと記している。

この辺の山は、中世以来、興福寺東金堂・西金堂衆が、修験行事としての一夏九旬《いちげくじゅん》の当行花《はな》供行《くぎょう》の花柄《はながら》を伐り出した所である。高山社の下に、長さ二・一八メートル、幅〇・七二メートルの石造水船がある。その側面に「東金堂施入高山水船也、正和四年乙卯五月日置之、石工等三座」の陰刻銘が記される。また、神社北方の花山にもう一つ水船があり、「西金堂長尾水船、文和二年癸巳三月日置之」と銘記する。この二つの水船は、興福寺東・西金堂衆が花山からそれぞれ葉付きの樒の枝を伐り出して水に浸しておき、その葉を摘んで山中の神・仏前や東・西金堂の仏前に供える修験行事が鎌倉時代末期から南北朝時代にかけて恒常的に行われていたことを示す貴重な石造遺物《いぶつ》である。「花山」の呼称は、この当行花供の花を伐り出す山ということから名づけられたものであろう。

春日山地獄谷石仏

芳山も春日山の一部

花山の東に芳山《ほやま》（五一八メートル）がある。この山は中世において興福寺大乗院門跡所領の山で、春日山の一部であったが、近世に幕府領となり、春日山から分離した。山の東南、誓多林《せたりん》からの登山道の傍らに「大乗院殿御領山」の石標が遺存している。山頂には二尊仏を彫り込んだ自然石の石仏がある。説法印《せっぽういん》を結ぶが、尊名は不詳。奈良時代後期彫造説と平安後期彫造説があるが、決めがたい。

滝坂の石仏群

奈良市高畑町《たかばたけちょう》の街道を東進し、能登川の渓流沿いに登る石畳敷の山道を滝坂《たきさか》という。柳生《やぎゅう》街道の一部であるが、その滝坂の左右に平安時代末期から鎌倉時代にかけて多くの石仏、磨崖仏《まがいぶつ》が彫造された。寝仏《ねぼとけ》（大日）・夕日《ゆうひ》観音（磨崖仏）、三体地蔵（磨崖仏）・朝日《あさひ》観音・首切地蔵《くびきりじぞう》・春日山石窟仏・地獄谷石窟仏（国史跡）など。古代より春日山が死者供養の霊場として信仰されたことを物語る。

（鈴木昭英）

【参考文献】
秋里籬島『大和名所図会　二』（日本資料刊行会、一九七六年）

池田末則・横田健一監修『奈良県の地名』日本歴史地名大系三〇（平凡社、一九八一年）
奈良県教育会編『大和志料　上』復刻版（臨川書店、一九八七年）

アクセス情報

春日山（花山）
ＪＲ奈良駅からバス10分、大仏殿春日大社前バス停から徒歩20分

春日大社　奈良県奈良市春日野町一六〇
ＪＲ奈良駅からバス10分で、春日大社本殿バス停／ＪＲ奈良駅からバス8分、春日大社表参道バス停から徒歩10分

生駒山《いこまやま》

標高◆六四二メートル
奈良県生駒市、大阪府東大阪市

奈良県と大阪府の境を画する生駒山地の主峰。山頂は平坦、東側斜面は緩傾斜し、西は急峻な断層をなす。古代には胆駒山・生馬山・射駒山・膽駒など様々に書かれた。

古代生駒の概観

生駒山西麓には日下貝塚《くさかかいづか》（東大阪市）など弥生時代の集落遺跡が点在し、東麓には竹林寺古墳（生駒市）の遺跡がある。『日本書紀《にほんしょき》』の神武《じんむ》天皇即位前紀に、天皇軍が膽駒山を越えて中洲（大和）に入ろうとした時、長髄彦《ながすねひこ》が兵を出して孔舎衙《くさか》の坂で遮ったので紀州路に道を変えたとある。大和に有力な豪族がいたようである。天智《てんじ》天皇六年（六六七）には生駒山地南部に高安城《たかやすのき》が築かれ、和銅五年（七一二）には山頂に烽火台《のろし》が設けられた。生駒山は古代瀬戸内航海の目印になった山で、『万葉集《まんようしゅう》』巻二十に「難波門《なにわど》を榜《こ》ぎ出て見れば神さぶる生駒高嶺に雲ぞたなびく」の歌がある。大和から生駒山地を河内へ越える峠道に清滝越え・日下《くさか》の直《ただし》越え・暗《くらがり》越えなどいくつかあったが、いずれも「石根《いわね》踏む」（『万葉集』巻十五所収の歌）難路であった。奈良時代には長屋《ながや》王・吉備《きび》内親王・行基《ぎょうき》などが葬られており、死者埋葬の霊地であった。

神仙の住む山

『日本書記』斉明《さいめい》天皇元年（六五五）五月条に、空中を龍に乗る者があり、貌《かたち》は唐人に似て青き油笠を着て葛城嶺《かつらぎのみね》より馳せて膽駒山に隠れ、やがて住吉の松の嶺の上より西に向かって馳せ去ったとある。また『元亨釈書《げんこうしゃくしょ》』巻十八には、摂州住吉《すみよし》県の人で河内高安県の東に入り、深谷の草庵に住んでひたすら菩提を求めて生駒仙と称されたが、寛平九年（八九七）沙門明達《しゃもんみょうたつ》が頭陀《ずだ》行《ぎょう》をしてこの山に入り、生馬仙から瓜五つをもらって飢えを凌いだという話がある。修験者と同じように山林を修行し、空を飛ぶ仙術を心得た者がこの山に多くいたようである。

生駒の神社と寺院

生駒山には延喜式内社が二社ある。一社は往馬坐伊古麻都比古《いこまにいますいこまつひこ》神社二座。生駒山頂を望む竜《たつ》田川《たがわ》西畔に鎮座し、俗に生駒明神と称された。祭神は伊古麻都比古・伊古麻都比売《いこまつひめ》の二神であったが、のちに付近に勧請されていた八幡神などを合祀して神功《じんぐう》皇后・仲哀《ちゅうあい》天皇・応神《おうじん》天皇・葛《かつら》城高額姫《ぎたかぬかひめ》・息長宿禰王《おきながのすくねおう》を加えた。もう一社は伊古麻山口神社で、生駒郡平群町櫟原《へぐりちょういちはら》の小丘陵に鎮座する。祭神は素戔嗚命《すさのおのみこと》・櫛稲田姫命《くしいなだひめのみこと》。

吉野郡天川村坪内《てんかわむらつぼうち》の大弁財天社所蔵の大般若経の奥書に「元久元年（一二〇四）六月六日　大和国生馬寺持経」、「元久二年（一二〇五）二月晦　大和国生馬神前」とある。生馬寺《いこまでら》は往馬坐伊古麻比古神社の神宮寺であり、この銘があるのはそこで備えられ、生馬神に奉納されたのであろう。往古は社坊百院を有したと伝えるが、江戸時代の中頃には有里《ありさと》村の円福寺《えんぷくじ》、小平尾《こびらお》の宝幢寺《ほうどうじ》など十一院に減少した。櫟原の生駒山口神社にも境内に神宮寺があり、真言宗に属した。

生駒山東南麓の鬼取《おんとり》集落（生駒市鬼取町）の北に鬼取山鶴林寺《かくりんじ》がある。『大和名所図会《やまとめいしょずえ》』は「平群郡生駒山の麓、有里村にあり、本尊は薬師如来にして、此《この》山の旧名は般若岩屋といふ。又鬼取とは役行者《えんのぎょうじゃ》儀学《ぎがく》儀賢《ぎけん》の二鬼をとらへられし所といへり」と記している。鎌倉時代初期の『諸山《しょざん》縁起《えんぎ》』には、葛木北峯の宿中に鬼取寺の名が見える。『大乗院寺社雑事記《だいじょういんじしゃぞうじき》』寛正三年（一四六二）八月二十四日条に「昨日ヨリ伊狗寺オンドリ焼亡、禅・学相論事故」とあるのは、この寺であろう。

鬼取より南山中の鳴川《なるかわ》集落（生駒郡平群町）に鳴川寺《なるかわでら》（鳴川山千光寺《せんこうじ》）がある。寺伝には、天智《てんじ》天皇の時、役小角《えんのおづの》が宇佐《うさ》八幡と生駒明神の神勅によってこの山に入り、霊感を得て小堂を建て、巌上に出現した千手観音を刻んで安置したという。鎌倉時代初期鋳造の梵鐘があり、「大和国平群郡千光寺　元仁二年（一二二五）乙酉四月日」の陽刻銘がある。中世においてこの寺は修験を奉じ、当山方正大先達《しょうだいせんだつ》職を務めた。

生駒山東山中に真言律宗の生駒山宝山寺《ほうざんじ》がある。役小角修行の霊地と伝え、延宝六年（一六七八）宝山湛海《ほうざんたんかい》が小角の古跡般若窟《はんにゃくつ》に籠り、本寺を開山。本尊は湛海自作の不動明王である。ほかに歓《かん》喜天《ぎてん》を祀り、生駒聖天《しょうてん》と呼ばれて商売繁昌の信仰を集めている。

近鉄生駒駅から山頂までケーブルが通じ、信貴生駒スカイラインも開通している。（鈴木昭英）

【参考文献】

赤田光男『中世大和の仏教民俗信仰』（帝塚山大学出版会、二〇一四年）

秋里籬島『大和名所図会　三』（日本資料刊行会、一九七六年）
生駒市誌編纂委員会『生駒市誌　五　通史・地誌編』（生駒市、一九八五年）
奈良県教育会編『大和志料　上』復刻版（臨川書店、一九八七年）

アクセス情報

生駒山
近鉄生駒駅から生駒ケーブル20分で、生駒山上駅

宝山寺（生駒聖天）　奈良県生駒市門前町一 - 一
近鉄生駒駅から生駒ケーブル10分、宝山寺駅から徒歩10分

伊吹山《いぶきやま》

標高◆一、三七七メートル
滋賀県米原市、岐阜県揖斐郡揖斐川町

近江《おうみ》（滋賀県）と美濃《みの》（岐阜県）の国境にあり、記紀に見える倭建命《やまとたけるのみこと》（日本武尊）が伊吹山の山神によって返り討ちに遭い、死に至らしめられた神話は有名である。古代には七高山《しちこうざん》の一つに数えられた。近江国伊吹神には嘉祥三年（八五〇）十月八日に従五位下、元慶元年（八七七）十二月二十五日に従三位、美濃国伊吹神には貞観七年五月八日に従四位下、元慶元年二月二十一日に従四位上が授与され、山麓の伊夫岐《いぶき》神社（米原《まいばら》市）と伊《い》富岐《ぶき》神社（岐阜県不破《ふわ》郡垂井町《たるいちょう》）が式内社《しきないしゃ》に比定されている。仁寿年間（八五一～八五四）、僧三《さん》修《しゅう》が伊吹山に籠山し、仁明天皇の命によって山腹に伊吹山《いぶきさん》護国寺《ごこくじ》を創建し、元慶二年（八七八）十二月には定額寺《じょうがくじ》に列した。中世には四護国寺に発展し、観音寺《かんのんじ》・弥高寺《やたかじ》・大平寺《たいへいじ》・長尾寺《ながおでら》の四寺で構成されていたが、観音寺以外は十六世紀に退転し、山中の遺跡となった。四護国寺には、多くの院坊が営まれたが、その中には本山派《ほんざんは》など修験道教団に属した院坊があった。（時枝　務）

【参考文献】
長浜城歴史博物館『近江湖北の山岳信仰』（サンライズ出版、二〇〇五年）
満田良順「伊吹山の修験道」（五来重編『山岳宗教史研究叢書　一一　近畿霊山と修験道』名著出版、一九七八年）

アクセス情報

伊吹山
JR近江長岡駅からバス15分、伊吹登山口から山頂まで徒歩3時間30分

三上山《みかみやま》

標高◆四二五メートル
滋賀県野洲市

近江富士《おうみふじ》と呼ばれる秀麗な山容で、『古事記《こじき》』の開化《かいか》天皇の段に、御上祝《みかみのほおり》が御影神《みかげかみ》を祀ったことが見え、現在も山麓に式内社御上《みかみ》神社が鎮座している。三上山の近くの小篠原《おざさはら》からは二十四口の銅鐸《どうたく》が出土しており、山麓が弥生時代の祭場であったことが知られ、安国造《やすのくにのみやっこ》の本貫地《ほんがんち》とされる。『日本三代実録《にほんさんだいじつろく》』によれば、御上神は、貞観元年（八五九）に従五位《じゅごい》上、同七年に正四位《しょうしい》下、同十七年に従三位《じゅさんみ》の神階を授与された。『延喜式神名《えんぎしきじんみょう》帳《ちょう》』には、名神大社《みょうじんたいしゃ》で、月次《つきなみ》・新嘗《にいなめ》の官幣《かんぺい》にあずかったことが見える。祭神は現在、天之御影《あめのみかげの》命《みこと》で、『先代旧事本紀《せんだいくじほんぎ》』には天之御影大神と見える。例祭は五月十四日であるが、十月九日から十四日に行われる若宮相撲神事は、ズイキの茎で作った神輿が出ることから「ずいき祭《まつり》」と呼ばれて著名である。なお、三上山の山頂には、石地蔵が祀られ、毎年五月十八日に龍王祭を行う。地元の人々には、三上山の神は龍王で、雨乞《あまご》いの神、農耕の神であると信じられてきた。

（時枝　務）

【参考文献】

景山春樹『神体山』（学生社、一九七一年）

アクセス情報

三上山
ＪＲ野洲駅からバス10分で山出前バス停、登山口から山頂まで徒歩1時間

御上神社　滋賀県野洲市三上八三八
ＪＲ野洲駅からバス7分、御上神社前バス停から徒歩5分

近畿

大文字山《だいもんじやま》

標高◆四六六メートル

京都府京都市東山区

京都市の東側に広がる東山丘陵の一峰で、かつては如意ヶ岳《にょいがだけ》と同一視されていたが、現在は大文字山として別の山と認識されている。八月十六日の夜、大文字送り火、五山《ござん》送り火といって、京都周辺の山で送り火が焚かれる。最初に大文字山の「大」の文字が点火され、続いて松ヶ崎の万燈籠《まんどうろう》山《やま》の「妙」と大黒天山《だいこくてんやま》の「法」、その後、西賀茂船山《ふなやま》（京都市北区）の船形、大北山《おおきたやま》大文字（京都市北区）に左大文字、嵯峨鳥居本《さがとりいもと》（京都市右京区）の曼荼羅山《まんだらやま》に鳥居形が順次点火される。この風習は、十六世紀から十七世紀に始まったもので、当初は万灯籠《まんどうろう》と呼ばれていたようである。起源伝承は、様々なものがあり、例えば空海《くうかい》（弘法大師《こうぼうだいし》）が「大」の字に護摩壇《ごまだん》を作り、精霊供養《しょうりょうくよう》・五穀豊穣・国家安泰を祈念したのに始まるなどの伝承があるが、いずれも真実とは考えられない。その性格は、『都名所図会《みやこめいしょずえ》』に「精霊会《しょうりょうえ》の送り火」とある通りであるが、イベント性が強いところに、都市民の息吹を感じることができよう。

（時枝　務）

【参考文献】

和崎春日『大文字の都市人類学的研究――左大文字を中心として』（刀水書房、一九九六年）

アクセス情報

大文字山

京阪電鉄三条駅からバス20分、銀閣寺道バス停から山頂までは徒歩

笠置山《かさぎやま》

標高◆三二四メートル

京都府相楽郡笠置町

木津川《きつがわ》南岸に位置する三角形の山である。『今《こん》昔物語集《じゃくものがたりしゅう》』によれば、大友皇子《おおとものおうじ》が狩りで道に迷った時、山神の加護で難を免れたので、そこに笠を置き、弥勒磨崖仏《みろくまがいぶつ》を本尊として寺院を創建したのにちなみ、笠置の名がついたという。山頂には、笠置寺《かさぎでら》がある。その創建は、『笠置寺縁起』によれば、天武《てんむ》天皇十一年（六八二）にさかのぼると伝える。平安時代には、弥勒《みろく》信仰の聖地となり、貴族の笠置詣《かさぎもう》でが盛んに行われた。建久四年（一一九三）に、笠置山に隠遁した法相宗《ほっそうしゅう》の貞慶《じょうけい》は、笠置寺を弥勒信仰の道場と位置づけた。元弘元年（一三三一）、後醍醐《ごだいご》天皇が笠置寺に遷幸《せんこう》して行在《あんざい》所《しょ》（仮の宮）を設けたため、南北朝の戦場となり、堂塔が焼失した。その際、弥勒磨崖仏も焼損し、今日見るような不鮮明な状態となった。永徳元年（一三八一）に本堂が再建されたが、再び焼失した。現在の伽藍《がらん》は文明年間（一四六九～八七）に整備されたものとされている。

（時枝　務）

【参考文献】

豊島修「笠置山の修験道」（五来重編『山岳宗教史研究叢書一一　近畿霊山と修験道』名著出版　一九七八年）

アクセス情報

笠置寺　京都府相楽郡笠置町笠置山二九
JR笠置駅から徒歩で45分

摩耶山《まやさん》

標高◆七〇二メートル
兵庫県神戸市

六甲《ろっこう》山地西端に位置する。山頂が公園で、ケーブルやロープウェイで容易に登れるので、休日には多くの市民で賑わう。山頂は、仏母摩耶山忉利《ぶつもまやさんとうり》天天上寺《てんてんじょうじ》の奥の院で、かつては女人禁制《にょにんきんせい》であった。鎮守神は、神明《しんめい》と白山権現《はくさんごんげん》で、奥の院入口のもと女人結界所《にょにんけっかいしょ》に祀られる。本堂は山麓にあり、現在は古義真言宗に属するが、天竺から来朝した法道《ほうどう》仙人によって開山されたと伝える。法道仙人は、法華経を持し、鬼神《きしん》を使役し、鉢を飛ばして供物《くもつ》を集めたので空鉢《くうばつ》仙人とも呼ばれた。境内には、釈迦の母である摩耶夫人《まやぶにん》を祀る夫人堂《ぶにんどう》があり、安産に効験があると信じられている。本尊の摩耶夫人像は、梁の武帝が産死者を憐れんで作らせた二体のうちの一体で、弘法大師がもたらしたという。妊娠五ヶ月頃、夫人堂に参詣して腹帯を受け、無事出産すると晒《さらし》一反をお礼として返す風習が現在も残っている。かつては、大勢の手垢がついたのがよいといって、「鐘緒《かねお》」を外して用いたという。

（時枝　務）

【参考文献】

田中久夫「摩耶山」（櫻井徳太郎編『歴史の山一〇〇選』秋田書店、一九六四年）

アクセス情報

摩耶山天上寺　兵庫県神戸市灘区摩耶山町二‐一二

ＪＲ三宮駅からバス20分で摩耶ケーブル下バス停、まやケーブル・まやロープウェー星の駅から徒歩10分

雪彦山《せっぴこさん》

標高◆九一五メートル（三辻山）

兵庫県姫路市・宍粟市・神崎郡神河町

雪彦山は、溶結凝灰岩《ようけつぎょうかいがん》の山で、そびえ立つ峰と断崖絶壁が多い山容が特色である。福岡県と大分県にまたがる英彦山《ひこさん》、新潟県の弥彦山《やひこさん》とともに、日本三彦山と呼ばれる。雪彦山は、三辻山《みつじやま》（九一五メートル）・洞ケ岳《どうがたけ》（八八四メートル）・鉾立峰《ほこたてやま》（六六二メートル）の三峰の総称で、奇岩が多い。宝暦十二年（一七六二）成立の『播磨鑑《はりまかがみ》』によれば、山腹の雪彦山金剛寺《せっぴこさんこんごうじ》は、推古天皇の時代に法道《ほうどう》仙人が創建したと伝え、本尊十一面観音のほか、不動明王・毘沙門天《びしゃもんてん》を祀っていた。文明七年（一四七五）に明阿《みょうあ》が中興し、真言宗に属したが、現在

は廃寺である。塔の本尊大日如来は、牛馬の守護神として信仰を集め、大勢の参詣者があった。鉾《ほこ》立山《たてやま》山腹の賀野《かや》神社は、雪彦大権現（賀野大神）を祭神とし、現在は雪彦山を管理している。また、出雲岩《いずもいわ》には大きな岩陰があり、内部に卒塔婆《そとうば》や経筒《きょうづつ》が納められていた。なお、修験者によって結成された龍王講は、現在も年に二回、独自の入峰《にゅうぶ》修行を行っている。

（時枝　務）

【参考文献】

和多秀乗「播磨の山岳信仰」（五来重編『山岳宗教史研究叢書　一一　近畿霊山と修験道』名著出版、一九七八年）

アクセス情報

雪彦山
JR姫路駅からバス1時間、山之内バス停から徒歩2時間30分

賀野神社　兵庫県姫路市夢前町山之内坂根
JR姫路駅からバスで1時間15分

天香久山《あまのかぐやま》

標高◆一五二メートル
奈良県橿原市

奈良盆地東南部に鼎立する大和三山の一つで、竜門《りゅうもん》山地の末端にある残丘である。天より天降ったという伝えがあり（『伊予国風土記《いよのくにふどき》』逸文《いつぶん》）、『万葉集《まんようしゅう》』巻三にも鴨君足人《かものきみたるひと》の「天降《あも》りつく　天《あめ》の香具山《かぐやま》　霞立つ（下略）」の歌がある。飛鳥時代には藤原京を挟んで北方に耳成山《みみなしやま》、西方に畝傍《うねび》山《やま》、東方に香久山があったが、香久山のみ天から下ったとの伝承があるから、天の香久山と言われて神聖視された。持統《じとう》天皇御製の歌に「春過ぎて夏来《きた》るらし白衣《しろたえ》の衣ほしたり天の香久山」（『万葉集』巻一）がある。延暦二十四年（八〇五）十二月、桓武《かんむ》天皇が勅して大和三山への百姓の伐り込みを禁止した（『日本後紀《にほんこうき》』巻十三）。北の麓に天香山《あめのかぐやま》坐櫛真命《にいますくしまのみこと》神社、西の麓に畝尾坐健土安《うねおにいますたけはにやす》神社、

畝尾都多本《うねおつたもと》神社などの式内社があった。天武《てんむ》天皇の子息・高市皇子《たけちのおうじ》の香具山宮が埴安《はにやす》の池の近くにあったというが、宮跡は不明。　（鈴木昭英）

【参考文献】

秋里籬島『大和名所図会　六』（日本資料刊行会、一九七六年）

改訂橿原市史編纂委員会編『橿原市史　上・下』（橿原市、一九八七年）

奈良県教育会編『大和志料　下』復刻版（臨川書店、一九八七年）

アクセス情報

天香久山（香久山）

JR香久山駅から徒歩で20分

耳成山《みみなしやま》

標高◆一三九メートル

奈良県橿原市

大和三山の一つで、火成岩の残丘である。古歌に青菅山《あおすげやま》・梔子山《くちなしやま》と詠まれた。『万葉集《まんようしゅう》』巻一に「耳無の　青菅山に　背面《そとも》の　大御門に　宜《よろ》しなべ　神《かむ》さび立てり」の歌があり、藤原宮の北方の鎮めをなした。『古今和歌集《こきんわかしゅう》』に「耳成の山のくちなし得てしがな思ひの色の下染《したぞめ》にせむ」とあるように、梔が自生し、東方にはくちなし原の小字も残る。『大和志《やまとし》』にも「四面田野孤峯森然山中梔樹多シ矢田又呼梔子山」とある。延喜二十四年（八〇五）樹木伐損を禁制、中・近世にも立木、下草に至るまで厳しく規制した。東の麓に耳無川《みみなしがわ》（目《め》無川《なしがわ》）が流れ、西の麓に耳無池《みみなしいけ》（耳梨池《みみなしいけ》）があった。東側山腹に式内社の耳成山口神社が鎮座する。『万葉集』巻十六に、三人の男に恋い争われてせんすべなく、この池に身を投じた鬘児《かつらこ》という乙女の伝説を詠んだ「無耳《みみなし》の池し恨めし吾妹子《わぎもこ》が来つつ潜《かづ》かば水は涸《か》れなむ」という歌がある。（鈴木昭英）

【参考文献】
秋里籬島『大和名所図会　六』（日本資料刊行会、一九七六年）
改訂橿原市史編纂委員会編『橿原市史　上・下』（橿原市、一九八七年）
奈良県教育会編『大和志料　下』復刻版（臨川書店、一九八七年）

アクセス情報

耳成山
近鉄耳成駅から徒歩で10分

畝傍山《うねびやま》

標高◆一九九メートル
奈良県橿原市

大和三山の一つ。『古事記《こじき》』は畝火山、『日本書紀《にほんしょき》』は畝傍山と書き、神武紀《じんむき》は宇禰縻夜摩《うねびやま》と訓《くん》ずる。近くの里人はお峰山、慈明寺《じみょうじ》山とも称した。火成岩残丘の弧峰である。『万葉集《まんようしゅう》』巻七に「思ひあまり甚《いた》もすべ無《な》み玉襷《たまだすき》畝火の山に吾標結《われしめゆ》ひつ」の歌を載せる。昔は畝傍山の西麓に式内社の畝火山口坐神社があり、すでに『新抄格勅符《しんしょうきゃくちょくふ》抄《しょう》』の大同元年（八〇六）牒にも「畝火山口神一戸」とある古社であるが、のちに頂上に遷座された。明治六年（一八七三）郷社《ごうしゃ》に列し、昭和十五年（一九四〇）山麓の旧地に戻された。特殊神事として、毎年二月朔日《ついたち》と霜月初子《はつね》の日に摂州住《すみ》吉社《よししゃ》より埴使《はにつかい》の禰宜《ねぎ》一人、土持《つちもち》一人、僕《しもべ》二人が馬を牽いてきて祭りを行い、この山の土を持ち帰り、神供《しんく》を調ずる土器を作った。大昔、この地に萬願寺と称する寺があり、四十二院あったと伝えるが、その跡地に礎石《そせき》が多く見られる。（鈴木昭英）

【参考文献】
秋里籬島『大和名所図会　五』（日本資料刊行会、一九七六年）
改訂橿原市史編纂委員会編『橿原市史　上・下』（橿原市、一九八七年）
奈良県教育会編『大和志料　下』復刻版（臨川書店、一九八七年）

アクセス情報
畝傍山
近鉄橿原神宮前駅から徒歩で10分／近鉄畝傍御陵前駅から徒歩で10分

葛城山《かつらぎざん》

標高◆九五九メートル
奈良県御所市・葛城市、大阪府南河内郡河内町・千早赤坂村

奈良県と大阪府の境にまたがる葛城山系の一峰。昔は戒那山《かいなさん》・かい那ヶ岳《ながだけ》と言われ、河内では篠《しのが》峰《みね》と呼んだ。山頂の東北に「天神《てんじん》の森」と称するブナ林が茂り、林中に葛城天神社《かつらぎてんじんじゃ》があって国常立之尊《くにのとこたちのみこと》を祀る。境内から石器・土師器《はじき》の破片が出土しており、古代祭祀遺跡と見られる。天神社の南の谷は安仁《あに》川の水源地で、天神社摂社の竜王社は水波能売神《みずはのめのかみ》を祀る。安位川流域の住人は司水《しすい》神《じん》として信仰し、「婿《むこ》洗い」を行ってきた。俗に「火振《ひぶ》り」「雲破り」などといい、竜神の小沼に婿養子を投げ、神の怒りを鎮め、降雨を祈った。山麓に鴨山口《かもやまぐち》神社・葛木水分《かつらぎみくまり》神社・葛木坐一言主《かつらぎにいますひとことぬし》神社・葛木大重《かつらぎおおしげ》神社（以上、御所市）、火雷《ほのいかづち》神社（葛城市）などの式内社を祀る。山腹には戒那山安位寺《あんいじ》の遺構がある。寺への登り口には嘉元二年（一三〇四）の町石が立っている。

（鈴木昭英）

【参考文献】
池田末則・横田健一監修『奈良県の地名』日本歴史地名大系三〇（平凡社、一九八一年）
南葛城郡役所編『奈良県南葛城郡誌』（一九二六年）

アクセス情報
葛城山
近鉄御所駅からバス15分、ロープウェイ6分で山頂

三笠山《みかさやま》

標高◆二八三メートル
奈良県奈良市

春日山の西峰。形が蓋（笠）に似ているので、そのように言われた。本宮《ほんぐう》の峰・浮雲《うきぐも》の峰とも称した。山頂に本宮神社（浮雲宮《うきぐものみや》）を祀る。西麓に鎮座する春日大社の神域をなす。初見史料は『続日本紀《しょくにほんぎ》』養老元年（七一七）二月一日条の「遣唐使祠二神祇《じんぎ》於蓋《みかさ》山之南一」。天平勝宝八年（七五六）に描かれた「大和東大寺山堺四至図」（正倉《しょうそう》院《いん》所蔵）には、春日大社前身地の「神地」と春日山にあたる「南北度山峯」との間に円錐形の山を描き「御蓋山」と記す。『古今和歌集《こきんわかしゅう》』には阿倍《あべの》仲麻呂《なかまろ》の著名な歌「天の原ふりさけ見れば春日なる三笠の山に出でし月かも」を載せる。近世には御蓋山を三笠山と書くことが広まったが、御蓋山の北に接して在る若草山の形が三層をなすことからこれを三笠山と称した。御蓋山（三笠山）と若草山が区別されたのは、昭和十年（一九三五）大正天皇の第四皇子崇仁《たかひと》親王の宮号に「三笠山」が用いられてからである。（鈴木昭英）

【参考文献】
池田末則・横田健一監修『奈良県の地名』日本歴史地名大系三〇（平凡社、一九八一年）

アクセス情報
三笠山（御蓋山）
JR奈良駅からバス10分、大仏殿春日大社前バス停から徒歩20分

多武峰《とうのみね》

標高◆六一九メートル（御破裂山）
奈良県桜井市

多武峰は、桜井市南部の御破裂山《ごはれつざん》を中心とする

寺川谷《てらかわ》上流一帯の呼称。この山の南麓に藤原鎌足《ふじわらのかまたり》を祀る談山《だんざん》神社が鎮まる。鎌足は天智《てんじ》天皇八年（六六九）に没し、初めは摂津国阿威山《あいやま》（大阪府茨木市）に葬られたが、長男定慧《じょうえ》が唐より帰朝後、多武峰に檜皮葺《ひわだぶき》の十三重塔を造立して移葬した。のちに塔婆の南に三間四面の堂を建てて妙楽寺《みょうらくじ》と称し、大宝元年（七〇一）塔の東に聖霊院《しょうりょういん》を建てて鎌足の木造を安置したが、これらを総称して多武峰寺《とうのみねでら》と称した。多武峰は古来、四方八方に路が通じ、景勝の地でもあり、人が多く訪れた。早くは斉明《さいめい》天皇や持統《じとう》天皇の御幸《みゆき》があり（『日本書紀《にほんしょき》』）、『平家物語《へいけものがたり》』や『栄花物語《えいがものがたり》』などの文学にも取り上げられた。文治元年（一一八五）十一月、源《みなもとの》頼朝《よりとも》に追われた義経《よしつね》をしばらく匿い、十津川《とつがわ》沿いに逃亡させている。中世には真言修験を奉じ、江戸時代初期まで当山方正大先達職《しょうだいせんだつ》を務めた。明治維新後、一山すべてが談山神社となった。

（鈴木昭英）

【参考文献】
秋里籬島『大和名所図会　六』（日本資料刊行会、一九七六年）
桜井市史編纂委員会編『桜井市史　上・下』（桜井市役所、一九七九年）
奈良県教育会編『大和志料　下』復刻版（臨川書店、一九八七年）

アクセス情報
談山神社　奈良県桜井市多武峰三一九
JR桜井駅からバス25分、談山神社バス停から徒歩3分

信貴山《しぎさん》

標高◆四三七メートル（雄岳）
奈良県生駒郡平群町・三郷町

生駒《いこま》山地南部の山。北の雄岳《おだけ》と南の雌岳《めだけ》よりなる。東南側の中腹に信貴山寺（朝護孫子寺《ちょうごそんしじ》）がある。広い境内に舞台造りの本堂と三重塔・多宝塔・塔《たっ》

頭《ちゅう》を配す。昭和二十六年（一九五一）に高野《こうや》真言宗から離れた。信貴山真言宗総本山である。用明《ようめい》天皇二年に聖徳太子《しょうとくたいし》の創建というが不詳。延喜年間（九〇一～九二三）に命蓮《みょうれん》が再興した。承平七年（九三七）の『信貴山資財宝物帳《しざいほうもつちょう》』には、命蓮が幼少の寛平年中（八八九～八九八）にこの山へ登り、方丈円堂《ほうじょうえんどう》一宇を所有して毘沙門《びしゃもん》一軀を安置し、十二年を限って山蟄勤行《さんちつごんぎょう》したが、その後もとどまって御堂を造築し、諸仏像を安置した、と記されている。国宝『信貴山縁起絵巻』三巻は、この命蓮の三つの奇跡談を描く平安時代末期の優品である。中世には修験を奉じ、江戸時代の始めまで真言系当山方正大先達《しょうだいせんだつ》職を継承。本尊の毘沙門天は福徳開運の仏として知られ、縁日《えんにち》の寅《とら》の日には大勢の参詣者で賑わう。（鈴木昭英）

【参考文献】

秋里籬島『大和名所図会　三』（日本資料刊行会、一九七六年）

小松茂美編『日本絵巻大成　四　信貴山縁起』（中央公論社、一九七七年）

奈良県教育会編『大和志料　上』復刻版（臨川書店、一九八七年）

平郡町史編集委員会『平郡町史』（平郡町役場、一九七六年）

アクセス情報

信貴山　近鉄信貴山下駅からバス10分、信貴山バス停から徒歩30分

朝護孫子寺　奈良県生駒郡平群町信貴山二二八〇-一　近鉄信貴山下駅からバス10分、信貴山バス停から徒歩10分

玉置山《たまきさん》

標高◆一、〇七七メートル

奈良県吉野郡十津川村

大峯《おおみね》山脈の一峰。山頂南に玉置神社を祀る。古来、大峯修験道奥駈行所《おくがけぎょうしょ》の一つで、大峯八大金

剛童子のうち第五悪除童子《あくじょどうじ》を祀る。大峯七十五靡《なびき》第十番の宿所で、熊野本宮の奥の院である。玉置神は、紀伊国忌部《いんべ》の遠祖《えんそ》手帆置負《たおきおいの》神と伝える。平安時代後期に奥駈修行が盛んになると、玉置山は胎蔵界中台八葉院《たいぞうかいちゅうだいはちよういん》の毘盧遮那《びるしゃな》如来の嶺に充当され（『大菩提山等縁起』）、神仏習合が進んで玉置神は玉置三所権現を称した。祝《はふり》は玉置氏で、別当《べっとう》寺《じ》を多聞院《たもんいん》と称した。享保十二年（一七二七）に一山は京都聖護院《しょうごいん》末となったが、聖護院は新たに高牟婁院《たかむろいん》を創建し、玉置山の管理に当たらせた。本山方・当山方修験教団が大峯逆峰修行の際は玉置権現の社頭《しゃとう》で出成《でなり》の笈《おい》渡し作法を行い、本宮を遥拝《ようはい》したのち出峰《しゅっぷ》した。明治の神仏分離で仏教色を廃した。梵鐘（国重文）は応保三年（一一六三）三月の鋳造。境内には杉の巨木が茂り、奈良県の天然記念物である。

（鈴木昭英）

【参考文献】

秋里籬島『大和名所図会　六』（日本資料刊行会、一九七六年）

玉置神社蔵「玉置山権現縁起」（五来重編『山岳宗教史研究叢書　一八　修験道史料集Ⅱ西日本編』名著出版、一九八四年）

奈良県教育会編『大和志料　下』復刻版（臨川書店、一九八七年）

アクセス情報

玉置神社（玉置山山頂）奈良県吉野郡十津川村玉置川

近鉄大和八木駅からバス4時間10分、またはＪＲ五条駅からバス約3時間、十津川温泉バス停からタクシー30分、玉置山駐車場から徒歩15分

二上山《にじょうさん》

標高◆五一七メートル（雄岳）

奈良県葛城市・香芝市、大阪府南河内郡太子町

奈良県と大阪府の境を画する葛城山系北部の山。

北の雄岳《おだけ》、南の雌岳《めだけ》の二峰よりなる。別称ふたかみ山・双子山《ふたごやま》・尼上岳《にじょうがたけ》。山容が美しく古歌によく詠まれた。雄岳山頂に延喜式内社《えんぎしきないしゃ》の葛木二上《かつらぎふたかみ》神社二座（祭神は布都霊《ふつみたま》・大国魂《おおくにみたま》）を祀る。その東に大津皇子《おおつのおうじ》の二上山陵がある。ここへ移葬の時、大来皇女《おおくのひめみこ》が哀傷して「現身《うつそみ》の人なる吾《われ》や明日よりは二上山《ふたかみやま》を兄弟《いろせ》と吾が見む」（『万葉集《まんようしゅう》』巻二）と詠んだ。大和の人々は、雄岳と雌岳の間に沈む夕陽を拝み、西方極楽浄土への往生を願った。東南側の麓に当麻寺《たいまでら》が建立された。所蔵される「当麻曼荼羅《まんだら》」は阿弥陀浄土変相《へんそう》図で、藤原豊成《ふじわらのとよなり》の娘中将姫《ちゅうじょうひめ》が天平宝字七年（七六三）に蓮の糸で織ったと伝える。中将姫伝説が広まると、曼荼羅堂を中心に浄土信仰の霊場となった。葛城連山を修行する修験者によって、二上山上に法華経陀羅《だら》尼品第二十六の経塚《きょうづか》が営まれた。

（鈴木昭英）

【参考文献】

秋里籬島『大和名所図会　三』（日本資料刊行会、一九七六年）

奈良県教育会編『大和志料　下』復刻版（臨川書店、一九八七年）

アクセス情報

二上山
近鉄当麻寺駅から徒歩で2時間／近鉄二上山駅から徒歩で1時間50分

葛木二上神社（二上山雄岳山頂） 奈良県葛城市加守

中国・四国

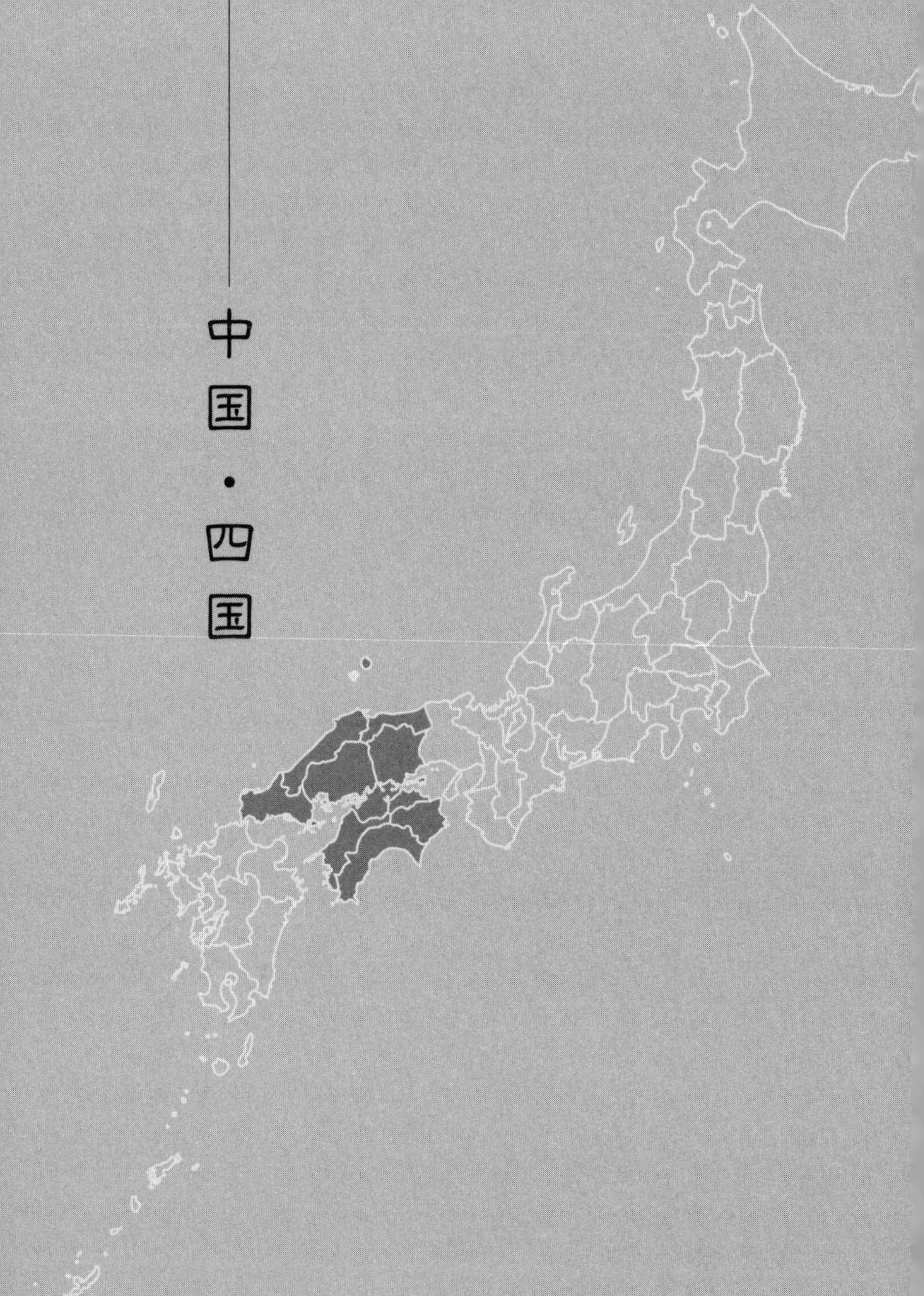

石鎚山《いしづちさん》

標高◆一、九八二メートル（天狗岳）
愛媛県西条市・上浮穴郡久万高原町

「伊予《いよ》の高嶺」と称される「石鎚山」は一、九八二メートル、西日本の最高峰である。火山活動と断層によって輝石安山岩《あんざんがん》の巨峰が男性的な勇姿をなす山で、西冠岳《にしのかんだけ》・弥山《みせん》・天狗岳《てんぐだけ》・瓶ヶ《かめが》森《もり》・笹《ささ》ヶ峰《がみね》と豪壮な峰々が連なる。そのため古くから山岳霊場としても知られているとともに、今日は本格的な登山家で賑わう。

天狗岳（一、九八二メートル）・弥山（一、九七四メートル）の山頂付近から眼下に道前《どうぜん》平野・燧灘《ひうち》が見下ろせ、晴れた日には遠く伯耆大山《ほうきだいせん》・九州の九重連山《くじゅうれんざん》が望め、視線を転ずれば高知県の室《むろ》戸《と》岬や太平洋をも遠望することができる。

弥山頂上へは、一の鎖（三〇メートル）、二の鎖（四九メートル）、三の鎖（六六メートル）と、鉄の大鎖をよじ登る（鎖禅定《くさりぜんじょう》という）スリリングに富んだ登山を楽しむことができる。鎖を避けて回り道（迂回路）を利用することもできる。この、大鎖は江戸時代中期の安永年間（一七七二～八〇）に切れたという文献が残っており、それ以前には架けられていたことが確実である。

石鎚山系の特徴は、森の美しさに加えて山頂一帯を覆った熊笹であろう。登山者向けの施設が比較的整備されていないことが、かえって自然を保護することにもなっており、多くのハイカーたちに喜ばれることにもなっている。

また、石鎚山系中、特に丸山小屋から山頂にかけては広大な高原をなす笹ヶ峰（一、八六〇メートル）と、熊笹のなかに白骨林の点在する瓶ヶ森（一、八九七メートル）は、ともに女性的な姿を表出し、男性的な石鎚山とは好対照をなしている。

修験道の霊地としての石鎚山

石鎚山は富士山・白山《はくさん》・立山《たてやま》などとともに日本七霊山の一つとして知られ、古くから修験道場の山であった。石鎚山もその遡源は、修験道の祖として仰がれる役小角《えんのおづの》にあると伝えられ、西国における修験道場として、多くの行者たちに難行苦行の修行の場とされてきたのである。一方、石鎚山信仰の盛んな地域、特に瀬戸内海沿岸の山口・広島・岡山県下では、石鎚登山が村人の一人前さらには若者組に入るための通過儀礼ともされていた。

また、第二次世界大戦終了までは、かたくなに「女人禁制」が守られ、まさしく聖域でもあった。しかし、時代の波とともに、戦後、女人禁制は何度となく緩和され、一九八二年（標高年、昭和五十七年）以降は七月のお山市（お山開き）の一日

石鎚の弥山山頂より天狗岳を望む

石鎚山の鎖禅定をする石鎚の行者たち

のみ女人登拝を禁ずるに過ぎない。
昭和四十三年（一九六八）八月には石鎚登山ロープウェイ（西条下谷《さいじょうしもだに》～成就社《じょうじゅしゃ》下）が架設され、昭和四十五年（一九七〇）九月には石鎚スカイライン（高知県側の面河《おもご》関門～土小屋《つちごや》）が開通したが、現在でも白装束を身にまとった信者たちの姿が数多く見られ、「鎖禅定」の難所に挑む人たちはあとを絶たない。

毎年七月一日から十日間、石鎚山（弥山）頂で御神像が拝戴されるお山開きの大祭がある。この祭礼は、すでに江戸時代中期の記録に散見しており、長い伝統を持っている。祭礼は別名「お山市」とも呼ばれ、「お上《のぼ》り」「お下《くだ》り」の御神像を守って頂上社・成就社・本社（里宮《さとみや》）を行き来する行事が中心となっている。

愛媛県西条《さいじょう》市小松町《こまつちょう》の小松公民館に所蔵されている『小松藩会所日記』によると、安政四年（一八五七）の祭礼には一万人以上の登拝者があったことが記されている。

現在も瀬戸内沿岸を中心に、大阪・名古屋・九州、遠くは東京・札幌、さらにハワイ方面からの人々が集まり、七月一日から十日間、頂上の社をめざしている。

石鎚山の歴史

石鎚山への崇拝は、弥生中期からすでにあったと考えられている。それは八堂山《はちどうやま》遺跡（西条市）の住居跡に、石鎚山に対する遥拝所と思われる祭祀遺跡があったためである。このほか西条市小松町中村《なかむら》、芸予《げいよ》諸島にも八堂山に類似する高地性集落が数多く確認され、そのなかに遥拝所的性格のものが何ヶ所か含まれるという。

奈良時代には、石鎚山に関わる寺院として、前神寺《まえがみじ》（西条市西田・西条市洲之内甲《すのうちこう》・四国札所六十四番）・横峰寺《よこみねじ》（西条市小松町・四国札所六十番）・法安寺《ほうあんじ》（西条市小松町）・正法寺《しょうほうじ》（新居浜市大正院）が開創されたと伝えられている。

平安時代の『梁塵秘抄《りょうじんひしょう》』には、石鎚山は聖《ひじり》の集まる霊場であったと記されている。また、当時の石鎚山は熊野修験と深いつながりがあり、熊野の信仰圏に包括されていたような一面もある。

古代には、石鎚山の信仰対象は現在とは若干異なっていて、弥山山頂から東方に位置する笹ヶ峰・瓶ヶ森の峰がそれであったようである。その後、成就（常住）や弥山（山頂）・前神寺・横峰寺などの霊地が形成され、平安時代末期に石鎚山には広範な、東西二つの霊域が存在することになった。

鎌倉時代、石鎚山は修験者たちの間で役小角有縁《うえん》の地と認識されていたようである。中央権力と石鎚山の修験者たちが関連する事件として、承久三年（一二二一）の承久《じょうきゅう》の変がある。この時、新居庄《にいのしょう》・西条庄《さいじょうのしょう》（現在の新居浜市・西条市周辺）を領有していた河野通信《こうのみちのぶ》は朝廷方につき、高縄《たかなわ》山《やま》城（松山市）に立て籠った。それに熊野系の修験者に呼応し、石鎚山の修験者も多くが河野方

西条市西田に鎮座する石鎚神社本社（里宮）

に参じたといわれている。

南北朝期、西条庄は足利尊氏《あしかがのたかうじ》によって熊野新管領《かんれい》となるが、興国三年（一三四二）に南朝の使者が石鎚山に登拝し、朝敵退散の祈願を頼んだという。

室町時代には、河野通直《みちなお》が道後《どうご》の三十四ヶ寺の僧を引き連れて登拝した。後年、河野家が石手寺《いしてじ》の僧栄鏡《えいきょう》に石鎚山を代参させている。河野氏滅亡ののち、天正十五年（一五八七）に伊予国分の領主となった福島正則《ふくしままさのり》は、積極的に石鎚権現《いしづちごんげん》を信仰し、慶長十四年（一六〇九）、豊臣秀頼《とよとみひでより》の命により成就に大神殿を造営している。

江戸時代には、西条藩（江戸時代は一柳氏・松平氏三万石）、小松藩を後ろ盾として、前神寺（石鎚山別当）・横峰寺・極楽寺《ごくらくじ》などが積極的な布教活動に奔走したことによって、石鎚山は次第に修験者たちの修行の山から庶民の信仰の山になっていったのである。

明治政府の神仏分離政策によって、明治四年（一八七一）に石鉄神社（石鎚神社）が誕生し、その後も紆余曲折はあったものの今日に至っている。

入峰修行から登山へ

石鎚神社の里宮で水行をする石鎚の行者たち

庶民の信仰集団である「石鎚講《こう》」は江戸時代の中期、特に宝暦年間（一七五一～六四）以降に誕生する。この講を取り仕切るのが「講頭《こうがしら》」（先達《せんだつ》）であり、これらの指導者のもと、日常生活の戒律や人生儀礼を伴った石鎚登拝の修行が課せられた。

延宝四年（一六七六）五月二十九日から明和五年（一七六八）にかけての先達名を記した『石鉄山先達名帳』（西条市西田前神寺所蔵）によると、先達所は、石鎚山を中心として東予の道前平野（新居浜、西条周辺）、中予の道後平野（松山市周辺）に限られ、特に道後平野に集中している。江戸時代中期以降の信仰圏の拡大、さらには独自の信仰、とりわけ夏山の入峰修行を育成していく過程で、これらの先達所と先達の活躍が大きな役割を果たしていたのは言うまでもない。

元禄二年（一六八九）、高野山宝光院《ほうこういん》（兵庫県西脇市《にしわき》）の雲石《うんしゃく》堂寂本《どうじゃくほん》（一六三二～一七〇一）の編纂による『四国偏礼霊場《しこくへんれいれいじょう》記《き》』によれば、入峰《にゅうぶ》修行は夜中松明を燃やし、真言を唱えながら登拝したこと、夜明《よあか》し峠より上は特に危険な場所であったこと、また路の通ぜざる所が五ヶ所あり、鉄鎖によっていたことなどが記されている。

十七世紀後半から十八世紀中頃までの石鎚行者《ぎょうじゃ》の入峰修行は、

先達制度の確立、道前・道後の地域区分による入峰修行の取り決めなど、石鎚行者の組織づくりと、入峰経路の確立を目指していたのに対して、十八世紀中期以降のそれは、組織の再編成、峰入り道の整備拡張に力点が据えられていた。これは石鎚講の展開とも表裏一体の関係にあり、そのことによって、石鎚の入峰修行の形態が江戸時代中期に転換期を迎えたことがわかる。すなわちこの期に、行を中心とする聖なる山から、講集団の誕生に伴い、入峰修行そのものより入峰を契機に娯楽を求める集団登拝に変質し、俗なる山になっていったのである。

現在の石鎚山への一般的なルートは二ヶ所あり、一つは西条市西之川《にしのかわ》から「石鎚登山ロープウェイ」に乗り、奥前神寺、石鎚神社成就社を経て前社ヶ森《ぜんじゃがもり》、夜明し峠、一の鎖、二の鎖、三の鎖を経て頂上社に至る成就社ルート。もう一つは南側の面河から石鎚スカイラインを経由（近年無料になった）して、石鎚神社土小屋遥拝殿を通過し二つの鎖下で成就社ルートと合流するものである。距離的には二つのルートとも似ているが、成就社ルートはロープウェイ山頂駅が標高一、三〇〇メートルであるのに対して、土小屋ルートの出発点は一、五〇〇メートルと、標高差が少ないため、近年はこちらからの利用者が増えつつある。しかし、信仰登山の表口はあくまで成就社ルートであることだけは忘れないようにしたいものである。

（西海賢二）

【参考文献】

西海賢二『石鎚山と修験道』（名著出版、一九八四年／岩田書院、一九九七年）
西海賢二『石鎚山と瀬戸内の宗教文化』（岩田書院、一九九七年）

アクセス情報

石鎚山（天狗岳）
石鎚登山ロープウェイ山頂成就駅から山頂までは、徒歩3時間

石鎚神社中宮成就社　愛媛県西条市小松町石鎚
JR伊予西条駅からバス1時間、石鎚登山ロープウェイ前からロープウェイ8分、山頂成就駅から徒歩20分

前神寺　愛媛県西条市洲之内甲一四二六
JR伊予西条駅からバス10分、石鎚神社前バス停から徒歩5分／松山自動車道いよ小松ICから車で20分

極楽寺　石鎚山真言宗総本山　愛媛県西条市大保木四-二六
JR伊予西条駅からバス、極楽寺バス停からすぐ／松山自動車道西条ICから車で30分

横峰寺　愛媛県西条市小松町石鎚二二五三
JR伊予西条駅からバス乗り継いで1時間、横峰寺の山上駐車場バス停から徒歩10分／JR伊予小松駅から車で25分／松山自動車道いよ小松ICから車で50分

大山《だいせん》

標高◆一、七〇九メートル
鳥取県西伯郡大山町

縁起

大山は鳥取県の西部、伯耆《ほうき》国の中央部に位置する。中国地方の最高峰であり、周辺の因幡《いなば》・出《いず》雲《も》（島根県）・美作《みまさか》（岡山県）などの国々からも望見《ぼうけん》することができる山岳である。『出雲風土記』の諸本には「火神岳《ひのかみだけ》」とあり、古くより大智明権現《だいちみょうごんげん》（本地《ほんじ》地蔵菩薩）が坐《いま》すお山として信仰を集めている。

『大山寺縁起』などには、山頂の池から多宝塔が湧出《ゆうしゅつ》し、なかから文殊《もんじゅ》菩薩と観音菩薩、そして地蔵菩薩が出現し、三所《さんしょ》権現として祀ったと記されている。開山については、出雲国の猟師衣《より》道《みち》が地蔵菩薩に導かれ出家し、金連と名乗り大山を開いたとし、役小角《えんのおづの》や行基《ぎょうき》が修業、さらに慈覚《じかく》大師が入山したとの伝承も載せている。記録では、『類聚国史《るいじゅうこくし》』の承和四年（八三七）の条に伯耆国会見《あいみ》郡の大山神《おおやまつみ》が従五位下を授かると見えるのが初見であろうか。平安時代には、大山の北側中腹に地蔵信仰を中核とし、南光院《なんこういん》、西明院《さいみょういん》、中門院《ちゅうもんいん》の三院から構成される天台宗の大山一山が成立している。各院はそれぞれ僧兵を抱え争いが相次いだと伝え、『中右記《ちゅうゆうき》』にも寛治八年（一〇九四）、大山の大衆が上洛したとの記載が見える。また、中世には山岳修験の霊地として都にも知られる存在だった。

大山寺

大智明権現をいただく「伯耆大山」が「大山寺《だいせんじ》」の寺号を名乗るのは、室町時代以降のことという。江戸時代には、大智明権現を祀る権現社（現在の大神山《おおがみやま》神社奥宮《おくのみや》）を本社、近くの西楽院《さいらくいん》を本坊として大山寺の寺務が執られた。この頃からか、大山の山内は神聖な霊域として入山が規制されるようになり、回峰行《かいほうぎょう》などの山岳修験が衰退していく。

ただし、地蔵菩薩（大智明権現）を中心とする大山への信仰は広がりをみせる。特に、農耕に関連する牛馬の守護神として篤く信仰され、その範囲は、山陰はもとより、山陽、四国に及ぶ。

明治八年（一八七五）、神仏分離令により大山寺号が廃絶され、権現社は大神山神社奥宮と改められて大穴持命《おおなもちのみこと》を祭神とし、本坊の西楽院は廃寺となった。その後、一山院坊の熱心な運動により、中門院の大日堂《だいにちどう》を本堂とする大山寺が明治三十六年（一九〇三）に復活し、現在に至っている。

大山遠景

歴史的遺産など

相次ぐ争乱や廃仏毀釈、昭和三年（一九二八）の本堂焼失な

中国・四国

大神山神社奥宮

どに遭っているが、大神山神社奥宮（重文）や阿弥陀堂（重文）などの建造物をはじめ、僧房跡などの遺跡が伝わる。大神神社奥宮は中門院谷の奥に位置し、文化二年（一八〇五）に建築された建物である。入母屋造《いりもやづく》り桧皮葺《ひわだぶ》きの本殿と拝殿を幣殿が結び、拝殿の左右に長い翼廊が取りつく特徴のある建物。近くに権現造りの末社下山《まっしゃしもやま》神社（重文）が所在する。また、奥宮の神門（県保護文化財）は、檜皮葺で前後に唐破風《からはふ》をつけた四脚《しきゃく》門。西楽院と表門を移築したもので安政四年（一八五七）の銘文がある。この奥宮に至る参道は五〇〇メートルほど続く石畳であり、両側には石垣で区画された僧坊跡が鬱蒼とした杉林のなかに連続する。

　阿弥陀堂は、西明院の最高所に位置する五間四方宝形造《ほうぎょうづく》り、柿葺《こけらぶ》きの建物。十六世紀代の建築だが、洪水で破損した鎌倉時代の常行三昧堂《じょうぎょうざんまいどう》が移築されたものと考えられている。堂内には、天承元年（一一三一）の胎内墨書《ぼくしょ》銘を持つ丈六《じょうろく》（一丈六尺／約四・八メートル）の木像阿弥陀如来三尊像が安置されている。なお、阿弥陀堂を中心とする南斜面には、僧坊跡が階段状に整然と配置される。また、近年の分布調査により、中門院谷の北に位置する寂静山にも、石垣と土塁で区画された多数の僧坊跡が新たに確認されている。この僧坊跡は一部の発掘調査により、鎌倉時代以前にさかのぼる可能性が確認され注目されている。

大山寺に伝わる歴史的遺産の一部は、山内の「霊宝閣《れいほうかく》」に展示されている。（眞田廣幸）

【参考文献】
杉本良巳・鷲見寛幸『祈りの山　大山——その歴史と自然』（二〇一二年）

アクセス情報

大山（剣ヶ峰）
ＪＲ米子駅からバス50分、大山寺バス停から徒歩3時間

大山寺　阿弥陀堂　鳥取県西伯郡大山町大山
ＪＲ米子駅からバス50分、大山寺バス停から徒歩15分／米子自動車道米子ICから車15分、博労座駐車場から徒歩15分

大神山神社奥宮　鳥取県西伯郡大山町大山
ＪＲ米子駅からバス50分、大山寺バス停から徒歩20分／米子自動車道米子ICから車15分、博労座駐車場から徒歩20分

三徳山《みとくさん》

標高◆九〇〇メートル
鳥取県東伯郡三朝町

縁起と歴史

三徳山は、鳥取県の中央部を流れる天神《てんじん》川の上流域、旧国名でいう伯耆《ほうき》国の東南端近くに所在する。そこは、因幡《いなば》国や美作《みまさか》国との国境近くであり、周囲には標高一、〇〇〇メートル前後の山々が連なる。この三徳山の北斜面に三徳山三仏寺《さんぶつじ》が建つ。江戸時代中期に著された『伯耆民談記《ほうきみんだんき》』には、慶雲三年（七〇六）に役小角《えんのおづの》が神窟《かみのいわや》を開き、子守・勝手・蔵王の三所権現を安置したと記されている。さらに、嘉祥六年（八四九）に慈覚《じかく》大師円仁《えんにん》が釈迦・阿弥陀・大日の三尊を安置し「浄土院美徳山」と号したとする。記録では九条兼実《くじょうかねざね》の日記『玉葉《ぎょくよう》』の寿永三年（一一八四）の記事に「伯耆の美徳山」とあるのが初見である。その後、建久四年（一一九六）に源頼朝《みなもとのよりとも》が佐々木《ささき》盛綱《もりつな》を奉行として三徳山を再興し、応安二年（一三六九）には足利義満《あしかがよしみつ》が堂舎を再興したと伝えられる。そして、戦国時代には伯耆国の東部を領した南条《なんじょう》氏が、江戸時代には鳥取藩が、それぞれ保護したことが記録に見える。

宮所空間と寺院空間

三仏寺は三徳山北側の急峻な斜面に建ち、大きく麓の本堂を中心とした寺院空間と、山の中腹の岩窟に建つ投入堂（国宝）を奥院《おくのいん》とする宮所《みやどころ》空間に分けられる。寺院空間は、本堂を最高所に置き、そこに至る参道沿いに下から皆成院《かいじょういん》、正善院《しょうぜんいん》、輪光院《りんこういん》が階段状に並ぶ。本堂（県保護文化財）は、天保十年（一八三九）に建築されたと伝えられる正面三間、側面五間、宝形造《ほうぎょうづく》り檜皮《ひわだ》葺《ぶ》きの仏堂。本堂内の厨子《ずし》に平安仏の木造阿弥陀如来立像と木造釈迦如来坐像、木造大日如来坐像を安置する。三尊とも秘仏であり公開されていない。

宮所空間は、本堂の裏手を少し下り、渓流に架かる宿入橋《やどいりはし》を渡り、投入堂《なげいれどう》に続く急峻な行者道沿いに配置された大小八棟の堂社と奥院の投入堂と付属する愛染《あいぜん》堂からなる。このうち、文殊堂（重文）と地蔵堂（重文）はともに巨岩に建つ懸造《かけづく》りの建物。両者とも正面三間、側面四間、入母屋造《いりもやづく》り柿葺《こけらぶ》きの建物で十六世紀末の建築と考えられている。そして、江戸時代には文殊堂が勝手宮、地蔵堂が子守宮と呼ばれていたという。また、投入堂の近くに位置する納経堂（重文）は、一間社春日造《いっけんしゃかすがづく》りの小《しょう》祠《し》だが、平安時代後期の建造物として注目される。

三仏寺本堂

投入堂

投入堂と蔵王権現

投入堂は、役小角が法力《ほうりき》によって投げ入れた建物との伝承を持つ。正面一間、側面二間の流造《ながれづく》りだが、両側面に庇《ひさし》をつけるなど複雑な構造。近年の調査により、十二世紀初期の建築で、もとは柱などの主要材が赤色塗、壁板などが白色塗だったことが明らかになっている。この投入堂、古くは蔵王殿とも呼ばれ、正本尊の木像蔵王権現立像（重文）と六軀の木像蔵王権現立像（重文）などが安置されていた。正本尊は寄木造《よせぎづく》りで、胎内に仁安三年（一一六八）の年紀が記された文書が納められていた。ほかは一木造の尊像で、いずれも平安時代後期の作と考えられるものである。三仏寺には、これらの蔵王権現像はじめ仏像や神像など多数の宝物が所蔵されており、いずれも宝物館で公開されている。

信仰と遺跡の広がり

三徳山は平安時代中期にさかのぼる信仰の資料が認められ、また、都にその名が知られる山岳信仰の一つの拠点であった。そして、室町時代から江戸時代には多くの回国修行者が三徳山に参籠している。しかし、庶民信仰の場としての影は薄い。

遺跡は、三仏寺周辺だけではない。三徳山の南麓に位置する神倉《かんのくら》集落は、平安時代後期の木造阿弥陀如来座像が伝わり、「冠巌」と呼ばれる断崖周辺などから行場《ぎょうじょう》に関連する遺構が確認されている。また、神倉側の山頂付近には修験に関係すると思われる集石《しゅうせき》などが確認されており、山岳信仰につながる遺跡が、かなりの広がりを持って分布することが明らかにされつつある。

（眞田廣幸）

【参考文献】
鳥取県立博物館編『三徳山とその周辺』改訂版（二〇〇五年）

アクセス情報

三仏寺　鳥取県東伯郡三朝町三徳一〇一〇
ＪＲ倉吉駅からバス40分、三徳山寺前バス停から徒歩5分

厳島弥山《いつくしまみせん》

標高◆五三五メートル
広島県廿日市市宮島町

厳島は安芸《あき》の宮島《みやじま》とも言われ、瀬戸内海国立公園内に位置するとともに、弥山の山麓は厳島神社の世界文化遺産区域内にある。弥山は厳島の最高峰で、山頂に厳島神社奥ノ院である御山《みやま》神社、大聖院水精寺《だいしょういんすいしょうじ》の求聞持《ぐもんじ》堂、霊火《れいか》堂、三鬼権現《さんきごんげん》、大日《だいにち》堂などがある。また山頂には巨石が連なり、古い信仰の跡をとどめている。

厳島神社の成立と展開

創建時期は不明であるが、推古《すいこ》天皇元年（五九三）に、安芸の豪族であった佐伯《さえき》氏が宗像三女《むなかたさんめ》神《がみ》の託宣によって祀り始めたとされ、以後、代々佐伯氏が神職を務めている。文献記録に厳島神社の名が出てくるのは平安時代初期で、『日本後紀《にほんこうき》』弘仁二年（八一一）に「伊都岐嶋神社」と見え、平安時代中期に成立した『延喜式《えんぎしき》』にも「伊都伎嶋神社」とあり「イツキシマ」と訓が付されている。イツキ・イツクとは潔斎して清浄になり神に奉仕することを意味するものである。今日では寺院や人家が建ち並んでいるが、本来、この島は禁足地であり、神事の時以外、人の立ち入らない神のみぞ住む聖域の島であったと見られる。

水精寺は、真言宗御室《おむろ》派で、かつて厳島神社の別当として十二坊の塔頭《たっちゅう》を統括した。平安時代の大同元年（八〇六）に空海《くうかい》（弘法大師《こうぼうだいし》）が厳島弥山を開山し、ここを真言密教の修験道場としたという。ただ文献上で空海が厳島を訪れたことは確認されていない。

厳島信仰を飛躍的に展開させたのは、平清盛《たいらのきよもり》である。『平家物語』には清盛が高野山詣での際、厳島の神の夢のお告げを受けていたことが記されているが、ここには清盛が安芸守となって厳島を深く信仰したことが反映しているのであろう。その後、平氏による「平家納経」（平安時代、平家一門が経典類を奉納した）など熱心な寄進・奉納が行われた。源氏《げんじ》による庇護のほか、後白河《ごしらかわ》法皇や高倉《たかくら》上皇、足利尊氏《あしかがたかうじ》・義満《よしみつ》なども厳島に参詣しており、のちの時代には大内《おおうち》氏、毛利《もうり》氏なども信仰した。鎌倉時代以降、海上交通の隆盛によって京都、堺、博多などの商人の参詣が増え、江戸時代中後期には瀬戸内沿岸の庶民層も多く参詣するようになった。女性の集団が伊予《いよ》（愛媛県）、讃岐《さぬき》（香川県）方面から、六月から七月にかけて参拝していた記録も散見される。

祭神と神仏分離

厳島神社の祭神は、宗像三女神とされる市杵嶋姫命《いちきしまひめのみこと》・田心姫命《たごりひめのみこと》・湍津姫命《たぎつひめのみこと》の三女神である。一般に神仏習合では宗像三女神や市杵嶋姫命は弁天《べんてん》と同一視され、江戸時代には厳島神社は竹生《ちくぶ》島宝厳寺《しまほうごんじ》（滋賀県）や江ノ島神社（神奈川県藤沢市）と並ぶ日本三弁才天の一つとされた。明治維新に際して、別当であった大聖院や大願寺《だいがんじ》（広島県廿日市市《はつかいち》）は厳島神社から分離し、現在は厳島弁財天を祀る大願寺が三弁才天の一を称している。

弘法大師が焚いてから燃え続ける「きえずの霊火」（霊火堂）などの聖地が、近年のパワースポットブームとも関連し、弥山の七不思議として評判になっている。

（西海賢二）

【参考文献】

松岡久人・藤井昭「弥山の山岳信仰」（宮家準編『山岳宗教史研究叢書　一二　大山・石鎚と西国修験道』名著出版、一九七九年）

アクセス情報

厳島弥山

ＪＲ宮島口駅からフェリー10分、宮島桟橋から徒歩20分、紅葉谷駅から宮島ロープウェイ20分、獅子岩駅から山頂まで徒歩30分

厳島神社　広島県廿日市市宮島町

ＪＲ宮島口駅からフェリー10分、宮島桟橋から徒歩15分

大聖院　広島県廿日市市宮島町二一〇

ＪＲ宮島口駅からフェリー10分、宮島桟橋から徒歩20分

剣山《つるぎさん》

標高◆一、九五五メートル
徳島県三好市東祖谷・美馬市木屋平・那賀郡那賀町木沢

阿波《あわ》（徳島県）の最高峰・剣山は、四国山脈に属する伊予《いよ》（愛媛県）の石鎚山《いしづちやま》（一、九八二メートル）に次いで、西日本第二の標高の霊山である。日本百名山の一つにも加えられており、太郎笈《たろうぎゅう》とも呼ばれている。祖谷《いや》の吊り橋として著名な「かずら橋」がある祖谷地方に位置し、北側には吉野川を隔てて阿讃《あさん》山脈と対峙している。剣山一帯は剣山国定公園に指定されており、山頂付近の「剣山御神水」は日本名水百選にもなっている。

山名の由来

剣山は尖った山というよりは丸い山であるが、山頂の宝蔵《ほうぞう》神社や山頂近くの大剣《おおつるぎ》神社のように巨岩が立つ場所が山内にある。本来は立石山《たていしやま》または石立山《いしたてやま》と呼ばれており、剣山の名は江戸時代以降のものである。剣のような神石が頂上付近にあり、傍らに大剣神社を祀るため、または大剣神社に祀る神宝が剣であるため、安徳《あんとく》天皇の剣を山頂近くに納めたためなど、剣山の名の由来には諸説ある。頂上付近の「平家《へいけ》の馬場」のように、屋島で敗れた平家が落ち延びた地とする伝承がある。

剣山の開山と展開

剣山の場合、江戸時代以前に登山された形跡はなく、俗人登拝が認められるようになるのは江戸時代の中後期と見られる。「伊予の高嶺」と称される石鎚山で講《こう》による集団登拝が飛躍的に展開するのが宝暦から天明（一七五一～八九）の十八世紀中葉であること、四国八十八ヶ所の展開が十八世紀中葉以降とされており、剣山信仰の展開もこの時期であると思われる。

剣山の登山口は、大きく二つある。藤の池（富士の池とも称される）を経由する東口と、見《み》の越《こし》を経由する西口である。東口を「表参道」、西口を「裏参道」と呼ぶ。東口を経由するものに、穴吹《あなぶき》・木屋平《きやだいら》（美馬市）や、木頭《きとう》（那賀町《なかちょう》）などからの参詣道があり、見の越を経由するものに、貞光《さだみつ》（つるぎ町）・池田（三好市）などからの参詣道がある。剣山の開発にあたったのは、木屋平谷口《たにぐち》の龍光寺《りゅうこうじ》と、東祖谷菅生《ひがしいやすがお》見の越の剣山円福寺《つるぎさんえんぷくじ》であった。龍光寺は、山頂近くの大剣権現（大剣神社）の管理者で、八合目の藤の池に剣山本宮を祀り、修験道場である藤の池本坊を設けた。

江戸時代中期以降の剣山の俗人登拝に、地域の修験者らの指導があったことは、その剣山周辺の地名に見出すことができる。藤の池・弥山《みせん》・大篠・小篠・垢離取川《こりとりがわ》・御濯川・行者堂《ぎょうじゃどう》・禅定場など修験道儀礼に通じる地名が数多く見られ、これらが奈良の大峯の修験霊場に見られる名称であることから、その関連がうかがえる。

明治初期の神仏分離によって大剣権現は大剣神社となるが、龍光寺や円福寺への参詣者はここにも依然として参詣し、神前で読経するのが習わしとなっている。明治十二年（一八七九）、龍光寺住職が信者に「劔和讃《わさん》」を配布するなど、明治以降も信仰が継続した。現在では、交通の便か

ら、池田方面からの自動車道を利用する「裏参道」が優越するようになっている。（西海賢二）

【参考文献】
田中善隆「剣山信仰の成立と展開」（宮家準編『山岳宗教史研究叢書 一二 大山・石鎚と西国修験道』名著出版、一九七九年）
羽山久男「文化九年分間村絵図からみた美馬市木屋平の集落・宗教景観」（『阿波学会紀要』五四号、二〇〇八年）

アクセス情報

剣山
徳島自動車道美馬ICから車1時間30分、またはJR穴吹駅からバス2時間25分、見ノ越登山口からリフト15分で西島、山頂までは徒歩
大剣神社（剣山山頂付近）
龍光寺 徳島県美馬市木屋平川上カケ
剣山本宮剣神社 徳島県美馬市木屋平川上カケ
剣山円福寺 徳島県三好市東祖谷菅生二〇四見の越
劔神社 徳島県三好市東祖谷菅生二〇三

象頭山《ぞうずさん》

標高◆五三八メートル
香川県仲多度郡琴平町

香川県西部に、琴平山《ことひらやま》とともに並び立つ山で、このうち象頭山の中腹に位置するのが金刀比羅宮（ことひらぐう／こんぴらぐう）である。金毘羅、琴平など様々な表記が用いられるが、広く全国的に「こんぴらさん」として親しまれ、主に海上の安全や豊漁の神として信仰されている。商売繁盛など様々な利益を持つ場合もあり、全国各地にその分社とされる小祠《しょうし》が見られる。

金毘羅信仰の展開

現在の金刀比羅宮の祭神は大物主神《おおものぬしのかみ》であるが、神仏習合だった頃には、金刀比羅宮の境内は真言宗の松尾寺《まつおじ》であって、寺の金毘羅堂の本尊として金毘羅大権現を称していた。金毘羅は薬師十二神将の一つ宮毘羅《くびら》大将に当てはめられ、あるいは本来はクンビーラというインド・ガンジス河のワニを神格化した水神であり、日本渡来とともに航海や海の神となったとも考えられている。

金毘羅権現は、室町時代以降、海運の要衝としての地理的条件を背景に、海上や武人の信仰を集めたものと考えられる。戦国時代には一時荒廃したものの、別当宥盛《ゆうせい》が境内を整備するなど信仰拡大に努めたことが発展の礎になったとされている。江戸時代には広く全国の水運関係者に信仰が広まり、金毘羅講による代参など庶民の参詣も盛んになった。

金毘羅参りの流行

金毘羅参りに行けない者が、犬の首に賽銭袋を結びつけて参詣させる「こんぴら狗《いぬ》」や、神酒樽などを川に流して拾った人に代わりに参詣してもらう「流し樽」などの習俗に、その隆盛ぶりがうかがわれる。遠く関八州辺りからの参詣者も多く、江戸湾、相模湾、駿河湾あたりの漁師でも、信者が流した樽を拾い上げて讃岐まで送り届けたことがあったという。江戸時代後期になると、江戸周辺でも「こんぴら船々　追風《おいて》に帆かけてシュラシュシュシュ　まわれば四国は讃州《さんしゅう》那《な》珂《か》の郡　象頭山金毘羅一度まわれば」と親しみを込めて歌われるなど、まさに金毘羅は、伊勢に次いで、西日本を代表する霊場として認知されるところとなった。

現在も続いている金刀比羅の流し樽

神仏習合から神仏分離へ

江戸時代の金毘羅権現は、天竺《てんじく》から飛来し象頭山に鎮座する修験者あるいは天狗の姿で示された。神仏習合の要素が強く、各地の修験者が象頭山を騙って活動するのを松尾寺別当の金光院《こんこういん》が訴えることもあった。また、讃岐で崩御された崇徳《すとく》天皇

金刀比羅宮

が生きながらに天狗になったとして、それを金毘羅と同一視する説もあった。明治初期の神仏分離に際しては、金毘羅権現は金刀比羅宮と改められて神社となり、松尾寺は廃寺となった。昭和四十四年（一九六九）八月には、金刀比羅宮は宗教法人金刀比羅本教としての認可を受け、金刀比羅本教の総本宮となっている。なお、金刀比羅宮では、崇徳天皇は相殿に祀られている。

昭和六十年（一九八五）に復活した「こんぴら歌舞伎」の地としても評判となっており、かつ「うどん県」として人気を博した香川県をはじめ四国の玄関口として、多くの観光客を集めている。ここも霊山かと思われる向きもあるかもしれないが、参道の石段は本宮まで七八五段、奥社までは一三六八段もあり、十分に霊地登拝をした感覚になること請け合いである。

（西海賢二）

【参考文献】

武田明「金毘羅信仰と民俗」（宮家準編『山岳宗教史研究叢書　一二　大山・石鎚と西国修験道』名著出版、一九七九年）
松原秀明「金毘羅信仰と修験道」（宮家準編『山岳宗教史研究叢書　一二　大山・石鎚と西国修験道』名著出版、一九七九年）
守屋毅編『金毘羅信仰』（雄山閣出版、一九八七年、二〇〇七年）

アクセス情報

象頭山
ＪＲ琴平駅から徒歩で１時間

金刀比羅宮　香川県仲多度郡琴平町八九二
ＪＲ琴平駅から徒歩で20分

中国・四国

横倉山《よこぐらやま》

標高◆七七四メートル（三岳）／一、〇〇九メートル（金峰山）／一、〇七三メートル（鶏冠山）

高知県高岡郡越知町

横倉山は、高知県中西部を流れ土佐湾に注ぐ仁淀川《によどがわ》中流域の越知町《おちちょう》中央西部にある。山は東西に連なる三峰からなり、東から三岳《みたけ》（御嶽）、金峰山《きんぽうさん》、鶏冠山《けいかんやま》とも呼ばれる。一般的には、東の御獄神社付近の山稜を指して横倉山と呼称している。

横倉山の山容は石灰岩《せっかいがん》を主体とし、日本の臍《へそ》とも称され、地質学・古生物学などの見地からも重要な場所として知られている。貴重な植物群が自生地としても知られ、牧野富太郎博士の命名による植物もある。このような山容を背景として、古来より信仰の山として横倉山は位置づけられてきた。この地は多様な平家伝説を育んできた地でもある。安徳《あんとく》天皇陵墓参考地（正式には越知陵墓参考地・昭和元年参考地に指定・地元では鞠《まり》ケ奈《がな》呂《ろ》陵墓参考地ともいう）としても知られている。

横倉山の信仰関係遺物——横倉山経塚

横倉山の地から、四国で最古の保安三年（一一二二）の紀年銘を持つ経筒拓本《きょうづつたくほん》が確認されている。また、ほかにやや時期の下がる無銘の銅板《どうばん》製経筒・鋳銅《ちゅうどう》製経筒が計四口が確認されている。さらに石灰華《せっかいか》の付着した土師質《はじしつ》土器や花瓶・銭貨なども確認されている。さらに鎌倉時代と想定されている三鈷柄剣《さんこづかけん》も確認されている。これら経筒の一部は、横倉宮（横倉大権現→明治元年御嶽神社→昭和二十四年横倉宮）下の馬鹿だめし（古くは玉室《たまむろ》の嶽《たき》）下の石灰岩洞穴窟之宮（岩屋《いわや》神社）などに営まれたものと考えられる。奉納品が認められた洞窟は、霊地としての祭祀場か、あるいは修行窟としての用途があったと考えられる。また、窟の上の馬鹿だめしはのぞき行の行場《ぎょうじょう》と想定される。

横倉山（右：馬鹿だめし）

馬鹿だめし下の洞窟

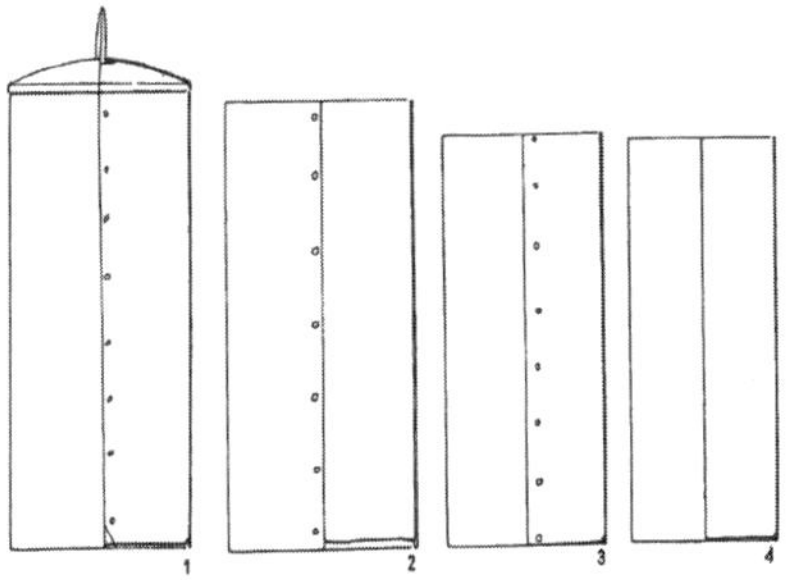

横倉山経塚の経筒（『横倉山――横倉山の祭祀遺跡』高知県教育委員会、1960年より）

横倉山の木像と懸仏

横倉山には、木造蔵王権現立像、木造男神椅坐《いざ》像、木造天部形立像、木造騎馬神像が伝世されている。これらは、江戸時代の『南路志《なんろし》』によれば現在の杉原《すぎはら》神社（中宮）に祭祀されていたものと記されている。横倉山には、藤原時代末から鎌倉時代初頭に位置づけられる銅板線刻《せんこく》如来鏡像、『古鏡記』に記された志由路《しゆろ》の滝と称される崖下から出土した湖州鏡《こしゅうきょう》を有する大平《おおひら》神社には銅板線刻地蔵菩薩鏡像や九面の懸仏《かけぼとけ》も伝世《でんせい》している。これら信仰に関する作品は、横倉山の信仰の姿を物語るものでもある。

信仰作品群より横倉山の信仰形態をみると、平安時代後期に大和奈良金峯山信仰を背景として経塚《きょうづか》が造営され、木造蔵王権現立像は大和から勧請《かんじょう》されたものになろうか。ほかの木像は勝手《かって》明神や早駆《はやかけ》明神などは吉野山の神々を表したものと考えられる。平安時代から鎌倉時代にかけても金峯山《きんぷせん》信仰の影響がみられ、その後も経塚や鏡像が営まれたと考えられる。そして、南北朝時代には熊野信仰が横倉山にも影響を与えたと相定されるのである。平家伝説は、土佐の山岳地域に分布しており、修験の道を示すものかもしれない。

近年、横倉山周辺を踏査するに阿弥陀橋などの地名や聖の地名が残っているところが確認され、広く横倉山の信仰形態が近隣村落にまで波及していたことが想定されるようになってきた。

（岡本桂典）

【参考文献】

岡本桂典「土佐国横倉山の信仰遺物」（『考古学の諸相』一九九六年）

岡本健児・浜田晃信・倉田文作『横倉山――横倉山の祭祀遺跡』高知県文化財調査報告書第一一集（高知県教育委員会、一九六〇年）

アクセス情報

横倉山

ＪＲ佐川駅からバス20分、横倉山自然の森博物館から車20分、第3駐車場から徒歩40分

横倉宮（**横倉山山頂**）　高知県高岡郡越知町横倉山

船上山《せんじょうさん》

標高◆六一六メートル
鳥取県西伯郡琴浦町山川

船上山は、中国地方の最高峰である大山《だいせん》（標高一、七〇九メートル）の外輪山《がいりんざん》連峰の北東端に位置する。山頂部には平坦地が広がり、南以外の三方は比高《ひこう》差一〇〇メートル前後の絶壁が取り囲む地形。元弘三年（一三三三）に隠岐島《おきのしま》を脱出した後醍醐《ごだいご》天皇が立て籠った行宮《あんぐう》跡として知られている。

地元に伝わる文献や江戸時代中期に著された『伯耆民談記《ほうきみんだんき》』などによると、船上山は和銅年間（七〇八～七一五）に赤衣上人《しゃくえしょうにん》によって草創され、船上山智積寺《ちしゃくじ》と号したという。さらに、地蔵権現を本尊とし十一面観音と多聞天《たもんてん》を脇侍《きょうじ》としたとする。現在、山頂には伊左那美命《いざなみのみこと》などを祭神とする船上山神社が所在し、神社に続く道の左右や周辺に土塁に囲まれた方形区画が二十あまり存在する。土塁《どるい》の築造《ちくぞう》時期および性格は不明。智積寺は十六世紀中頃、兵火によりすべての坊舎が焼失。再建されたものの、十六世紀末頃には船上山三所権現（現在の船上山神社）を残して山上から転身したと伝える。

（眞田廣幸）

【参考文献】
赤碕町文化財解説員連絡協議会編『船上山案内記』（一九九二年）

アクセス情報

船上（船上山）神社　鳥取県東伯郡琴浦町山川
ＪＲ赤碕駅からバス30分、少年自然の家バス停から徒歩20分、山頂までは徒歩1時間

三瓶山《さんべさん》

標高◆一、一二六メートル
島根県大田市

三瓶山は、島根県の中央部、石見《いわみ》国の東端部に位置し、『出雲風土記』の国引き神話に登場する佐比売山《さひめやま》に比定される。主峰の男三瓶のほか、子三瓶、孫三瓶、大平山、女三瓶など標高九〇〇メートル前後の山が「室《むろ》の内《うち》」と呼ばれるカルデラを中心に環状に連なる。

伝承などによると、三瓶山は修験道の山と伝えられる。しかし、山麓周辺は中世以降に浄土真宗が深く浸透したためか、山岳信仰的な要素が極めて乏しい。三瓶修験の拠点だったと伝えられる寺院に、天台宗の円城寺《えんじょうじ》がある。円城寺は三瓶山に向き合う円城寺山（三二二メートル）の中腹に位置する。寺伝には朱雀《すざく》天皇御代（九三一～九四七）、朝満上人《ちょうまんしょうにん》によって開かれ、往古は四十八坊、寺領三千石を有していたと記されている。本尊は木造千手観音菩薩立像（市指定文化財）。現在、本堂の裏手に野城《のぎ》神社を祀るが、この神社は明治初期の神仏分離までは奥の院と呼ばれ、蔵王権現を祀ったと伝える。なお、円城寺の仁王門より仰ぎ見る三瓶山は美しい。　（眞田廣幸）

【参考文献】
白石昭臣「三瓶山の信仰」（宮家準編『山岳宗教史研究叢書一二　大山・石鎚と西国修験道』名著出版、一九七九年）

アクセス情報

三瓶山（男三瓶山）　JR大田市駅からバス50分で東の原駅バス停、リフト11分で展望台

円城寺　島根県大田市三瓶町野城　JR大田市駅からバスで25分

焼火山《たくひやま》

標高◆四五二メートル
島根県隠岐郡西ノ島町

焼火山は、島前《どうぜん》諸島のほぼ中央部に位置し、諸島のなかでの最高峰。もとは「大山《おおやま》」と称したと

言われ、山の西側の中腹には大日孁貴命《おおひるめのむちのみこと》を祀る焼火神社が鎮座する。神社に伝わる縁起書（万治二年〈一六五九〉）などによると、一条天皇の御代（九八六〜一〇一一）、海中より神火が現れて山中の巨岩にとどまったため社殿を建て祀ったと記されている。さらに、承久の変（一二二一）で隠岐《おき》に配流《はいる》された後鳥羽《ごとば》上皇が焼火山と命名したという。中世には焼火山権現、焼火権現、焼火山雲《うん》上寺《じょうじ》と称し、地蔵菩薩を本尊とする修験の霊場だったと伝える。明治初年の神仏分離によって焼火神社に改められた。享保十七年（一七三二）に建築された本殿（重文）は、巨岩の岩窟に位置する唐破風付一間社流造り《からはふつきいっけんしゃながれづくり》である。古来より航海の安全を守護する神として崇敬を集め、その名は東北地方にまで及んだ。なお、旧暦の大晦日の夜、海中より神火が現れて社頭の灯籠に入ると言われている。

（眞田廣幸）

【参考文献】

隠岐歴史民俗研究会『隠岐の国散歩』（隠岐観光協会、一九九八年）

アクセス情報

焼火山
別府港からタクシーで15分、駐車場から徒歩40分

焼火神社　島根県隠岐郡西ノ島町美田
別府港から車20分、登山口駐車場から徒歩15分

後山《うしろやま》

標高◆一、三四五メートル
兵庫県宍粟市、岡山県美作市

中国山地の東部に位置する岡山県の最高峰で、兵庫県側では板場見山《いたばみやま》ともいう。鎌倉時代以降、備前児島五流《びぜんこじまごりゅう》の山伏など修験の山であったが、江戸時代中期以降は大峯になぞらえた「仮峯」「西大峯」として美作国中の修験が集まり、里山伏に

よって組織された講《こう》によって村々の民衆が登拝する山となった。

山内の東西四十八行場は、大峯を模したものという。山頂に行者山本堂（奥の院）や、中腹に女《にょ》人《にん》堂、山麓に役小角《えんのおづの》の開創という真言宗高野派・道仙寺《どうせんじ》がある。

後山の登山道は、宍粟《しそう》市側からは板場見渓谷を出発点とするものが多く、美作《みまさか》市側は後山側を出発点とするルートが一般的である。

中国地方の代表的な山岳霊場として、九月の柴《さい》灯大護摩供養《とうおおごまくよう》の大祭には、岡山を中心に全国から多くの修験者が訪れることでも知られている。

（西海賢二）

【参考文献】
豊島修「後山修験と後山山上講」（宮家準編『山岳宗教史研究叢書　一二　大山・石鎚と西国修験道』名著出版、一九七九年）

アクセス情報

後山
智頭急行大原駅からバス25分、後山バス停から山頂までは徒歩
道仙寺　岡山県美作市後山五九
智頭急行大原駅からバス20分、後山神社前バス停から徒歩20分／中国自動車道佐用ICから車で30分
行者山本堂（奥の院）　岡山県美作市後山
智頭急行大原駅からバスで30分

金峰山《きんぼうざん》

標高◆七九〇メートル
山口県周南市

金峰山は一ノ岳、二ノ岳、三ノ岳と並ぶ山容が印象的である。周辺の四熊ヶ岳・岳山・千石岳・円山などとともに金峰火山群に属する。

金峰山は、神亀五年（七二八）に吉野から蔵王《ざおう》権現《ごんげん》を勧請したことに始まり、吉野修験が伝えら

れたという。一ノ岳頂上には、「おたきさん」と呼ばれる数メートルの巨石があり、当初はここに権現を勧請《かんじょう》したという。現在は山の東に金峰《きんぶ》神社があり、その信仰を伝えている。従来、二十五年ごとの式年祭には、「お能くずし」という踊りの奉納が行われてきた。

金峰山周辺の集落では、雨乞いに際して山で踊り、修験者が山頂で祈禱したり、虫送り（田頭御幸）として神輿が金峰神社から各集落を回ったり、春に金峰を中心とする八十八ヶ所札所を巡ったりというような行事もよく行われた。（西海賢二）

【参考文献】

伊藤芳枝「金峯山の信仰」（宮家準編『山岳宗教史研究叢書一二　大山・石鎚と西国修験道』名著出版、一九七九年）

アクセス情報

金峰山
JR徳山駅からバス40分、大向バス停から山頂まで徒歩2時間

金峰神社　山口県周南市金峰四五八一
玉真寺　山口県周南市金峰三九六一-一

大滝山《おおたきさん》

標高◆九四六メートル
香川県高松市、徳島県美馬市

大滝山は、香川県と徳島県の県境、讃岐《さぬき》山脈の一部に属し、讃岐山脈で三番目に高い山である。自動車道も通ずる山頂付近には大滝寺（美馬《みま》市脇《わき》町《まち》、真言宗御室《おむろ》派準別格本山）や西照《にしてる》神社がある。

大滝寺は、神亀三年（七二六）に行基《ぎょうき》が山上に阿弥陀《あみだ》三尊を安置したことに始まり、延暦十年（七九一）に空海がこの地で修行し、弘仁六年（八一五）には寺を再興し、西照大権現を安置したと伝えている。空海の著『三教指帰《さんごうしき》』で求聞持《ぐもんじ》修法を行った「阿州大滝岳」をこの大滝山とする説である。聖宝が登山し、お手植えの高野槇《こうやまき》や、厄除け

の行事を伝えたともいう。いずれにしても江戸時代以前には、阿波の真言修験の拠点であったとされる。江戸時代には徳島藩の稲田氏に信仰された。明治初期の神仏分離で、西照権現は西照神社として独立し、現在に至っている。

（西海賢二）

【参考文献】

田中善隆「阿波の霊山と修験道」（宮家準編『山岳宗教史研究叢書　一二　大山・石鎚と西国修験道』名著出版、一九七九年）

アクセス情報

大滝山
徳島自動車道脇町ICから車で40分

大滝寺・西照神社　徳島県美馬市脇町西大谷
JR穴吹駅から車で60分／徳島自動車道脇町ICから車で25分

篠山《ささやま》

標高◆一、〇六五メートル
愛媛県南宇和郡愛南町、高知県宿毛市

篠山は、四国山地西部に属し、愛媛と高知両県の境に位置する。

飛鳥時代には用命《ようめい》天皇の勅願所《ちょくがんしょ》があったと言われ、山頂には篠山権現、その付近には大同二年（八〇七）、空海《くうかい》（弘法大師《こうぼうだいし》）開山と伝える観世音《かんぜおん》寺《じ》があって、正木の観喜光寺、緑《みどり》の智恵光寺《ちえこうじ》、御荘《みしょう》の観自在寺《かんじざいじ》（いずれも南宇和《みなみうわ》郡愛南町《あいなんちょう》）などとともに崇敬された。江戸時代、観世音寺は八十八ヶ所の番外札所として、遍路にとっても重要な霊場であったことが知られている。

観世音寺は明治に廃寺となり、仏像は観喜光寺に移され、篠山権現は篠山神社となった。現在の祭神は伊弉冉命《いざなみのみこと》、速玉男命《はやたまのをのみこと》、事解男命《ことさかのをのみこと》、木花咲耶姫命《このはなさくやひめのみこと》で、特に火難、盗難、海難などの難を除

けるとされる。　（西海賢二）

【参考文献】

松岡実「宇和における山伏の活躍」（宮家準編『山岳宗教史研究叢書　一二　大山・石鎚と西国修験道』名著出版、一九七九年）

アクセス情報

篠山

ＪＲ宇和島駅から車で2時間／愛南町、宿毛市それぞれから、林道を車で八合目登山口まで。山頂までは徒歩40分

篠山神社（篠山山頂）　愛媛県南宇和郡愛南町正木三〇四一

九州・沖縄

英彦山《ひこさん》

標高◆一、一九九メートル（南岳）
福岡県田川郡添田町、大分県中津市

英彦山全景（添田町役場提供）

北部九州を東から西へ連鎖する山塊の英彦山、福智山《ふくちやま》、三郡山《さんぐんさん》、背振山《せふりやま》（脊振山）、天山《てんざん》など、標高一、〇〇〇メートル前後の中山性山地を筑紫《つくし》山地と総称する。英彦山はその最高峰で福岡・大分両県にまたがる。山体は深く浸蝕された古い火山で、耶馬《やば》渓《けい》式の集塊凝灰岩《しゅうかいぎょうかいがん》（筑紫熔岩《ようがん》）を、山上部は硬い安山岩《あんざんがん》が覆う。その地質の境目は自然の洞窟が多く、古代から山岳行者《ぎょうじゃ》の修行窟となった。山上は北岳・中岳・南岳の三峰からなり、どの峰も鉄鎖《てっさ》を伝《つた》って上下する急峻な登山道があり、安易には近寄れない神仏の宿る霊山として崇拝された。

明治以後は、中岳山頂の上宮が英彦山神社（現在は英彦山神宮）本社となり、主祭神の天忍穂耳尊《あめのおしほみみのみこと》（忍骨命《おしほねのみこと》）は天照大神《あまてらすおおみかみ》の日嗣《ひつぎ》の御子（日子）神であり、古くから比古《ひこ》・日子山《ひこのやま》・彦山《ひこさん》、享保十四年（一七二九）以後の英彦山など、山名の起源とされている。

英彦山山地は、水分《みくまり》の山岳である。北方の響灘《ひびきなだ》に注ぐ遠賀川《おんががわ》、東方の瀬戸内海（周防灘《すおうなだ》）への今川・山国川、西南方の有明海《ありあけかい》に注ぐ筑後川水系の水源として、古くから五穀豊饒を願う農民の信仰が篤い。自然重視の修験道霊山として、殺生禁制《せっしょうきんせい》のために鳥獣類や樹木が保護され、山腹には春の桜、秋に紅葉する落葉広葉樹の自然林、山上部はブナの自然林がある。山中には神木とされる巨杉や石楠花《しゃくなげ》が目につく。全山が耶馬《やば》・日田《ひた》・英彦山国定公園の主要部となっている。

神・仏・修験による開山伝承

天高く仰ぎ見る山岳に神が降臨すると考えた古代人は、北岳に天忍穂耳尊、中岳に伊弉冉尊《いざなみのみこと》、南岳に伊弉諾尊《いざなぎのみこと》を祀った。この三神は天皇家の祖霊神であり、日子山の格式を高めた。しかし、『延喜式神名帳《えんぎしきじんみょうちょう》』（延長五年〈九二七〉成立）に彦山神社と祭神の記載はないから、それ以後の勧請《かんじょう》であろう。

彦山開山縁起絵（英彦山神宮所蔵）

仏教が百済《くだら》から日本に公伝（五三八年）する前に、中国の北魏《ほくぎ》から渡来（五三一年）した善正《ぜんしょう》法師が、比古の石窟で修行中、猟師の藤原恒雄《つねお》に殺生《せっしょう》の罪を悟らせて弟子とし、草庵の霊山《りょうぜん》を営み、異域の神（仏像）を祀ったと、『鎮西彦山縁起《ちんぜいひこさんえんぎ》』（元亀三年〈一五七二〉成立）や『彦山流記《ひこさんるき》』（建保元年〈一二一三〉奥書）は伝えている。両書によれば、その後に宇佐《うさ》（大分県宇佐市）の法蓮《ほうれん》が来山し、般若窟《はんにゃくつ》（玉屋窟）で苦修練行して験力《げんりき》を獲得し、弘仁十年（八一九）に嵯峨《さが》天皇の勅許で日子山を彦山に、霊山を霊仙寺《りょうぜ(ん)じ》に改め、七里四方の彦山領域に弥勒《みろく》浄土になぞらえた四十九窟と三千八百坊を構え、比叡山に準じる天台霊山に発展させたという。しかし、『続日本紀《しょくにほんぎ》』による実在の法蓮は、「毉術《いじゅつ》」で民苦を救い、朝廷から二度（七一〇年、七二一年）褒賞され、宇佐弥勒寺《みろくじ》の別当となっている。実在した年からさらに百年以上も不老長寿して彦山を中興したという神仙思想を加えた伝承と言える。

修験道の祖師と崇拝される役小角《えんのおづの》は大和の大峯《おおみね》（大峰山）を根本道場として開いたが、呪術で衆を惑わすとし讒言《ざんげん》され伊豆大島に流罪となった（『続日本紀』）。大宝元年（七〇一）正月に罪を許されたが、箕面山《みのおやま》で昇天したという。『鎮西彦山縁起』によれば、その年の春、老母を鉢《はち》に乗せて彦山に飛来し、①宝満山《ほうまんざん》（竈門山《かまどやま》）を経て入唐し、崑崙山《こんろんさん》の西王母《せいおうぼ》（女仙人）のいる石窟に入った。その後、北九州に再来し、②福智山を経て彦山に入山、③再び宝満山を経て大峯に往《い》ったという。

修験道で最も重視する厳しい峰入《みねいり》（入峰《にゅうぶ》）の修行が整うのは中世後半とされているが、彦山修験道では、①を春峰（胎蔵界《たいぞうかい》入峰）、②秋峰（金剛界《こんごうかい》入峰）、③を夏峰（蘇悉地界《そしっちかい》入峰）の始めとしたり、役小角の四代弟子の寿元《じゅげん》が天平六年（七三四）に大峰修行後、彦山を開基したとの説もある（『深仙灌頂系譜《しんせんかんじょうけいふ》』）。

神仏習合による彦山三所権現の成立

平安時代後期、北方民族の刀伊《とい》（女真族《じょしんぞく》）の筑前博多《ちくぜんはかた》襲来（寛仁三年〈一〇一九〉）、陸奥では安倍氏による前後十二年に及ぶ反乱（永承六年〈一〇五一〉～康平五年〈一〇六二〉）、中央では南都北嶺《なんとほくれい》の興福寺《こうふくじ》と延暦寺《えんりゃくじ》の僧兵《そうへい》・神人《じにん》の争乱ほか、疫病・災害が頻発した。彦山の衆徒も大宰府《だざいふ》に強訴《ごうそ》し（嘉保元年〈一〇九四〉）、大宰大弐藤原長房《だざいだいにふじわらのながふさ》は急拠帰京して辞職した（『中右記《ちゅうゆうき》』『本朝世紀《ほんちょうせいき》』）。このような社会不安を背景に、永承七年（一〇五二）から、悟りの得られない末法の世とする仏教思想が広まった。そして、救世主の弥勒菩薩が五十六億七千万年後に、この世に現れるまで、その功徳で写経した仏典（主に法華経）を青銅製や陶製などの経筒《きょうづつ》に納めて聖地に埋納保存し、諸願成就・極楽往生を願う経塚《きょうづか》造営が、特に畿内と九州北部の霊山で盛んとなった。

彦山では、南岳から「彦御山住侶厳与」（経筒銘）によって、永久元年（一一一三）銘の青銅経筒、北岳からも同じ頃と推定される青銅経筒、中岳の上宮宝殿には久安元年（一一四五）に銅板経が奉納されたと、『彦山流記』は述べている。つまり、神の山であった彦御山《ひこみやま》に経塚が造営されたことは、次のような神仏習合による彦山権現誕生の契機となった。

彦山（英彦山）三所権現の本地仏と、垂迹神
北岳　法躰権現　阿弥陀如来　天忍穂耳尊
中岳　女躰権現　千手観音菩薩　伊弉冉尊
南岳　俗躰権現　釈迦牟尼仏　伊弉諾尊

「彦山権現」の初見は、仁平二年（一一五二）の『人聞菩薩朝記《にんもん》』に、「彦山に坐《ましま》す神、名は権《ごん》現《げん》と言う」。『長寛勘文《ちょうかんかんもん》』所収の「熊野権現御垂迹縁起《くまのごんげんごすいじゃくえんぎ》」に、「権現渡来のはじめ、日本国鎮西日子乃山峰に雨降《あも》り給《たまう》」とある。以後は彦山（三所）権現の名声と信仰が高まる。つまり、神の霊山に仏教の経塚守護を託し、インドの仏が日本では権《か》りに神として現れるとした本地垂迹説《ほんじすいじゃくせつ》で神仏習合が納得された。なお、室町時代には山腹の巌窟《がんくつ》諸社を加えた彦山十二所権現とも称されたが、主体は山上の三所権現であった。

中世の繁栄と戦国争乱による焼亡

熊野信仰の篤かった後白河《ごしらかわ》法皇は、永暦元年（一一六〇）、洛東に建立した新熊野《いまくまの》社の財源として、養和元年（一一八一）に改めて二十八庄を寄進し、永代に国役・課役免除の特権を付与した。そのなかに京から最も遠い豊前《ぶぜん》国彦山《ひこさん》（福岡県田川郡）がある。鎌倉時代以後の彦山は、この特権を楯に、武家政権に対して守護不入《しゅごふにゅう》の治外法権を主張した。

豊前・豊後《ぶんご》の守護職と鎮西奉行兼任で建久七年（一一九六）に関東から入国した大友能直《おおともよしなお》は、翌年に彦山三所権現の御正体《みしょうたい》を奉納しており、彦山の存在を無視できなかった。

鎌倉初期の建保元年（一二一三）奥書《おくがき》（記載内容からすると、その数十年後の写本と見られる）『彦山流記』による彦山四至《しいし》を、現在の行政区で示すと、東は大分県中津市雲山国《くもやまくに》中津川の大井手口、南は大分県日田市屋形河壁野《かべの》、大肥里《おおいのさと》、西は福岡県浮羽市杷木山《はきやま》、西島郷、朝倉市円幸浦尻懸石《しりかけいし》、嘉麻《かま》市八王子道祖神、北は福岡県田川郡添田町巖石寺《がんしゃくじ》、京都《みやこ》郡みやこ町蔵持山法躰嶽《くらもてやまほったいだけ》。域内の村々には、鎮守の大行事社《だいぎょうじじゃ》（祭神高皇産霊神《たかみむすびのかみ》）を建てたり、四十九窟には彦山の僧徒を配置した。

彦山内は三所権現社や四十九窟中の惣大行事・玉屋・大南《おおみなみ》・智室《ちむろ》・鷹栖《たかす》などに社殿と、天台宗の霊仙寺《れいせんじ》大講堂を中心に堂塔伽藍が造営された。山腹西斜面（豊前国・福岡県側）に南谷・北谷・中谷・惣持院谷の二百余房があり、講衆百十人、先達二百五人がいて、仏神行事を執行した。山内には「一畦の耕田も無く」（『彦山流記』）、江戸時代末期まで五穀栽培は禁制であった。山上から二十余町（一町は約一〇九メートル）を結界し、そのなかでは唾・大小便を禁じて聖域を守護した。「諸仏浄土の荘厳」と『彦山流記』が表現する彦山に、九州・壱岐《いき》・対馬《つしま》から、先達に導かれて多くの参詣者が集まるようになり、中世彦山の繁栄を支えた。

彦山四十九窟の第一の玉屋窟

当時の彦山は、霊仙寺衆徒、権現社の神人《じにん》、修験行者の先達《せんだつ》などが活動して、複雑だった。その統制上、豊前国最大の豪族（地頭）宇都宮《うつのみや》氏の推挙で、正慶二年（一三三三、北朝年号）に後伏見天皇の皇胤《こういん》と伝えられる安仁《やすひと》親王（得度して助有法《じょゆうほう》親王）を彦山座主《ざす》に迎え、神領内の筑前国上座《じょうざ》郡黒川庄（朝倉市）に御館《おたて》を造営した。以後は妻帯世襲の座主制となるが、彦山内の政祭は、政所坊が釆配《さいはい》したようである。

約六十年続いた南北朝時代は、大峯の入山口である吉野山に後醍醐天皇の南朝政権があって戦場に、熊野側は北朝の勢力下になるなど、大峯への峰入（入峰《にゅうぶ》・奥駈《おくがけ》）が阻害《そがい》された。それに代わって、この時期に守護不入権で比較的平穏だった彦山の春峰・夏峰（彦山⇕宝満山）や秋峰（彦山⇕福智山）が盛んになったと想定される。また、一夏九旬《いちげくじゅん》（夏の九十日間）に彦山山麓の外廻り、山内の内廻りの回峰行も執行したことが、永徳三年（一三八三、北朝年号）の「彦山霊仙寺境内大《おお》廻行《めぐりぎょう》守護神配立図」（英彦山神宮文書）で分かる。この大廻行は明治初年まで継続した。

室町時代に能を大成した世阿弥《ぜあみ》作の「花月《かげつ》」は、彦山と京都清水寺《きよみずでら》が舞台である。丹波《たんば》の「大《おお》江山《えやま》」では、鬼姿の酒呑童子《しゅてんどうじ》を退治に、源頼光《みなもとのよりみつ》一行は武者であることを山伏姿で隠し、自分らは「筑紫彦山の山伏」と名乗っており、当時すでに彦山の知名度は高かった。

応仁二年（一四六八）に、彦山座主頼有は藤原俊幸《ふじわらのとしゆき》の名字《みょうじ》で、対馬の宗貞国《そうさだくに》を介して朝鮮貿易を所望した（『海東諸国紀《かいとうしょこくき》』）。また、明から帰国した画僧の雪舟《せっしゅう》は、文明年間（一四六九～八七）、彦山に滞在し、亀石坊《かめいしぼう》に庭園を築いたり（国指定史跡「旧亀石坊庭園」）、彦山山伏の実門房等琳《とうりん》を一番弟子にしたりしている（「画師的伝宗派図」による先村榮二「雪舟と彦山」『山口県地方史』一〇九、二〇一三）。

文安二年（一四四五）「彦山諸神役次第」（英彦山神宮文書）によれば、彦山大権現松会《まつえ》祈年祭、彦山霊仙寺如法経会《ねふぎょうえ》、修験道彦山派の三季峰入（入峰）をはじめ、江戸時代に執行された神・仏・修験の諸行事は、ほとんど室町時代から継承されている。

鎌倉時代の坊家集落は、北谷（霊仙谷）・中谷・南谷・惣持院谷（別所谷）の四谷であったが、前記の「彦山諸神役次第」では、四谷に加えて五ツ谷・中尾谷・西谷・下谷・智室谷・玉屋谷の合計十谷に拡大発展している。この繁栄期の彦山に日光山出身の阿吸房即伝《あきゅうぼうそくでん》は、吉野金峰山の快誉《かいよ》に師事したのち、大永年間（一五二一～二八）の初め、彦山修験道の峰入や教義を大先達承《しょう》運《うん》から修得し、彦山伝燈《でんとう》大先達となった。そして永禄元年（一五五八）までの約四十年間、彦山を拠点に加賀白山《はくさん》、那谷寺《なたでら》、戸隠山《とがくしやま》などを巡錫《じゅんしゃく》した。この間に、彦山修験道で極秘とされた教義や修法に関する切紙《きりがみ》・口伝《くでん》などを編纂した。その『修験修要秘決集《しゅげんしゅようひけつしゅう》』『修験三十三通記《しゅげんさんじゅうさんつうき》』『修《しゅ》験頓覚速証集《げんとんがくそくじょうしゅう》』『三峰相承法則密記《さんぶそうじょうほうそくみっき》』（『増補改訂日本大蔵経　修験道章疏《しょうそ》』所収）などは、修験道の経典として諸国の修験者に伝授された。

中世彦山の信仰圏は、九州・壱岐・対馬・中国地方西部に及び、神領の七里結界内に三千八百坊を擁《よう》すと吹聴《すいちょう》され、その武力、情報収集力、経済力は強大であった。『九州記《きゅうしゅうき》』によれば、彦山は「往古ヨリ守護不入ノ山ナリトテ我儘《わがまま》ノミ振廻《ふるまい》ケリ（中略）重科《じゅうか》ノ者ニテモ彼《か》ノ山ニ逃込《にげこみ》テ頼《たのみ》ヌレバ、一人モ山ヲ出サズ助置《たすけおき》ケリ」と。

彦山をめぐっては、山の周域を支配する大内《おおうち》・毛利《もうり》・大友《おおとも》・秋月《あきづき》・龍造寺《りゅうぞうじ》・島津《しまづ》などの戦国大名が、彦山を味方にするため座主職の継承に干渉するなど、盟友と敵対が交錯《こうさく》し、変転した。特に天正九年（一五八一）、大友義鎮《よししげ》（宗麟）・義統《よしむね》父子麾下《きか》の四千三百余が来攻し、彦山も衆徒・神人・山伏三千余で戦ったが、焼打ちをかけられて中世彦山の繁栄は灰燼《かいじん》に帰した。そのとどめは、天正十五年（一五八七）に豊臣秀吉の九州攻めに際して、彦山は島津と好《よしみ》を通じた咎で、七里四方の神領はことごとく没収された。

英彦山奉幣殿（細川忠興再建の旧霊仙寺大講堂）

近世・江戸時代の復興と幕末の尊王山伏

秀吉の九州攻め先陣の功により、天正十五年（一五八七）に豊前中津《なかつ》城主（大分県中津市）となった黒田官兵衛《くろだかんべえ》（孝高《よしたか》・如水《じょすい》）は、慶長二年（一五九七）に嫡男の長政《ながまさ》に彦山三所権現の青銅製神像を奉納させ、武運と子孫長久を祈った。慶長五年（一六〇〇）の関ヶ原の戦いで、徳川家康を支援した黒田氏は、論功で筑前五十二万石の領主となった。慶長七年（一六〇二）に福岡城（福岡市中央区）を築くと、藩主長政は、旧彦山神領で座主館のあった筑前下座《げざ》郡黒川《くろかわ》村（福岡県朝倉市）の三百石を彦山に寄進した。

慶長七年（一六〇二）に豊前小倉《こくら》城（北九州市小倉北区）を築き、藩主となった細川忠興《ほそかわただおき》は、当時の彦山座主昌千代《まさちよ》に嫡子がいなかったので、日野大納言輝資《ひのだいなごんてるすけ》の二男玄賀《げんが》を養子に推して彦山座主忠有とし、千百石を寄進したり、元和二年（一六一六）に霊仙寺大講堂を再建した（現在の奉幣殿《ほうへいでん》）。上宮の修復は、慶長十七年（一六一二）に肥前佐賀藩主鍋島《なべしま》直茂《なおしげ》と細川忠興が行っている。鍋島勝茂《かつしげ》は寛永十四年（一六三七）、彦山表参道に銅鳥居《かねのとりい》を寄進した。享保十四年（一七二九）、霊元《れいげん》法皇の院宣による「英彦山」勅額が下賜され、その鳥居に同十七年に掲げられ、以後は「彦山」から「英彦山」と記すようになった。

寛永九年（一六三二）に細川忠興は肥後熊本（熊本市）へ移封され、小倉には譜代大名の小笠原《おがさわら》忠真《ただざね》が播磨明石《はりまあかし》（兵庫県明石市）から入国した。忠真の建議により彦山中谷《なかだに》に町屋五十軒が寛文十一年（一六七一）に新設された。貞享三年（一六八六）には、狭かった表参道を現在見られるように拡張整備し、中谷にあった銅鳥居を現在の位置まで下した。

江戸時代初期に復興した彦山は、十谷の約二百五十坊が幕末まで維持され、坊家の当主（山伏）は一山組織の構成者として、神道系修験の惣方《そうがた》（幕末に百四十四坊）、天台修験の衆徒方《しとがた》（同、五十七坊）、山伏・修験の行者方《ぎょうじゃがた》（同、五十一坊）のいずれかに所属して神・仏・修験行事を担当し、諸国の檀家と交流した。それに対して諸行事の補佐役として、小規模な庵室に住む度衆《どし》（強力《ごうりき》）がいた。一山の経済事情でその数は増減が著しく、江戸時代前期は坊家数より多く、後期は減少している。

銅鳥居と「英彦山」勅額

英彦山諸坊家の山伏たちは、強力を伴って師檀関係を結んだ諸国の檀家を廻って、護符・薬・茶などを配り、その布施を主な収入源とした。同時に英彦山権現の霊験を語り、参詣を勧誘した。

英彦山の名声を広めた歌舞伎がある。天明八年（一七八八）以後、伊勢・大坂・江戸などで上演された「彦山権現誓助剣《ひこさんごんげんちかいのすけだち》」は、武術と剛力を英彦山権現から授かった毛谷村六助《けやむらろくすけ》が、姉妹の父親の仇討を助剣する物語で、現在も時々上演される。

幕末に英彦山坊家の総檀家数は約四十二万戸、

英彦山大権現松会で神輿をかつぐ山伏たち（江戸時代後期「英彦山大権現松会祭礼絵巻」、長崎県平戸市・松浦史料博物館所蔵）

一坊平均約千七百戸に及んだ。村々の農民には、代参講による英彦山参りが盛んであった。特に五穀豊饒を願う旧暦二月十四日、十五日の英彦山大権現松会神幸《じんこう》祭《さい》は、多い年には両日で七、八万人の参詣人とした江戸時代中期の記録がある（長崎県平戸市・松浦史料博物館所蔵「彦山大権現松会祭礼絵巻」）。参詣者は師檀関係の坊家（宿坊）に一泊し、山伏一家に大歓迎を受けた。「馳走ニ預リ珍味種々、筆紙ニ尽シ難シ」と記した文久元年（一八六一）に肥前伊万里《いまり》からの「英彦山参詣道中日記」（佐賀県立図書館所蔵）がある。英彦山参りは、盆・正月以上の楽しみだったと明治生まれの佐賀の古老から聞いたこともある。

慶安四年（一六五一）以来、四十余年に及び、天台修験道の本山派本寺・京都の聖護院《しょうごいん》は彦山を末山と主張し、これに反対する彦山と論争が続いた。寺社奉行の裁決で元禄九年（一六九六）に彦山は「天台修験別山」と公認されたが、莫大な出費を重ね、この間に宝満山《ほうまんざん》が彦山派から離脱した。

享保・天明・天保の大飢饉では、廻檀《かいだん》による収入は激減し、文政五、六年（一八二二、二三）に八十軒、二百一軒焼失の大火があるなど、江戸時代後期の英彦山は疲弊した。宝永七年（一七一〇）に三千十五人の総人口が、天保九年（一八三八）には千七百四人に減少した。

それでも、霊山の俗化を防ぎ聖域保護のため、山麓①から山頂④にかけて天台教学の四土結界を設定して、幕末まで厳守した。①凡聖同居土《ぼんしょうどうごど》＝俗人と聖人の混在地だが殺生と五穀栽培禁制、②方便浄土《ほうべんじょうど》＝仮の浄土で山伏の専住地、出産禁制（山麓の俗家に下って出産）、③実報荘厳土《じっぽうしょうごんど》＝修行専念の報果を得る聖域、④常寂光土《じょうじゃくこうど》＝永遠・絶対の浄土で唾・大小便も禁制。①②の境は表参道の銅鳥居、②③は大講堂の石鳥居、③④は九合目の木鳥居を結界門とした。

幕末の英彦山では、諸坊家の筆頭である政所坊をはじめ、多くの山伏が尊王倒幕派の長州藩士と交流していた。それに対して、英彦山を藩内とする豊前小倉藩主の小笠原氏は、徳川家譜代大名の佐幕派である。武装可能な山伏集団の英彦山と長州藩の結託は、小倉藩の脅威と考えた。そこに英彦山不穏の密告があり、文久三年（一八六三）十一月、小倉藩兵数百人が突如英彦山を占拠し、座主一家は小倉の町屋に軟禁され（翌年帰山許可）、政所坊はじめ十一名の山伏と座主家臣たちを捕えて小倉獄舎に投じた。翌年の元治元年（一八六四）に長州軍が小倉城を攻略した日、獄舎ですでに二名は病死、七名は斬首、二名は脱獄した。小倉城から田川郡香春《かわら》に藩庁を移した小笠原氏は、英彦山を封鎖して山伏たちの廻檀を停止したため、諸坊家は極度に困窮したまま三年後の王政復古、そして明治維新を迎えた。

明治維新の神仏分離と以後の英彦山

慶応四年（明治元年・一八六八）三月の太政官布達により、僧形の別当・社僧などは復職《ふくしょく》（還俗《げんぞく》）し、権現・牛頭天王《ごずてんのう》の称号は改め、本地仏《ほんじぶつ》と称して仏像を神体としたり、社前の梵鐘・鰐口《わにぐち》・仏具などは早々に取り除くようにとの神仏分離令が公布された。

英彦山では神兵隊が結成され、廃仏毀釈《はいぶつきしゃく》へ急進して多くの仏像・仏具類が失われた。霊仙寺大講堂は仏像を撤去して神鏡を祀り、神社拝殿様式に改修した。諸坊家では仏間を急拠神棚に改変したが、神仏習合の権現信仰を密かに守り、仏像を神棚の奥に隠して拝んだ例も少なくない。表参道脇の巨大な宝篋印塔《ほうきょういんとう》は、蓮弁を亀甲に、梵字を削って献燈に改変して残した。しかし明治五年（一八七二）の修験道廃止令により離山者が多くなり、英彦山の衰退は加速した。万延元年（一八六〇）の二百五十七坊が、明治十一年（一八七八）には百六十一坊に急減している。

英彦山三所権現の仏・菩薩を廃し、上宮に天忍穂耳尊《あめのおしほみみのみこと》を主神として、伊弉冉尊《いざなみのみこと》、伊弉諾尊《いざなぎのみこと》の二神を合祀《ごうし》し、座主教有《きょうゆう》は僧籍を返上して高千穂姓の英彦山神社大宮司となった。神社は国幣小社、官幣小社、中社と昇格して太平洋戦争終結を迎え、昭和五十年（一九七五）に英彦山神宮となった。

英彦山大権現松会祈年祭《まつえきねんさい》は、山内を前潔斎《けっさい》する潮井採《しおいとり》（行橋市沓尾《くつお》の姥《うば》ケ懐《ふところ》）や、御田祭《おんださい》、神幸祭の獅子神楽《ししかぐら》・鉞舞《まさかりまい》などが現在まで神宮に継承されている。また、明治以後も旧英彦山修験の有志により、宝満山への春峰、福智山からの秋峰を、期間短縮して昭和初期まで不定期に実施された。

明治以後も農民の英彦山信仰に加えて、日清・日露・日中・太平洋戦争のたびに武運長久祈願者が増加した。それに、日本の産業近代化を牽引した北九州工業地帯と筑豊《ちくほう》炭田から、工場・鉱山の繁栄と安全祈願や、勤労者と市民が自然の豊かな憩いの山として、昭和に入ると夏はキャンプ、冬はスキー場も開かれた。大正初年までに北九州・筑豊・行橋方面から鉄道が英彦山登山口の添田《そえだ》駅（田川郡）まで開通し、昭和初年には添田―銅鳥居《かねのとりい》まで乗合自動車も運行するようになった。

樹齢約1200年の鬼杉

現在、国指定天然記念物の鬼杉・鷹巣山《たかのすやま》、名勝の旧亀石坊雪舟庭園、重要文化財の奉幣殿・銅鳥居、山頂出土の経筒・新羅仏、三所権現御正体・修験板笈《いたおい》をはじめ、多数の山岳信仰文化財がある。それらは旧政所坊跡の英彦山修験道館、銅鳥居と奉幣殿を結ぶスロープカー花駅の山伏文化財室などに展示している。坊家の内部は参道沿いの財蔵坊が公開され、添田町観光ガイドボランティアの拠点にしている。平成二十六年（二〇一四）の英彦山は戸数八十（旧坊家十七）、人口百四十九人に減少したが、豊かな自然と山岳信仰文化を再認識し、国指定史跡や歴史的風致維持と活性化を目標に調査研究が添田町で進行している。また、修験教団によって、求菩提山⇔英彦山奥駈、英彦山⇔宝満山峰入、権現山→福智山→英彦山奥駈などが毎年実施

されており、修験道霊山の復活も始動している。（長野　覺）

【参考文献】

川添昭二・廣渡正利編校訂『彦山編年史料　古代・中世編』（文献出版、一九八六年）
九州山岳霊場研究会編『北部九州の山岳霊場遺跡――近年の調査事例と研究視点』（二〇一一年）
小林健三編『稿本英彦山神社誌』（英彦山神社社務所、一九四四年）
田川郷土研究会編『増補英彦山』（葦書房、一九七八年）
中野幡能編『山岳宗教史研究叢書　一三　英彦山と九州の修験道』（名著出版、一九七七年）
長野覺『英彦山修験道の歴史地理学的研究』（名著出版、一九八七年）
廣渡正利『英彦山信仰史の研究』（文献出版、一九九四年）
宮家準『修験道の地域的展開』（春秋社、二〇一二年）

アクセス情報

英彦山神宮　奉幣殿　福岡県田川郡添田町英彦山

ＪＲ彦山駅からバスで20分、神宮下バス停から徒歩15分。または、ＪＲ彦山駅からバス20分、銅鳥居の幸駅から奉幣殿の神駅までスロープカー20分。奉幣殿から山頂の上宮までは、徒歩1時間30分

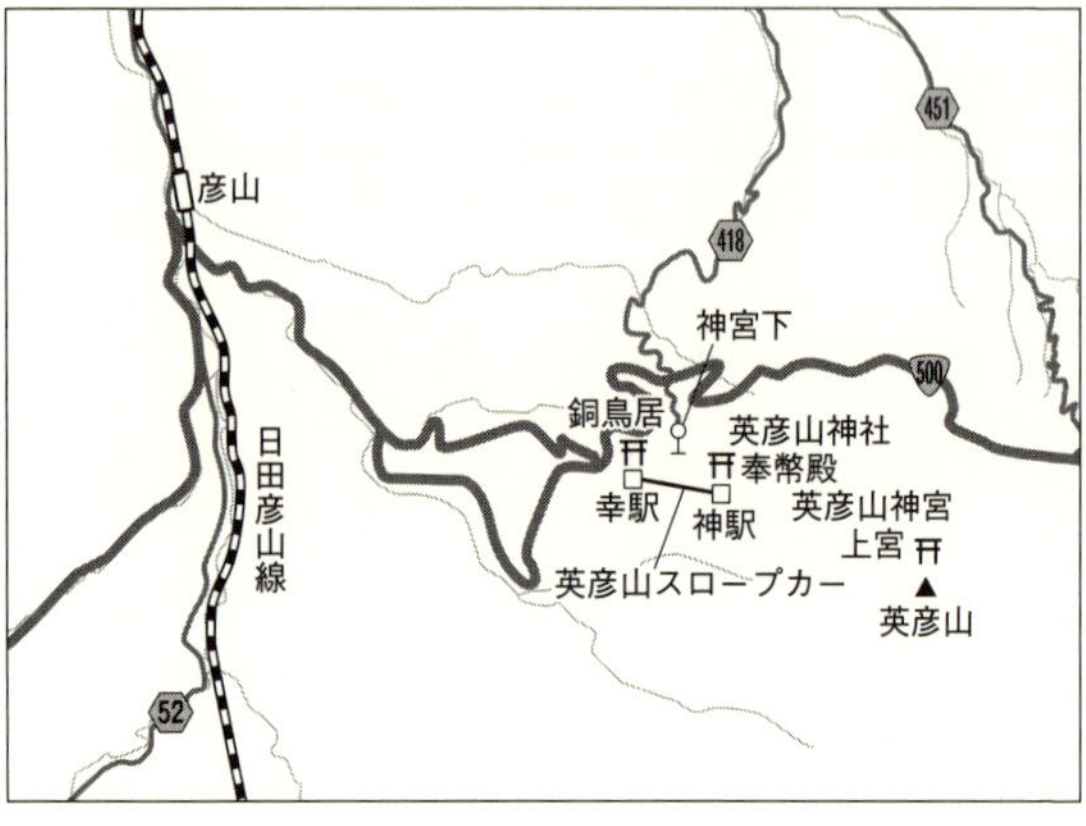

宝満山《ほうまんざん》

標高◆八三〇メートル
福岡県太宰府市・筑紫野市

三つの山名

福岡県の北部中央に南北に連なる三郡山《さんぐんさん》系の主峰三郡山から西南方向に張り出した先端部分に位置する。見る方角によっては独立峰に見え、花崗岩《かこうがん》が隆起《りゅうき》し浸食《しんしょく》を受けて形成された山容は堂々として他を圧し、貝原益軒《かいばらえきけん》をして「満山岩石多くして、其形勢良工の削なせるが如し。誠に奇絶の境地也」と言わしめた。鎮座する竈門《かまど》神社は、頂上に上宮、山麓に下宮、八合目付近に中宮跡がある。延喜式内社、旧官幣小社《かんぺいしょうしゃ》。祭神は玉依姫命《たまよりひめのみこと》、本地十一面観音。相殿《あいどの》に神功皇后、応神天皇を祀る。

この山は古く、御笠山《みかさやま》、竈門山《かまどやま》とも称した。「御笠山」の名は、その神奈備型《かむなびがた》（笠型）の山容から生じたものであり、宝満川・御笠川の水源として水分《みくまり》の神の性格を現している。「竈門山」は九合目にある三石鼎立した竈門岩によるという説、雲霧が立ち登りカマドで煮炊きしているように見える山容によるという説、律令制下地方最大の官衙《かんが》「大宰府《だざいふ》」の成立とともに道教の竈《かまど》神《がみ》が導入されことによるとする説などがあり、「宝満山」は祭神の神仏習合的名称の「宝満大菩薩」による。山名の変遷が、とりもなおさずこの山の信仰の歴史を物語っている。

宝満山（南から望む、栗原隆司氏撮影）

開山伝説

「縁起」では、大宰府ができた時、その鬼門除けのために山頂で八百《やお》萬神《よろずのかみ》を祀ったことがこの山の祭祀の始まりと伝えている。それを物語るかのように、上宮が建つ巨岩の断崖などで古代の祭祀遺跡が発見され、標高三九〇メートルの辛野《からしの》遺跡からは「蕃」の墨書土器などが出土している。開山は法相僧心《しん》蓮《れん》。天武《てんむ》天皇の白鳳二年二月十日、修行中に玉依姫《たまよりひめ》が示現《じげん》し、天皇の命によって上宮が創建されたと伝える。鎌倉期の縁起『竈門山宝満大菩薩記《かまどやまほうまんだいぼさつき》』（称名寺所蔵）には、祭神宝満大菩薩が神功《じんぐう》皇后の姉であり、竈門上下宮の創建が神功皇后を祀る香椎《かしい》社と同じ神亀元年（七二四）であると、両者の深い関係を強調している。

これらの伝承は、この山が古く官寺僧などの山林修行の場であったことや、古来鎮護国家を祈る山として、八幡教学のなかでも重要な位置を占めていたことを物語るものであろう。これら縁起類には、竈門大神あるいは宝満大菩薩に対して、「九州惣鎮守」、「鎮西鎮守」、あるいは「本朝鎮守」であるとする宣旨などが下された平安時代末期の隆盛の歴史をも記している。

鎮西の比叡山

延暦二十二年（八〇三）、入唐請益《にっとうしょうやく》天台法花宗還学生《げんがくしょう》として唐への渡海を志す最澄《さいちょう》は、大宰府竈門山寺《かまどやまでら》において遣唐使四船の渡海の平安を祈って薬師仏四体を彫った（『叡山大師伝』など）。最澄は帰国後、大乗戒壇《だいじょうかいだん》の設置と六所宝塔建立の二大願を発する。六所宝塔は法華経の功徳によって日本国の平安な治国を実現しようとするもので、多宝塔の上層に日本国で書写した法華経一千部を安置し、下層で法華三昧法を修して鎮護国家を祈るものであった。筑前に建設予定の塔は、承平三年（九三三）沙弥證覚《しょうがく》によって宝満山の標高二八〇メートルの地点（本谷遺跡）に実現した。

巨岩の上に立つ上宮（太宰府顕彰会提供）

承和十四年（八四七）、唐から帰国した円仁《えんにん》は五日間をかけて、竈門山大山寺《だいせんじ》において、観世音寺講師《かんぜおんじこうじ》の助力のもと、諸神に報謝の転経《てんぎょう》をしている（『入唐求法巡礼行記《にゅうとうぐほうじゅんれいぎょうき》』）。相次ぐ天台の高僧の来山、六所宝塔の建立などを経て、宝満山は鎮西の比叡山ともいうべき様相を呈していった。平安時代後期から鎌倉時代にかけて大山寺・有智山寺《うちやまでら》は、中国人の「船頭」を寄人として抱え、対外貿易を盛んに行うなど繁栄した。法会としては、百箇日法華六十巻談義や有智山三十講などが厳修され、台密の祖・谷阿闍梨皇慶《たにあじゃりこうけい》に両部の大法を授けた慶雲《けいうん》阿闍梨などの高僧が住み、山麓に営まれた別所では経塚造営、民衆教化などの活動が行われ、背振山の彼方を西方極楽浄土と目して往生した僧の名が中央の「往生伝」に散見する。

平安時代末の一時期、大山寺別当に石清水八幡宮《いわしみずはちまんぐう》の関係者が補されるが、長治年間（一一〇四〜〇六）の都をも揺るがす事件の陣定によって、比叡山の末山と裁定された。

修験の山へ

修験の山としての宝満山は、「文武天皇御宇、役行者が来山し七窟（法城窟《ほうじょうくつ》・剱《けん》窟・大南《だいなん》窟・宝《ほう》塔《とう》窟・釜蓋《かまぶた》窟・普地《ふちの》窟・福城《ふくじょう》窟）で修行、彦山《ひこさん》・宝満山間に彦山を胎蔵界《たいぞうかい》、宝満を金剛界《こんごうかい》とする両部曼荼羅《りょうぶまんだら》を敷いた。大宝元年（七〇一）再来し、宝満・孔大寺山《こだいしやま》間に葛城峯を開いた」と伝えている。

中宮跡付近に現存する文保二年（一三一八）・元応元年（一三一九）・元亨三年（一三二三）などの磨崖梵字の年紀や、『大悲王院《だいひおういん》文書』から知られる雷山の状況、彦山の文書などから、宝満山への修験の導入は、蒙古襲来後の社会不安により強い験力が希求された結果と考えられる。

彦山—宝満山間の入峰《にゅうぶ》は「大峯」といい、宝満山からは秋峰として修行された。元禄十二年（一六九九）に再興したという春峰は、宗像《むなかた》孔大寺山を胎蔵界とし、帰路の外金剛部《げこんごうぶ》に法華経二十八品の宿を配したもので「葛城峯」と言われた。両峯が中央修験の影響を受けたものであることは疑いない。また夏には、天台の遺法として山内を回峰する大巡行が行われた。

戦乱による疲弊

北部九州の守護職と大宰少弐《だざいのしょうに》の職を兼務した少弐氏《しょうに》は、宝満山に本城有智山城《うちやまじょう》を築いた。中世宝満山の命運は少弐氏とともにあった。建武三年（一三三六）、少弐頼尚《しょうによりひさ》が都落ちした足利尊氏を迎えに行った留守を衝かれて有智山城が落城した。その後、少弐氏はたびたび有智山城の奪還を図り、文明三年（一四七一）には竈門神社に木造狛犬（県指定文化財）を奉納するなどのこともあったが、この間にあって山も疲弊し、山麓の内山・南谷・北谷に、学問を専らにした衆徒方《しゅとがた》三百坊、修行を専らにした行者方七十坊があったという坊舎も、行者方二十五坊のみとなり、永禄元年（一五五八）浄戒座主《じょうかいざす》に願い出て、山上、西谷松の尾嶺・東院谷に移り住んだという（『筑前国続風土記』など）。さらに戦国期には、大友氏の幕下高橋氏が宝満城に拠った。宝満城は山岳寺院を接収した「宝満城塞群」ともいうべき城であったため、再び戦いに巻き込まれ、宝満山は山も人心も荒廃し、衰微《すいび》の一途をたどった。

宝満山採灯大護摩供

江戸期の復興

宝満山の堂社の復興は福岡藩によって行われた。しかし浄戒座主の没落後は、山の組織が不安定な状況が続いていた。三代藩主黒田光之《くろだみつゆき》の時、山伏明厳院《みょうごんいん》が国中山伏の惣司《そうつかさ》に任命されたことに端を発し、彦山・宝満山の本末争いに発展した。その間、寛文五年（一六六五）、宝満山は聖護院《しょうごいん》の末山となった。その急先鋒が若くして衆頭となった平石坊弘有《ひらいしぼうこうゆう》である。弘有は兵火に焼失した縁起の再編集に着手し、松下見林《まつしたけんりん》の校閲《こうえつ》、五条大納言菅原為庸《なごんすがはらためのぶ》の揮毫《きごう》、外題并和歌は鷹司右大臣兼熙《たかつかさうだいじんかねひろ》という格式高い『竈門山宝満宮伝記《かまどやまほうまんぐうでんき》』乾坤二巻として成立させた。本縁起編集の目的は、宝満山が「彦山より格の高い山」であると実証することにあり、それゆえ、内容も伝説的部分は少なく、編年体に史実が述べられている。祭事の復興、山林管理の確立など山の復興にも邁進《まいしん》した弘有であったが、元禄元年（一六八八）に離山禁錮を命じられ、彦山・宝満山の本末論争は一応の和解をみた。

弘有離山後の宝満山には、座主楞伽院《りょうがいん》が建てられ、山中二十五坊、筑前一円に組下三十数坊の一山組織が確立し、福岡藩の祈禱社として入峰、雨乞い祈禱（水鏡祈禱）などが行われた。

明治維新後

明治初年に神仏分離令が出されると、宝満二十五坊は座主をはじめとする改革派（廃仏派）九坊と亀石坊《かめいし》を中心とする守旧派（奉仏派）十六坊に分裂したが、竈門神社が村社となるに及んで、吉祥坊吉田広輝一人を祠掌《ししょう》として残し、明治六年（一八七三）には全員が宝満山を離れた。山中では廃仏毀釈が徹底的に行われ、仏教的建造物・仏像・仏具等が払拭され、山林は上地となった。明治二十八年（一八九五）、官幣小社に昇格し、同三十六年（一九〇三）より宝満講の結集が図られた。一時期は、北部九州一円などに六万件の配札をした時期もあったが、現在では講活動は行われていない。しかし、今なお正月行事として行われる「作試し《さくだめし》」は、水分《みくまり》の神と崇められた農耕神としての性格が連綿と続いていることの証であり、四月のえんむすび大祭は、成人儀礼として登拝した十六詣りの流れを汲むものである。

昭和五十七年（一九八二）には、開山心蓮上人一三〇〇年遠忌を記念して宝満山修験会が結成され、毎年五月に入峰・採燈護摩供を行っており、平成二十五年（二〇一三）には竈門神社一三五〇年祭を記念して宝満山から彦山への大峯修行を復活させた。また同年十月十七日、宝満山は「霊山」として国の史跡に指定された。（森　弘子）

【参考文献】

中野幡能編『筑前国宝満山信仰史の研究』（太宰府天満宮文化研究所、名著出版、一九八〇年）

森弘子『宝満山の環境歴史学的研究』（太宰府顕彰会、二〇〇八年／岩田書院、二〇〇九年）

アクセス情報

宝満山
西鉄太宰府駅から徒歩で2時間30分

竈門神社（下宮）　福岡県太宰府市内山八八三
西鉄太宰府駅からバスで10分

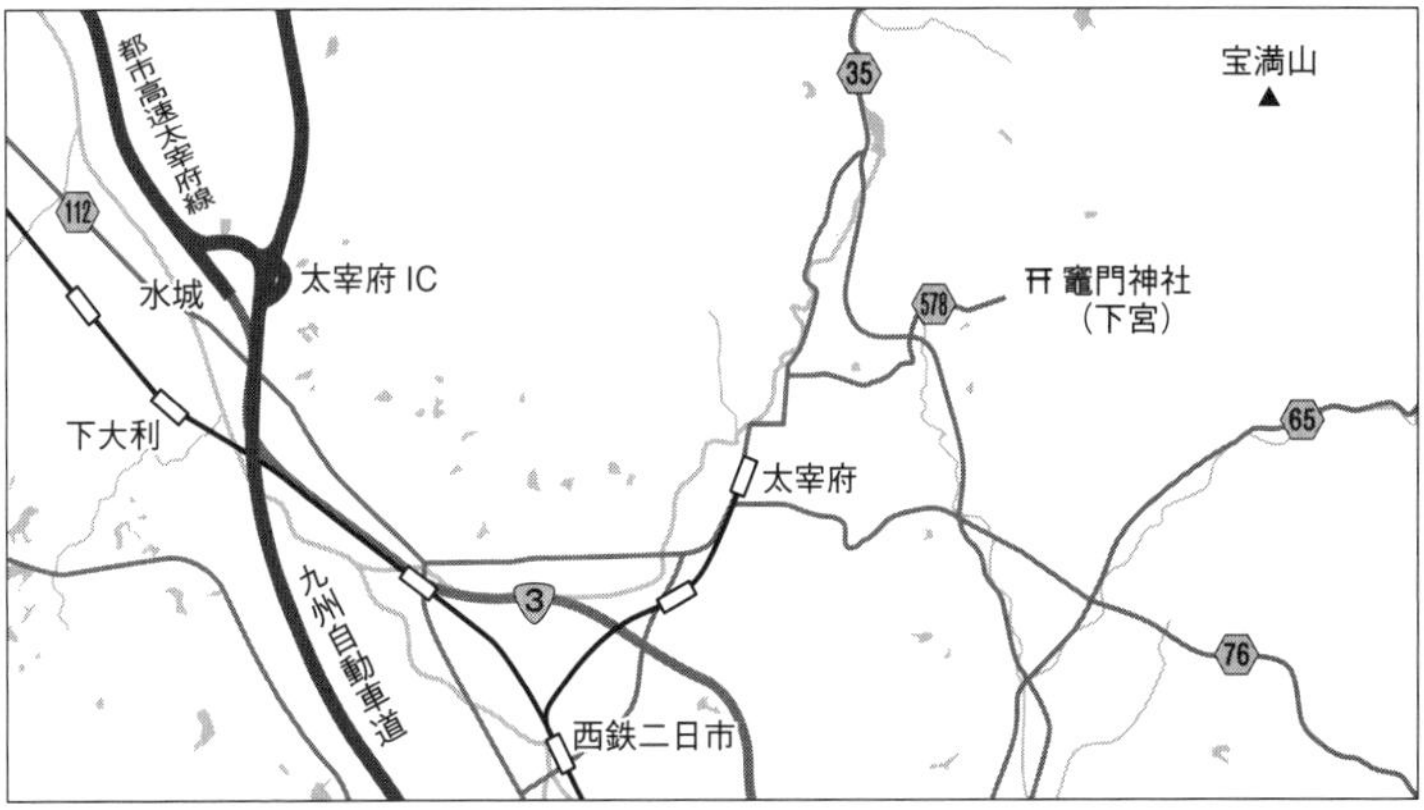

求菩提山《くぼてさん》

標高◆七八二メートル
福岡県豊前市

山名の由来

福岡県と大分県の県境に広がる「耶馬日田英彦山《やばひたひこさん》国定公園」の一角に位置する。耶馬渓《やばけい》溶岩台地が浸食《しんしょく》されてできた山容は、陽石《ようせき》状に屹立《きつりつ》する岩の頂部、その下の山肌に横一列に穴を開けて連なる窟群。岩岳川《いわたけがわ》越しに眺める求菩提山の異様な姿は畏怖《いふ》の念を抱かせる。

「クボテ」という珍しい山名の由来について、渡辺重春《わたなべしげはる》著『豊前志《ぶぜんし》』では「この山の求菩提と云ふ事は、葉椀《くぼて》を覆《くつがえ》せたる状に山の容の類たればなるべし」とある。葉椀は窪杯《くぼつき》とも言い、神前に供えるものを入れるカシワの葉で作った器でこれを伏せたような山容から起こったとされ、求菩提山研究の先駆《せんく》者岡為蔵《おかためぞう》は、「雲出山」と云われていたものが「くぼて」に変じたのではないかという。『求菩提山雑記』には、隼人《はやと》降伏の祈禱を行ったという行善《ぎょうぜん》が、養老四年（七二〇）に白山大権現《はくさんだいごんげん》の勅許を受け、鎮護国家の道場として「求菩提山護国寺」を開いたという。

求菩提山の歴史

求菩提山の開山は猛覚魔《もうかくま》卜仙《ぼくせん》。継体天皇二十年（五二五）、この嶽の金光を訪ねて山頂によじ登り「顕国霊神の祠」（大己貴神《おおなむちのかみ》の祠とも）を建てたと伝える。また、慶雲元年（七〇四）には、役行者《えんのぎょうじゃ》が六峰満行ののち、この山に入り修験の行儀を示したという。卜仙から行善までの事績は、ほかに徴する史料がないが、山頂からは五～六世紀の須恵器《すえき》片が採取され、また山中では七～八世紀の須恵器や統一新羅時代の金銅仏が出土しており、この山の祭祀が古墳時代に始まったと推定されている。

　求菩提山の確実な歴史は、平安時代末の求菩提山中興の祖と言われる頼厳《らいげん》の入山に始まる。頼厳は豊前国宇佐出身、比叡山の行尊《ぎょうそん》のもとで修行、良忍《りょうにん》・皇円《こうえん》の二師についても学び、保延年間（一一三五～四一）に求菩提山に入ったという。頼厳は荒れ果てた堂舎を改修、多宝塔を建立、仏像を造立するなど、護国寺を再建し、六谷に六院を建てて東西坂本に五百の僧坊を置き、山伏出世の法則を定め、自ら千日行を行ったという。なかでも法華経銅板経（国宝）の勧進をはじめ、六哲と言われた弟子たちとともに行った活発な如法写経、経塚造営は特筆される。

　この頃の求菩提山は、彦山四十九窟の第十に位置づけられ、また彦山六峯（求菩提山・蔵持《くらもて》山《やま》・普智山《ふちさん》・松尾山《まつのおさん》・檜原山《ひばるさん》・福智山《ふくちやま》）の一つに数えられ、彦山の東の四至の守護とされるなど、彦山と密接な関係にあったと考えられるが、鎌倉期以来、豊前国守護の宇都宮《うつのみや》氏の勢力が侵入し、元弘三年（一三三三）には宇都宮氏の順長院貞清が座主《ざす》となった。また明応三年（一四九四）に熊野三山検校《けんぎょう》三宮道興《さんのみやどうこう》が来山したとされ、彦山と決別し聖護院《しょうごいん》の末に列した。江戸期、豊前国求菩提山護国寺座主教王院《きょうおういん》は筑前国竈門山宝仲寺《かまどやまほうちゅうじ》座主楞伽院《りょうがいん》とともに、地方において有力な一山組織を形成する山として、諸先達別格の末山と扱われた。

国玉神社（旧求菩提山護国寺中宮）

戦国期は大友氏や大内氏に加担して戦乱に巻き込まれたが、世が治り豊前中津藩主が黒田氏、細川氏と変わるも、五十石の社領の寄進を受け、霊山としての求心力を保った。小倉藩主が小笠原氏に変わった五年後の寛永十四年（一六三七）島原の乱が勃発し、九十八人の山伏が出陣している。その後、小笠原一族の知徳院《ちとくいん》教学《きょうがく》が座主となり、以来、座主職は小笠原氏の世襲となった。

幕末には、豊後立石木下家より養子を迎えて座主職を嗣がせたが、明治五年（一八七二）の修験道廃止令によって護国寺は国玉《くにたま》神社と改称され、山には廃仏毀釈の嵐が吹き荒れた。明治三十三年（一九〇〇）には、中宮の多宝塔が台風で倒れ、最後の座主三好（木下改め）久弥麿が没した。明治四年（一八七二）には九十五軒あった坊も、大正二年（一九二六）には十一軒、昭和三十二年（一九五七）には三軒となり、平成十二年（二〇〇〇）には最後の住民も山を下りた。

一方、求菩提山の調査・研究は岡為造が明治四十二年（一九〇九）、『考古界』八編二号に「豊前求菩提山国魂神社蔵経筒」という一文を発表したのを皮切りに、昭和期の重松敏美などによって連綿と続けられ、昭和四十九年（一九七四）には全国に先駆ける修験道の専門館として求菩提資料館が開館した。国宝銅板経をはじめ、数多くの求菩提山の文化財を収蔵展示している。平成十三年（二〇〇二）には、全山指定としては日本初の国の史跡に指定され、さらに、平成二十四年（二〇一二）、山麓部の求菩提山修験を支えた「求菩提の農村景観」も国の重要文化的景観に選定された。

山の構成

山頂には磐座《いわくら》となる巨石群があり、その傍らに社殿が建っている。『求菩提山雑記』には、山頂は常に雲に覆われ怪しげな光が見え、蒸気を噴出する「辰の口」という場所があると、尋常ならざる山の様子を記している。平安時代後期頃から白山権現と地主権現を二所権現として祀ったが、明治になって地主神「顕国霊神」を中央に、白山権現は伊弉諾尊《いざなぎのみこと》・伊弉冉尊《いざなみのみこと》として相殿《あいどの》に祀っている。上宮の裏手から結界石、護摩場跡へ下り、東に回り込むと、東南に面した山の八合目の岩壁に求菩提五窟（大日《だいにち》窟《くつ》・普賢窟《ふげんくつ》・多聞窟《たもんくつ》・吉祥窟《きっしょうくつ》・阿弥陀窟《あみだくつ》）が並ぶ。窟には修行のための小堂が置かれて仏が祀られ、また陰相《いんそう》を呈する窟《いわや》は埋《まい》経《きょう》の場でもあった。

大日窟（栗焼憲児氏撮影）

上宮から鬼が一夜にして築いたという「鬼の鐙《あぶみ》」を下った北東側斜面、標高六三五〜六五五メートルの地点に中宮があった。中宮は四段の平坦面からなり、石段を登った最上部中央に北山殿、現在の国玉《くにたま》神社本殿があり、その左に多宝塔、右に納経所

お田植祭

国宝銅板経・銅筥（求菩提資料館提供）

があった。その下の段に鬼神社《おにじんじゃ》が犬ヶ岳《いぬがたけ》を望むように南面して建ち、その下、現在の国玉神社社務所がある段に講堂・鐘楼《しょうろう》があった。一番下の仮殿（浮殿）がある松庭《まつにわ》では松会《まつえ》が行われた。松会は明治以後簡略化し、お田植祭となっている。参道を挟んだ南には常行堂跡があり、鬼神社と講堂の間の道を下った所に山門があった。

中宮の下には六谷（近世以降七谷）の坊中が広がる。坊中は杉谷・上谷・中谷・下谷・北谷・南谷・西谷。坊中の最上部、山門跡のすぐ下に禊《みそ》ぎ場跡、座主坊跡がある。

求菩提山では六谷・六院・六哲・六所権現・六峰など六という数が一山の構成の基底にあったと考えられている。求菩提山の白山権現（大白山）には六人の王子があり、それを六峯に祀り小白山と呼んだ。いわゆる求菩提六峯は『求菩提山来暦略記』に「西方・飯盛《いいもり》山権現・東光寺、北方・浜宮白山権現・松福寺、北東常在山権現・如法寺、東方・松尾山《まつおのさん》権現・医王寺《いおうじ》、東南・両界嶽《りょうかいだけ》権現・経読堂、南方・宝勝山権現・長福寺」とある。

経塚とその遺宝

中興の祖と云われる頼厳の名を今日に伝えるものは、普賢窟（胎蔵窟）から発見された国宝銅板経である。三十三枚の銅板に法華経八巻と般若心経が彫られ、阿弥陀三尊・釈迦・薬師が描かれた経筥に納められている。頼厳が大勧進僧となり、勢實《せいじつ》ら求菩提六哲と言われる弟子たち、紀《きの》氏・大中臣《おおなかとみ》氏ら僧俗多数の人たちが関わって康治元年（一一四二）十月二十一日に供養された。銅板経は国東半島の長安寺、英彦山にもあり、この三所ともに関わる人物として紀重永《きのしげなが》が注目されている。また、吉祥窟の岩の割れ目に経筒が挿入されている様が『豊国名所』に描かれている。地中埋納の経塚は、上宮の三ヶ所を含め五ヶ所で発掘調査がされた。求菩提六峯のうち鬼門に位置する如法寺は六哲の一人厳尊《げんそん》が住持した寺で、寺名の如く如法写経が行われた寺であった。

求菩提山は宇佐の真西にあたり、晩秋の太陽は求菩提山に沈む。そうしたことが関連してか、求菩提山出土の経筒銘は晩秋の日付のものが多い。

（森　弘子）

【参考文献】
重松敏美『豊州求菩提山修験文化攷』（豊前市教育委員会、一九六九年）
重松敏美「求菩提山の構成にみる信仰方位軸と四方浄土の展開について」（『山岳修験』七号、一九九一年）
恒遠俊輔『天狗たちの森――求菩提山と修験道』（葦書房、二〇〇一年）
豊前市教育委員会監修『史跡「求菩提山」整備基本計画報告書』（豊前市、二〇〇三年）
豊前市教育委員会『史跡求菩提山――求菩提山護国寺』豊前市文化財調査報告書第二五集（二〇〇八年）

アクセス情報

国玉神社（求菩提山山頂）　福岡県豊前市求菩提山
ＪＲ宇島駅からバス40分、求菩提登山口バス停から徒歩1時間20分

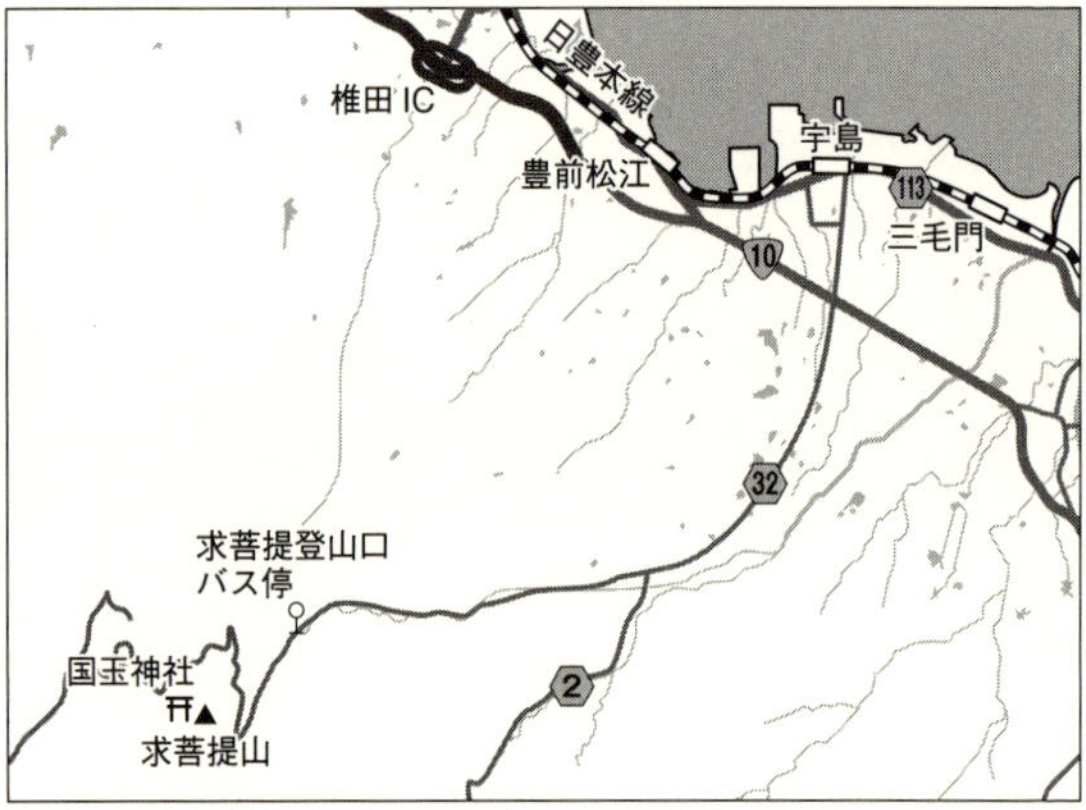

六郷満山《ろくごうまんざん》

大分県北東部の国東《くにさき》半島は、両子山《ふたごさん》（七二〇メートル）を最高峰に、五〜六〇〇メートルの山々が連なり、そこから放射状に谷筋を形成する。平安時代後期から鎌倉期にかけて、国東半島に宇《う》佐《さ》八幡《はちまん》とその神宮寺弥勒寺の影響を受けた多くの天台宗寺院と修験霊場が成立、最盛時には六十五もの寺院が存在したといい、これら仏教文化を総称して六郷満山（六郷山）という。六郷とは、『倭名類聚抄《わみょうるいじゅうしょう》』にある国埼郡の武蔵《むさし》・来縄《くなわ》・国前《くにさき》（国東）・田染《たしぶ》・阿岐《あき》（安岐）・伊美《いみ》をさす。大治五年（一一三〇）の「高山京塚出土紙本墨書経」に「六郷高山」、長承四年（一一三五）の「六郷御山夷住僧行源解」に「六郷御山」の文字があり、十二世紀初頭には六郷山の呼称があったことが分かる。

仁聞開基伝説

六郷満山は養老二年（七一八）、両子寺《ふたごじ》や長安寺《ちょうあんじ》など二十八ヶ寺を仁聞《にんもん》（人聞）菩薩が開いたという伝承がある。

鎌倉時代後期の『八幡宇佐宮御託宣集《はちまんうさぐうごたくせんしゅう》』には、八幡大菩薩は仁聞大菩薩と化して御許山《おもとさん》の正《しょう》

九州・沖縄

覚寺《かくじ》の北東の山で、法蓮・華厳・体能・覚満の四人と七十年あまり仏道修行し、さらにその後も七十年あまり修行したうえで、九世紀中頃、御許山に霊山寺を開基したとある。仁聞菩薩は、故事にならって衆生往生《しゅじょうおうじょう》のために火定《かじょう》を発願し、法蓮ら四人の同行は仁聞の身体に油を塗って三年間焼いた。その岩屋は焼身峰と呼ばれ、馬城峰《まきのみね》（御許山）の麓にある。

六郷満山寺院の成立

平安時代後期の六郷満山諸寺院は、簡単な堂舎と岩屋だけで、そこで修行を行っていたとされる。永久五年（一一一七）の胎内銘がある西明寺《さいみょうじ》（杵築市山香町）の毘沙門天立像、大治五年（一一三〇）の長安寺（豊後高田市）の太郎天立像などは、その保存状態から修行場であった岩屋内に安置されていたと言われる。安貞二年（一二二八）の「六郷山諸勤行并諸堂役祭等目録写」に初覚行者が「仁聞菩薩旧行に学び、一百余所の岩窟を巡礼す」とあり、鎌倉時代初期には百余ヶ所の岩屋が存在したという推察を裏づける。

長安寺は大治五年の太郎天立像、保延七年（一一四一）の銅板法華経などを保有することから、平安時代末から鎌倉時代にかけて六郷満山の中心は長安寺であったと言われる。

宇佐神宮との関係

平安時代から室町時代にかけて貴族や寺社の荘園形成が盛んになるが、宇佐宮と弥勒寺《みろくじ》も勢力を伸ばして九州九ヶ国に二百五十二ヶ所を領有、国東半島六郷の大部分が宇佐宮・弥勒寺の所領となり、半島各地にこれらの末社・末寺が多数建立された。これら末寺集団を六郷満山と称した。天台法華信仰が宇佐宮を通じて浸透、最澄《さいちょう》は法華経六千部を書写し、全国六ヶ所に納めることを発願したが、その一つが弥勒寺であった。その後、永保元年（一〇八一）には弥勒寺境内に白河天皇の御願《ごがん》で新宝塔院が建立され、天台宗僧侶主導で供養（『扶桑略記《ふそうりゃっき》』）が行われている。

中世になると武士勢力が強くなり、宇佐神宮領・弥勒寺領は武士によって押領・侵略され、末期にようやく豊前・豊後の神領を維持するにとどまった。

岩峰の前に建つ文殊仙寺

三山の成立

平安時代末、長承四年（一一三五）の「僧行願解状案」には中山の天念寺・長安寺・本松房・無動寺・応暦寺・千灯寺の六ヶ寺と末山の霊仙寺、それに本山の水月寺が見える。中山六ヶ寺と末山一ヶ寺は弥勒寺領で、本山一ヶ寺は宇佐神宮領である。中山は主として国東半島の中央山岳地、その中央から西部に建立されている。

鎌倉時代初期、安貞二年（一二二八）の「豊後国六郷山諸勤行並諸堂役諸祭等目録」には、新たに本山として金剛寺・霊亀《れいき》寺・報恩《ほうおん》寺・神宮寺・高山寺《こうざんじ》・智恩寺と水月寺の七ヶ寺が見え、これらはいずれも宇佐神宮領、半島付け根部の宇佐神宮に近い位置に建立されている。

南北朝初期には末山十ヶ寺が成立、六ヶ寺が国衙領、宇佐神宮領、弥勒寺領各二ヶ寺で国東半島東部に建立されている。

【本山】後山金剛寺・吉水山霊亀寺・大折山報恩寺・鞍懸山《くらかけやま》神宮寺・津波戸山《つわとざん》水月寺・西叡山《さいえいざん》高山寺・良薬山《りょうやくざん》智恩寺・馬城山伝乗寺《まきさんでんじょうじ》の本寺八ヶ寺に末寺十八ヶ寺

【中山】足曳山両子寺《あしひきやまふたごじ》・長岩屋山天念寺《ながいわやさんてんねんじ》・金剛山長安寺・加礼川山道脇寺《かれがわさんどうきょうじ》・久末山護国寺・黒土山本松房・小岩屋山無動寺《むどうじ》・大岩屋山応暦寺・補陀落山千灯寺《ふだらくさんせんとうじ》・横城山東光寺《よこぎさんとうこうじ》の本寺十ヶ寺に末寺十一ヶ寺

【末山】見地山東光寺《けんちさんとうこうじ》・大嶽山神宮寺《おおたけさんじんぐうじ》・峨眉山文殊仙寺《がびさんもんじゅせんじ》・石立山岩戸寺《いしだてさんいわとうじ》・夷山霊仙寺《えびすざんれいせんじ》・小城山《おぎやま》宝命寺《ほうみょうじ》・龍下山成仏寺《りゅうげさんじょうぶつじ》・参社山行入寺《さんしゃざんぎょうみゅうじ》・西方山清浄光寺《さいほうざんしょうじょうこうじ》・懸樋山清巌寺の本寺十ヶ寺に末寺八ヶ寺

六郷満山には本寺二十八ヶ寺その末寺三十七ヶ寺、六十五ヶ寺の寺院があった。

鎌倉初期、豊後国守護として入ってきた大友氏が六郷山の権力組織に食い込んで、荘園は徐々に侵略された。六十五ヶ寺の三山組織は壊れていき、江戸期に両子寺は残った六郷組織をまとめて六郷満山と称して、宝永八年（一七一一）『六郷満山縁起』の編纂、峰入りの復興を行いながら修正鬼会などを守ってきた。明治初期の神仏分離で鎮守社と分離、満山《まんざん》として活動している寺院は十数ヶ寺となった。

峰入り

回峰行が平安時代以来盛んで、修行行程は後山の岩屋（金剛寺）・田染《たしぶ》郷・田原別府《たはらべっぷ》・安岐《あき》郷を経て横城《よこぎ》（東光寺）に至る峰道（東三郷）、と尾山・長岩屋・黒土岩屋・四王岩屋・小岩屋・大岩屋・夷岩屋を巡る海辺の辺路（西三郷）の二つと考えられ、東三郷の峰道を阿弥陀の利生《りしょう》を求める行場、西三郷の海辺道を観音の垂迹地として、両者を抖擻《とそう》する峰入りであった。しかし、鎌倉時代になると衰退した。

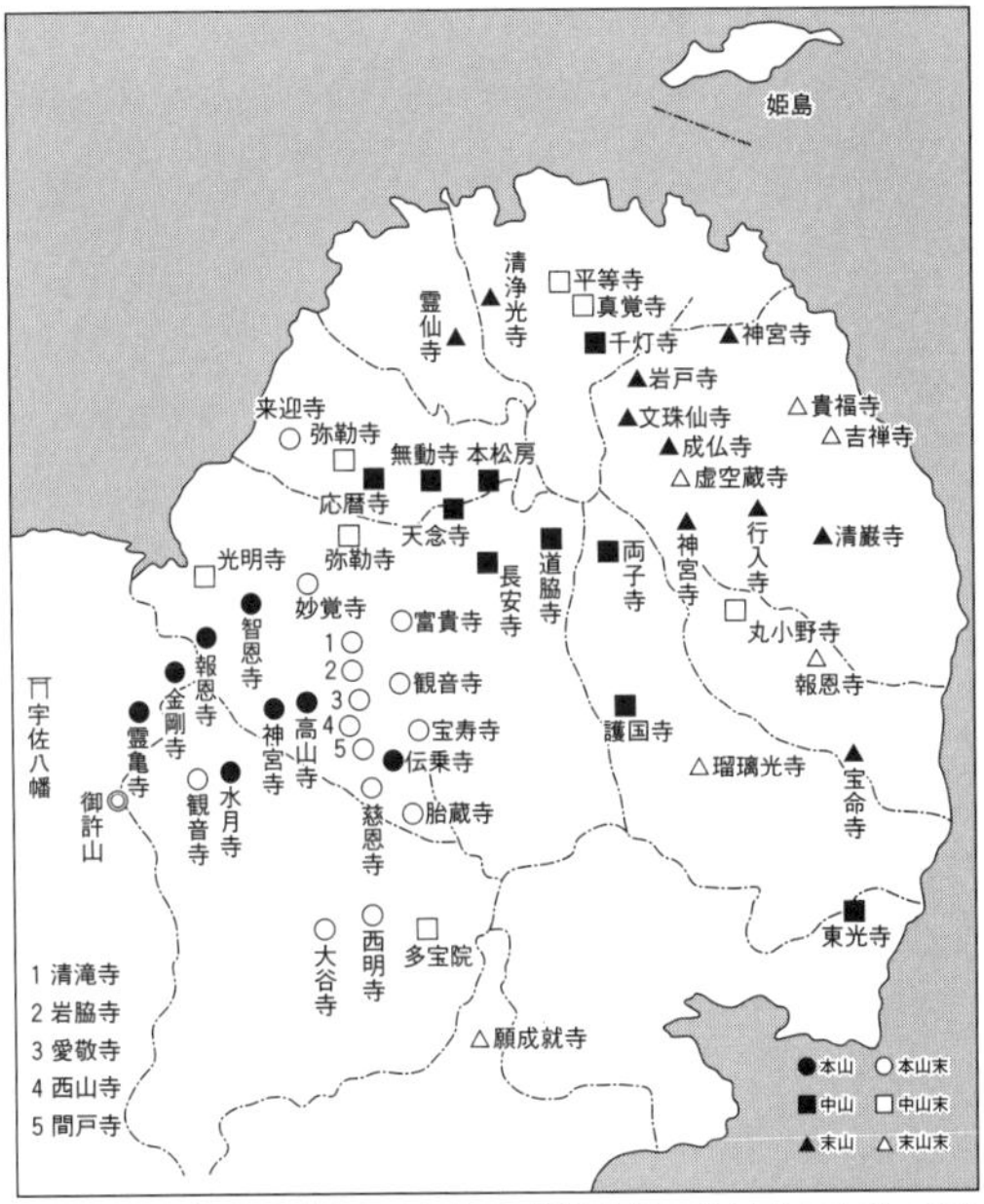

六郷満山寺院分布図（宮家準『修験道の地域的展開』春秋社〈2012年〉を参考に作成）

江戸時代に復興された富貴寺《ふきじ》の柱には元禄十四年（一七〇一）の墨書があり、ほかにも当時の峰入りが各地の堂、寺院に柱銘、修札が残されている。それらによると宝永三年（一七〇六）、寛延三年（一七五〇）、宝暦九年（一七五九）、安永八年（一七七九）、寛政十一年（一七九九）、文化十四年（一八一七）、天保八年（一八三七）、嘉永六年（一八五三）と十年ないし二十年ごとに、両子寺を中心に行われたことが分かる。『太

岩屋前に建つ両子寺奥ノ院

宰管内志』には「国東郡六郷二十八山の寺院二十一年に一度峯入りの時此山に来り注連を切ておくに入ルと云」とあり、峰入りは二十一年ごとに行われ、宇佐神宮に参詣し御許山（此山）に登っていたことが分かる。しかし、嘉永六年を最後に再び中断し、昭和三十四年（一九五四）に再興され、近年は平成二十二年（二〇一〇）に行われた。

　現在の峰入行は、両子寺の満山会において、上役職・期日・順路・行法などを定める。六郷山峰入行法では岩飛びに特徴がある。岩飛びは日野山岩脇寺（豊後高田市田染）、長岩屋山天念寺（豊後高田市長岩屋）、小岩屋山無動寺（西国東郡真玉町）、補陀落山千灯寺（東国東郡国見町）、足曳山両子寺（国東市安岐町）などにおいて行われている。

修正鬼会《しゅじょうおにえ》

六郷山天台宗寺院最大の法会。天台宗の修正会と鬼会が結合したもので、年の初めに国家安穏・五穀豊穣・無病息災を祈念する。江戸時代には各寺院で行われていたが、現在は天念寺、岩戸寺、成仏寺の三ヶ寺で行われる。天念寺の修正鬼会は毎年旧正月七日、岩戸寺は隔年旧正月七日、成仏寺は隔年旧正月五日で岩戸寺と一年交代となっている。祭事内容は三寺ともほぼ同じ、鬼は菩薩の化身とし民衆を加護するというもの。僧俗が一体となる鬼会で、鬼が乱舞し松明の火の粉が舞い上がるなど民俗学的に貴重な存在と言われている。

両子寺

足曳山総持院と号し天台宗。寺伝によると養老二年（七一八）仁聞の開基という。奥ノ院岩屋の上部岩壁に建保三年（一二一五）を記年する墨書がある。大友氏の戦乱に両子寺をはじめ六郷山が衰微するなか、江戸時代初期住職順慶が再興、ほかの寺院の再興にも関わり、六郷山の中心的存在となる。

長安寺

金剛山と号し天台宗。寺伝では養老二年（七一八）仁聞の開基と伝える。当寺には大治五年（一一三〇）の木像太郎天立像や保延七年（一一四一）銘の銅板法華経、久安六年（一一五〇）の梵鐘があるなど、平安時代末期には寺勢を誇り、中世を通して六郷満山寺院の中心的存在であった。

天念寺

長岩屋山と号し天台宗。寺伝では養老二年（七一八）仁聞の開基と伝える。当寺の背後には天《てん》念寺耶馬《ねんじやば》と呼ばれる奇峰が連なり、修験者の行場となっている。その岩峰岩場には十ヶ所の岩屋があり、平安から鎌倉期のものと推定される仏像がそれらに安置されていたが、破損が著しく現在は当寺に下ろされている。

天念寺岩峰にある岩屋

峰入りで行者が渡る天念寺無明橋

富貴寺

富貴寺

蓮華山と号し天台宗。仁聞開基と伝える。阿弥陀堂は九州最古の木造建造物で国宝、壁画は国指定重要文化財である。

（前田博仁）

【参考文献】

平凡社地方資料センター編『郷土歴史大事典　大分県の地名』日本歴史地名体系四五（平凡社、一九九五年）

宮家準『修験道の地域的展開』（春秋社、二〇一二年）

アクセス情報

両子寺　大分県国東市安岐町両子一五四八
ＪＲ杵築駅からバス乗り継いで1時間

長安寺　大分県豊後高田市加礼川
ＪＲ宇佐駅からバス15分、昭和の町バスターミナルからタクシー20分

天念寺　大分県豊後高田市長岩屋
ＪＲ宇佐駅からバス15分、昭和の町バスターミナルからタクシー15分

富貴寺　大分県豊後高田市蕗
ＪＲ宇佐駅からバス15分、昭和の町バスターミナルからタクシー15分

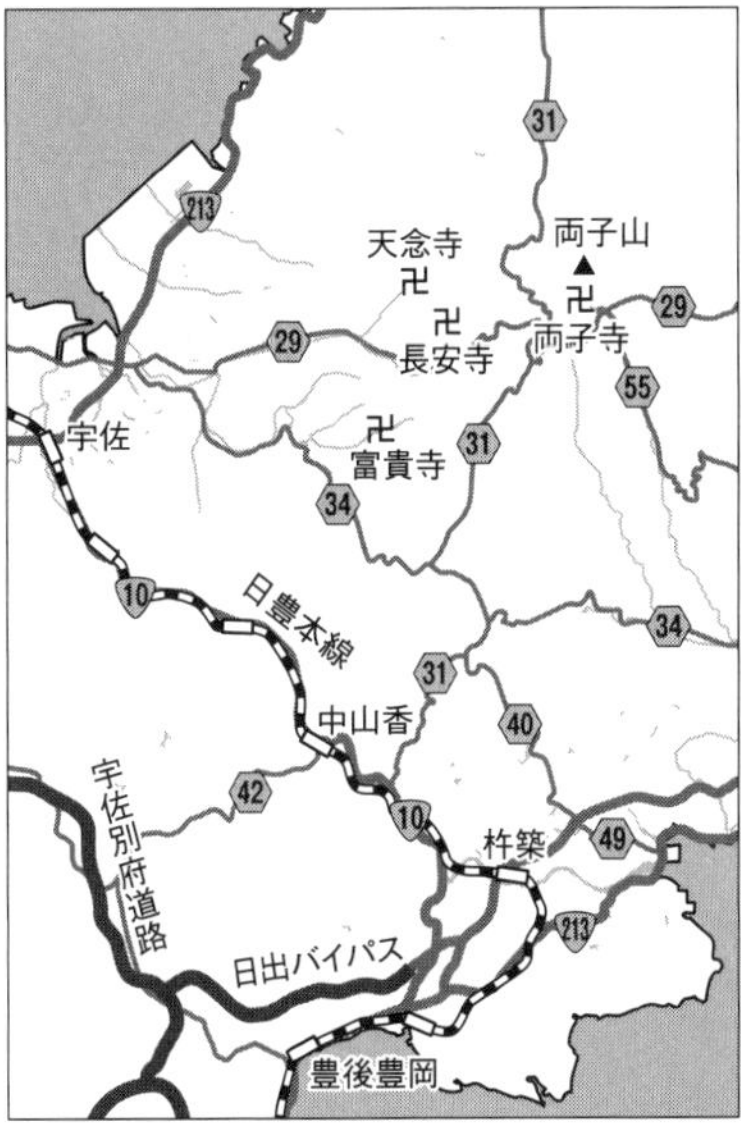

霧島山《きりしまさん》

標高◆一、五七四メートル（高千穂峰）
宮崎県と鹿児島県の境に霧島連山が続く

高千穂峰

霧島山は飯盛山《いいもりやま》（八四六メートル）、栗野岳《くりのだけ》（一、〇九四メートル）、白鳥山《しらとりさん》（一、三六三メートル）、甑岳《こしきだけ》（一、三〇一メートル）、夷守岳《ひなもりだけ》（一、三四四メートル）、韓国《からくに》岳《だけ》（一、七〇〇メートル）、獅子戸岳《ししこだけ》（一、四二九メートル）、新燃《しんもえ》岳《だけ》（一、四二一メートル）、矢岳《やたけ》（一、一三二メートル）、高千穂峰《たかちほのみね》（一、五七四メートル）など、鹿児島県と宮崎県にそびえ立つ諸山岳を含めた名称である。霧島山は、ほかに霧島連山《れんざん》、霧島連《れん》峰《ぽう》などとも呼ばれている。

霧島神が初めて文献に現れるのは、承和四年（八三七）八月一日条の「諸県郡霧島岑神」（『続日本後紀《しょくにほんこうき》』、貞観十一年〈八六九〉）である。天安二年（八五八）十月二十二日条には「霧島神」として従五位上から従四位下に昇叙されている（『日本三代実録《にほんさんだいじつろく》』、延喜元年〈九〇一〉）。

高千穂峰《たかちほのみね》は、霧島火山群の南東部にそびえる主峰である。山

大浪池と韓国岳

の形は尖頭円錐形《せんとうえんすいがた》で、左右均衡のとれた秀麗な霊峰である。山肌の地肌が、朝日や夕日を受けて、一日に七色に変化する美しさは筆舌に尽くしがたい。山麓から、あるいは遠方から遥拝《ようはい》できる。『三国名勝図会《さんごくめいしょうずえ》』に、「此《この》岳、本名は高千穂といへども、後来霧島山を以《もっ》て通称とす」と記されているが、高千穂峰が霧島山と呼ばれることもあるという。『三国名勝図会』によれば、山麓部に霧が発生しやすく、霧に浮かんだ姿から霧島と呼ぶようになったともいう。山頂には天孫降臨《てんそんこうりん》の神話と伝説で名高い天《あま》の逆矛《さかほこ》が建てられている。この逆鉾については、仏家や修験者たちが建てたという諸説がある。

韓国岳は、霧島火山群の最高峰であり、饅頭を盛り上げたような形をしている。山頂からの眺めは雄大で、霧島火山群や錦《きん》江湾《こうわん》に浮かぶ桜島《さくらじま》や開聞岳《かいもんだけ》、中部九州の山岳まで遠望できる。

霧島連山には大小様々な湖が点在し、古くから霧島四十八湖と言われている。そのほとんどは火口湖である。大浪池《おおなみのいけ》（水面標高一、四一二メートル）は、韓国岳の南西側にある火口湖水で、直径六三〇メートル、最大水深約一二メートルの正円形の湖で典型的な火山湖（ホマーテ）である。透明度も高く底まで見えるような清澄さを保ち、韓国岳の雄姿を水面に映している。湖面に映える秋の紅葉など四季それぞれに変化する美しい景観は、神秘的である。この池には、神竜が棲むと言われ、お浪《なみ》と名づ

千里が滝

けらた庄屋の娘が、月明かりの夜、当池に身を沈めて蛇身になったという伝説がある。娘の名前であるお浪が、大浪池という名になったという。

また、千里《せんり》が滝や両滝、千滝などがある。千里が滝は、落差約七五メートルで、霧島山中の滝では最も高い滝である。天気の良い日は滝の飛瀑《ひばく》に、神秘的な七色の虹の輝きが見られる。また、秋、断崖の紅葉は美しい。

霧島山の信仰圏は広く、鹿児島県、宮崎県はもとより、熊本県をはじめ、遠くは大分県まで及んでいる。噴火という大自然の猛威を畏れながらも、山麓の人々に水を恵んでくれることに感謝されてきた。

鹿児島神宮など諸神社

霧島山の山麓には、霧島神宮（旧西御在所《ございしょ》霧島六所《ろくしょ》権現社、別当寺華林寺《けりんじ》）や夷守《ひなもり》神社（旧雛守六所権現社、別当寺宝光院《ほうこういん》）、霧島岑《みね》神社（旧霧島山中央六所権現社、別当寺瀬戸尾寺《せとおでら》）、霧島東《ひがし》神社（旧霧島東御在所両所《りょうしょ》権現社、別当寺錫杖院《しゃくじょういん》）、狭野《さの》神社（旧狭野大権現社、別当寺神徳院《しんとくいん》）、東霧島《つまきりしま》神社（旧東霧島権現社、別当寺勅詔院《ちょくしょういん》）などが鎮座している。

西御在所霧島六所権現社（現在の霧島神宮）は、旧官幣《かんぺい》大社で、欽明《きんめい》天皇（『日本書紀《にほんしょき》』（養老四

年〈七二〇〉によれば、五一〇～五七〇年の時、慶胤上人《ぎょういんしょうにん》を開祖とする。慶胤は、高千穂峯と火常峯《ひとこみね》（現在の御鉢《みはち》）との中間、背門丘《せとお》に社殿を作ったという。天暦年間（九四七～九五七）に性《しょう》空上人《くうしょうにん》が来錫《らいしゃく》して法華経を唱えて霧島権現社など霧島の六社を勧請し、その祭祀組織を作ったとされる。文明十六年（一四八四）に兼慶上人《けんけいしょうにん》が島津家十一代忠昌《ただまさ》の命を受けて社殿および別当寺華林寺を再興し、これから真言宗となったと伝えられている。そして正徳五年（一七一五）に島津家二十一代吉貴《よしたか》によって現在の社殿が作られたという。別当寺の華林寺は、霧島山錫杖院と号した。本尊は十一面観音。開山慶胤上人、性空上人の来錫を経て、兼慶上人を中興開山としている。宝永三年（一七〇六）の「手札改め」によれば、直山伏、門前山伏、町山伏、在郷山伏、又内山伏合わせて八百八十人の山伏がいたという。明治七年（一八七四）二月十五日官幣大社霧島神宮となった。

霧島神宮

　霧島各社の開基や中興に関わる性空上人は、平安時代中期の僧で、父を失ったあと、日向《ひゅうが》国に下った。そして三十六歳で比叡山の良源に学び、その後、九州の霧島山や背振山《せふりさん》など諸名山を回り修行を重ねた。康保三年（九六六）に諸写山《しょしゃざん》に登って円《えん》教寺《きょうじ》を開いた（大隈和雄「性空」一九九一年）。

　性空上人は、『元亨釈書《げんこうしゃくしょ》』（元亨二年〈一三二二〉）によると、身体に蟻や蚤がいないほど清浄で胸間に阿弥陀像を彫り、よく

霧島東神社

弥陀の心を知っていたという。また『本朝高僧伝《ほんちょうこうそうでん》』（元禄十五年〈一七〇二〉）にも、胸に阿弥陀像の入れ墨をし、六根《ろっこん》の穢れが祓われて清浄であった旨が書かれている。ここに霧島山における阿弥陀信仰の濫觴を見ることができる。

霧島中央権現社（現在の霧島岑神社）は瀬多尾《せたお》権現とも称され、別当寺は瀬戸尾寺であった。開基は性空上人で天台修験であった。島津家十六代義久《よしひさ》、同じく十七代義弘《よしひろ》の時、天台宗本山派霧島修験の、吉松にあった内小野寺《うちおのでら》の愛甲相模坊《あいこうさがみぼう》が住持になったという。愛甲修験は代々、島津家の祈禱僧として活躍した。

このような霧島山の祭祀組織は、密教の四門《しもん》説で説明されることが多かった。四門とは密教の曼荼羅《まんだら》の方位に配した門で、東を発心《ほっしん》門、南を修行門、西を菩提《ぼだい》門、北を涅槃《ねはん》門という。その方位に霧島神各社をあてはめるものである。

白鳥山の北麓、宮崎県えびの市飯野《いいの》には白鳥神社がある。祭神は、日本武尊《やまとたけるのみこと》・瓊々杵尊《ににぎのみこと》・彦火々出見命《ひこほほでみのみこと》・鵜茅草葺不合命《うがやふきあえずのみこと》・豊玉姫命《とよたまひめのみこと》・玉依姫命《たまよりひめのみこと》である。古くは白鳥山六所権現と称されていた。社伝によると応和年間（九六一～九六四）に性空上人が、白鳥権現を建立し、さらに別当寺として白鳥満足寺《しらとりまんぞくじ》を建てたという。『三国名勝図会』には「性空上人、霧島山の霊窟を巡視するに、大池あり、池側に座して、法華経を読誦《どくしょう》す、忽然《こつぜん》として老翁来《きた》り、我は日本武尊なり、白鳥と化して此《こ》の峯に住すること久し、師の読経《どきょう》苦行《くぎょう》の徳に感して、身を現すといへり」とある。性空上人は、この因縁で白鳥権現社と白鳥山金剛乗院満足寺を創建したという。この大池とは六観音池のことである。

白鳥神社の禁忌としては『三国名勝図会』に「飯野及び近郷、白鳥を殺すといふことを禁ず」とあるが、これは今でもしっかり守られ、捕らえることは勿論、石を投げたりして白鳥を傷つけたりすることも忌まれている。『木崎原合戦記《きざきばるかっせんき》』によると、球磨《くま》から加勢に来た五百人が、飯野の方を見渡すと、木崎原から白鳥山まで白い旗がなびいていた。これは、島津勢が、雲霞のように多勢いたように見えた。それを見て、球磨勢は、我先に球磨の方へ引き取ったことが記されている。木崎原合戦というのは、元亀三年（一五七二）に日向真幸院《まさきいん》加久藤《かくとう》（えびの市）の木崎原で、島津氏と伊東氏との間で戦われた合戦である。島津義弘は自ら手勢を率いて、伊東氏の大軍を全滅させた。ここに戦国大名島津氏は、薩隅日三国を平定したのである。『島津国史』（享和二年〈一八〇二〉）には、この時の白旗は、白鳥権現の御神体である白鷺で、これは権現の顕霊《けんれい》であったと記されている。島津氏はたびたび、修験者に霊験ある霧島神の神籤《みくじ》を引かせ、戦勝を得ている。

霧島山大爆発による神火を鎮める祈願

霧島山は、有史以来、大燃《おおもえ》、すなわち大爆発をくり返し、農作物や人畜に大被害を与えてきた。大燃は御神火と言われたりするが、神の怒りと捉えられ、人々は、ともすれば悪政が原因だと考えがちであった。そのため、どの寺社でも藩をあげて鎮火祈願の祭りが行われてきた。具体的な事例として、東霧島神社の本殿の横にある愛宕神の記事が『三国名勝図会』に出ている。愛宕大権現廟《あたごだいごんげんびょう》があり、天正十一年（一五八三）に、山田新介有信という者が高原地頭《たかはるじとう》となって高原にいた。当時、当邑《とういう》は高原の内であった。山伏の河野大聖院社誉が有信へ従ってやってきて、鎮火の祈禱をしていたという。この愛宕権現には、伊弉冉尊《いざなみのみこと》が迦具土神《かぐつちのかみ》を分娩したのが原因となって亡くなったが、その迦具土神が仇子《あたご》として祀られているという。

東霧島神社では、現在、毎月一日と十五日に火伏《ひぶせ》の祈禱を行っており、その護符《ごふ》は人々の手に渡されている。各家では、火の神として祀っているという。

新燃岳で平成二十三年（二〇一一）から始まった大規模噴火により、火山灰が地元だけでなく遠く都城盆地や宮崎平野南部に降り、農作物などに大きな被害を与えた。東霧島神社だけでなく霧島神宮などでも、鎮火の祈禱は毎月あるいは毎日行っているという。

神仙郷

霧島の奥深い山中には神仙郷《しんせんきょう》があると言われている。『三国名勝図会』に「此《この》山中に神仙郷ありと、古昔より伝へ言《いい》て、奇異の事状《じじょう》一《ひとつ》ならず」と記されている。山中では中国風の異様な姿をした老翁に逢ったり、絶麗な婦人に出逢ったりする。深山・深遠な幽谷のなかで、突然、歌舞音曲が聞こえ、優雅に舞っている仙女の姿を見た人もいるという。あるいは鶏や犬の鳴く声がしたり、橘柚の実の熟した一軒の家にたどり着いたが、翌日探しても見つけられなかったという話が残っている。

鶏精進のカヤカベ教徒

霧島山系西麓の霧島市牧園町《まきぞのちょう》と横川町《よこがわちょう》に分布する霧島信仰を表面にした隠れ念仏である「カヤカベ教」の信徒たちは、鶏や牛・馬・亀の肉は食べないし、牛乳も飲まない。さらに、ハムやソーセージなどの肉の加工品や牛乳の入った菓子類も食しない。また、骨粉《こっぷん》を下肥《しもごえ》にして育てた米も食べない。もし、牛肉類を食べた場合は、郡《こい》という小単位組織の統括者である「郡親《こいおや》」に「オサエ」という浄《きよ》めの宗教儀礼をしてもらう。しかし、霧島神の使いとされる鶏を食べた場合は「オサエ」が効かないし、仲間はずれにされる。昔は白い鶏だけが禁じられていたという。

霧島山系東南麓の「カヤカベ類似の宗教（ノノサン）」地帯の、宮崎県都城市山田町では、白鳥のカゼの信仰が見られる。六十六部を殺したために、白鳥のカゼが吹き、一族や集落の人々が高熱にうなされたり、牛馬が死んだりして色々な災厄を被るというのである。そのため、一門講《いちもんこう》などを催して供養し、その霊の祟りを鎮めるのである。これを「白鳥のオサエ」という。この信仰は、飯野の白鳥神社の影響を受けているのである。

霧島修験空順法印（一六六三〜一七三八？）

真言山伏《やまぶし》で、島津家十九代光久《みつひさ》の帰依僧《きえそう》である。宝永元年（一七〇四）の頃、霧島山高千穂峯の絶頂に登って、自分や人々の浄土往生を霧島神に祈願している。

（森田清美）

【参考文献】
永井哲雄「日向の山岳信仰について」（中野幡能編『山岳宗教史研究叢書一三　英彦山と九州の修験道』名著出版、一九七七年）
根井浄『修験道とキリシタン』（東京堂出版、一九八八年）
森田清美「霧島修験――空順法印の日記について」（『鹿児島民俗』一一四号〈一九九八年〉・一一九号〈二〇〇六年〉・一三〇号〈二〇〇六年〉・一三六～一四一号〈二〇〇九～二〇一二年〉）
森田清美『霧島山麓の隠れ念仏と修験』（岩田書院、二〇〇八年）
『郷土誌牧園町』（牧園町、一九六九年）
『都城市史　別編　民俗・文化財』（都城市、一九九六年）
『宮崎県史　資料編　民俗二』（宮崎県、一九九二年）

アクセス情報
霧島神宮　鹿児島県霧島市霧島田口二六〇八-五
ＪＲ霧島神宮駅からバスで10分

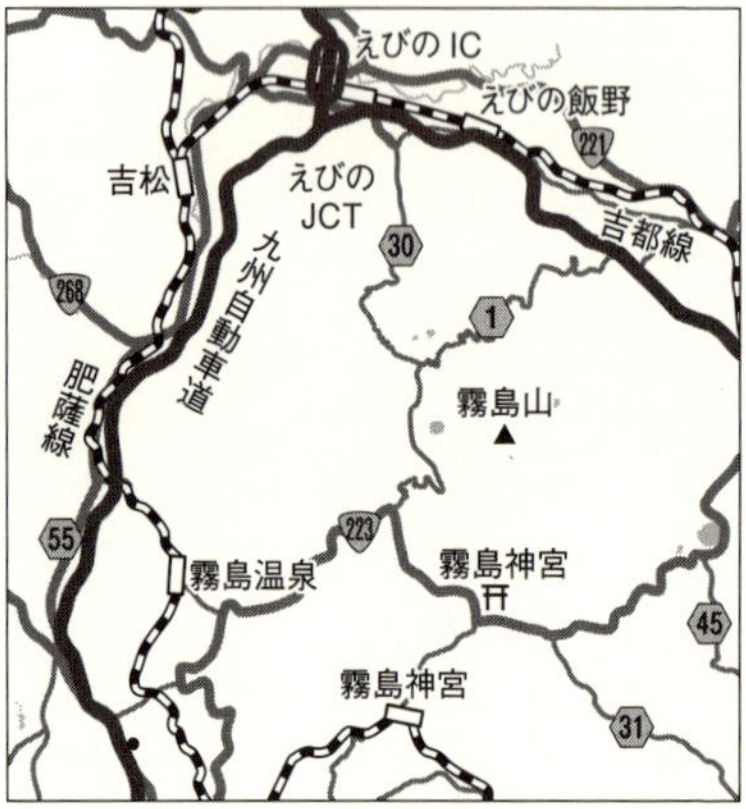

脊振山《せふりさん》

標高◆一、〇五五メートル
福岡県福岡市早良区、佐賀県神埼郡吉野ヶ里町

祭神と山名の由来

脊振山は、西北の十坊山《とんぼやま》・浮嶽《うきだけ》から南東の九千部山《くせんぶやま》まで、福岡県と佐賀県の県境に龍の背のよう連なる総延長五〇キロに及ぶ脊振山地の主峰である。

『玉林苑《ぎょくりんえん》』（下）「脊振山霊験」に、「それ海西に名隅あり。脊振山これなり。飛龍、背を振しかば、龍樹権現跡を卜し、徳善大王・弁才天・乙護法《おとごほう》の霊場、誠に神秀の地なるかな。建立の昔をかぞふれば、神功《じんぐう》皇后の当、新羅を責め給ひしに、祈精の為に草創」と、山名の由来、祭神、神功皇后による草創伝説を語っている。また、乙護法が天竺《てんじく》から乗ってきた龍馬は山頂の龍ヶ池の側で石と化したというが、この池に棲む龍が脊を振ると、「山動き地震う」ゆえに脊振山というのだとも伝えられている。

中宮霊仙寺《りょうせんじ》出土の康治元年（一一四二）経筒銘に「鎮西肥前国背振山　如法書写法華経十二部内守護者　大悲三所権現龍樹・弁才・□《徳力》善帝王八所王子　大悲大行事乙護法　□護法　東西満山護法伽藍神等（以下略）」とあり、十二世紀中葉までには背振山三所権現が成立し、天竺から渡ったという龍樹菩薩・弁財天・徳善大王・乙護法が脊振山信仰の中核をなしていたことが知られる。

脊振山頂レーダー基地と弁財天社

龍樹菩薩・徳善大王・弁財天は箕面山《みのおやま》にも見られ、また乙護法は、霧島から来て脊振山で約二十年間修行した性空上人《しょうくうしょうにん》の修行を助け、性空は乙護法に導かれて、康保三年（九六六）に姫路書写山《しょしゃさん》を開いたと伝えられるなど、中央霊山と脊振山の密接な関係がうかがえる。上宮に弁財天、下宮に徳善大王、中宮に乙護法を祭る。

『日本三代実録《にほんさんだいじつろく》』貞観十二年（八七〇）五月二十九日条の「筑前国正六位上背布利神に従五位下を授けた」という記事が史料上の初見である。現在、脊振神社は市杵島姫命《いちきしまひめのみこと》を祭神とし、肥前側中腹、佐賀県神埼市脊振町腹巻に鎮座する。もともと山頂にあったが、寛政十年（一七九八）、弁才天像を白蛇堂へ移動して脊振神社とし、山頂の上宮には新たに二臂の弁財天の石像を建立した。山頂から遷した弁財天は「日本六所弁財天」とされ、元禄十年（一六九七）、京仏師二十六世法橋康慶が脊振山中の香木赤栴檀《しゃくせんだん》で造ったという八臂の座像である。

和銅年間（七〇八～七一五）、元明《げんめい》天皇の勅願により、脊振北坂本の僧湛誉《たんよ》が霊仙寺《りょうせんじ》・東門寺《とうもんじ》を創建したと伝える。盛時の脊振山は「脊振千坊」と呼ばれ、肥前（佐賀県）側に上宮東門寺・中宮霊仙寺・下宮積翠寺《せきすいじ》、筑前側に福岡市早良区から筑紫郡那珂川町にかけて、竹ノ屋敷座主別宅・脇山東門寺・池田大教坊・乙子神社・別所毘沙門寺などがあった。

脊振千坊

山頂には現在、航空自衛隊・アメリカ軍のレーダー基地があり、隣接して石造りの弁財天社がある。その南側、佐賀県側に役行者石像・脊振山経塚群・龍ヶ池があり、さらにその南東五〇〇メートルほど下った所に東門寺の伽藍・坊跡がある。経塚造営後に寺院活動が活発になったと考えられ、十二〜十三世紀の遺物が多く採取されている。

中宮乙護法堂

中宮霊仙寺跡には現在、乙護法堂一宇が遺るのみであるが、中尾根地区、東谷地区、西谷地区の東西約一キロ、南北四〇〇メートルの範囲に坊跡や経塚、茶園、中世墓などが遺っている。西谷の石上坊の茶園は、栄西《ようさい》が日本で初めて茶の栽培をした所と伝えられる。

戦国期の兵乱、さらには豊臣秀吉の寺領没収によって衰亡したが、天和三年（一六八四）から元禄五年（一六九二）の筑前・肥前国境争いを契機として復興に向かった。霊仙寺の霊水が湧き出る水上坊にいた智足坊仁周《ちそくぼうにんしゅう》は、争論に勝利した肥前佐賀藩主鍋島氏の援助を得て、山頂の弁財天社を再興、社殿を肥前側に向けて建立し、中宮に十坊を再興、下宮積翠寺跡には修学院《しゅがくいん》を建立した。そのあとを受けた五戒坊玄純《ごかいぼうげんじゅん》も復興に尽力したが、明治維新を迎え、中宮の乙護法堂を遺してほとんどが山野に帰し、わずかに脊振神社と修学院が法灯をつないでいる。

（森　弘子）

【参考文献】

岡寺良「寺院遺構からみた背振山上宮・東門寺跡と中宮・霊仙寺跡の研究」（『財団法人鍋島報效会研究助成研究報告書』第六号、鍋島報效会、二〇一四年）
川頭芳雄「天台密教の背振山」（中野幡能編『山岳宗教史研究叢書　一三　英彦山と九州の修験道』名著出版、一九七七年）
波佐場義隆「背振山修験の歴史と宗教活動」（中野幡能編『山岳宗教史研究叢書　一三　英彦山と九州の修験道』名著出版、一九七七年）
吉田扶希子『背振山信仰の源流――西日本地域を中心として』（中国書店、二〇一四年）

アクセス情報

脊振山

ＪＲ博多駅からバス１時間、椎原バス停から山頂まで徒歩３時間

雲仙岳《うんぜんだけ》

標高◆一、三五九メートル（普賢岳）
長崎県雲仙市小浜町

長崎県島原半島の中央にそびえる山岳。雲仙岳は、普賢岳《ふげんだけ》、妙見岳《みょうけんだけ》、国見岳《くにみだけ》の主峰を含めて総称する山岳名。平成二年（一九九〇）十一月、普賢岳が噴火した。寛政四年（一七九二）四月の大噴火から数えて百九十八年ぶりのことであった。やがて溶岩ドームが出現、山容が変貌を遂げ、最高峰は一、四八三メートルの平成新山となった。古今東西、地獄がある山として知られていたが、かつては「温泉山」と表記して「うんぜんさん」と呼ばれ、肥前国を代表する修験道の山であった。祖霊の籠る山として、地震鎮静を祈る普賢神として社会に機能し、信仰対象の山岳であった。

雲仙岳（中央：普賢岳、右：島原市街背後の眉山、島原市商工観光課提供）

八世紀初頭の『肥前国風土記《ひぜんのくにふどき》』は、温泉山に高木津座という山の神を記録し、温泉神の発祥とともに「峰湯泉」として現今の雲仙地獄を紹介する。

古記録によると大宝元年（七〇一）、島原半島山麓の四ヶ所に、山頂の温泉神の分身末社として山田神（吾妻町）・有江神（有家町）・千千石神《ちぢわ》（千々石町）・伊佐早神（諫早市）が勧請されたという。したがって温泉四面神、温泉四面大明神とも表記し、地元では「おしめんさん」と愛称する。『日本三代実録』《にほんさんだいじつろく》貞観二年（八六〇）条には「温泉神」が確認できる。

温泉四面神の祭神は、速日別命《はやひわけのみこと》・白日別《しらひわけの》命《みこと》・豊日別命《とよひわけのみこと》・建日別命《たけひわけのみこと》・豊久士比泥別《とよくじひねわけの》命《みこと》の五神（『古事記』《こじき》筑紫島〈九州〉一身四面神に原由）。これら五柱に対して大日如来・阿閦《あしゅく》如来・宝生《ほうしょう》如来・阿弥陀如来・釈迦如来の五智《ごち》如来を本地仏とする（『温泉山鎮将四面大菩薩縁起』）。現在の雲仙山内に鎮座する温泉四面神を奉祀したのは満明寺《まんみょうじ》一乗院（現在の雲仙山満明寺）であった。満明寺は大宝元年、行基《ぎょうき》が開創、山内周辺に千坊あったと伝承する。後世に付加された信仰的縁起であるが、雲仙岳に登る千々石参道には女人堂跡が現存する。

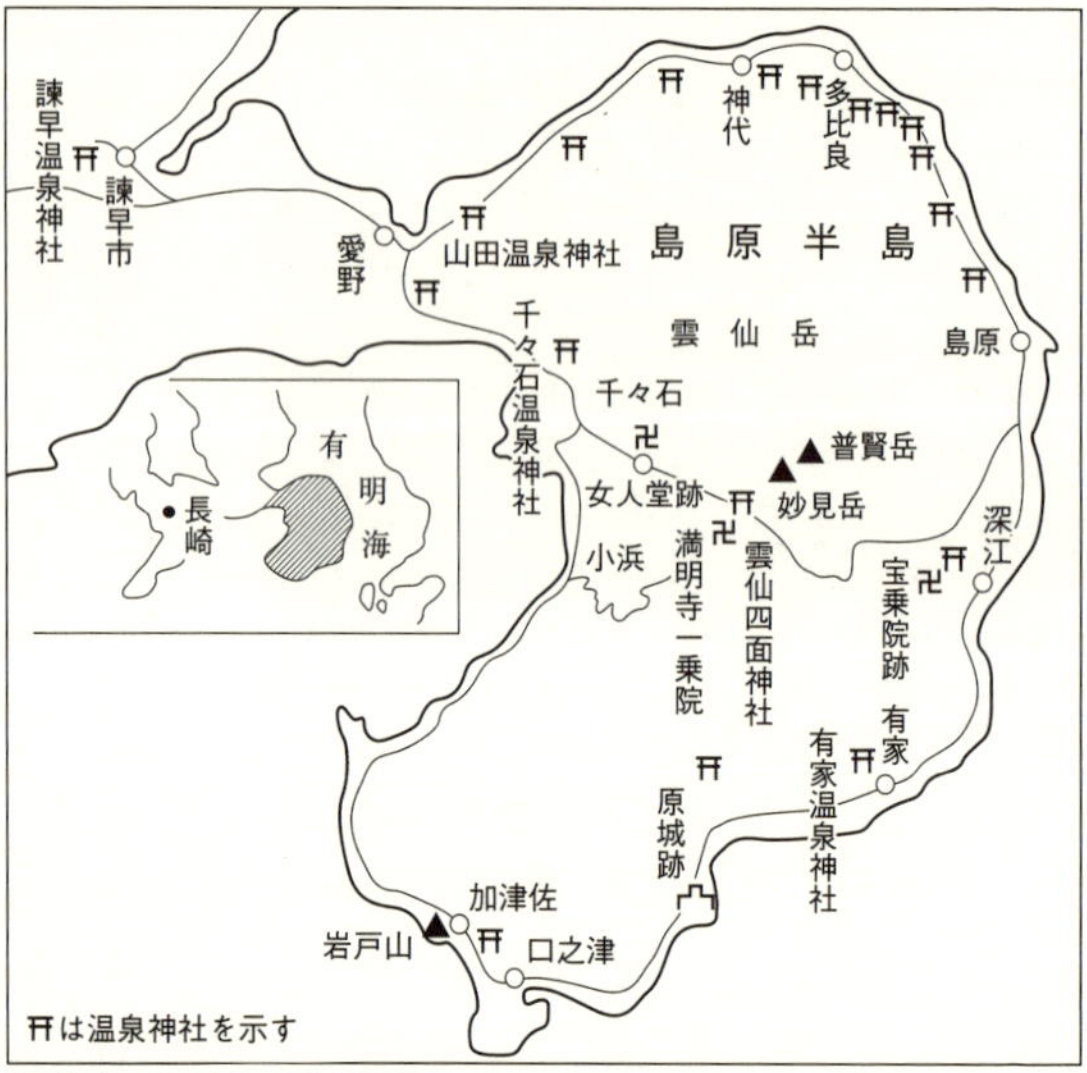

温泉山（雲仙）周辺要図

鎌倉時代の文永・弘安の役（一二七四・一二八一）の時、蒙古軍の一身三面の神に対して、温泉山の一身四面の神が現れて追撃したという伝承がある。異国の一身三面神に対して一身四面神の数の上での優位性を説く縁起である。鎌倉期の温泉神は、軍神として機能していた。

永禄五～六年（一五六二～六三）頃、島原・有馬氏領内にキリスト教が伝来、戦国大名の有馬氏が入信して領内にキリシタン文化が開花した。しかし、キリシタン定着には幾多の支障があった。ルイス・フロイス『日本史』は「山の上（雲仙）には大いなる僧院がある……日本における最大、かつもっとも一般的な霊場……これらの寺院は温泉（うんぜん）という偶像に奉献されている」と記し、キリシタン伝播には温泉山修験教団が大きな抵抗勢力となっていた。当時の温泉山には大定院・聖徳坊・中輪坊・宝乗坊・東光坊などが満明寺真言山伏教団を構成していた（『伊勢御師日記』永禄四年・十年）。

天正八年（一五八〇）、有馬晴信《ありまはるのぶ》は宗教改宗政策の一環として雲仙・有馬氏領内の寺社を破壊した。その惨状について『上井覚兼日記《うわいかくけんにっき》』（上井覚兼は島津氏家臣）は「当郡南蛮宗にて温泉坊中残り無く破滅に候」（天正十二年四月八日条）、「言語道断、殊勝の霊地、申すに及ばず候。悉く荒廃の躰、是非なく候。四面大菩薩、ようやく礎《いしずえ》ばかり残り候」（同年五月一日条）と記している。その後、温泉山の再興を企てたのは薩摩の島津氏である。修験信仰を重んじる島津氏による伝統的宗教の回復運動であった。雲仙岳は明治期の神仏分離を待たず、すでに中世に廃仏毀釈に遭遇した霊場である。

（根井　浄）

【参考文献】

根井浄『修験道とキリシタン』（東京堂出版、一九八八年）
根井浄「雲仙岳の歴史と文化」（『山岳修験』三〇号、二〇〇二年）

アクセス情報

雲仙岳

ＪＲ諫早駅からバス1時間20分、島原鉄道・島原バスターミナルから50分、乗り合いタクシー20分で仁田峠、雲仙ロープウェイ妙見岳駅から妙見岳へは徒歩10分、国見岳へは徒歩45分、普賢岳へは徒歩1時間

阿蘇山《あそざん》

標高◆一、五〇六メートル（中岳）
熊本県阿蘇市・高森町・南阿蘇村

中央火口岳の根子岳《ねこだけ》・高岳《たかだけ》・中岳《なかだけ》・烏帽子岳《えぼしだけ》・杵島岳《きじまだけ》のいわゆる阿蘇五岳と周辺火山群の総称。

雲海に浮かぶ阿蘇五岳。阿蘇では涅槃像という

五岳のうち、中岳は現在も活動している。阿蘇山噴火の記録上の初見は延暦十五年（七九六）である（『日本後紀《にほんこうき》』）。『筑紫風土記』には「肥後の国閼宗《あそ》の県《あがた》。県の坤のかなた廿余里に一つの禿《あかはだか》なる山あり。閼宗の岳と曰ふ。頂に霊《あや》しき沼あり。（略）時々水満ち、南より溢れ流れて白川に入れば、衆《もろもろ》の魚酔ひて死ぬ。土人《くにひと》、苦水《にがみず》と号く。（略）奇しき形は杳々《はろ》けく、伊《これ》、天の下に双なし。地《くに》の心《もなか》の居在《を》れるが故に中岳と曰ふ。謂はゆる閼宗の神宮《かむつみや》、是なり」とある。火山噴火は神の怒りと解し、災いの前兆と恐れられた。平安時代初期に仏教が盛んになると、火の神をなだめる祈禱が行われた。阿蘇中岳の火口が崇拝の対象となり神霊沼（御池）と呼ばれ、健磐龍命《たけいわたつのみこと》・比咩《ひめ》明神《みょうじん》・彦獅子明神を山上に祀り上宮三社とした。この健磐龍命は、阿蘇国造《くにのみやつこ》の

阿蘇神社楼門

祖神である。

神亀三年（七二六）、阿蘇大宮司家は比叡山から最栄読師《さいえいとくし》を招き、火口（御池）を中心とする修験道場を開いた。火口は上宮と呼ばれ、中宮には本堂が建てられ、衆徒・行者の居住する三十六坊五十二庵の寺院群は古坊中と言われた。これら衆徒や行者《ぎょうじゃ》は阿蘇社の大宮司であり、武家領主だった阿蘇氏の支配下にあった。

阿蘇社では、神事とともに読経が神前で行われ、度者《どしゃ》・僧徒が置かれ、仏教的儀式が行われた。山上では、坊庵の衆徒・行者によって神霊沼を対象とする祈禱や仏事が行われた。山の坊は、天正年間（一五七三～九二）の薩摩島津氏の肥後国侵攻で衰退したが、天正十年（一五八八）に加藤清正が肥後に入国し、のちに阿蘇山麓の黒川村（阿蘇市）に西巌殿寺《さいがんでんじ》を中心に坊舎を復興、麓坊中《ふもとぼうちゅう》と呼ばれた。近世には衆徒二十坊行者十七坊であった。

阿蘇神社

熊本県阿蘇市に鎮座。式内社、肥後国一之宮、旧官幣大社。祭神は健磐龍命と阿蘇十二神。もともと阿蘇神社は、阿蘇岳（中岳）頂上に水を湛えた神霊沼（御池）で、天にそびえる中岳をさす。阿蘇地方には古くから噴火口を神体とする阿蘇火山神への信仰と、阿蘇谷開拓に伴って発生した農業開拓神との合体した信仰があったと言われる。社伝によると、健磐龍命は阿蘇谷の湖水を干して開拓し阿蘇の土を耕地とした。土地の阿蘇都比咩《あそつひめ》を娶り、孝霊天皇九年に健磐龍命の子速瓶玉命《はやみかたまのみこと》が両親を祖神を祀ったことに始まるという。

『古事記《こじき》』神武天皇条に、天皇の子神八井耳命《かむやいみみのみこと》を祖とする十九の家が挙げられており、それに阿蘇君がある。このことから阿蘇の国造であることが分かる。豪族阿蘇氏が地域を併合していく過程で阿蘇国造となり、阿蘇氏が祖神（国造神）と火山神を結びつけたことにより、火山神は阿蘇地域の神ともなったという。

阿蘇氏（平安期は宇治姓を名乗る）は、阿蘇社大宮司であるとともに地方豪族として領主的支配を強めていき、十一世紀中頃までに阿蘇谷南郷谷の地域にその領主権を確立、荘園としての阿蘇社領の荘官も兼ねることとなった。南北朝期、阿蘇一族は南北に分かれて争い、戦国末に島津氏の肥後国進出によって政治勢力は衰え、豊臣秀吉の九州攻めで旧来の地位が否定されたために阿蘇社の祭祀は衰退した。肥後を治めた加藤清正、それに続く細川氏は阿蘇氏の地位を認め、阿蘇社の祭祀が復活した。

祭り

七月二十八日の御田植神幸式《おんだうえじんこうしき》（おんだ祭）、三月の田作祭・火振り神事、祭りあげがあり五穀豊穣を願う。

（前田博仁）

【参考文献】

宮家準『修験道の地域的展開』（春秋社、二〇一二年）

アクセス情報

阿蘇山

ＪＲ阿蘇駅からバス40分、または九州自動車道熊本ICから車60分、阿蘇山ロープウェイ阿蘇山西駅から約４分で火口西駅（事前に火口規制情報を確認すること）

阿蘇神社　熊本県阿蘇市一の宮町宮地三〇八三

ＪＲ宮地駅から徒歩で15分、またはバスで５分

檜原山《ひばるさん》

標高◆七三五メートル
大分県中津市

県北部、大分・福岡両県境近くに位置し、山頂に白山権現社《はくさんごんげんしゃ》、中腹に天台宗正平寺《しょうへいじ》がある。檜原山は、求菩提山《くぼてさん》・松尾山《まつおのやま》・蔵持山《くらもてやま》・普智山《ふちさん》・福智山《ふくちのやま》などとともに英彦山六峰の一つで、英彦《ひこ》山《さん》を中心とする豊前国修験道場である。

正平寺

天平勝宝四年（七五二）、越中の僧正覚が白山権現の夢告によって正平寺を建立（『豊鐘善鳴録《ほうしょうぜんめいろく》』）し、『太宰管内志《だざいかんないし》』には「下毛郡津民郷檜原山白山権現社十二箇ノ坊中あり開基を雷元《らいげん》と云」と、『扶桑記勝《ふそうきしょう》』にも「檜原山に十二坊有。神は白山権現なり。開基は雷現と云」とあり、雷現《らいげん》を開基としている。一方、松尾山医王寺《いおうじ》の『中野旧記』には、檜原山開闢《かいびゃく》は天正四年（一五七六）、医王寺東ノ坊の南覚が建立したとある。寺伝では天平勝宝四年、百済僧正覚が白山権現を祀って開基、中世後期には二十四坊があったが衰退した。その後天正四年、医王寺東ノ坊南覚が中興したとしている。近世には中津藩の祈願所として興隆を極めたという。

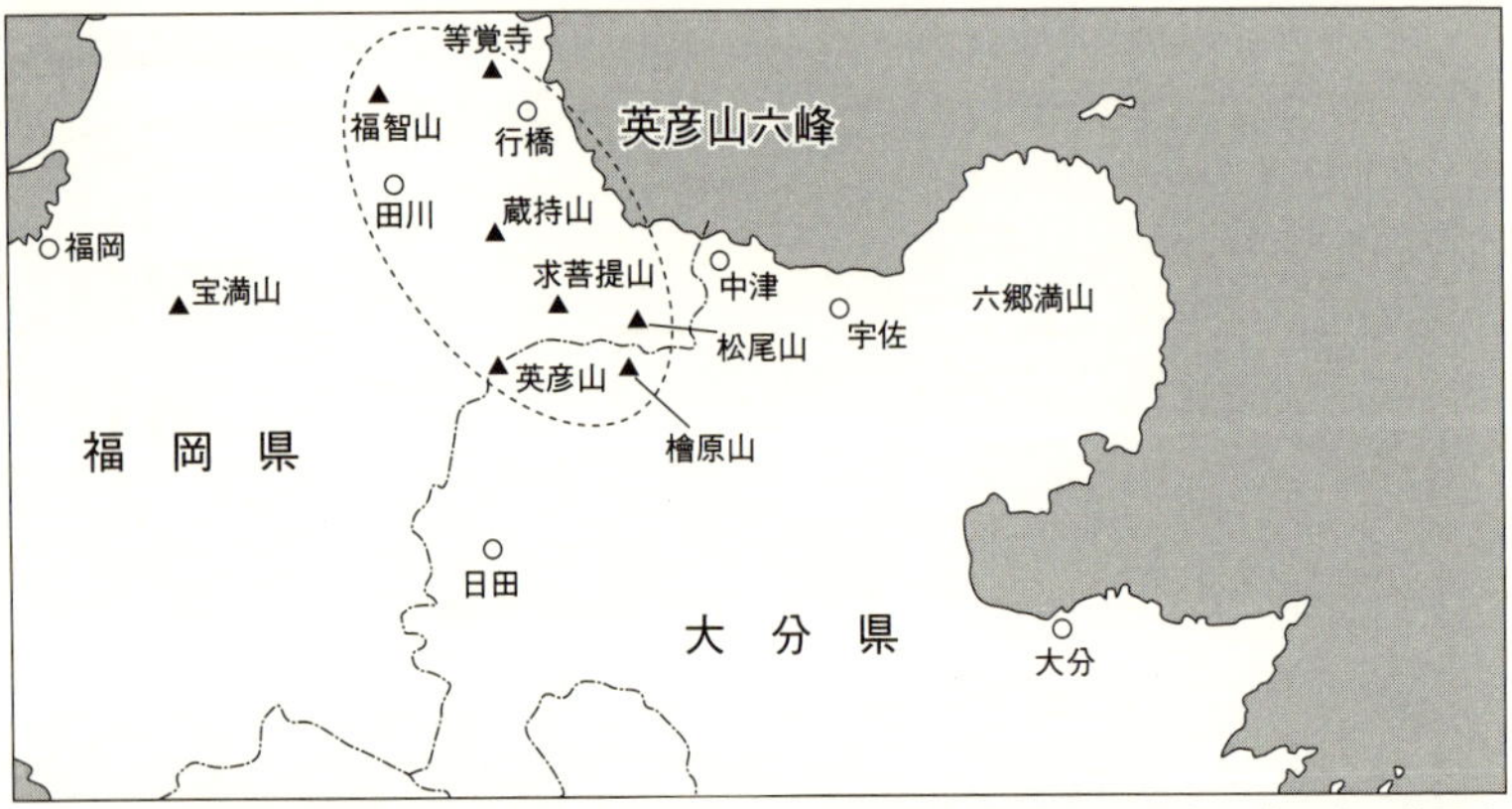

英彦山六峰の位置図（『大分県立宇佐風土記の丘歴史民俗資料館報告書　第14集　檜原山正平寺』〈1994年〉を参考に作成）

峯入り

松尾山医王寺と合同で行われた。檜原山を金剛界《こんごうかい》、松尾山を胎蔵界《たいぞうかい》になぞらえ、松尾山では久安五年（一一四九）「当山限リ入峯修行勤ル」と伝え、峯入りの起源を平安時代末期までさかのぼるという。松尾山に天正四年（一五七六）「檜原山ヲ建立ス」という記録があることから、近世初頭には行われていたと推測されている。峯入り修行は年二回、春峯（胎蔵界）は松尾山から始まって檜原山側へ、秋峯（金剛界）は春峯の逆方向で行われていた。日程は一ヶ月、松尾山の竈《かまど》前での勤行《ごんぎょう》から始まり、翌日護摩《ごま》修行、次に宝勝山《ほうしょうさん》長福寺《ちょうふくじ》に投宿《とうしゅく》し、犬ヶ嶽を中心に多くの霊場（多くは所在地不明）で修行した。この間およそ二十日間の修行であった。

檜原まつ

四月第二日曜に行われる。座主《ざす》（住職）は、檜原まつ八日前に中津浜へ竹筒を持参して潮汲みに行く。この潮は小さい竹筒に小分けし、檜原山頂上の権現三柱に祭り当日まで毎朝供えられる。当日住職は、早朝上宮参拝後神輿に御神体を移し、午前十時過ぎに法被《はっぴ》姿の駕輿丁《かよちょう》たちが担ぐ神輿を中心にお下り行列が出発する。法螺貝《ほらがい》、鐃《にょう》などを奏する白装束の僧侶たちを先頭に、薙刀《なぎなた》・鉞《まさかり》・板札を持つ者、一の殿・二の殿・三の殿の神輿が続く。行列は御手洗池と坊跡の間を通り、仮宮（下宮）に向かう。仮宮で神輿を置く。僧侶たちは読経、駕輿丁や参列者に御神酒が振る舞われてお下り行列は終了。午後一時半、仮宮で読経が行われたのち、お上り行列が発つ。先頭を白装束白覆面の僧兵三人、僧侶達、板札・鉞、神輿と続く。神輿は練り歩き一の殿の神輿から順に神輿舎に安置される。午後二時から講堂前の御田で御田植式が行われる。鍬を持った農民三人が登場し「水止め」を行う。水漏れする箇所を鍬で土盛りする所作を方言を交えて演じ、観客と即興の掛け合いを行い、笑いを誘う。次に「田打ち」「畦塗《あぜぬ》り」「畦切《あぜきり》」「代掻《しろか》き」「柄振《えぶ》り」「種蒔き」など数人の演者が登場して、神歌を歌い、または即興の掛け合いをして面白く演じる。最後に本堂前で、僧侶たちや神輿元の人達が観客に小餅をまいて終わる。

正平寺本堂

鬼会

鬼会《おにえ》は旧暦正月七日に行われていたが、現在は節分の夜に行われる。赤鬼黒鬼が登場し、香水棒《こうずいぼう》を持って香水の舞を行う。「檜原まつ」「鬼会」は、英彦山など豊前修験道の霊場で見られる法会と同じ系統、国東半島の御田植祭《おたうえ》や六郷山寺院の修正鬼会《しゅじょう》との対比ができる興味深い法会と言われている。

（前田博仁）

【参考文献】

『大分県立宇佐風土記の丘歴史民俗資料館報告書　第一四集　檜原山正平寺』（一九九四年）

アクセス情報

正平寺　大分県中津市耶馬溪町中畑一四二二

ＪＲ中津駅からバス1時間10分、檜原山入口バス停から徒歩40分

行人岳《ぎょうにんだけ》

標高◆四〇九メートル
熊本県天草市本町

熊本県の天草《あまくさ》には三つの行人岳、鹿児島県出水《いずみ》郡長島町《ながしまちょう》に一つ行人岳がある。しかし、ここでは、伝統的な民俗行事、行人様祭りが盛大に行われている天草市本町《ほんまち》福岡地区にある「福岡行人岳」を中心に紹介していきたい。この行人岳は別名、「行忍岳」ともいう。山頂のお堂には、「行人様」と呼ばれる観音菩薩石像が祀られている。昭和二年（一九二七）に東国寺二十七世大峰石龍大和上が、福岡地区の松下才六から借りて書写したという『福岡行忍嶽略縁起』がお堂に飾られている。縁起であるので時代、人物ともに確証に耐えがたいものではあるが、山麓の福岡地区や五和町《いつわまち》の鬼池宮津《おにいけみやづ》の人たちは、この「行人様」を厚く信仰し、現在まで祭りを盛大に催してきた。

縁起と伝承によると、昔、「行人様」が、一本歯の下駄を履いて雲仙岳《うんぜんだけ》や阿蘇山《あそさん》、霧島連山《きりしまれんざん》などを次々と飛び渡って修行し、村人の安全と村の繁栄を祈願していたという。「行人様」が、あまりにもやすやすと雲仙岳まで飛んで行くので、その様子を見ていた弟子の一人が、自分も飛んでみようと思った。ある日、「行人様」の下駄を無断で借りて飛んでみた。しかし、修行なかばの弟子は、空中に飛び立ったのはよかったが、いかんせん修行不足は否めず、

福岡行人岳

「行人様」と呼ばれる観音菩薩石像（福岡行人岳）

真っ逆さまに墜落して命を落とした。落ちた所が福岡地区の葛《くず》根川《ねがわ》の淵であった。そこを現在は「こうず淵」とも「小僧淵《こぞうぶち》」とも呼んでいる。すぐ近くの山裾に、亡くなった弟子の墓とされているものがある。

この「行人様」は、ある時、肥後菊池《きくち》出身の浪人で鶴郷に住む金兵衛《きんべえ》と嘉右衛門《かうえもん》の狩人二人から殺された。放たれた火箭《かせん》に当たり、行人様は帰らぬ人となった。時代は江戸時代とも天正の頃とも言われている。「行人様」の墓と言われているものが、本町鶴の香福庵《こうふくあん》西側の墓地にある。享保十三年（一七二八）の銘がある。

殺した狩人二人の子孫は不幸が続いたという。行人岳の「行人様」と呼ばれる観音菩薩像にも享保十三年と刻まれている。この観音菩薩を信仰すれば、足腰の病気をはじめ多くの難病も治癒されると信じられている。また、雨乞いも行われ、水を奉納して般若心経を唱えると慈雨《じう》があるという。

「妙法蓮華経一石一字塔　天保四年癸巳七月

廿六日　惣願主　福岡村　世話人　鶴田兼蔵」の銘がある妙法蓮華経一石一字塔が、お堂の側にある。ここは修行者が、祈願のために一字一石を奉納した所で、そこにこの石塔が建てられたことが推測される。お堂の裏側には、子安《こやす》観音の自然石が建てられている。ここの苔を削り取って飲めば、腹痛が治ったり、安産が約束されるという。妊婦は、安産を祈願して、無事出産すれば願成就のお礼に詣でる。

一本歯の下駄奉納（福岡行人岳）

航海安全の神

「行人様」は、五和町鬼池宮津の漁民には、豊漁と航海の安全を保証してくれる。現在でも、海が荒れた時は、行人岳を向いて拝めば海が静かになるという。昔、宮津の漁民が航海中、暗夜に大時化《おおしけ》に遭い、途方にくれて行人岳を祈った。すると頂上に灯明がともり、帰る方向を教えてくれたそうである。

一本歯の下駄奉納

お堂には、願成就のお礼として奉納された一本歯の下駄が山高く積まれている。下駄には、「奉納　願成就　○○○○（氏名）」などと書かれたものが多い。「行人様」が修行のために履いた一本歯の下駄の呪力にあやかろうとするものである。

覗きの岩場（長島行人岳）

行人様の祭り

祭りは、旧暦の二月十八日（現在は、それに近い日曜日）に行われている。当日は、人々が、各自で作ってきた赤飯や煮染《にしめ》などの料理が供えられる。般若心経をみなで唱えたあと、直会《なおらい》にその料理を食べる。自分の料理を人に分け与える光景は微笑ましく、人々の温かみを感じさせる。山麓の福岡地区だけでなく鬼池からも詣でる。

長島行人岳の蔵王権現像

鹿児島県出水郡長島町の行人岳（標高三九三・七メートル）は、天草、長島北部海岸、獅子島《ししじま》、伊唐島《いからしま》、桂島《かつらじま》などが一望できる。山頂には、蔵王権現像が祀られている。「名勝志《めいしょうし》　再撰方　長島」（文政七年〈一八二四〉）によると、宝暦十二年（一七六二）に奉納されたものであるという。修験者である長友真乗院《ながともしんじょういん》が、祭りをしていた。頂上には、行者を逆さに吊るして下を覗かせる行をしたと伝承されている覗きの岩場がある。絶壁の岩場の上から覗くと身のすくむ思いがする。少し下れば坊主屋敷跡も残っている。頂上付近の蔵王権現への参道には、第二次世界大戦中に建てられた石燈籠がある。若者が出征する時、重い灯籠を麓から背負って行人岳に登った。戦争中に無事に帰還できることを願って建てたという。行人岳北麓の鷹巣には、長友家歴代修験の墓が残されており、大切に保存されている。行人岳の蔵王権現は、昔から、人々の災厄除去、漁民の豊漁、航海安全祈願、交通禍防除のための守護神となっている。若者たちには縁結びの神として尊崇されている。現在、三月と九月の二十八日に盛大に例祭《れいさい》が行われている。

福岡行人岳の行人は、『福岡行忍嶽略縁起』によると「役《えん》の行者《ぎょうじゃ》小角《おづの》」とあるが、江戸時代の村における験力ある行者を古代の修験道の開祖とされる役小角《えんのおづの》（七〜八世紀）になぞらえ権威づけたものであろう。天草や長島に行人岳が四つもあるのは、古い時代の岳信仰の姿をとどめているものと思われる。

（森田清美）

【参考文献】

鶴田徳雄『行人様』（自家版、年代不詳）

森田清美『さつま山伏――山と湖の民俗と歴史』（春苑堂出版、一九九六年）

アクセス情報

福岡行人岳

JR熊本駅からバス2時間20分、天草市本渡から車30分

長島行人岳

JR出水駅からバス50分、指江庁舎前バス停からタクシー約20分

開聞岳《かいもんだけ》

標高◆九二四メートル
鹿児島県指宿市開聞町

開聞岳は、薩摩《さつま》半島の東南端に位置し、端正秀麗な山容をなしている。海門岳、金畳山《きんじょうざん》、薩摩富士とも言われる。山体の大部分をなす円錐形の成層《せいそう》火山（コニーデ）と山頂部分の溶岩円頂丘《ようがんえんちょうきゅう》（トロイデ）からなる複式火山（トロ・コニーデ）である。北部と北東部を除き、全面が東シナ海から屹立している。『三国名勝図会《さんごくめいしょうずえ》』に「秀絶《しゅうぜつ》の状、芙蓉一朶《ふよういちだ》を雲表《うんぴょう》に挿《さしはさ》むが如《ごと》く」とある。山頂には「小水泉あり、不増不減《まさずへらず》」にして人々は神泉と称したという。

北麓には、この山を御神体とする薩摩一ノ宮であった枚聞《ひらきき》神社がある。社名の用字は「開聞」「海門」もある。別当寺は、開聞山普門寺瑞応院《ふもんじずいおういん》であった。本尊は聖観音《しょうかんのん》で、開山は智通《ちつう》和尚と伝承されている。真言宗の舜請和尚が中興で、坊津《ぼうのつ》真言宗一乗院《いちじょういん》の末である。

開聞神社は『日本三代実録《にほんさんだいじつろく》』（延喜元年〈九〇一〉）によると、貞観十六年（八七四）の秋に大爆発したことが分かるが、開聞岳を「開聞神山」と記している。爆発を神の怒りと見たのであろう。延享二年（一七四五）に開聞神社別当瑞応院三十七世快宝法印《かいほうほういん》が現した『開聞古事縁起《かいもんこじえんぎ》』によると、貞観十六年（八七四）の大噴火により朝廷は神廟に官位を授け、開聞岳の鎮火を祈ったことが記されている。

開聞神社の鳥居の前に立つと、神社の上に荘厳な開聞岳がそびえ立っているのが見える。この神社を拝むことは、開聞岳を遥拝《ようはい》することになる。

開聞神社は、古くから和多津美《わだつみ》神社の称があったことが知られる。すなわち海神を祀っているのである。しかし、この海神には、猿田彦《さるたひこ》説と塩土老翁《しおつちのおじ》説の二つがある。また、豊玉彦命《とよたまひこのみこと》と豊《とよ》玉姫《たまひめ》あるいは豊玉彦《とよたまひこ》夫婦も祀っている。

開門神社より北には、カルデラ湖として湖表面積九州最大の透明度の高い池田湖《いけだこ》が開けている。『三国名勝図会』に「神龍潜居《しんりゅうせんきょ》する所なりとて、湖面風なきに波浪起り、或いは水五色《ごしき》の文をなし（略）神変《しんぺん》測るべからず」とある。大蛇伝説があり、それを祀る池王明神の石祠が建てられている。

枚聞神社

池田湖と開聞岳

大宮姫伝説

これらの説とは別に、天智《てんじ》天皇の皇后大宮姫《おおみやひめ》説もある。『三国名勝図会』にその説が出たのは鎌倉時代であろうと記されている。薩摩川内市《さつませんだい》の新田神社《にったじんじゃ》と薩摩一の宮を争った時、この説が立てられたのだろうという。『開聞古事縁起』によると、次のような大宮姫の話が記されている。

開聞岳北麓にある岩屋で、大化五年（六四九）に神仙塩土老翁《しおつちのおじ》が修行していると、牝鹿が来て閼伽《あか》（仏前に供える水を入れる器）の水を飲んだ。すると、その鹿はすぐ懐妊してしまった。やがて鹿の口から玉のような女の子が生まれた。その時、岩屋の草庵は金色の光がさし、木々種々は美しい花で彩られ、小鳥の鳴き声がさえ、黄金世界・極楽浄土を思わせるような光景となった。その女の子は瑞象が現れたので瑞照姫《ずいしょうひめ》と名づけられた。やがて、朝廷の采女《うねめ》として迎えられ、のちに天智天皇の妃となり、帝の寵愛をほしいままにしていた。しかし、女官たちから美貌と出世を妬まれて排斥のきざしが出た。姫は牝鹿から生まれたせいか足の爪が二つに割れていて、あたかも牛の爪のようであった。そのため姫はいつも足袋を履いていて他人に素足を見せなかった。ある雪の日、女官たちは姫を誘い出して雪投げをした。姫は楽しく雪投げをしていたが、突然、足袋が抜けて足が牛の爪のようになっていることが分かってしまった。恥ずかしさのあまり、姫は開聞の里に逃げ帰ってきた。天智天皇は皇后を慕い、ひそかに開聞山麓の離宮に入り、姫とともに暮らし、この地で崩御されたという。

大宮姫伝説は、海神および太陽神を報ずる海人部の持ち伝えた信仰、祭儀の複合したものだという説が立てられている。

開聞岳北麓の岩屋は昔、山伏が修行していたという伝承がある。山麓は頴娃山伏《えいやまぶし》が勢力を保っていたといわれるが、「頴娃御家聞書《えいおんけききがき》」の著者竹内蓮光《たけのうちれんこう》は、実名を実信《さねのぶ》という名前の知られた頴娃山伏であった。代々、竹内家は山伏家として存続した。

航海神としての開聞岳

開聞岳は、航海者にとって、海上からの、極めて重要な目じるしで航海神としての信仰が篤かった。『三国名勝図会』によると、南西諸島から薩摩の帰ってくる時、開聞岳が見えたら「船中必ず酒を酌《くみ》て、遥《はるか》に開聞神を祭る」しきたりであったという。指宿《いぶすき》市岩本《いわもと》では、若者が初めて漁に出て、開聞岳の沖に行った時は、両手にシャモジとシャクシを持って船の中を回るしきたりがある。これをサンコンメという。これをしないと将来、この若者は豊漁になることがないと言われた。

開聞岳と金峰山の喧嘩

開聞岳は、別名金畳山とも言われるが、金峰山《きんぽうざん》の金の呼称をめぐっての争いであった。開聞岳は「我こそは金を敷き詰めた山」であると言えば、金峰山は「我こそは黄金の峰だ」と言い張り、とうとう争いになった。金峰山は、開聞岳に向かって茅を根こそぎ投げつけた。怒った開聞岳は、火のトッ（大きな薪の燃えた丸太のこと）を投げつけた。そのため金峰山は火事になり、開聞岳には、飛んできた茅が頂上付近に生えているという。金峰山と開聞岳における山伏の勢力争いを示す話だと言われている。

（森田清美）

【参考文献】

小川亥三郎「開聞岳信仰について」（中野幡能編『山岳宗教史研究叢書　一三　英彦山と九州の修験道』名著出版、一九七七年）
村田熙「大宮姫伝説考」（鹿児島民俗学会『鹿児島民俗研究』一号、一九六四年）

アクセス情報

開聞岳
JR開聞駅から徒歩20分で登山口、山頂まで徒歩3時間

枚聞神社　鹿児島県指宿市開聞十町一三六六
JR開聞駅から徒歩で10分

硫黄岳《いおうだけ》

標高◆七〇三・七メートル
鹿児島県鹿児島郡三島村

洋上から見た硫黄岳

硫黄岳は三島村《みしまむら》硫黄島の主峰で、御岳《おんたけ》とも言う。喜界《きかい》カルデラの中央火口丘にあたると言われている。山頂に円池と約二メートルの石積《いしづみ》があり、御神体とされている。硫黄を産するからこの名があるという。『三国名勝図会《さんごくめいしょうずえ》』には、海からそびえ立って形状が奇高であると記されている。海上から見ると、あちこちから硫黄が燃え上がり、実に奇異な姿をしている。しかし、海に浮かび上がった姿は雄大で誠に美しい。『金峰山《きんぽうざん》縁起由来記』（寛保二年〈一七四二〉）に「硫黄嶽、南海の洋中に屹立《きつりつ》す、疑ふらくは、彼《か》の蓬萊《ほうらい》を浮《うかぶ》るかと」記されている。まるで東海中にある不老不死の霊山が浮かんでいるようであるという。

『三国名勝図会』によると、山頂の円池には昔、水があったが今はないという。池の内から硫黄が吹き出している。石積には、人々が寄進した矛《ほこ》などがあった。女人は禁制であるが、十三歳以下の女子は登拝を許されていた。絶頂には、時々、灯明が燃えることがある。十二月の晦日の夜には、必ず見えるということである。人々が岳神に祈願をする時は、灯明が現れる。

蔵王権現と熊野三社

山麓には、蔵王権現《ざおうごんげん》社と熊野三社《くまのさんしゃ》権現社（現在は熊野神社）が鎮座している。この二つを両所権現という。『三国名勝図会』には、蔵王権現は硫黄岳の麓にあり、御神体は自然石であると記されている。

昭和二十五年（一九五〇）当時における硫黄島の民俗を記した内藤喬『硫黄島民俗誌』（『硫黄島民俗誌　鹿児島国立公園候補地学術調査報告』）によると、一月十五日は「岳の神様」と言われる蔵王権現の祭日である。昼頃から、人々はご馳走と焼酎を用意してお参りする。老人と赤子が留守番をするぐらいで、家族・親族が勢揃いして出かける。紋付きを着たりして、正装をする。厄年にあたる人々は硬貨をたくさん用意して行き、境内に集まっている群衆に向かってまいた。境内は非常な騒ぎになるという。熊野権現宮は、治承元年（一一七七）、この地に配流された丹波《たんば》少将《しょうじょう》成経《なりつね》と平判官康頼《へいほうがんやすより》、大僧都《だいそうづ》俊寛《しゅんかん》が、帰ることを願って紀州熊野三所権現を勧請《かんじょう》して建立したという。硫黄権現宮とも言われた。人々は、当社を非常に崇敬しているが、婦人は潮水に浴してからお参りしたという。

活発な噴気活動を行っている硫黄岳頂上付近

。

霜月祭

岳の神を勧請してくる霜月祭《しもつきまつ》りは、現在でも十一月五日に行われている。硫黄大権現、北山《きたやま》権現の菊水の御神事がある。主として十三歳以下の男児は、御岳神社に、顔面を墨で真っ黒く塗って、昼過ぎ頃から参詣に行く。参る途中でハナシバ（ヒサカキのこと）を採る。参詣後は、硫黄権現宮である熊野神社に向かう。子供たちは、ハナシバを担いで山路を練り歩きながら「わがむれこそよ　たのしいむれ　なんやれー」と大声ではやす。その声は、山野にこだまする。権現社に着くと、社前で、太夫を先頭にして、右周りに三回まわる。そうして持っているハナシバで地面を祓う。『硫黄島民俗誌』には「お昼頃から御岳神社に参る。此《こ》の際、九歳以上十三歳までの子供は、全顔面に、まっ黒く墨を塗る。九歳以下二歳までは目の周囲に丸を描く。初めて参詣する一歳前後の赤ん坊は額と、両頬に「イロハニ」と墨で書き。父親が抱いて参詣する」とある。神の使いとしての子供たちの顔に墨をつけることで、異界の人であることの証とするのである。

この行事は、昭和五年（一九三〇）の小学校令実施とともに廃止されたが、同七年には青年訓練所生により復活したという。現在でも、その行事は続けられている。

硫黄島の熊野神社

北山権現

北山権現は、正確には「北山日吉山王権現《ひよしさんのう》」のことである。日吉山王は、比叡山《ひえいざん》の麓、滋賀県大津市に鎮座する日吉大社の末である。山王神道は、日吉大社を中心に形成された神道である。天台宗が神仏習合した山王一実神道《さんのういちじつ》である。前に「北山」がつくのは、英彦山修験《ひこさんしゅげん》と関係があると思われる。そうすると、この「北山日吉山王権現」は、天台宗系山伏、すなわち、本山派修験が関わっていると推測される。

悪疫除去・雨乞い・航海安全祈願

悪疫が流行したり作物に病虫害が発生した時は、青年団や婦人会員などが硫黄権現、すなわち熊野神社に参詣し、太夫《たゆう》にお願立《ねがいだて》してもらったという。そして願札を頂いて要所要所に立てた。虫祈禱《むしきとう》の時には、神社からお願札を頂いて、鉦《かね》や太鼓を打ち鳴らしながら畑を回り、その札を各地に立てた。そして、秋になると「お願解《と》き」をした。

雨乞いの時には、硫黄権現に参り、太夫に祈禱してもらう。そして、各人が瓶に水を入れ、硫黄岳に登る。そこで、瓶の水を垂らして雨が降る真似をしながら祈る。下山して再び権現宮に参り、盛大な直会をする。

かつて、島の漁船が暗闇の中で方向を見失い、困っていた時に硫黄権現に祈願していたら、不思議な光が見えた。これを頼りに無事に帰航できたという（『硫黄島民俗誌』）。

黒島の蔵王権現と冠大神

鹿児島郡三島村の黒島の冠岳（二三三・二メートル）中腹には蔵王権現が鎮座している。その上のコダケに冠大神《かんむりたいしん》が祀られている。『三国名勝図会』には「（冠峯は）海より直立して、高く相《あい》聳《そび》ゆ（略）此《この》岳の絶頂に大岩石屹然《きつぜん》として立つ、縦横六丈許《ろくじょうばかり》にて、遠望すれば冠の形に似たり、故《ゆえ》に其《その》名を得たり、其岩上より水流れ落つ、土人の説に往古は岩上に池ありし」と記されている。まるで神仙の池を思わせる。祭神は天狗神で、中央を冠大神、左右をタロベエ（太郎坊）、ジロベエ（次郎坊）という。村人が参詣する時は斎戒《さいかい》し、足を洗って登った、祈願する時は絶頂に火が燃え、山海が昼のようにに明るくなったという。平成八年（一九九六）に冠岳が、以前に建てられた灯台とともに崩れ落ちた。その後、社殿は下の安全な斜面のコダケに移された。

（森田清美）

【参考文献】

日高重行『島の歳月』（南方新社、二〇〇四年）

松原武実「三島村黒島の黒島神社九月祭り」（『鹿児島国際大学国際文化学部論集』一三巻四号、二〇一三年）

アクセス情報

硫黄島　鹿児島港から船で4時間（事前に火山情報を確認すること）

冠岳（黒島）　硫黄島から船1時間10分で黒島（詳細は三島村総務課に確認すること）

紫尾山《しびさん》

標高◆一、〇六七メートル
鹿児島県薩摩郡さつま町・出水市

紫尾山は、上宮山《じょうぐうざん》、上宮岳《だけ》とも言われ、東西につながる出水山地《いずみ》（紫尾山地）の、偉容を誇る主峰で北薩の霊峰である。頂上からは、霧島《きりしま》・薩南《さつなん》・天草《あまくさ》などが一望に開け、絶景を呈する。なぜ、紫尾と呼ばれるようになったかについては二つの説がある。

一つは空覚上人《くうかくしょうにん》（死亡の年号不明。諸説あり）に因《ちな》むものである。『三国名勝図会《さんごくめいしょうずえ》』によれば、上人が山頂で修行中、夢枕に神が現れ「我は是当所《この》、大権現なり、爾《なんじ》を待つこと久し、我が為に社《やしろ》と寺を建て、三密の旨を修し、大乗の法を弘《ひろむ》べし」と言って去ったという。翌朝夢から覚めてみると、山頂から麓まで紫の瑞雲が長くたなびいていた。上人はこれを奇瑞《きずい》とし、山を下りてこの地を聖域と定め権現廟と寺を建てた。これにより紫尾の名がつけられたという。もう一つの説は、昔、秦《しん》の始皇《しこう》帝《てい》の命を受け、徐福《じょふく》が串木野《くしきの》の冠岳《かんむりだけ》に来て不老不死の薬を求めて冠を納めた。その後、この地にやって来て、紫の紐をめぐ

紫尾山

らした。それで紫尾と名づけられたという。どちらも伝承であるので確証に乏しい。徐福伝説の根拠が学説の上で疑問視されてきているので、空覚上人説が注目されてきている。しかし、これも実証するには困難が伴う。

紫《し》尾《び》山《さん》三所《さんしょ》権現《ごんげん》廟《びょう》は、熊野三所権現を勧請《かんじょう》したもので、紫尾山頂の上宮権現、紫尾の中宮《ちゅうぐう》権現、柏原《かしわばる》の外宮《げぐう》権現が三所権現と言い伝えられている。

紫尾山祁答院《けどういん》神興寺《しんこうじ》は紫尾山権現の別当寺である。本尊は阿弥陀如来である。『三国名勝図会』によると、昔は十二の坊社と四つの下刹《げさつ》（座主坊《ざすぼう》）があり、天台の巨刹《きょさつ》で、西州の高野山と称されていた。多くの修験者や僧侶たちが来住していたという。

紫尾神社

紫尾神社境内にある空覚塔

現在の紫尾神社の境内に、キイアケドン（切開殿）と称される空覚塔がある。空覚上人は、紫尾権現と神興寺を建立して紫尾の地を切り開いた開山の祖とされる。この塔は、後世の人が建立した供養塔（五輪塔）で、この地方では最も古い石塔とされている。

快善法印入定の碑

快善法印《かいぜんほういん》は、薩摩郡さつま町虎居《とらい》の神照寺《しんしょうじ》に住んでいたが、のちに神興寺の住職となり、再建にあたった。仁王経《におうきょう》一万二千二百余巻を読み終えて、夢の諭しに従って断食して勤行《ごんぎょう》に入った。読経《どきょう》の声が七日七夜聞こえたという。宝永四年（一七〇七）九月に、弟子三人によって入定《にゅうじょう》の碑が建てられた。

紫尾山神興寺僧侶の墓石群

さつま町紫尾の立原《たてはら》にある。最も古いものは応永二十三年（一四一六）の芸全僧正《そうじょう》のものである。神興寺を中興した憲春権大僧都《けんしゅんごんのだいそうず》法印の天正十八年（一五九〇）建立の逆修《ひゃくしゅ》供養塔もある。憲春法印は、薩摩川内市新田《にった》神宮の菩提寺九品寺《くほんじ》の住職であった。天正十五年（一五八七）豊臣秀吉の島津攻めの時、神宮に押しかけた将兵たちに神宮の由緒を説いて諭し、神宮の財宝を守った傑僧である。

西州の大峯・高野山

『三国名勝図会』には、隣国の人民「紫尾山を西州の高野山と称し、遺骨髪毛等を山中に納め、或《あるい》は修験の徒、紫尾山を西州の大峯と号し、入峯修練の侶多くして、西州希有の大道場と称せり」

とある。そのため「今にも七里紫尾山、五里墓原云々の俗謡《ぞくよう》」が残っているという。かつては大修験道場であったことを示す。また紫尾神社の周辺には、大小の墓石塔が残されており、納骨の風習があったことを彷彿《ほうふつ》とさせる。

石童丸伝説

紫尾山は、かつて西州の高野山と言われたが、紀州高野山同様、厳しかった女人禁制の話が語られている。

現在の紫尾神社の手前から四〇〇メートルぐらい西方に奥の院という寺跡がある。ここが、石《いし》童丸《どうまる》が父親の刈茅道心《かるかやどうしん》を訪ねてきた所であると言い伝えられている。紫尾山は女人禁制であるため、石童丸が母親を残した玉ヶ屋茶屋《たまがやちゃや》は現在の郵便局の前である。また、近くの渡瀬橋《わたせばし》は、もともとは「ワタラセンバシ（渡らせない橋）」と言われていた。この橋から先は、女人の通行が禁じられたのである。石童丸が腰掛けた石も残されており、土地の人々はこれを史実と信じている。この石童丸の話も、布教のために高野聖《こうやひじり》や修験者たちによって語られたものであろう。

紫尾山と金

宮之城《みやのじょう》島津家四代久通《ひさみち》が、寛永（一六二四〜四四）の頃、七日七夜籠もって祈願をしていたところ、夢のお告げで金山を発見することができた。それが長野山ヶ野《ながのやまがの》金山である。久通は、これは紫尾山権現の御利益と感謝し金銀を奉納した。

（森田清美）

【参考文献】
伊地知季安「寺社参詣録」（『鹿児島県史料　旧記雑録拾遺　伊地知季安著作史料集五』鹿児島県、二〇〇四年）
森田清美「霊山崇拝と現代社会」（『千台』三九号、二〇一一年）

アクセス情報

紫尾山
ＪＲ出水駅から車で1時間30分
紫尾神社　鹿児島県薩摩郡さつま町紫尾二一六四
ＪＲ出水駅から車で30分／ＪＲ川内駅からバス55分、宮之城駅バス停から車15分

冠岳《かんむりだけ》

標高◆五一六・四メートル（西岳）
鹿児島県いちき串木野市と薩摩川内市の境付近

冠岳連山は、西岳《にしだけ》・中岳《なかだけ》・東岳《ひがしだけ》の三つの岳からなる。冠岳の名称は『三国名勝図会《さんごくめいしょうずえ》』によると、西岳の形が風折烏帽子《かざおりえぼし》に似ているという説と、孝元《こうげん》天皇の頃、秦《しん》の徐福《じょふく》がやってきて玉冠を留めたからだという説がある。『金峰山縁起由来記《きんぽうざんえんぎゆらいき》』（寛保二年〈一七四二〉）にも「山の状《かた》ち冠の如《ごと》し」と記されている。

『冠岳山鎮国寺頂峯院由来記《かんがくさんちんこくじちょうほういんゆらいき》』（寛文九年〈一六六九〉）によると、用明《ようめい》天皇（?～五八七）の頃、勅願所《ちょくがんしょ》として、蘇我馬子《そがのうまこ》が、紀伊の熊野権現を西岳・中岳・東岳のそれぞれに勧請し、それを熊野三所権現とし、その別当寺として興隆寺《こうりゅうじ》を建てたという。その真偽はともかく、熊野修験の影響があったことは事実であろう。「冠嶽文書 承久二年（一二二〇）八月 串木野忠道寄進状写」によると、彦山権現が祀られていたことが分かる。その後、熊野信仰の広まりにより、熊野三所権現の色彩が強まった。熊野信仰が入ってくる前は彦山信仰があったことが分かる。のちに阿子《あこ》丸仙人《まるせんにん》が天台宗を開き、冠岳山頂峯院と号したという。京都の東寺院家《とうじいんけ》・法輪院権僧正宗壽《そうじゅ》が二十四代となり、天台宗から真言宗に改めて冠岳山鎮国寺頂峯院となった。その後、薩摩国串木野《くしきの》郷（鹿児島県いちき串木野市）の祈願所であり、鹿児島城下の真言宗経圍山寶成就寺《ほうじょうじゅじ》大乗院末寺であった。現在の冠岳神社は冠岳熊野三所権現の一つ、明治の初め頃までは東岳権現社と言われていた。

　いちき串木野市が中国との交流の象徴として平成十五年（二〇〇三）に建設した冠岳園《かんがくえん》の背後にそびえる高さ二〇〇メートル（冠岳神社から七〇メートル）の岩山を、仙人岩という。頂峯院の開祖阿子丸仙人が、この岩に籠って修行し、やっと仙人の域に達したのでその名があるという。この岩の頂上近くに「硯《すずり》の水」という岩のくぼみがある。このなかの水は、一年中涸《か》れることは

冠岳（西岳）

冠嶽神社

仙人岩

ないそうである。阿子丸仙人が苦行の折、この水を硯の水として使ったとされる。現在でも、この水で習字を学べば字が上手になると言われている。

彦山や熊野山参詣の先達職

応永十一年（一四〇四）に、鎮国寺が英彦山《ひこさん》や熊野山参詣のため串木野村の先達職《せんだつ》を務め、侍や百姓を英彦山や熊野に引導したことが『冠嶽山由来記』に記されている。当時は、冠岳が修験の霊場として栄えていたことを彷彿とさせる。

不動明王の不思議

冠岳神社の西側を流れる花川《はながわ》に沿って、北へ約一〇〇メートル行った崖の中程に不動尊洞窟がある。このなかに不動明王像が安置されている。ある時、冠岳の修験であった奥田善行院《おくだぜんぎょういん》が洞窟内で修行していた際、満願の日になって崖下に下りようとしたが、どうしたことか下りることができない。一心に不動明王呪を唱えていたところ、うとうとと眠り、その夢のなかに不動明王が現れた。ふと夢から覚めてみると、不思議にも崖下に下ろされていた。そこで霊験に感激した奥田善行院は、京都に出向いて仏像の制作を依頼し、享保五年（一七二〇）に、ここに迎えて安置した。

天狗岩

護摩岩と磨崖仏

冠岳神社の西側にある護摩岩の下に、頂峯院住職などの墓石と磨崖仏《まがいぶつ》がある。墓石は、通称「坊主墓」と呼ばれている。磨崖仏には、胎蔵界大日如来の種子「ア」が刻まれている。

護摩岩《ごまいわ》は、花川を挟んで不動尊窟の西方にそびえている。蒙古襲来（文永の役〈一二七四〉・弘安の役〈一二八一〉）の時、島津家四代忠宗《ただむね》による異国降伏祈願のため、冠岳の修験がここで護摩祈禱をした。現在は、柴燈護摩供養が、西岳の下に再興された冠岳鎮国寺頂峯院によって催されている。五穀豊穣と災厄除去、地域の発展を祈願している。

怠け者を懲らしめる天狗

『三国名勝図絵』によると、「此《この》岳の山中、天狗の栖止せる所なりとて、霊怪一ならず、山上に火燃え、或は鐘螺の声を発し、或は山岳寺殿崩れ砕くるが如き声響あることもあり、又住持の僧侶怠慢汚行《おこう》ある時は、天狗必ず僧を罰し、往々裸体となし、或は卒死《そっし》せしむるに至るといふ」と記されている。冠岳の山中に天狗が棲み、山の上に火が燃えたり、山岳の寺が崩れるような響きがあったりするそうである。また、修行に専心すべき山伏が、それを怠り、怠けたり、汚行したりしたら天狗から厳しく罰せられるという。時には、裸にされたり、突然殺されたりするということである。冠岳西岳に天狗岩と呼ばれる最上段の広さが八平方メートルもある、五段重ねの巨岩がどっしりと座っている。ここは天狗の棲む所だと言われ、人々に恐れられている。

材木岳

『三国名勝図会』に「此《こ》の嶽往古材木を積みたりしに、一夜忽変して石となるといへり」と記されている。また、材木岩《ざいもくいわ》を夜叉木《やしゃぎ》と呼ぶともある。夜叉とは毘沙門天《びしゃもんてん》の眷属《けんぞく》で、財宝を守る鬼のことである。この鬼は、のちに大般若経を守る十六善神の一つとなっていく。一説には、金峰山と喧嘩して、材木の矢が飛んできて、ことごとく岩になったという（『冠嶽見聞記』）。

ニイダケ講（西岳講）

冠岳の北麓に広がる薩摩川内市の大原野川、百次川《ももつぎがわ》、勝目川《かつめがわ》が合流する隈之城川《くまのじょうがわ》流域の大水田地帯に点在する集落では「ニイダケコ（西岳講《こう》）」を催している。冠岳の浄水は、人々の飲料水になるだけでなく、稲作に欠かせない水田用水となっている。そのため、人々は各集落で、代表が西岳に登り、神社で護摩札を貰って持ち帰り、集落の人々と一緒に祈願する。稲の収穫後は感謝の祭りを行っている。冠岳の水は、水田稲作農民にとっては命の水なのである。

ニイダケノボイ（西岳登り）

四月十五日は、「ニイダケノボイ（西岳登り）」といって薩摩川内地方の人々は、冠岳へ登り、冠岳神社や西岳の神へお参りに行く。下山する時は、つつじの花やしば花を手折って降りてくる。それらを村人に配ったり墓地に供えたりする。麓の家々では、下山してきた人々に蕎麦を振る舞い、お互いに冠岳信仰を同じくすることへの喜びと感謝の意を示す。

いちき串木野市生福《せいふく》の人々は、月遅れの三月節供の翌日、四月四日に西岳神社に物参りに行く。この日は、主として新婚夫婦や、他所に嫁に行き、里帰りした女たちがお参りした。（森田清美）

【参考文献】

臼井和樹「徐福伝説再考――冠嶽権現の〝変化〟と徐福伝説」（『鹿児島民俗』一四四号、二〇一三年）
五代秀堯・橋口兼柄編『三国名勝図会』（一八四三年）
『新編串木野市文化財要覧』（串木野市教育委員会、二〇〇三年）

アクセス情報

冠岳（西岳）
JR串木野駅からバス20分、西岳登山口から山頂まで徒歩20分

屋《や》久《く》島《しま》の山《やま》

鹿児島県熊毛郡屋久町

屋久島は、全島に山と岩が多いことから八重岳《やえだけ》と称されており、九州の最高峰がそびえる。そのうち最も高い山が宮之浦岳《みやのうらだけ》で、一、九三六メートルの高さがある。それに永田岳《ながただけ》（一、八八六メートル）と栗生岳《くりおだけ》（一、八六七メートル）を合わせて「屋久の三岳」と呼んでいる。それらの御岳《みたけ》を中心として、各集落の背後には前岳《まえだけ》がある。吉田《よしだ》の吉田岳（一、一六五・二メートル）、小瀬田《こせだ》の愛子岳《あいこだけ》（一、二三五メートル）、安房《あんぼう》の尾立岳《おだてだけ》（一、〇六一メートル）、麦生《むぎお》の雪岳《ゆきだけ》（一、二五六メートル）、原のモッチョム（本富岳《もとどみだけ》）（九四〇メートル）、尾之間《おのあいだ》の割石岳《わりいしだけ》（一、四一〇・二メートル）などが前岳である。それぞれの前岳には、石の祠が祀られているが、通常は山の神といい、いずれも御岳の権現様を勧請《かんじょう》したものである。

昔は、どの集落でも岳参りは前岳に参ることで、ここから奥は神聖視されており、女人禁制であった。宮之浦岳には、益救《やく》神社の奥宮《おくのみや》があり、俗に一品宝寿《いっぽんほうじゅ》権現ともいい、人々は三岳の権現様と呼んでいる。『延喜式神名帳《えんぎしきじんみょうちょう》』（延長五年〈九二七〉）に「大隅《おおすみ》国駁謨《ごむ》郡一座小益救神社」と見える。

不思議な御船岳の大池

『三国名勝図会』には、宮之浦の深山に御船岳《おふなだけ》があり、この岳の下に大きな池があると記されている。昔、ある人が、この池のなかに船が浮いている不思議な光景を見て驚き、村に帰って人々に知らせた。しかし、登拝しようとしても雲霧がさえぎり進むことができなかったという。

この御船岳は宮之浦岳の近くにあるとされるが、登山は難しい。

岳参り

各集落の青年たちが春秋の二回ないし三回、旧暦四月と八月に、集落の安全、無病息災、五穀豊穣を祈願するため、お参りした。例えば、小島《こじま》集落では不浄のないトコロカン（代表者）が四人選ばれ、奥岳の宮之浦岳に二人、前岳の芋塚岳《いもづかだけ》（七九四メートル）に二人詣でた。平素は女性も登ることができるが、岳参りの時だけは入山を許されなかった。村を三班に分け、それぞれの班からトコロカンを毎年、交代で出した。

尾之間集落では、岳参りに三人で二日がかりで行く。前岳参りはモッチョム岳参りが二人、割石岳参りが三人で、いずれも一日がかりである。奥岳参りの場合、前日の早朝、一番鶏が鳴き始

宮之浦岳（屋久町提供）

める頃に起き、松明《たいまつ》をともして登った。その日のうちに乃木《のんき》小屋まで登って一泊し、翌早朝、出発して御岳に参り、御来迎《ごらいごう》を拝み、持ってきた野菜、果物、焼酎、塩、賽銭などの供え物をささげた。前岳の供え物も奥岳と同様である。奥岳登山の一行は、山を下りて温泉付近にたどり着いた所で焚き火をする。帰ってきたことを集落の人たちに知らせるためである。時刻は午前二時頃である。トガッシャ（戸頭）、区長、役員一同は焚き火の所へ駆けつけ、御神酒やご馳走を出して労をねぎらった。その後、お参りの一行は温泉で身を浄め、衣装をあらためて家に集まり、そこで解散した。前岳参りの人たちは、山口登山道に接した眺望の良い大石の上で労をねぎらったあと、奥岳参りの一行に合流した。岳参りの一行は、石楠花やコオノ（シキミ）などの小枝を手折って持ち帰り、村人に分け与えた。それらは床の間や墓などに供えられた。また、奥岳参りの人たちは石楠花の木の幹でめしげ（しゃもじ）を作ってみやげにした。腫れ物や歯痛の時など、このめしげを火にあぶり、患部に当てると治ると言われた。

岳参りに選ばれる若者たちは、どの集落でも穢《けが》れのない者と決まっていた。参詣の二、三日前から行いを慎む。中間集落では前日の夕方から、カラ竹に稲ワラ、またはボロ布を差し込み、それに灯油を浸して火をつけて灯りとし、宮籠りをした。宮籠りの前は、海岸で禊《みそ》ぎをする。

この岳参りは、若者の減少や村の過疎化によって廃れている所が多い。

（森田清美）

【参考文献】

村田熙「屋久・トカラ列島の山岳信仰」（中野幡能編『山岳宗教史研究叢書　一三　英彦山と九州の修験道』名著出版、一九

七七年）

『屋久町郷土誌』（屋久町教育委員会、一九九三年）

アクセス情報

屋久島の山

鹿児島空港から屋久島空港まで約30分。鹿児島南埠頭からフェリー屋久島で宮之浦港まで4時間。高速船では45分。そこからバス、タクシー、レンタカーで各山麓集落（詳細は屋久町役場に確認すること）

御嶽《うだき》

沖縄県、鹿児島県奄美諸島

沖縄県や鹿児島県奄美諸島に見られる村落祭祀《さいし》の主な聖域を御嶽という。御嶽の意味は通称化したもので、嶽の高さも多様である。御嶽という名称は琉球王府《りゅうきゅうおうふ》の公的な呼称と考えられている。沖縄諸島では、ウガン、ムイ、ウタキ、グスク、宮古《みやこ》（沖縄県宮古島市）では、スク（グスク）、八重山《やえやま》では、ウガン、オン、ワン、ワー、奄美大島ではオボツヤマ、カミヤマ、オガミ山などと呼ばれている。御嶽は、クバ（蒲葵）や松、ガジュマルなどの神聖な樹木に覆われ、鬱蒼《うっそう》としている。そこが境内で、木を切ることも、枯れ枝を拾うことも禁じられている。

御嶽の構造と山当て

御嶽の最奥部は、イベ（イビ）と呼ばれる聖域で、社殿はなく、御神体にあたる樹木や自然石などがある。イベの外の区域には沖縄本島では神アシャギ（神あしゃげ、神あさぎ）、宮古ではクムイヤー、ムトゥ、八重山ではオンヌヤーなどと呼ばれる特別な空間や建物がある。ここは、御嶽の神を歓待し、祈願して、歌ったり踊ったりする場所である。イベには、女性神役のノロ、ツカサなどが出入りできるが、男性の神役は、そこに近づくことは禁じられている。

西表島祖納前泊《まえどまり》御嶽《うがん》（竹富町教育委員会提供）

竹富町花城《はなっく》御嶽《おん》（竹富町教育委員会提供）

波照間島阿底御嶽《あーすくわー》（竹富町教育委員会提供）

御嶽には、祝福をもたらすニライ・カナイの御嶽や村を守護する祖霊神を祀る御嶽、航海守護神を祀る御嶽などがある。海からの来訪神を祀る御嶽は神を招いて祀っているが、神骨などが神の憑《よ》りましとして祀られているのが見られる。来訪神には、飛来《ひらい》型と渡海《とかい》型がある。飛来型は、比較的高い山などが背後にそびえている地域にある。御嶽に神骨や人骨などが祀られていることから、沖縄の御嶽信仰は葬地として出発したという研究もなされている。

祖霊を祀る御嶽

祖霊を祀る御嶽は普通、村に接した背後に位置している。村の旧家、とりわけ村を創建したとされる村落共同体の宗家の背後にある。祖霊神は、村落共同体と歴史的に血のつながりのある神で、その村の遠祖を神にしたものである。祖霊神は、かねてから子孫が住む村落の幸せや平和、繁栄を望んで霊力を発揮する。この子孫に対する無限の愛護を「オソイ」と言っている。それに対して、祖霊の愛を信頼し、その脚下に抱かれ腰を当てる。そのことによって直面する、いかなる困難にも耐え抜いていく、その祖霊神を「クサテ神」といい、その御嶽を「クサテムイ（腰当森）」といって大切にしてきた。

さて、御嶽が本土の山岳信仰の性格を帯びているかという問題であるが、それは日本各地の森や山岳の端山《はやま》に類似していることが推測される。

御嶽起源説話

御嶽起源に関して、山下欣一は、沖縄・先島《さきしま》諸島における説話群に着目している。蛇と女、天女と人などの神婚《しんこん》説話、天神天降《てんしんてんこう》、女神示現《じげん》などの神の示現、鍛冶漂着、英雄などの人を祀るといった説話に分類している。

御嶽の山岳性と南九州霊山との関係

岳といえば、日本語の伝統では高く険しい霊山のことを言うことが多いが、琉球諸島でいう御

与那国町宇良部岳（与那国町教育委員会提供）

嶽は、必ずしも山岳的でない場合が多い。小島瓔禮《よしゆき》は、「オタケは、古い日本語でいえばモリと称するものにふさわしい」、「琉球のオタケは、その隼人＝琉球文化の古層が、変化しながら生き続けていたものであるといえよう」と述べている。

聖地としてモリ（森）を祭りの場とする森神信仰は、南九州のモイドンや南西諸島の御嶽をはじめ日本各地に多く残っている。そして、社殿による祭りの形態が普遍化する以前の信仰の姿が見られる。そのうえで、小島は、御嶽が山岳信仰性を有することについても、いくつかの調査例を挙げながら明らかにしている。そのタケの文化は、トカラ列島や屋久島、口之永良部《くちのえらぶ》島、硫黄《いおう》島、黒島《くろしま》にも続いているという。

中野幡能《はたよし》は、霧島神宮の〈おたけ〉のひもろぎが遺《のこ》るように、沖縄に見られるような〈うたき〉に近いものが長く固守されていたと指摘している。それが南九州の修験道が遅れている点であるというのである。修験道としての宗教文化が普及してくる以前の、古い山岳信仰の形態を残しているというのである。奄美や沖縄の御嶽も琉球諸島に孤立しているわけではなく、形を変えながら九州に続いていると見てよいのではないか。

宇良部岳遥拝

さて御嶽とは別に、小島は、与那国島《よなぐにじま》の宇良部岳《うらぶだけ》信仰の研究報告をしている。宇良部岳（二三一・二メートル）は、沖縄県八重山郡与那国町にそびえ、特異な稜線を示して、与那国富士とも称されている。与那国では、屋敷の東側の垣根の下に拝所を設け、その上に香炉と花立てを具《そな》えている。それをビディリ、ニーバイ、ドフウの神（祖納）、あるいはニバイ（比川）と言っている。これは東方、つまり太陽を拝むためのものであるが、同時に、人々を守護すると信じられている宇良部の神を遥拝《ようはい》する所でもある。これは、明らかに山岳信仰の形態と性格を示すものであるという。この宇良部信仰は、旧暦十、十一月の庚申の日から二十五日間行われる祭りでも遥拝する。これは、神聖な山を、崇拝する日本各地の山岳信仰の祭りにも類似する。

いずれにしても、御嶽信仰といい、宇良部岳信仰といい、日本各地の山岳信仰の古い形をかいま見ることができると解してよいのではなかろうか。

（森田清美）

【参考文献】

小島瓔禮「オタケ〈御岳〉からみた山岳信仰」（中野幡能編『山岳宗教史研究叢書　一三　英彦山と九州の修験道』名著出版、一九七七年）

酒井卯作『琉球列島における死霊祭祀の構造』（第一書房、一九八七年）

中野幡能「英彦山と九州の修験道」（中野幡能編『山岳宗教史研究叢書　一三　英彦山と九州の修験道』名著出版、一九七七年）

仲松弥秀「祖霊信仰と〈うたき〉」（中野幡能編『山岳宗教史研究叢書　一三　英彦山と九州の修験道』名著出版、一九七七年）

平敷令治「御嶽」（沖縄大百科事典刊行事務局『沖縄大百科事典』上巻、沖縄タイムス社、一九八三年）

平敷令治『沖縄の祖先祭祀』（第一書房、一九九五年）
山下欣一『南島民間神話の研究』（第一書房、二〇〇三年）

アクセス情報

沖縄本島　那覇空港からバスや車で各地御嶽へ
宇良部岳　沖縄県八重山郡与那国町
与那国空港から車40分で山頂
竹富町の御嶽　詳細は竹富町教育委員会に確認すること

牛尾山《うしおやま》

標高◆約八〇メートル
佐賀県小城市池上字牛尾

大穀倉地帯である佐賀平野のなかに平均標高七〇メートルの丘陵山塊《きゅうりょうさんかい》がある。その南面にある牛尾山は、肥前国における修験道の拠点であった。「若王子大権現之縁起」（牛尾神社所蔵）によると、牛尾山の地蔵堂で通夜修行する大和国の良厳法師に神託が下り、延暦十五年（七九六）社を建て「牛尾山神宮寺大権現」と称した。延久元年（一〇六九）欽明《きんめい》天皇の後胤《こういん》大覚僧正、花山院《かざんいん》の第三子覚実僧正が熊野より下向して以来、勅によって牛尾山別当坊は、箱根山・熊野山・鞍馬山と並ぶ日本四別当坊の一つとされるほどの格式を持ったという。

保元二年（一一五七）、花山院家より琳海《りんかい》法印が入り、牛尾山別当坊を再興し、「国峯回峯行」を創始した。肥前国峯は牛尾山を両部曼荼羅《りょうぶまんだら》の道場とし、脊振山を胎蔵界《たいぞうかい》、多良岳《たらだけ》を金剛界《こんごうかい》とし、この間に法華経八部・廿八品になぞらえ「八峰」「廿八箇所行場」を設定していた。寿永二年（一一八三）夏、源頼朝《みなもとのよりとも》が神田二十余町を寄進したことが『吾妻鏡《あずまかがみ》』に見え、牛尾山は熊野水軍とともに源氏を支援した。明治になって修験道は廃されたが、牛尾神社にある鍋島藩主寄進の肥前鳥居二基には、今なお「若王子大権現」の扁額《へんがく》が掲げられている。

（森　弘子）

【参考文献】
黒木俊弘「肥前牛尾山の修験道」（中野幡能編『山岳宗教史研究叢書　一三　英彦山と九州の修験道』名著出版、一九七七年）

アクセス情報

牛尾神社　佐賀県小城市小城町池上四九〇七
ＪＲ牛津駅から徒歩で30分／ＪＲ小城駅から車で10分

九重山《くじゅうさん》

標高◆一、七八七メートル（久住山）
大分県玖珠郡九重町・竹田市久住町

九重町と竹田市北部に広がる火山群の総称、くじゅう連山と言い、主峰は久住山（一、七八七メートル）である。

慶長六年（一六〇一）、豊後領を得た加藤清正は肥後街道を整備、久住村に宿場町を建設した。往古、久住山上に久住嶽大明神・平摩大明神、坊舎二十五ヶ所があり、山岳信仰の対象となっていた。江戸期の岡藩領では九重山法華院《ほっけいん》を、熊本藩領では久住山猪鹿狼寺《いからじ》を下宮とし、両寺とも山頂に上宮を置き、ともに祭祀した。猪鹿狼寺は延暦二十四年（八〇五）最澄《さいちょう》の創建と伝え、慈尊院《じそんいん》と称して久住山南西中腹にあった。富士の巻狩《まきがり》に先立つ文治二年（一一八六）、源頼朝《みなもとのよりとも》は狩作法修得のため家臣を阿蘇宮《あそみや》へ派遣し、殺生禁断の久住山で演習した。獲物の供養を慈尊院で行ったことから猪鹿狼寺と改称した。肥後国側では久住山、豊後国側では九重山と記していたが、山群北麓に九重《ここのえ》町、南麓に久住《くじゅう》町が誕生した時も問題となった。近年は「くじゅう連山」など、ひらがな標記を用いる。

（前田博仁）

【参考文献】

角川日本地名大辞典編纂委員会編『角川日本地名大辞典四四　大分県』（角川書店、一九八〇年）

アクセス情報

九重山
JR豊後中村駅からバス1時間10分、牧ノ戸峠バス停から山頂まで徒歩2時間

猪鹿狼寺　大分県竹田市久住町大字久住三四二〇
JR豊後竹田駅から車で30分、またはバスで35分

鶴見岳《つるみだけ》

標高◆一、三七五メートル
大分県別府市

別府市西方にある火山。鶴見岳は鶴見山四峰の主峰、頂上には古くより火男火売《ほのおほのめ》二神が祀られている。噴火の記録は貞観九年（八六七）、この時の噴火報告を受けた朝廷は、四月三日、二神を鎮謝するため国司《こくし》に大般若経転読を命じている。この二神は『延喜式』に「火男火売神社二座」と記されている。

『太宰管内志《だざいかんないし》』「嶽ノ宮旧記」には霧島山の神が鶴見岳に降臨し、宝亀三年（七七二）二月、国司紀鯖麿《きのさばまろ》が社を建てたのが始まりとしている。江戸時代には鶴見岳山頂を巡る鶴見禅定と呼ばれた峰入りが行われた。

別府市内に火男火売神社が鎮座する。式内社。鶴見岳山頂に上宮、東山に中宮（御嶽《おたけ》権現社）、火売に下宮（鶴見権現）がある。祭神は、上宮が火《ほ》之加具土命《のかぐつちのみこと》、火焼速女命《ひやきはやめのみこと》。中宮は火之加具土命、火焼速女命。下宮は伊弉諾命《いざなぎのみこと》、伊弉冉命《いざなみのみこと》、火之加具土神、大山祇神《おおやまつみのかみ》である。社伝では宝亀二年（七七二）の創祀としている。

（前田博仁）

【参考文献】
平凡社地方資料センター編『郷土歴史大事典　大分県の地名』日本歴史地名体系四五（平凡社、一九九五年）
宮家準『修験道の地域的展開』（春秋社、二〇一二年）

アクセス情報

鶴見岳
大分自動車道別府ICから車で5分、またはJR別府駅からバス20分、別府高原駅から別府ロープウェイ10分、鶴見山上駅から山頂まで徒歩15分

火男火売神社　上宮（御嶽権現・鶴見岳山頂）

高千穂《たかちほ》

高千穂は宮崎県西北部の地名。由来は記紀にある「天孫降臨の地」による。建久八年（一一九七）の「建久図田帳」に高智尾社八町が見え、建長六年（一二五四）の『関東下知状案』には熊野山領とある。文永十二年（一二七五）、湛芸は高知尾庄十社大明神神主、宗直の在家を安堵している。湛芸は熊野別当の後胤で現地支配を進めており、十社大明神は紀伊熊野社の支配下にあった。古来高千穂を支配していたのは高知尾、三田井という一族であったが、延岡に封じられた高橋元種《もとたね》に敗れ、江戸期は延岡藩領であった。十社大明神（現在の高千穂神社）は高千穂郷八十八社総鎮守、主祭神は三毛入野命《みけいりのみこと》。高千穂一帯に災いをなす鬼八という魔性神がおり、三毛入野命が退治するが鬼八は早霜を降らせ庶民に祟ったので、猪々掛祭《ししかけまつり》を行い、笹振り神楽を奉納するようになった。この神楽は高千穂神楽の祖型とされ、冬季民家で熊野の影響を受けた神楽三三番が徹宵で行われ、天照の窟隠れに関する演目を重要とし、記紀神話との強い関連が見られる。文治五年（一一八九）の『十社大明神記』に神楽の記述があり、鎌倉時代以前には成立していたと見られる。

（前田博仁）

【参考文献】
中野幡能編『山岳宗教史研究叢書　一三　英彦山と九州の修験道』（名著出版、一九七七年）

アクセス情報

高千穂神社（十社大明神）　宮崎県西臼杵郡高千穂町三田井一〇三七
JR延岡駅からバス1時間30分、またはJR熊本駅からバス3時間、高千穂バスセンターから徒歩15分

尾鈴山《おすずやま》

標高◆一、四〇五メートル
宮崎県児湯郡都農町・木城町

九州山地南東端の独立峰的な山で、瀑布群が存在。江戸時代、高鍋《たかなべ》藩山伏の信仰・修行の山であった。山頂に尾鈴神社（祭神素盞嗚命《すさのおのみこと》）が祀ってあるが、平地から五里を隔てるため、麓に遥拝所を設けていた。

高鍋藩には修験宗松尾山地福寺円実院があり、藩から寺領百五十石を給され、醍醐寺三宝院袈裟頭として末寺十五ヶ寺と高鍋山伏十九家を配下に置いた。地福寺末大泉寺は都農神社《つのじんじゃ》の神宮寺で同社境内にあり、尾鈴山麓十四家の山伏を束ねた。都農神社は「延喜式」にある日向国四座の一つ、日向国一之宮でもあり、尾鈴神社は都農社神主が兼帯した。

高鍋藩は、元禄六年（一六九三）から安政元年（一八五四）までの百六十一年間に、祈雨・祈晴など悪天候時の祈禱を円実院や都農神社、尾鈴神社などに命じ、その数三百六回に及んでいる。天明元年（一七八一）六月、山頂の尾鈴社で行われた祈雨祈禱に藩主が参加、帰路小雨が降り出し、その後大雨になったという記録がある。（前田博仁）

【参考文献】
前田博仁『近世日向の仏師たち——宮崎の修験文化の一側面』鉱脈社、二〇〇九年）
『都農町史』（都農町、一九九八年）

アクセス情報

尾鈴山　JR都農駅から車40分、尾鈴キャンプ場駐車場から登山口まで徒歩1時間20分、登山口から山頂までは徒歩2時間

都農神社　宮崎県児湯郡都農町大字川北一三二九四
JR都農駅から徒歩で25分

も

猛覚魔卜仙……528
模擬岩木山……96
木食応其……384
木食弾誓上人……217
文殊院……208

や

薬王院……211-213
屋久島の山……595-598
益救神社……595
八ヶ岳……343,344
弥彦山……292-294
山岡鉄舟……331
山口八海神社……299
山寺……113-116
八溝山……197-201
八溝山観音堂　→日輪寺
八溝嶺神社……197,199
槍ヶ岳……315-317

ゆ

有喜寺……211
宥盛……490
宥明上人……85
由岐神社……409
諭鶴羽神社……425-427
諭鶴羽山……425-428
湯殿山　→出羽三山
湯殿山神社……64,67

よ

八日見山　→両神山
横倉宮……495
横倉山……494-497
横峰寺……471,472
吉野蔵王堂……436
吉野山……434-438
米山……295,296
米山寺密蔵院……295
米山薬師……295
衣道（金連）……476

ら

頼印……137
雷現……565
頼厳……529,533
裸形（裸行）上人……240,390

り

立石寺……113,114
瀧安寺……415-417
龍神山　→両神山
龍華院……182
龍光寺……488
龍谷寺……298
滝水寺光明院……60
立山寺……248
竜蔵権現……122
龍頭山　→両神山
龍頭神社……221
楞伽院……526,529
両神山……220,221
両神神社……221
両神御嶽神社……221
良厳法師……605
霊仙寺（英彦山）……508
霊山……133
霊仙寺（脊振山）……554,555
霊山寺……133,134
琳海法印……605

れ

霊仙寺（英彦山）……511
霊仙寺（六郷満山）……536
霊仙寺大講堂……514,518
蓮華寺……73,85,86

ろ

良弁……164,398
六郷満山……535-543
六所神社……203,205

わ

和気清麻呂……410
和合院……345
和多津美神社……575

鳳凰山……342,343
報恩法師……351
法音寺……297
宝光院（宝光社）……281-283
宝山寺……450
法称寺……180
放生津八幡宮……258
宝蔵院……242-244
宝蔵神社……487
法道仙人……455,456
宝満山……521-527
鳳来寺……348
鳳来寺山……348
法蓮……508
星宮神社……318,319
武尊講社……180
武尊神社……179,180
武尊山……179-181
法華院……606
法燈国師……387,392
火男火売神社……607
火牟須比命神社……322
保呂羽山……126
本宮神社……188,189
本宮神社（浮雲宮）……443,461
本山……125
本道寺（本道寺口）……67

ま

前神寺……471,472
松尾寺……490,491
松尾山……565,566
末代（富士上人）……233
松葉仙人……326,327
摩耶山……455,456
満願寺……297
曼荼羅院慈寿寺……345
満明寺……558

み

三笠山……461
御上神社……453
三上山……453
水分神社……434
水尾八海神社……299
水澤寺……138
水沢山……136,138
御岳　→大峯山
御嶽山　→金鑽山
御嶽神社……494,495
道神社……261
蜜厳院……323
三峰山……150-157
三峰山観音院……287
三峰神社……150,156
三徳山……480-483
皆神山……344,345
箕面山……414-417
身延山……302-304
三原神社……226
三原山……225,226
耳成山……458,459
耳成山口神社……458
宮坂本神社……299
宮之浦岳（屋久島）……596
御山神社……484
明王寺……167
妙義山……136,171,175-178
妙義神社……175,177
妙見山　→清澄山
妙高山……240-245
妙泉院（門馬）……103
妙泉寺（大迫）……103
妙泉寺（遠野）……103
妙福寺……310
妙法ヶ岳　→三峰山
妙法寺……399
命蓮……463
三夜沢赤城神社……172
三吉神社……106
三吉神社総本宮……106,108
弥勒寺……182,183,535-538
三輪山……429-433

む

武蔵御嶽神社……158,160-162
村上光清……236
室根山……119,120
室根神社……120

能生白山神社……255
野城神社……499
野熊山　→恵那山
鋸山……224,225
箟岳山……124
箟岳観音……124

は

波宇志別神社……126
白雲寺……410,411
白山……265-277
白山権現社……565
白山寺……270,272
白山太神宮……270,276
羽黒山　→出羽三山
波己曾神社……175
箱根神社……216
箱根山……215-217
長谷川角行……235
蜂子皇子……58
八丈富士……226,227
八海山……297-301
八海山尊神社……298-300
八海神社（暮坪）……298
八海神社（藤原）……298
八海神社（山口）……297
八海神社里宮（大崎）……298
八甲田山……119
早池峰山……102-105
早池峰神社……104
葉山……117,118
葉山神社……118
榛名木戸神社……137
榛名山……136-141,171,175
榛名寺……137
榛名神社……137,139,140
磐梯山……131
飯道山……402-405
飯道寺……402-404
飯道寺山　→飯道山
般若院……323,324
播隆……315

ひ

比叡山……370-377
比叡山寺……370,371,373
東岳権現社……590
日金山……326-329
英彦山……506-520
英彦山神宮……506,518
英彦山神社……506,518
一言主神社……439
夷守神社……546
檜原山……565-568
平等寺……432
平石坊弘有……526
枚聞神社……574
比良山……398-401

ふ

深沢心明……180
普寛……180,285,287,288,297,299,300
普寛堂……288,290
富貴寺……539,542
福岡行人岳　→行人岳
普賢岳……557
武甲山……219,220
武甲御嶽神社……219
富士山……230-239
藤原八海神社……299
伏見寺……441
武州御嶽山……158-163
藤原武智麻呂……370
二上射水神社……258
両子寺……535,538,540,541
補陀洛山久能寺……330
二荒山　→男体山
二荒山神社……142,148
二荒山神社奥宮……148
二荒山神社中宮祠……143,148
二荒山神社本宮……143
普門寺瑞応院……574
古峯神社……147,192,194,195

へ

平泉寺……267,269,271
平泉寺白山神社……268

ほ

法安寺……471

長安寺……535,536,541
鳥海山……78-84
朝護孫子寺……462
長福寺……298
頂峯院……589,590
朝満上人……499
長滝寺……271
長滝白山神社……271
鎮国寺……589,591

つ

筑波山……202-206
筑波山神社……203-205
都々古別神社……199,200
都農神社……609
東霧島神社……546,550
剣山……487-489
鶴見岳……607

て

鉄舟寺……331
鉄門海上人……69
出羽三山……58-70,82,83
出羽三山神社……64,67
出羽神社……64
天上寺……455
天念寺……540,541
天平寺……254,258
転法輪寺　→金剛山寺
天宥……61,62

と

東岳……394
道賢……357,358
道興……151
東光寺……328
道坂観音堂……200
東禅寺……343
道仙寺……501
多武峰……461,462
東福寺金剛王院……216
道満……151
東門寺……554,555
戸隠山……278-284
徳一……131,203
戸榛名神社……137
豊原寺……268
洞川龍泉寺……367

な

苗場山……340,341
長島行人岳……572
長友真乗院……572
中之嶽神社……176,177
投入堂……481,482
那智山……386-393
那比新宮神社……318,319
那比本宮……319
鳴雷神社……444
鳴川寺……450
南覚……565
男体山……142-149

に

西川須賀雄……63,64
西御在所霧島六所権現社……546
西岳神社……594
西照神社……502,503
二上山……464,465
日旺……236
日月寺（岩根沢口）……67
日蔵……357
日輪寺……197,199,200
日光山　→男体山
日光三所権現……145
日光二荒山神社本社……189
日積寺……125
日俊……155
日石寺……248
二王子神社……339
二王子岳……339,340
二宮赤城神社……172
日本寺……224
如意尼……418,420
女峰山……185-187
女峰山神社……186
仁聞（人聞）……535,541,542

の

能除仙……58

清澄寺……223
石蔵寺……362
石尊社……167
石動山……254-264
石動寺……254
関の白山社……261
関山神社……240,243,244
世尊寺……161
雪彦山……456,457
瀬戸尾寺……546,548
脊振山……553-556
脊振神社……554,555
浅間神社（山梨県）……234
浅間神社（長野県）……347
善行院（江繋）……103
船上山……498
船上山神社……498
善正法師……507
千日太夫……312,313

そ

相応……399
相応和尚……376
蔵算……410
象頭山……490-493
相馬山……136,138

た

大円院……118
大願寺……485
大金寺……122
泰賢……297,299,300
大光普照寺　→金鑚寺
大御輪寺……432
大山寺……164,167
大寿院……106
大聖院……485
大雪山……89-91
大山……476-479
大善院……200
大山寺……477,523
大沢寺……340
大昼寺……121
泰朝……256,257
泰澄……256,257,266-268,295
大洞赤城神社……172
大頭竜神社……198
大日寺（大井沢口）……67
大日寺弥勒院……345
大日坊（大網口）……67
太平山……106-109
大菩薩嶺……341,342
当麻寺……465
大文字山……454
平清盛……485
高尾山……211-214
高千穂……608
高千穂神社（十社大明神）……608
高天寺……441
高天彦神社……441
瀧神社（美濃市）……318
滝尾神社……185,186
瀧山……129
瀧山神社……129
焼火神社……500
焼火山……499,500
立山……246-253
田辺十郎右衛門……236
玉置山……463,464
玉置神社……463
太郎山……188-191
太郎山神社……148,188,190
談山神社……462

ち

近津神社……199
智積寺……498
智証上人　→円珍
秩父神社……219
父宮神社……261
智通和尚……574
智徳上人……254
茅原寺……441
地福寺円実院……609
茶湯寺（涅槃寺）……169
中院（中社）……281-283
中禅寺……203-205
中善寺……61
中峯……183
注連寺（七五三掛口）……67

蔵王山……129
蔵王山神社……129
蔵王寺嶽之坊……129
蔵王大権現社……129
坂上田村麻呂……98,124
坂本神社……299
篠山……503,504
篠山神社……503
狭野神社……546
三尺坊……334-336
三重院……181
三乗院……129
山上蔵王堂……353,364
山王院……147
三仏寺……480-482
三瓶山……498,499

し

慈恩寺……61,117,118
信貴山……462,463
信貴山寺　→朝護孫子寺
思親閣（身延山）……302,304
実恵……378
七面山……309-311
十国峠　→日金山
紫尾山……584-588
紫尾神社……585,587
四本竜寺……189
下山神社……478
赤衣上人……498
寂光寺（荒沢口）……60,61,67
秋葉寺……334-337
寿元……508
俊海……242
俊源大徳……211
静安……399
浄戒……525
證覚……523
正覚……565
性空上人……421,422,547,548,554
上宮山　→紫尾山
貞慶……455
聖護院道興……204
定高寺……339
聖占仙人……216
浄蔵……356
貞崇禅師……355
勝道……143,144,146,148,185,188,195
正幢院……207
正福寺……124
成仏寺……540
正平寺……565
聖宝……353-355,435
正法寺……471
上毛三山……136,171,175
青龍寺……127
書写山……421-424
徐福……584,589
白岩山　→三峰山
白鳥神社……548,549
白根山……218
白山寺……270,272
白山比咩神社……270,271
真覚坊俊源……423
神宮寺……293
神興寺……585,586
真光寺……338
真山……125
真山神社……125
神呪寺……419,420
神照寺……586
真然……379
神仙寺……425
神野寺……223
真楽寺……347
心蓮……522

す

水精寺……484,485
瑞峯寺……195
酢川神社……129
菅原神社……176
杉原神社……496
鈴原神社……237
鈴原大日堂……237
諏訪神社山宮……344

せ

清厳寺……384
青岸渡寺……386,390

く

空海……378,394,419,485,502,503
空覚上人……584,585
空順法印……551
久遠寺……302,303
九重山……606
国玉神社……530-532
久能山……330-333
久能山東照宮……330,332,333
久能寺……331
久能神社……333
久能忠仁……330
求菩提山……528-534
熊野出速男神社……345
熊野三山　→那智山
熊野三社権現社……580
熊野神社（硫黄島）……580,582
熊野神社（山形県）……129
熊野那智大社……386,389
熊野速玉大社……386
熊野本宮大社……386
雲取山　→三峰山
鞍馬寺……406-408
鞍馬山……406-409
栗駒山……121
暮坪八海神社……299
黒髪山　→男体山
黒髪山神社……138

け

慶円……432
敬慎院……309,310
気多神社……258
月旺……236
月心……236
華林寺……546,547
源空……161
兼慶上人……547
顕光寺……279,281,282
乾坤山　→鋸山
憲春……586

こ

高雲寺……150
興雲律院……147,195
高賀山……318-321
高賀神社……318,319
康済律師……247
興山寺……384
荒沢寺……60,63,64
広達禅師……350
光飯寺……125
高野山……378-385
高野聖……383
金剛峯寺……378
黄金山神社……122
国上寺……293
極楽寺……472
護国寺（求菩提山）……529,530
御座石浅間社……237
小島烏水……316
小谷三志……236
古通寺……205
金刀比羅宮……490,491
古峰ヶ原……192-196
駒形神社……121
護命僧正……351
金剛院……221
金剛教会……195
金剛山……439-442
金剛山寺……440
金剛寺（雪彦山）……456
金剛証寺……394,396
金剛証宝満宮……254
金剛峯寺……380,384
金地仙人……327,327
金刀比羅宮……490,491
金毘羅神社……342
箟峯寺……124

さ

最栄読師……562
西厳殿寺……562
最勝寺……399
最澄……370,523,606
佐伯有頼……246
佐伯有若……246
蔵王権現（宮城県）……127
蔵王権現社（硫黄島）……580

ガウランド，ウィリアム……316
覚諄……63
覚照寺……261
覚鑁……383
加久麻神社……261
覚明……285,287,288
覚明堂……287
学問行者……278,312
鶴林寺……450
笠置寺……455
笠置山……454,455
迦葉……182
迦葉山……182-184
可睡斎……334,336,337
春日大社……443,461
春日山……443-447
月山　→**出羽三山**
月山神社……64
刈田嶺神社……129
葛川明王院……399,400,401
葛城山……460
葛城天神社……460
葛木二上神社……465
金桜神社……305-307
金鑽山……221,222
金鑽神社……221,222
金鑽寺……221
金嶺　→**大峯山**
金寄山　→**飯道山**
鹿野山……222,223
加波山……207-210
加波山三枝祇神社……207,208
加波山神社……207,208
甲山……418-420
甲山大師……420
竈門神社……521,525-527
竈門山　→**宝満山**
神室山……110-112
賀野神社……457
餉令山　→**飯道山**
巌高寺……177
岩鷲山……98
岩鷲山大権現……98,99
旺心……236
観世音寺……503
観蔵院……221
鑑禎……406
巌殿寺……137
神呪寺……419
寒風山……125
冠岳……589-594
冠岳（黒島）……583
冠岳神社……590,592,594

き

木生仙人（蘭脱）……327,327
紀鯖麿……607
紀重永……533
慶胤上人……547
教王院……529
行基……159,211,224,332,334,476,502,558
行者山本堂（奥の院）……501
慶俊……410
行善……528
暁台……394
行人岳……569-573
行範……403
清澄山……223
霧ヶ峰……343
霧島山……544-552
霧島神宮……546,550
霧島中央権現社……548
霧島東神社……546
霧島岑神社……546,548
金華山……122,123
金玉寺……219
金畳山　→**開聞岳**
金峰山（山梨県・長野県）……305-308
金峰山神社……305,306
金峰神社（山口県）……502
金峯神社……362,368,435
金峰神社（岐阜県）……319
金峯山　→**大峯山**
金峯山寺……363,368,368,436
金峰山（山形県）……127
金峰山（山口県）……501,502
金峯神社……127
金北山……338,339
金北山神社……338
金北山神社里宮……338

石蔵寺……435
岩峅寺……249,252
岩手山……98-101
岩手山神社……100
岩戸寺……540
岩根沢三山神社……67

う

ウェストン，ウォルター……316,343
宇賀神社……133
鵜甘神社……269
宇佐八幡（宇佐神宮）……535-538
牛尾神社……605
牛尾山……605
牛尾山別当坊……605
後山……500,501
御嶽……599-604
有智山寺……523
畝傍山……459,460
畝傍山口坐神社……459
優婆寺……72
優婆塞……350,440
宇良部岳……603
雲上寺……500
雲仙岳……557-560
雲峰寺……342

え

恵那山……345,346
恵那神社奥宮……346
恵那神社前宮……346
慧日寺……131
円鏡院……208
圓教寺……421-423
円城寺……499
円珍……307,372
円通寺……72,73
円仁……73,113,115,124,133,182,223,372,480,523
役優婆塞……352
役小角……199,347,350,402,414-416,440,450,469,476,480,482,501,508
役行者堂……237
円福寺……488
延命寺……347
延暦寺……370,373,375

お

王子信……425
大海祇神社……122
大神山神社奥宮……477,478
大国神社……177
大倉坂本神社……301
大崎八海山神社里宮……299,301
大滝山……502,503
大滝寺……502
大谷寺……268
大剣神社……487,488
大友右衛門太郎吉親……126
大伴駿河麻呂……124
大中臣国兼……159
大野東人……120
覆伏山　→恵那山
大前神社……299
大峯山……350-369
大峯山寺……368
大峯山寺本堂（蔵王堂）……351,368
大神神社……429,430,432
大物忌神社……78,79,81,83
大山……164-170
小河原供秀……345
奥院（奥社）……279,282,283
奥田善行院……591
奥の院（金剛峯寺）……380-382
奥之院（身延山）……302-304
尾鈴神社……609
尾鈴山……609
恐山……71-77
遠近宮……347
乙護法……553,554
鬼神社……532
御室浅間神社……235
御許山……535
御嶽山……285-291
御嶽神社里社若宮……286
御嶽神社里宮……285

か

快善法印……586
開聞神社……574,575
開聞岳……574-578

索　引

※本索引では第二部の語句を抽出した。
本事典に収録した霊山は太字で示した。

あ

アイヌの霊山……92-94
阿吽院（肘折口）……67
赤神神社……125
赤城山……136,171-175
赤薙山神社……186
秋葉山……334-337
秋葉神社……334,337
阿吸房即伝……273,513
阿子丸仙人……589,590
朝日岳……128
朝日岳神社……128
朝熊ヶ岳　→**朝熊山**
浅間神社……138
浅間山……347,348
朝熊山……394-397
芦峅寺……249,250,252
吾妻山……130
阿蘇山……561-564
阿蘇神社……562
愛宕神社……410-412
愛宕山……410-413
安達太良神社……133
安達太良山……132
吾妻山神社……131
阿夫利神社……167
阿夫利山　→**大山**（おおやま）
雨降山　→**大山**（おおやま）
天香久山……457,458
安禅寺……362,435
安慧……113

い

飯縄神社奥社……312
飯縄神社里宮……312,313
飯綱山（**飯縄山**）……312-314
飯豊山……85-88
飯豊山神社……85,86
飯名神社……203
飯道神社……402,403
飯盛山……133
医王寺……565,566
硫黄岳……579-583
猪鹿狼寺……606
池大神社……309
生馬寺……449
伊古麻都比古神社……449
生駒山……448-451
伊古麻山口神社……449
石鎚山……468-475
石鎚神社（石鉄神社）……472,474
石塔寺……176,177
石原隼人……192
伊豆山……322-325
伊豆山神社……322
伊須流岐比古神社……254
石動山　→**石動山**（せきどうさん）
磯部神社……261
イタコ……74,75
板場見山　→**後山**
イチコ……329
一乗止観院……371
厳島神社……484,485
厳島弥山……484-486
一心……288
飯縄権現堂……213
伊藤忠縄……312,313
石徹白中居神社……271
伊夫岐神社……452
伊富岐神社……452
伊吹山……452
今川貞山……331
伊米神社奥宮……340
伊米神社里宮……340
弥彦神社……255,292
岩木山……95-97
岩木山神社……95

【執筆者紹介】（50音順）

乾　賢太郎（いぬい・けんたろう）
1979年生まれ。多摩市文化振興財団学芸員。

大高康正（おおたか・やすまさ）
1973年生まれ。静岡県文化・観光部文化学術局世界遺産センター整備課准教授。

岡本桂典（おかもと・けいすけ）
1957年生まれ。高知県立歴史民俗資料館学芸課長。

眞田廣幸（さなだ・ひろゆき）
1951年生まれ。倉吉文化財協会会長。

鈴木昭英（すずき・しょうえい）
1932年生まれ。日本宗教民俗学会顧問。

筒井　裕（つつい・ゆう）
1976年生まれ。帝京大学講師。

長野　覺（ながの・ただし）
1928年生まれ。日本山岳修験学会顧問。

西村敏也（にしむら・としや）
1966年生まれ。武蔵大学非常勤講師。

根井　浄（ねい・きよし）
1949年生まれ。元龍谷大学教授。

原　淳一郎（はら・じゅんいちろう）
1974年生まれ。山形県立米沢女子短期大学准教授。

堀内　眞（ほりうち・まこと）
1952年生まれ。山梨県立博物館嘱託職員。

前田博仁（まえだ・ひろひと）
1942年生まれ。宮崎県民俗学会副会長。

森田清美（もりた・きよみ）
1939年生まれ。志學館大学・鹿児島大学元非常勤講師。

森　弘子（もり・ひろこ）
1946年生まれ。福岡県文化財保護審議会委員。

山本殖生（やまもと・しげお）
1949年生まれ。熊野三山協議会幹事。

由谷裕哉（よしたに・ひろや）
1955年生まれ。小松短期大学教授。

【編者紹介】

西海賢二（にしがい・けんじ）

1951年生まれ。筑波大学大学院歴史人類学研究科博士課程修了。博士（歴史学）。博士（民俗学）。現在、東京家政学院大学現代生活学部教授。古橋懐古館館長。著書に『江戸の漂泊聖たち』（吉川弘文館）、『東日本の山岳信仰と講集団』（岩田書院）などがある。

時枝　務（ときえだ・つとむ）

1958年生まれ。立正大学大学院文学研究科修士課程修了。東京国立博物館・文化庁文化財部美術学芸課を経て、現在、立正大学文学部教授。著書に『修験道の考古学的研究』（雄山閣）、『山岳考古学――山岳遺跡研究の動向と課題』（ニューサイエンス社）、『偽文書学入門』（共編、柏書房）などがある。

久野俊彦（ひさの・としひこ）

1959年生まれ。都留文科大学文学部国文学科卒業。東洋大学大学院文学研究科博士前期課程修了。博士（文学）。現在、東洋大学文学部非常勤講師。著書に『絵解きと縁起のフォークロア』（森話社）、『偽文書学入門』（共編、柏書房）などがある。

日本《にほん》の霊山《れいざん》読《よ》み解《と》き事典《じてん》

2014年８月15日　第１刷発行

編　者　　西海賢二・時枝　務・久野俊彦

発行者　　富澤凡子
発行所　　柏書房株式会社
東京都文京区本郷2-15-13（〒113-0033）
電話（03）3830-1891［営業］
（03）3830-1894［編集］

装　丁　　斉藤よしのぶ
組　版　　有限会社一企画
印　刷　　壮光舎印刷株式会社
製　本　　株式会社ブックアート

ISBN978-4-7601-4408-2

柏書房の読み解き事典

［価格税別］

一遍読み解き事典

長島尚道／髙野　修／砂川　博／岡本貞雄／長澤昌幸［編著］

●四六判上製／376頁／3200円

空海読み解き事典

小峰彌彦［編著］

●四六判上製／384頁／3200円

道元読み解き事典

大谷哲夫［編著］　佐久間賢祐／菅原研州／竹村宗倫［著］

●四六判上製／424頁／3200円

柏書房の読み解き事典

［価格税別］

親鸞読み解き事典

林 智康／相馬一意／嵩 満也／岡村喜史／安藤章仁／山本浩信［編著］

●四六判上製／400頁／3200円

日本の神様読み解き事典

川口謙二［編著］

●四六判上製／592頁／2800円

観音経読み解き事典

観音経事典編纂委員会［編］

●四六判上製／456頁／2800円